DIE REITER AUS DEM HERZLAND

NÖRDLICHES EISMEER
KARA-SEE
Ob
S I B I R
Jenissei
Tura
Tscheljabinsk
Tobol
Irtysch
Ob
Omsk
Sibirische Eisenbahn
Tomsk
Taiga
Krasnojarsk
Angara
Tom
Ob
Nischneudinsk
ÖSTLICHER SAJAN
Tscheremchowo
Irkutsk
Minusinsk
WESTLICHER SAJAN
Jenissei
Irtysch
Mysowsk
ALTAI
BALKASCH-SEE
Ili
Selenga
Orhon
Karakorum
M O N G O L
ALATAU
DSUNGAREI
Ongiin
ULAN-SEE
T I E N S C H A N
Seidenstrasse
Kucha
Turfan
Kara Shar
Kaschgar
Tarim
S I N K I A N G
Yarkand
TAKLA MAKAN
LOP NOR
Seidenstrasse
Kia-yukuan
K A N S U
Ningsia
Chotan
Nija
C H I
HSI HSIA
K U N L U N
KASCHMIR
KOKO-NOR
T I B E T
Wei Ho

OSTSIBIRISCHES MEER
PTEW-SEE
Lena
KOLYMA-GEBIRGE
KAMTSCHATKA
Jakutsk
I E N
OCHOTSKISCHES MEER
Amur
Albasin
Pokrowka
Blagoweschtschensk
GEBIRGE
Nertschinsk
Schilka
Sretensk
JABLONOI-
Tschita
Chabarowsk
Argun
Kan
CHINGAN
Aigun
Amur
Ussuri
Ingoda
Onon
Chailar
GROSSER
Sungari
MEER
JAPAN
Wladiwostok
Kerulen
BUR NOR-SEE
MANDSCHUREI
JAPANISCHES
EI
GOBI
Schang-tu
Liao
Mukden
DSCHEHOL
Nan-kau-Pass
Dschehol
KOREA
Gelber Fluss
Schan-hai-kwan
GOLF VON LIAOTUNG
MAUER
Peking
ORDOS-PLATEAU
CHINESISCHE
SCHANSI
GELBES MEER
SCHANTUNG
Gelber Fluss
Anjang
HSIEN
Ping-yang
Kaifeng
eidenstrasse
Lojang
A
Nanking
Tschang An

STUART LEGG

Die Reiter aus dem Herzland

TÜBINGEN

RAINER WUNDERLICH VERLAG

HERMANN LEINS

AUS DEM ENGLISCHEN ÜBERTRAGEN

VON KARL BERISCH UND WERNER GEBÜHR

ISBN 3 8052 0200 8

 Dieser Übersetzung liegt die 1970 bei Martin Secker & Warburg Limited, London, unter dem Titel »The Heartland« erschienene Ausgabe zugrunde. Printed in Germany. Satz und Druck Offizin Chr. Scheufele, Stuttgart. Gebunden bei G. Lachenmaier, Reutlingen. Schutzumschlag von Ernst Hoss.

Inhalt

Reise durch das Innere Asiens · 9
Herzland und Randzone · 44
Feuertaufe · 68
Das östliche Amphitheater · 92
Rückschlag nach Westen · 148
Blauer Himmel und Grauer Wolf · 181
Mandschurisches Zwischenspiel · 241
Gottes allmächtiger Sturm · 257
Pax mongolica · 326
Abenteurer, Verbrecher und Revisionisten · 368

ANHANG

Literaturhinweis · 382
Namens- und Ortsregister · 385

KARTENSKIZZEN

Gesamtübersicht · Vorderer Vorsatz
Hauptrichtungen der Raubzüge
aus dem Herzland in die Randgebiete · 44
Mongolenzüge im 13. Jahrhundert · 264

Reise durch das Innere Asiens

Jenseits der Flut ein Kontinent von Eis
in weiter Nacht, von Wirbelwind gepeitscht,
von Sturm und Hagelschlag, der auf dem Land
nicht taut und hoch sich türmt, Ruinen gleich
aus alter Zeit. Sonst nichts als tiefer Schnee,
auf den die kalte Luft wie Feuer brennt.

MILTON, DAS VERLORENE PARADIES

AUF DEM MOSKAUER BAHNHOF läutete die Glocke zum ersten Mal und kündigte eine bevorstehende Abfahrt an. Ein Engländer, John Foster Fraser, schwang sich auf den Zug und beobachtete die Szene. Er sah, wie die Männer auf dem Bahnsteig langsam ihre Köpfe entblößten, um Abschied zu nehmen, wie sie einander umarmten und feierlich küßten. Einige junge Offiziere in weißen Uniformen und goldenen Achselklappen salutierten zu ihren Freundinnen hinab und riefen ihnen lachend etwas zu. Ein blonder Bursche in Uniform stand stramm und rührte sich nicht, als eine kleine alte Frau sich an ihn klammerte und die Brust seiner Litewka streichelte.

Die Glocke läutete abermals, und jetzt war alles eingestiegen. An den Fenstern des nächsten Wagens sah Fraser eine Reihe runder, ausdrucksloser Gesichter unter verfilzten Haarschöpfen: Bauern, die aus einer alten Welt in eine neue übersiedelten. Sie starrten zu ihren plumpbeinigen, mit Kopftüchern bedeckten Frauen hinunter; und die Frauen starrten mit rotgeweinten Augen unbewegt zurück. Sie schienen sich bewußt zu sein, daß sie an einem Wendepunkt ihres Lebens standen; doch wie Tiere waren sie nicht fähig, ihren Empfindungen Worte zu verleihen.

Zum dritten und letzten Mal erklang die Glocke, und fast unmerklich setzte sich der lange Zug in Bewegung. Dann, als falle ihm plötzlich ein, was für eine unermeßliche Reise er vorhatte, verhielt er zögernd wieder, zitterte unentschlossen, um dann schließlich mit einer gewaltigen Anstrengung endgültig in Fahrt zu kommen. Den ganzen Bahnsteig entlang bekreuzigten sich die Menschen, die aus den vorbeiziehenden Fenstern blickten. Der Postzug nach Sibirien fuhr ab. Es war Donnerstag, der 22. August 1901, nachmittags drei Uhr.

Zehn Jahre zuvor war Großfürst Nikolaus, der Thronfolger des regierenden Zaren Alexander III., nach einer Reihe von Staatsbesuchen in Wladiwostok gelandet. Zu den Repräsentationspflichten als Vertreter seines Vaters gehörte die Einweihung des Baues der großen Transsibirischen Eisenbahn. Und am 31. Mai 1891, als ein scharfer Nordwind über die dichtgedrängten Dächer der eintönigen, armseligen Stadt fegte, die Wladiwostok damals war, kippte der Zarewitsch pflichteifrig einen Schubkarren voll staubiger Erde auf die Stelle, die für den am weitesten östlich gelegenen Damm der längsten Eisenbahnstrecke der Welt ausersehen war.

Ausländische Fachleute betrachteten das Riesenprojekt mit Skepsis. Rußland, ein nur zum Teil zivilisiertes, zum Teil noch barbarisches Land, plante den Bau einer Eisenbahn, die fast eine ganze Hemisphäre umspannte. Ein Schienenweg von nahezu zehntausend Kilometern sollte durch Steppen und Wälder, über breite Ströme und unberechenbare Moore, über gewaltige Berge hinweg gelegt werden; es galt, Gebiete zu erschließen, deren Boden das ganze Jahr hindurch gefroren war, Länder, die nur von primitiven Volksstämmen bewohnt wurden, wo Arbeiter schwer zu finden waren und Fachkräfte überhaupt nicht, wo es keine Transportwege gab, um das Material heranzuschaffen, außer löcherigen, sandigen oder schlammigen Trampelpfaden, und wo die strengen Winter die Arbeit monatelang zum Erliegen bringen mußten. Und selbst wenn sie gelingen sollte – konnte diese unwahrscheinlichste aller technischen Unternehmungen etwas anderes hervorbringen als »rostige Eisenbänder durch die Öde des Niemandslandes bis zum äußersten Nirgendwo«?

In der Tat war die Geburt der Transsibirischen Bahn von Mißgeschicken begleitet. Auf einigen Abschnitten wußte man so wenig von der Bodenbeschaffenheit und dem Klima, daß die Ingenieure auf die nicht gerade zuverlässigen Angaben der ältesten Einwohner angewiesen waren. Andernorts mußte man Transportplanungen, die auf vorschnellen, zu optimistischen Geländeprüfungen beruhten, wieder rückgängig machen, wenn unvorhergesehene Schwierigkeiten auftauchten. Lieferanten weigerten sich, Angebote für Gegenden abzugeben, die so weit entfernt waren, daß niemand das Risiko veranschlagen konnte, und wenn sie es taten, zeigten sie sich außerstande, ihren Verpflichtungen nachzukommen, oder machten Bankrott. Kilometerweit mußte der gefrorene Boden mit Dynamit gesprengt oder mit unzähligen, ständig brennenden Holzfeuern aufgetaut werden. Im Winter war es oft unmöglich, Wasser aus den bis zum Grund gefrorenen Flüssen zu holen, und im Sommer zerstörten Überschwemmungen die zur Hälfte fertiggestellten Arbeiten. Dürren schmälerten in beängstigendem Maße die Nahrungsversorgung, Epidemien dezimierten die Arbeitskolonnen um wertvolle Menschen- und Tierkräfte. Es stellte sich heraus, daß chinesische Kulis, die man herangezogen hatte, mit dem Schubkarren, einer uralten chinesischen Erfindung, nicht umgehen konnten. Neue Verzögerungen traten ein, als die Behörden in St. Petersburg sich darum stritten, ob man Brücken aus Stahl oder Holz bauen sollte. Nahezu alles, was schiefgehen konnte, ging schief, und zwar in gigantischen Ausmaßen.

Aber manches klappte auch. Die Schienen für den Abschnitt, der durch die mittelsibirischen Wälder führte, kamen pünktlich aus England per Schiff über das Eismeer und den Fluß Jenissej. Maurer und Metallarbeiter, Werkstoffe und Eisenbahnwagen machten die lange Seereise von Odessa über das Schwarze Meer, den Indischen Ozean, das Chinesische und Japanische Meer nach Wladiwostok. Wo keine anderen Arbeitskräfte vorhanden waren, stellten die Provinzgouverneure Sträflinge zur Verfügung. Um die Jahrhundertwende, keine zehn Jahre nach jener kleinen Einweihungsfeier in Wladiwostok, konnte der größere Teil der Transsibirischen Bahn dem Verkehr übergeben werden.

Freilich war es keine Bahn, die den höchsten europäischen Ansprüchen genügt hätte. Die Dämme liefen Gefahr, bei starken Regenfällen ausgewaschen zu werden; die Tunnel zeigten die beängstigende Neigung einzustürzen; die Kupplungen drohten bei jeder Gelegenheit zu reißen, und die Lokomotiven hatten die Gewohnheit, unerwartet stehenzubleiben, oft viele Kilometer von der nächsten Station entfernt. Zugpersonal und Fahrgäste empfahlen ihre Seele dem lieben Gott, sooft sie sich gewissen Brücken näherten. Und obwohl eine gütige Vorsehung die Personenzüge vor dem Schlimmsten zu bewahren schien, war der Anblick von zusammengebrochenen Güterwagen, die sich längs des Schienenstrangs türmten, so häufig, daß man bald keine Notiz mehr davon nahm. Nichtsdestoweniger war es – abgesehen von einer kurzen Seefahrt über den Baikalsee – um 1900 möglich, auf einem ununterbrochenen Schienenweg von Moskau zu einem bis dahin noch völlig unbekannten Ort namens Sretensk am Fluß Schilka im Nordosten der Mongolei zu gelangen. Von hier bis Chabarowsk am Amur war eine Lücke von etwa zwölfhundert Kilometern; dieser Teil der Reise mußte auf Flußdampfern zurückgelegt werden. In Chabarowsk erwartete den müden Reisenden wieder ein Eisenbahnzug, um ihn durch das Ussuri-Tal südwärts, an der Ostseite der mandschurischen Grenze, nach Wladiwostok und dem Japanischen Meer zu bringen.

Vorher hatte eine Landreise vom europäischen Rußland zum Stillen Ozean über den *Trakt,* die alte sibirische Poststraße, bis zu einem Jahr gedauert. Sie fand hinter einem Gespann zottiger Ponys statt, im Sommer in einer *Tarantas,* einem ungefederten Karren, in dem man, auf Stroh, Matratzen und Kissen gebettet, die Fahrt fast liegend verbrachte, und zu schlafen versuchte; im Winter in einem Schlitten, wo man sich zusätzlich in Pelze hüllte und mehrere Paare von Filz- und Lederschuhen übereinander anzog. Das unaufhörliche Holpern des Fahrzeuges war so schrecklich, daß man nicht zu sprechen wagte, um sich nicht die Zunge abzubeißen. Der Fahrer, mit Wodka hinreichend gestärkt, nahm die gebrechlichen Brücken in vollem Galopp, damit er auf der anderen Seite war, ehe sie einstürzten. Bei einem Unfall drohte einem nicht nur ein Knochenbruch, sondern auch die Gewißheit, die Nacht bei arktischer Kälte in der Wildnis verbringen zu müssen; die Poststationen stanken, wimmelten von Ungeziefer und boten meist nicht mehr als heißes Wasser aus einem Samowar, mit dem man sich seinen eigenen Tee aufgoß. Man konnte keineswegs sicher sein, daß am nächsten oder übernächsten Morgen Pferde zur Weiterreise bereitstanden, denn Beamte jeder Rangstufe – und ihrer war Legion – hatten das Vorrecht. Solche Fahrten wurden von Russen nur in sehr dringenden Fällen unternommen; und noch weniger Ausländer wagten das Abenteuer.

Die Transsibirische Eisenbahn verkürzte die Reise durch den größten Kontinent der Erde auf Tage, auch als sie noch nicht fertig war. Ein Westeuropäer konnte jetzt die ungeheure, geheimnisvolle eurasische Landmasse in einem gewöhnlichen Straßenanzug oder Reisekostüm, mit geruhsamen Zwischenaufenthalten und zu verhältnismäßig bescheidenen Kosten durchqueren. Tatsächlich kostete eine Fahrkarte erster Klasse mit Schlafwagen von Moskau nach Wladiwostok nicht mehr als etwa 180 Mark. Und wer sich den Luxuszug nicht leisten konnte, der einmal in der Woche jeden Samstagabend abfuhr, oder anspruchslos war, für den gab es jeden Nachmittag den gewöhnlichen Postzug. Vermutlich war der erste Ansturm nicht sehr groß. Düstere Steppe, soweit das Auge reichte, eintönig und endlos sich hinziehende Felsenketten und Tannenwälder und nur in der Ferne weißschimmernde Berggipfel – das war nicht nach jedermanns Geschmack. Über den tatsächlichen Grad des angepriesenen Luxus gingen die Meinungen auseinander – über die Salons und Bibliotheken, die Speisewagen mit Bassins voll lebender Fische, die Bäder und Duschen, Gymnastikräume und Frisiersalons, womit den Prospekten zufolge die Expreßzüge ausgestattet sein sollten. Die russische Wirklichkeit konnte anders sein. Auch über das Abenteuer, sich in derart übel beleumdete Region zu wagen, machte man sich so seine Gedanken. »Schon das Wort Sibirien kann einem das Blut gefrieren machen. Es klingt nach Strafkolonie, nach erschöpften Sträflingen, die an den Füßen gefesselt sind, und auf deren Schultern die Knute hinuntersaust. Viele Generationen lang pflegte ein Russe zu erbleichen, wenn man ihm nur das Wort ›Sibirien‹ ins Ohr flüsterte.«

Doch nun gab es in Europa und Amerika einige unternehmungslustige Geister, die auf das neue Erlebnis begierig waren. Mr. Fraser, den englischen Journalisten, haben wir bereits kennengelernt; er verschmähte den Komfort der Luxusklasse, um engere

Fühlung mit den Russen in dem gewöhnlichen Postzug zu haben. Die lebhafte Annette Meakin und ihre nicht mehr junge, aber beherzte Mutter waren vermutlich die ersten Engländerinnen, die diese Fahrt unternahmen. Aus Amerika waren Michael Myers Shoemaker, ein Reiseschriftsteller, und der Reverend Dr. Francis E. Clark mit seiner Frau und seinem Söhnchen gekommen; aus Schweden der Forscher Jonas Stadling, auf der Suche nach einem Ballonflieger, der in der Arktis verschollen war; und aus Deutschland E. W. Pfizenmayer, ein Paläontologe, der ein Mammut ausgraben wollte, das in Nordostsibirien gefunden worden war. Ihre Namen sagen uns heute nichts mehr; aber sie und ihresgleichen waren die ersten Nichtrussen – Gelehrte und Touristen, im Gegensatz zu den wenigen abgehärteten Routinereisenden, die den Strapazen des *Trakt* standgehalten hatten – denen sich die unendlichen Weiten Nordasiens erschlossen. Obwohl sie die Reise zu verschiedenen Zeiten in den ersten Jahren unseres Jahrhunderts machten, war ihnen der Sinn für das Abenteuerliche gemeinsam, und sie alle haben aufgeschrieben, was sie erschauten. Wenn wir uns ihnen anschließen, dann erleben wir mit ihren Augen Sehenswürdigkeiten und Landschaften, die damals kaum weniger neu und seltsam waren als Dinge, welche in unseren Tagen Astronauten erblicken.

Sie sahen, wie die Kuppeln von Moskau in der Nachmittagssonne erglänzten, als die Stadt allmählich entschwand. Dann machten sie es sich bequem für den ersten Abschnitt der Fahrt durch die Wälder und mattfarbigen Felder des östlichen Rußland, über sich träge windende Flüsse und vorbei an einförmigen Dörfern, deren Häuser sich planlos um die Zwiebeltürme ihrer Kirchen scharten. Annette Meakin war entzückt von der soliden, reich geschmückten Ausstattung des *train de luxe.* Sie konnte es sich in ihrem Abteil gemütlich machen oder sich in einem eleganten Kleid in der Öffentlichkeit zeigen, ganz wie sie wollte. In ihrem Coupé gab es eine Reihe von Knöpfen und Schaltern: für den Zugbegleiter, den Speisewagenkellner oder den Schlafwagenschaffner; eine Leselampe mit einem Seidenschirm war nicht nur auf dem Tisch, sondern auch über dem Bett angebracht. Sie konnte auch zum Speisewagen schlendern, an dessen einem Ende ein Bechsteinflügel, Vasen mit Blumen und Farnkraut und ein kleiner Bücherschrank mit Romanen, allerdings nur in russischer Sprache, standen. An der Wand darüber hing neben den gewohnten Bildnissen des Zaren und der Zarin ein weniger bekanntes Porträt: ein intelligentes, energisches Gesicht mit zurückgekämmtem Haar über einer hohen Stirn und einem Spitz- und Knebelbart. Das war Fürst Chilkow, der als Verkehrsminister für einen großen Teil des Baus der Transsibirischen Bahn die Verantwortung getragen hatte. Er war das Gegenteil des herkömmlichen, aus der zaristischen Aristokratie stammenden Staatsmannes; er hatte das Ingenieurwesen in England und Amerika studiert und sich in der russischen Eisenbahnverwaltung emporgearbeitet. Von unbekümmertem und freundlichem Wesen bezeichnete er sich gern als »eine Art Maschinenschlosser« und pflegte, wahrscheinlich in Hinblick auf die ungeheure Arbeit, die er geleistet hatte, »Wozu soll man sich Sorgen machen?« hinzuzufügen. Und hier, während sie sich mit einer jungen Russin französisch unterhielt, schien Miß Meakin den ersten Hinweis empfangen zu haben, was es mit dieser Reise eigentlich auf sich hatte. Es sei leichtsinnig, sagte jene Dame, in Sibirien ohne Revolver zu reisen. Aus gutem Grund habe sie stets deren zwei bei sich. Und ein wenig später empfahl ihr ein Herr, der sich als der Bürgermeister von Wladiwostok vorstellte, dieselbe Vorsichtsmaßnahme. Er zog seinen Revolver aus der Tasche und meinte nachdenklich, daß ihm diese Waffe einmal das Leben gerettet habe. Wenn Miß Meakin keinen Revolver besäße, dann solle sie sich spätestens in Omsk einen anschaffen.

Zur gleichen Zeit saß Mr. Fraser in dem ratternden Postzug, der von zwei holzbeheizten Lokomotiven mit großen konischen Schornsteinen gezogen wurde. Sein Abteil war nicht so luxuriös gepolstert, dafür vollgestopft mit Reisenden, die er nun aufmerksam musterte. Ihre Hemden, die russische Nationaltracht, schienen zugleich den gesellschaftlichen Rang ihrer Träger anzuzeigen. Bei denen, die den gehobeneren Schichten angehörten, waren sie in verhältnismäßig zurückhaltenden Farben gehalten – grau, braunrot oder einfach weiß – und wurden auf europäische

Art in die Hose gesteckt; doch bei den Männern aus dem Volk waren sie leuchtend rot, und wie um diese Wirkung zu verstärken, hingen sie wie ein Rock herunter. Fraser fand auch die Neugier seiner scharlachroten Reisebegleiter etwas ungeniert, nach westlichen Maßstäben gemessen. Immer wieder wollten sie wissen, woher er kam, wohin er fuhr, und in welchen Geschäften er unterwegs war. Welches war sein Beruf? Hatte er einen Titel? Wieviel Geld führte er mit sich? Und trug er es bei sich oder bewahrte er es in seinem Gepäck auf? Auf dem Weg zur Toilette stieß er im Gang auf eine dicke fröhliche Frau, die eine Zigarette rauchte. Als er sich höflich vorbeidrücken wollte und etwas murmelte, rief sie aus: »Ach, Sie sind Engländer!« und bestand darauf, daß sie ihre Visitenkarten austauschten.

Das Zugpersonal war imponierend. Miß Meakin bemerkte das gute Aussehen des Schaffners, und als sie ihn nach Hotels in Sibirien befragte, fiel ihr die Höflichkeit auf, mit der er ihr erklärte, daß es in Irkutsk wärmer sei als in Moskau. Der Fahrkartenkontrolleur des Postzuges war ein stattlicher, bärtiger Mann in einem Uniformrock mit weißen und purpurfarbenen Achselschnüren. Von zwei weiteren Beamten begleitet, kam er immer wieder, um Frasers Fahrkarte zu prüfen; und jedesmal musterte er sie mit einem Ausdruck erstaunten Interesses, als sähe er sie zum erstenmal. Überall begegnete man Uniformen, in den Zügen und auf jedem Bahnhof. Die Zahl der Beamten – Eisenbahnbeamten, Polizeibeamten, Zivilbeamten – war staunenswert. Jeder Untergebene grüßte salutierend seinen Vorgesetzten, und wenn ein höherer Beamter einen unter seinem Rang stehenden ansprach, hielt dieser die Hand an der Mütze, bis jener weiterging, während sich die Gleichrangigen geflissentlich ignorierten.

So rollten sie ostwärts, selten schneller als mit dreißig Kilometern Geschwindigkeit in der Stunde, und empfanden den angenehmen Unterschied zwischen dem ruhigen Dahingleiten auf der breiteren russischen Spurweite und dem Stoßen und Schwanken westlicher Expreßzüge. Etwa vierundzwanzig Stunden hinter Moskau drängten die russischen Fahrgäste an die Fenster und bekreuzigten sich, und man erblickte zwischen den langsam vorbeiziehenden Trägern einer großen Brücke den breiten, schlammigen Strom der Wolga, auf der die Flöße von Nischni Nowgorod abwärts trieben, monatelang über tausende Kilometer, nach Astrachan und dem Kaspischen Meer; und man hörte, als der Zug einen Augenblick hielt, das Lied der Wolgaschiffer, das den Rhythmus ihrer Ruderschläge begleitete. Dann ging es durch Samara und Ufa, bis am nächsten Abend der Aufstieg in das Uralgebirge begann. Jetzt mühte sich der Zug zwischen gebuckelten Hügeln empor und wand sich durch graue Felsen, überragt von Buchen und Eichen, die sich dunkel gegen das Dämmerlicht abhoben. Nach einer weiteren Kurve zeigten sich schattige Wiesen mit kleinen Dörfern bestreut; die schnaubenden Lokomotiven scheuchten eine Wolke von Schmetterlingen auf und vertrieben eine Schar wilder Enten von einem Flußufer. Eigentlich kein sehr großartiges Gebirge dieser Ural, dachten mehrere Reisende enttäuscht; aber denen, die um Mitternacht wach lagen, war die Bedeutung der Paßhöhe, als die Schienenstöße bei der schnelleren Talfahrt rascher aufeinanderfolgten, klar geworden: das alte Rußland war zu Ende – vor ihnen lag Sibirien. Wer sich in der Morgendämmerung aus dem Fenster beugte, erblickte ganz in der Nähe des einsamen Bahnhofs von Urschumka eine Steinpyramide mit einer schlichten Inschrift: EUROPA war auf der einen Seite geschrieben, auf der anderen ASIEN.

Am Morgen hielt der Zug zum erstenmal in Sibirien: Tscheljabinsk, ein großer, in einem Birkenwald gelegener Bahnhof. Auf dem Perron standen blasse, schlitzäugige Tataren, freundlich blickende Baschkiren, teilnahmslose Kirgisen, dunkelhäutige Kosaken mit keck aufgesetzten Schafwollmützen, Patronentaschen über den langen Mänteln und hohen Stiefeln von feinstem Leder. Dahinter waren Tische aufgestellt mit Schüsseln voll gebratenen Hühnern, dampfenden Klößen, gewürztem Hackfleisch, frischem Brot, Milch und Früchten: eine Mischung von Selbstbedienungsrestaurant und Markt, den die Bauern der Umgebung beschickten. Im Handumdrehen war der Zug leer, und die Fahrgäste, unrasiert und ungekämmt, drängten sich auf den Bahnsteig. Und obwohl die Engländer unter ihnen wußten, wie es zuging, wenn man sich in Crewe oder Albany um belegte Brote riß, war ihnen dieser Kampf um Nahrung in Tscheljabinsk doch etwas Neues und Unvergleichliches.

Seit dem achtzehnten Jahrhundert hatte diese Stadt einen schlimmen Ruf. Fast alle Deportierten waren auf ihrem hoffnungslosen Marsch ins Innere Sibiriens hier durchgekommen; und nicht weit entfernt stand das »Denkmal der Tränen«, das den Punkt ihrer Trennung von der Heimat bezeichnete. Jetzt war der Bahnsteig gedrängt voll von Einwanderern: Bauern aus dem europäischen Rußland, untrennbar von den Bündeln, in denen sie ihre Habseligkeiten mit sich schleppten, schmutzig, frierend, hungrig und von den Beamten schikaniert; doch durch einen urplötzlichen Willensakt entschlossen, ihre jahrhundertealten Gewohnheiten abzuschütteln und sich in das unbekannte Land zu wagen. Und an dieser Grenzstation wurde ein Unterschied zwischen den Bewohnern der alten und der neuen Welt deutlich: die jungen sibirischen Russen, jenseits des Urals geboren, traten forscher und selbstbewußter auf und zeigten wenig von der Servilität der Altrussen.

Die Lokomotive pfiff dreimal, und weiter ging es, vorüber an Getreideschobern, Lagerplätzen von Fellen und Häuten, Stapeln von wertvollen Pelzen, halb von Regenplanen geschützt oder ganz dem Wetter preisgegeben, die auf den Weitertransport warteten. Schon war die Transsibirische Bahn überladen. Und dann, viele Stunden, die sich zu Tagen und Nächten dehnten, dampfte der Zug gleichmäßig durch einen unbewegten Ozean von Gras, bis das Auge von dem Anblick der flachen Eintönigkeit schmerzte und sich an den vereinzelten Lärchengruppen und den Dächern der Dörfer, die wie Schiffe weitab vorüberzogen, schadlos hielt. In diesen unendlichen Steppen Westsibiriens schien sich nichts zu verändern, während die Zeit verging. Ein Horizont wurde von einem ebensolchen abgelöst; nur die Geleise erweckten die Vorstellung einer Bewegung, wenn sie von der fernen Linie, die Gras und Himmel schied, dem Zug entgegenliefen und sich verbreiterten, unter den dröhnenden Wagen hinwegrollten und sich hinter ihnen scheinbar wieder zusammenschlossen und weit zurück in Gras und Himmel verschwanden.

Wie das Schaubild in einem Planetarium tauchte die Sonne unter; die Sternenkuppel wölbte sich über der Steppe, ein schmaler Mond glitt durch die Dunkelheit wie in einem melancholischen Traum. Und in der Nacht ersetzte ein anderes Schauspiel das monotone Herannahen der Schienen: ein grünes Licht wurde an der Strecke sichtbar, erst winzig, dann größer werdend, bis man beim Vorbeifahren die Gestalt eines Mannes erkennen konnte, der neben einer Hütte stand, eine Laterne in die Höhe hielt und sich herumdrehte, als die Lokomotive ihn erreicht hatte, um das Licht von hinten zu zeigen. Es wurde kleiner und kleiner, bis in der dunklen Nacht vornweg ein neuer grüner Fleck auftauchte. Dies war das Signalsystem der Transsibirischen Bahn: Flaggen am Tag, Laternen bei Nacht, von einer unaufhörlichen Kette von Männern von Moskau bis zum äußersten Osten gehalten. Viele von ihnen waren Sträflinge, die sich gut geführt hatten.

Der nächste Morgen brachte eine Abwechslung. Von der Plattform seines Wagens aus sah Jonas Stadling eine große Staubwolke aus der Steppe aufsteigen und erkannte allmählich Kirgisen, die neben ihren Rinder-, Schaf- und Pferdeherden einherritten. Als sie vorüber waren, folgten ihnen ein wenig später neue Herden, immer mehr und zahlreicher, bis sie die ganze Ebene bedeckten, soweit das Auge reichte. Überall, wo eine geringfügige Bodenerhebung eine Aussicht gewährte, hielt ein Hirt zu Pferde Wacht, und die Strahlen der Morgensonne trafen seine roten hohen Stiefel und seinen gegürteten Kaftan. Einmal wurde das Stahlroß der Transsibirischen Bahn zu einem Wettrennen herausgefordert. Ein junger kirgisischer Reiter näherte sich dem Schienenstrang, spornte sein Pferd zu einem rasenden Galopp an und stürmte neben den Wagen her. Von den Reisenden mit fröhlichen Zurufen ermuntert, gelang es ihm, den schwerfällig dahinstampfenden Zug zu überholen; dann schwenkte er jählings ab und war verschwunden. Danach gab es wenig, was die Aufmerksamkeit fesselte, bis die Sonne unterging und wieder die grünen Lichter aufleuchteten. Der Zug polterte über die siebenhundert Meter lange Brücke, die den Irtysch überspannte, einen Nebenfluß des gewaltigen Ob, und dann fuhr man schließlich in Omsk ein.

Der offizielle *Führer der Großen Sibirischen Eisenbahn,* ein sonst eher hochtrabendes Reisehandbuch von 1900, legte sich in der Beschreibung der Stadt Omsk eine gewisse Zurückhaltung auf. Er gab zu, daß die Einförmigkeit der kleinen Holzhäuser, die ungepflasterten Straßen und das Fehlen jeder Vegetation infolge des salzhaltigen Bodens dem Ort »das Aussehen einer großen Kosakensiedlung« gäben. Doch etwas ermutigender fuhr er fort: »Die Stadt hat zwei Gärten, die von der Gesellschaft zur Förderung der Volksschulbildung unterhalten werden. Ein Birkenwäldchen im Norden der Stadt wird von zahlreichen Einwohnern zu Spaziergängen aufgesucht. An der Südseite befindet sich eine Molkerei, wo Kumys getrunken werden kann, der unter der Kontrolle der Eisenbahnärzte hergestellt wird.«

Es war zweifellos die Aussicht auf solche Attraktionen, die mehrere unserer Reisenden veranlaßte, ihre Fahrt in Omsk zu unterbrechen. Fraser war neugierig, den Kumys zu kosten, die gegorene Stutenmilch, die das allgemein verbreitete Rauschmittel der eingeborenen Steppenvölker war. Fraser versicherte seinen Gastgebern, sie schmecke köstlich, aber später stellte er fest, daß es vierzehn Tage gedauert hatte, den »scheußlichen Geschmack« loszuwerden. Er war nicht der erste Europäer, dem der Kumys zuwider war: schon vor sechshundert Jahren war einem Franziskaner-Mönch auf einer Missionsreise zu den Mongolen der Angstschweiß ausgebrochen, als er den ersten Schluck davon genommen hatte.

Miß Meakin hat nicht berichtet, ob sie einen Waffenhändler aufsuchte, um einen Revolver zu erwerben; doch scheint sie mit ihrer Mutter in die bessere Gesellschaft der Stadt eingeladen worden zu sein. Mehrere Male hatten sie ein seltsam klagendes Geräusch gehört, und als sie sich erkundigten, was es bedeutete, erklärte man ihnen, es seien Kamele. Mrs. Meakin wunderte sich, daß es solche Tiere in Omsk gäbe, und sagte, es sei schon immer ihr Wunsch gewesen, auf einem zu reiten. »Intelligente Menschen«, gab man ihr kühl zur Antwort, »reiten nicht auf Kamelen. Es sind Lasttiere.«

Die öffentliche Meinung der Stadt war damals schwankend in ihrer Haltung zu einem früheren Bewohner, von seinen Freunden *Pokoinik* – der »Abgeschiedene« – genannt, weil er während seiner Verbannung in Omsk so grausam ausgepeitscht worden war, daß man ihn für tot gehalten hatte. Er hieß Dostojewski und war dem *Führer* zufolge ein Mann von »Großem Talent« gewesen; aber sein Buch *Aus einem Totenhaus* enthielt für Omsk durchaus nichts Schmeichelhaftes.

Man war jetzt schon so weit östlich wie Delhi, doch als man Omsk verließ, immer noch anderthalb Tausend Kilometer von der Mitte Sibiriens entfernt, und immer noch kroch der Zug wie ein winziger Wurm durch die Unendlichkeit der Steppe, die sich wie ein flacher grüner Tisch kaum einen halben Meter unter den Schienen erstreckte. In den Gräben, die sich neben dem Schienenstrang entlangzogen, konnte man die fruchtbare schwarze Erde unmittelbar unter der Grasnarbe erkennen.

Der üppige Steppenboden und die neue Bahn, die ihn zugänglich machte: schon ahnte man, daß eine Verschiebung des Gleichgewichts des russischen Reiches im Gange war. An jeder Seite des Bahndammes standen lange Reihen schwarzweißer Pfosten mit dem kaiserlichen Doppeladler – sie bezeichneten die Grenzen des für die Neubesiedlung reservierten Landes. Und um dieses Land in Besitz zu nehmen, strömte eine ungeheure Völkerflut nach Sibirien, von der die wenigen ausländischen Touristen auf ihrer Vergnügungs- oder Entdeckungsfahrt in den Fernen Osten mitgetragen wurden. Wie schon in Tscheljabinsk sahen sie auf den größeren Bahnhöfen Bauernfamilien zu Hunderten mit ihren verschnürten Kisten und formlosen Bündeln sitzen, schlafen, warten und ausdruckslos vor sich hinstarren. Es war eine von großzügigen Regierungsmaßnahmen geförderte Völkerwanderung. Das Essen wurde während der ganzen Reise zum Selbstkostenpreis abgegeben; Kinder und Kranke bekamen es umsonst, und auf jedem Bahnhof verteilten in Erster Hilfe geschulte Kräfte Arzneimittelpackungen. Sogar eine fahrbare Kirche mit Priestern und einem Glockentürmchen war auf der Strecke unterwegs und machte überall halt, wo sich das Volk am dichtesten zusammenballte. An seinem Bestimmungsort erhielt jeder Neusiedler Sämereien zu einem geringen Preis, Werkzeuge auf Kredit, und wenn nötig ein kleines

Darlehen, um ihm den Anfang zu erleichtern. In den ersten zehn Jahren brauchte er keine Steuern zu zahlen.

Man fuhr an langen Zügen vorbei, vollbeladen mit Auswanderern, die auf Nebengeleisen warteten. Einige bestanden aus Güterwaggons, die man zu primitiven Personenwagen umgebaut hatte; und an viele der fahrplanmäßigen Züge waren Auswanderertransporte angehängt worden. Selbst für an Strapazen gewöhnte *Muschiks* war es eine beschwerliche Reise. Im Inneren ähnelten die Wagen großen Schränken, deren Fächer mit schmutzigen menschlichen Gestalten vollgestopft waren. Die »Betten« bestanden aus nackten Brettern, auf denen die Schlafenden alles an Decken und Kleidungsstücken ausbreiteten, was sie nicht am Leibe trugen. Sie schliefen fast pausenlos und standen nur auf, um eine Mahlzeit aus Melonen, saurem schwarzem Brot und Tee zu sich zu nehmen. Kochendes Wasser wurde auf jedem Bahnhof in Samowaren bereitgehalten. Nach mehreren Tagen und Nächten bedeckte eine dicke Schmutzschicht den Boden: Brotreste, Käserinden und andere Abfälle schwammen in Tümpeln von verschüttetem Tee und Schlimmerem. Wenn sie nicht schliefen, rauchten die Männer Zigaretten mit langen Pappmundstücken und warfen die Reste zu dem übrigen Unrat. Der Schweiß troff ihnen von der Stirn, denn um weniger Handgepäck zu haben, trugen sie ihre winterlichen Schaffellmäntel auch in der Wärme des sibirischen Sommers. Die Fenster blieben fest geschlossen; der Gestank war betäubend. Rußland zog nach Osten.

An den Haltestellen, wo die Bauern schubweise die Züge verließen, offenbarte sich die Kluft zwischen Planung und Wirklichkeit in Hunderten von winzigen, aber bitteren Ängsten, Paniken und Tragödien. Behutsam wurden schmierige Formulare, die daheim irgendein Beamter ausgefüllt und gestempelt hatte, entfaltet und vorgezeigt, um als ungültig oder nicht den Vorschriften entsprechend zurückgewiesen zu werden. Wichtige Reisepapiere, in vielen Wochen besorgt und erst ausgestellt, nachdem sich die Behörden überzeugt hatten, daß alle Steuern bezahlt worden waren, konnten nicht gefunden werden, obwohl man Taschen und Beutel von oben bis unten durchsuchte. In der Hast des Aussteigens blieb wertvolle Habe, deren Wiederbeschaffung hoffnungslos war, in weiterfahrenden Zügen zurück; in Jahren gehortete Ersparnisse waren während der Reise bis auf wenige Kopeken zusammengeschmolzen. Rußland zog nach Osten.

Dann, gleichsam als Kontrast zu dieser hektischen Betriebsamkeit, floß unter ihnen der Ob dahin, der langsamste der großen sibirischen Ströme. Unsere Reisenden bestaunten die schweigenden, schwerfälligen Wassermassen, die den Tausenden von Seen in den Wäldern des Nordens entgegenträumten, den Mooren, die weitere Gebiete bedeckten als Frankreich, der menschenleeren Tundra, durch die ein Golf, so lang wie Großbritannien, sie in die Kara-See und ins Nördliche Eismeer führte. Und nicht weit von der großen Brücke, die den Ob überspannte, blieb der Expreßzug unerwartet stehen, obwohl keine Station in der Nähe war. Man wartete, doch niemand zeigte sich längs des Schienenstranges; nichts rührte sich, keine menschliche Behausung war zu sehen. Schließlich ging ein Matrose, dessen Ziel Port Arthur war, nach vorn, um sich zu erkundigen. Er kam in strahlender Laune zurück und erstattete Miß Meakin in gebrochenem Englisch Bericht: »Lokomotive kaputt. War sechzig Jahre alt. Kam aus Glasgow. Jetzt taugt nicht mehr.« Der Zug leerte sich allmählich. Niemand schien sich etwas daraus zu machen. Die Auswandererkinder planschten in einem schlammigen Bach in der Nähe. Annette ergriff ihre Kamera, ging zur Spitze des Zuges und machte eine Aufnahme von der »armen alten Maschine«, die von einer anderen abgeschleppt wurde. Sie mußte, so erzählte sie an das »Schlachtschiff Téméraire« denken.

Eine Rast von ein bis zwei Tagen in Tomsk gehörte zum Reiseprogramm. Die damalige Hauptstadt von Sibirien erfreute sich eines lebhaften Rufes. Die Tee-Karawanen aus China zogen hindurch, und aus dem Sand des Tom-Flusses wurde Gold gewaschen. Es gab viele Millionäre, und sogar frühere Sträflinge konnten dort reich werden. Wer in Tomsk, so sagte man, ein anständiges Leben führte, wurde radikaler Gesinnungen verdächtigt. Aber aus den Karten war die merkwürdige Tatsache ersichtlich, daß die Hauptstrecke der Transsibirischen Bahn Tomsk nicht berührte, sondern die weitaus kleinere Stadt Taiga, etwa achtzig Kilometer südlich, von wo man eine Abzweigung nach

Tomsk gelegt hatte. Unseren Reisenden war schon mehrere Male diese merkwürdige Tendenz der Bahn aufgefallen, gewisse Städte, die eigentlich auf ihrer Route lagen, zu umgehen; doch eine so wichtige Hauptstadt links liegenzulassen, schien ihnen noch rätselhafter. Ihre russischen Reisegefährten konnten mit einer einfachen Erklärung dienen. Die Inspektoren, so sagten sie, hatten die Gewohnheit, den Stadtverwaltungen an den geplanten Linien mitzuteilen, daß sich technische Schwierigkeiten ergeben würden, wenn »es sich nicht lohnte«, ihnen die Bahn vors Haus zu bringen. Einige Städte verstanden den Wink, und die technischen Schwierigkeiten wurden behoben; doch bei harthörigen Orten wie Tomsk blieben sie leider unüberwindbar. So mußten also die Fahrgäste der Transsibirischen in Taiga umsteigen und nordwärts rattern – um zu entdecken, daß die Inspektoren doppelt süße Rache genommen und auch noch den Bahnhof von Tomsk einige Kilometer außerhalb der Stadt errichtet hatten.

Tomsk selber machte seinem Ruf Ehre. Im Speisesaal von Frasers Hotel stand eine große mechanische Orgel vom letzten Typ. Wenn man sie in Betrieb setzte und sie ihre Melodien herausschmetterte, bewegte die Puppe eines Dirigenten den Arm auf und nieder und schlug den Takt, allerdings ohne jede Beziehung zu dem Lärm der Blasinstrumente, Trommeln und Becken. Das gewaltige Instrument war eine Attraktion der Hauptstadt und zog eine Menge Menschen in das Hotel, die bis vier Uhr morgens tanzten, tranken, sangen und lärmten.

Im Zentrum von Tomsk ragten imposante öffentliche Gebäude aus dem schlammigen Boden, auf dem die Fußgänger rutschten und schlitterten, wenn sie ihren Geschäften nachgingen. Man zeigte auf einen schmuddeligen alten Mann, und sagte, er sei vierfacher Millionär; und von den beiden eleganten Damen, die in ihrer Kutsche vorüberrollten, so daß der Schmutz zu beiden Seiten aufspritzte, war die eine die Tochter eines Sträflings und die zweite mit dem Sohn eines Sträflings verlobt. Von einem anderen Mann, den man auf der Straße sah, wurde eine interessante Geschichte erzählt. Es war ein Fürst, der Neffe des Gouverneurs von Moskau, der ein großes, elegantes Haus besaß. Der Neffe hatte es in Abwesenheit seines Onkels als sein eigenes zu einem hohen Preis an einen reichen Engländer verkauft, der sich in Rußland niederlassen wollte. Als die Sache herauskam, wurde er zur Strafe nach Tomsk verbannt, wo er nun eine blühende Anwaltspraxis hatte.

Auf dem Marktplatz, zwischen schweren Planwagen und feilschenden Männern und Frauen, konnte man einem Bauern zuschauen, der einem anderen die Haare schnitt. Zuerst kämmte er seinem Freund den verfilzten Haarschopf hinunter, in die Stirn, den Nacken und über die Ohren. Dann stülpte er ihm einen Topf über den Schädel und schnitt mit einer Schere einfach alles weg, was hervorsah. Im Winter pflegte man hier die Lebensmittel in Form von Eisklumpen zu verkaufen; und einmal mußte die Polizei einschreiten, als sich zwei streitende Marktfrauen gefrorene Milchblöcke um die Köpfe schlugen.

Als die Reise schließlich weiterging, tat es den meisten Touristen nicht leid, Tomsk zu verlassen. Seine zügellose Schlamperei war für ein oder zwei Nächte ganz stimulierend, aber nicht gerade *kulturny*.

Die Landschaft veränderte sich. Die flache Grassteppe blieb zurück, und der Zug wand sich zwischen unregelmäßigen, zerklüfteten Felshügel empor. Die Steigungen wurden stärker, und als es zum mittelsibirischen Bergland hinaufging, verlangsamte sich das Tempo zeitweise zu einem zögernden Kriechen. Man war jetzt inmitten der Taiga, dem unermeßlichen Waldgürtel, der die nördlichen Regionen Eurasiens umspannt. Zu beiden Seiten des Schienenstrangs erhob sich, schweigend und düster, eine Wand von Fichten, Tannen und Lärchen; links von der Bahn dehnten sich die Wälder Tausende von Kilometern nach Norden bis zu den Schneewüsten der Polarzone, und rechts zu den Hochebenen und Gipfeln des Altai-Gebirges an der Nordwestgrenze Chinas. Als man Stunden um Stunden durch die grüne Düsternis fuhr, durch die Tiefe von Braun und Schwarz wie durch ein säulengetragenes, ungeheures Kirchenschiff, vorbei an verkümmerten und seltsam entstelltem Unterholz, schien sich die Seele in eine kleine Muschel zurückzuziehen, in die kein Licht drang, von Vorahnungen erfüllt, scheu, argwöhnisch und tierhaft.

Doch auf seinem Vormarsch nach Osten hatte Rußland auch schon von der Taiga Besitz ergriffen. Es gab Dörfer, die sich um große Kirchen scharten und einige Reisende an Quebec erinnerten, gelb bemalte Bahnhofsgebäude in Lichtungen, jedes mit einem Wasserturm und einem Holzstapel. Truppenzüge nach dem Osten warteten, bis der Expreßzug vorübersauste; sie waren von jungen Soldaten besetzt, deren seltsam traurige Lieder ihre lachenden Gesichter und die fröhliche Buntheit ihrer weißen Uniformröcke, roten Achselklappen und grünen Hosen Lügen strafte. Aus den Wäldern auftauchend, sah man das in Hügel eingebettete Krasnojarsk mit seiner dreitürmigen Kathedrale, die ein erfolgreicher Goldprospektor hatte bauen lassen. Man überquerte den gewaltigen Jenissej, auf dem die Schiffe zielstrebig nach Norden trieben.

Dann wurde die Monotonie der Taiga von einem lieblichen, parkähnlichen Landstrich abgelöst, von frischen grünen Weiden zwischen grasigen Hängen, bestirnt mit Vergißmeinnicht und Ranunkeln, die in der Nachmittagssonne gelbrot aufleuchteten. Am Abend machten sich Herden allein auf den Heimweg; Stuten und Fohlen, Kühe und Kälber, Ziegen und Lämmer trotteten ohne Führung die Dorfstraßen entlang, und jedes fand von selber seinen Hof. Unberührt von den vorübermarschierenden Hufen schliefen Hunde und Schweine auf den Wegen, und hier und da zwischen ihnen ebenso friedlich ein auf dem Bauch liegender Betrunkener.

Als die Dunkelheit hereinbrach, war man wieder vom Wald umschlossen. Das Feuer der Lokomotive leuchtete in der Nacht; die Scheinwerfer schossen rote Strahlen in die Schwärze der Baumgewölbe. Wo die Schienen und der Unterbau des hastig gelegten Bahnkörpers verstärkt wurden, sah man den Widerschein der Lagerfeuer hier auf dem bärtigen Gesicht eines über einen Kessel gebeugten Mannes spielen, dort auf einem Paar Beinen, die sich im Schlaf streckten. Und in den trockenen Sommernächten tobten Waldbrände. Dann mußte der Zug in eine Rauchwolke hinein, schwärzer als die dunklen Bäume, und der beizende Qualm brennenden Holzes drang in die Eisenbahnwagen. Manchmal sah man die Glut und das Flackern ferner Flammen am Himmel, und manchmal umgab den Zug eine Zone, wo der Brand schon verqualmt war und nackte Stämme und verwüstetes Holz in einem Meer von schwelendem Rauch zurückgelassen hatte. *Nitschewo* pflegten die Russen zu sagen; es würde nach und nach von selber sterben und wieder zu neuem Leben erstehen.

Durch Tag und Nacht und wieder Tag rollte es weiter, über breite Ströme, die aber nur Nebenflüsse von Nebenflüssen des Jenissej waren, durch Bahnhöfe, deren Namen schwer auszusprechen waren: Nischneudinskaja, Scheragul, Golowinskaja, Tscheremkowo, Suchorskaja, bis man, nach mehr als drei Tagen von Tomsk und neun Tagen von Moskau, an einer Ansammlung von Wagen vorbeifuhr, die an einer ebenen Kreuzung vor einem großen Rangier- und Güterbahnhof warteten, und in Irkutsk anlangte. Dort wurden unsere Reisenden mit ihrem Gepäck in Droschken verfrachtet, holperten über die Floßbrücke des schnellströmenden Flusses Angara und kamen in die zweite große Stadt Sibiriens. Jetzt lag direkt südlich von ihnen der nördlichste Teil der Chinesischen Mauer und sie waren auf demselben Längengrad wie Hanoi und Singapur. Etwas mehr als die Hälfte des Weges durch Sibirien hatten sie hinter sich.

Mit seiner Vorliebe für Genauigkeit informierte sie der *Reiseführer,* daß Irkutsk zwei Kathedralen habe, neunundfünfzig Kirchen und Kapellen, zwei Synagogen und eine Moschee, ein Nonnenkloster zweiter Ordnung, vierzehn karitative Einrichtungen, fünf Krankenhäuser und eine Tierklinik. Die Stadt, so wurde versichert, besitze Telephonanschlüsse, aber die Straßen, wie man gleichzeitig eingestehen mußte, seien ungepflastert und schlecht erleuchtet.

In der Tat prunkte Irkutsk, wie Tomsk, mit dem Kleid rasch erworbenen Reichtums, das jedoch die Lumpen der Pionierzeit nur teilweise verhüllen konnte. Der Generalgouverneur residierte in einem Haus mit einer Säulenhalle; die Regierungsgebäude glänzten mit weißen Fassaden, es gab Klubs und ein vornehmes Theater. Das Kaiserliche Geographische Museum, unter dem Generalgouverneur Murawjew erbaut, erhob sich stolz wie eine Bastion über dem Ufer der Angara. Doch in den

Straßen wirbelten die Equipagen der Neureichen im Sommer den Staub auf, der dem Fußgänger die Augen blendete, so daß er unversehens durch eine morsche Planke der hölzernen Gehsteige fallen und sich ein Bein brechen konnte. Die Hotelzimmer wimmelten von Heerscharen unerwünschter Gäste, deren Intelligenz berüchtigt war. Ein umsichtiger Engländer, der sein Bett mit einem Schutzwall von Insektenpulver umgab, wurde bald überlistet, denn seine Angreifer zogen sich zwar zurück, doch nur, um an den Wänden emporzuklettern und sich von der Decke herunterfallen zu lassen. Wirkungsvoller, wenn auch kostspieliger, war die Abwehrmaßnahme eines amerikanischen Goldsuchers. Als er sah, daß sich an der Wand etwas bewegte, griff er blitzschnell in die Tasche und zog seinen Revolver – es gab einen Knall, und als sich der Rauch verzog, war ein Loch an der Stelle, wo vorher die Wanze gesessen hatte.

Irkutsk war nicht nur schmutzig und teuer, sondern auch die unsicherste Stadt Sibiriens. Vorsichtige Hausväter pflegten, ehe sie zu Bett gingen, ein Fenster zu öffnen und mehrere Schüsse in die Dunkelheit zu feuern – um potentielle Einbrecher darauf hinzuweisen, daß sie auf Widerstand stoßen würden. Doch allmählich wurde man sich bewußt, daß die pfeifend in den Bahnhof jenseits des Flusses einfahrenden Züge die Stadt mit der europäischen Kultur verbanden, und daß diese Beziehung dazu verpflichtete, das Dekorum zu wahren. In den Restaurants wurden den Gästen weiße Oberhemden und Kragen vorgeschrieben, und durch Anschläge ermahnte man sie, als Bürger einer zivilisierten Gemeinde sich nicht sinnlos zu betrinken.

Wie in Tomsk waren durch die Goldgewinnung große Vermögen erworben worden; aber in Irkutsk dachte man auch an die weitere Zukunft und ging über, sich die weniger romantischen Quellen des neuen Territoriums nutzbar zu machen. In den Außenbezirken entstanden an die hundert Fabriken, Verarbeitungsbetriebe und Lagerhäuser für Häute und Felle, Seife und Talg, Fisch und Holz. Auch unternehmungslustige Ausländer begannen, die Gelegenheiten wahrzunehmen, die Sibirien den Exportländern bot. Es gab Artikel aus Deutschland in großer Zahl; und Mr. Fraser hörte von nicht weniger als acht amerikanischen Vertretern von landwirtschaftlichen Maschinen, die regelmäßig die Städte längs der Bahn besuchten. Besonders die Amerikaner, so stellte er fest, erkannten die Zukunftsmöglichkeiten des russischen Ostens. Sie hatten den Westen der Vereinigten Staaten erschlossen und spürten instinktiv, daß hier ein ähnlicher Entwicklungsprozeß im Gange war; sie ahnten in der leeren, abschreckenden Landschaft und in dem unökonomischen Durcheinander, das so oft die Anfänge einer Kolonisation begleitet, den unerschöpflichen Reichtum, den Sibirien bieten konnte. Im Gegensatz zu den Amerikanern schienen sich die Engländer damit zu begnügen, gewisse Waren zu liefern, statt die Wirtschaft anzukurbeln. Zwar war zum Schienenbau der Transsibirischen Bahn britischer Stahl verwandt worden, und bald konnten die Reisenden auf dem Baikalsee das fachmännische Geschick britischer Ingenieurarbeit bewundern. Doch das einzige Erzeugnis ihrer Verbrauchsgüterindustrie, das in Irkutsk in Erscheinung trat, war – Soße. Auf den Tischen fast jeden Restaurants standen die bekannten braunroten Flaschen mit ihren weltberümten Namen, um Borschtsch, Rentier-Steaks und sogar Kaviar zu würzen und dem Duft der sibirischen Wildnis das klebrige Einheitsaroma Londoner Speisehäuser hinzuzufügen.

Sechzig Kilometer östlich von Irkutsk berührt die Bahn die Südspitze des Baikalsees, der sich, wie eine Banane geformt, sechshundert Kilometer lang wie ein Querriegel zwischen die Route durch Eurasien legt. Er ist ungefähr so groß wie Belgien oder die Schweiz und der tiefste Binnensee der Welt. Seine Oberfläche liegt rund 1750 Meter über dem Boden einer schmalen Grabensenke, die sich durch das mittelsibirische Hochland zieht wie eine Regenpfütze in einer langen, dünnen Bodenspalte. Er wird von über dreitausend Zuflüssen gespeist; hat jedoch nur einen Abfluß – die Angara, die durch eine Lücke in der Südwestküste ausläuft, Irkutsk berührt und sich schließlich in den Jennissej ergießt. Nur zwei Seen in Afrika und drei in Nordamerika sind größer als der Baikal, aber keiner ist gefahrdrohender und unberechenbarer. Vermutlich ist er durch ein gewaltiges Erdbeben entstanden; noch heute werden sein Bett und das Land ringsum gelegentlich von Erschütterungen heimgesucht, und man erzählt sich Legenden von Menschen, die von bösen Elementargeistern in die Tiefe gezogen wurden. Hier türmen sich Granitfelsen, die jäh ins Wasser abfallen; dort säumen sanft gerundete Hügel die Ufer wie die Abfallhalden großer Bergwerke. Schneeige Gipfel überragen Wälder, in denen sich die Nadelbäume an den Felsen klammern, und blicken durch schroffe, chaotische Schluchten auf den See hinunter. Im Sommer bietet er häufig den Anblick friedlicher Schönheit, und man kann im klaren Wasser die Bewegungen seltsamer Lebewesen bis in Tiefen von mehr als dreißig Meter verfolgen; doch im Sommer bilden sich auch durch die warme Luft, die über der kalten Wasseroberfläche lagert, so dichte Nebelschwaden, daß die Schiffahrt äußerst gefährlich wird. Im Herbst und im Frühwinter erheben sich unversehens tückische Brisen, die den See in seiner ganzen Länge aufwühlen. Wenn dann die Wellen ans Ufer schlagen und das Brandungsgeräusch von den Bergen widerhallt, ist es für kleinere Schiffe unmöglich, den See zu kreuzen. Im Dezember wird die Eisdecke bis zu anderthalb Meter dick; aber da es warme Quellen gibt, kann sie nicht überall schwere Lasten tragen.

Die Erbauer der Bahn hielten es für möglich, wenn auch schwierig, die Strecke um die Südspitze des Sees nach Mysowsk an der Ostküste zu führen. Doch die Kosten waren höher, als man in St. Petersburg vertreten konnte. Deshalb beschloß man, eine große Eisbrecher-Fähre in Auftrag zu geben, die das ganze Jahr hindurch Dienst tun konnte. Sie wurde in sechs Monaten von der britischen Firma Armstrong in Newcastle-on-Tyne gebaut, in Tausende von numerierten Teilen zerlegt und über die Transsibirische Bahn an seinen Bestimmungsort befördert. Da die Brücke über den Jenissej noch nicht fertig war, mußten die Teile nach ihrer Ankunft in Krasnojarsk die restlichen anderthalb tausend Kilometer in Lastkähnen auf dem Fluß zurücklegen. In Listwijanka am Baikalsee setzte man das Schiff unter der Aufsicht von Ingenieuren der Firma Armstrong wieder zusammen; trotz der langen Reise und des komplizierten Vorgangs kam jeder Teil an seinen richtigen Platz, und im Juli 1899 lief das größte Fährschiff der alten Welt, auf den Namen *Baikal* getauft, vom Stapel.

Die *Baikal* war kaum schön zu nennen, doch mit ihren hohen weißen Flanken, die sich im glitzernden Wasser spiegelten, den vier ragenden schwarzen Schornsteinen und mit ihrer glorreichen Geschichte, die noch frisch in aller Gedächtnis lag, bot sie in dieser unzivilisierten Gegend einen ehrfurchtgebietenden Anblick. In den Höhlungen ihres Rumpfes, wo der Wagenpark bereits untergebracht war, wurden die Reisenden über Kajüttreppen und durch hallende Korridore in Kabinen geführt, die samtgepolsterte Sessel und richtige Fenster statt Schiffsluken hatten. Bei ruhigem Wasser dauerte die Überfahrt nur vier Stunden; im Winter, wenn das Schiff mit dem Eis zu kämpfen hatte, zurückweichen und erneut vordringen mußte, konnte man bis zu einer Woche unterwegs sein[1].

Bei der Landung in Mysowsk erwartete Miß Meakin und ihre Mutter eine unangenehme Überraschung. In Irkutsk hatten sie gehört, daß sie die Fahrt durch Ostsibirien in überfüllten und unbequemen Coupés fortsetzen müßten – es gäbe auf jener Strecke nur Wagen vierter Klasse. Sie hatten darüber gelacht, doch nun, als sie in dem wartenden Zug nach Plätzen suchten, merkten sie, daß es leider stimmte. Nachdem sie doch ein leeres Abteil gefunden hatten, glaubten sie sich gerettet; aber ihre Ungestörtheit währte nicht lange. Sehr bald füllte sich der Raum, und jeder, der zustieg, verbreitete einen penetranten Geruch. Auch als alle Plätze besetzt waren, hörte der unbarmherzige Zustrom nicht auf. Drei Gestellbretter, eins über dem anderen, waren über den Sitzen angebracht; und schwerfällige Gestalten in Stiefeln und Schafpelzen, noch unförmiger durch die Habseligkeiten, die sie bei sich trugen, zogen sich empor, bis das Abteil zum Dach hinauf vollgestopft war. Als ein Paar schmut-

[1] Die Geschichte der *Baikal* war kurz. Man hatte die durchschnittliche Stärke der winterlichen Eisdecke zu gering veranschlagt, was zur Folge hatte, daß die Fahrpläne nicht eingehalten werden konnten. Das Fährschiff wurde außer Dienst gesetzt, als 1904 die Bahnverbindung um die Südseite des Sees fertiggestellt war.

zige Stiefel direkt vor ihrem Gesicht baumelten, hatte Annette Meakin genug, und sie beschloß, etwas zu unternehmen. Als sie nach dem Zugschaffner rief, wurde ein älterer Eisenbahningenieur aufmerksam, der zufällig auf dem Bahnsteig stand und Abhilfe versprach. Er eilte davon, und als er zurückkehrte, sagte er, der Zug sei leider überfüllt; doch ein Offizier und sechs Soldaten reisten in einem Gepäckwagen, und wenn es den Damen nichts ausmache, könne er sie dort unterbringen. Sie nahmen das Anerbieten dankbar an, und nachdem sie die hohen Stufen des Gepäckwagens emporgestiegen waren, wurden sie mit Zuvorkommenheit empfangen. Der Ingenieur hatte eine Ecke mit Vorhängen abgeteilt, die er von seinem in der Nähe gelegenen Haus geholt hatte; der Offizier zündete den Ofen an, die Soldaten brachten heißes Wasser und teilten ihre Rationen mit den englischen Gästen.

Von Mysowsk nach Sretensk, wo die Reisenden der hier noch unfertigen Transsibirischen Bahn auf Flußdampfer umsteigen mußten, war es eine Fahrt von fast tausend Kilometern in dem zerklüfteten Hügelland Ostsibiriens, über das Jablonoi-Gebirge hinweg und durch sich windende, abschüssige Täler hinunter. Der Bau dieses Bahnabschnittes durch das wilde, einsame Land hatte bei stets neu auftauchenden Schwierigkeiten fünf Jahre gedauert und war noch immer kaum mehr als provisorisch. Das gemächliche Tempo, mit dem der Zug durch Steppe und Taiga getrottet war, verlangsamte sich noch mehr. Vier Tage und drei Nächte vergingen, ehe man Sretensk erreichte.

In ihrem Gepäckwagen einigermaßen behaglich untergebracht, von dem höflichen Offizier und seinen Leuten bedient, wurde den Meakins plötzlich klar, warum ihre improvisierte Leibwache in diesem Zug mitfuhr. An Bord der *Baikal* hatten sie einige Familien beobachtet, die, ärmlich gekleidet, aber offenbar zufrieden, bei ihrem Mittagessen saßen. Die englischen Damen tauschten gerade eine Bemerkung über die guten Tischsitten der Kinder, als einer der Männer aufstand, um sich etwas Tee einzugießen. Er schleppte eine schwere Kette nach sich, mit der seine Fußknöchel gefesselt waren. Alle Männer waren Sträflinge; von ihren Familien begleitet, die ihnen freiwillig folgten, befanden sie sich auf dem Weg zu den Strafkolonien in Transbaikalien. Mit rasselnden Ketten waren sie in Mysowsk vom Schiff marschiert, und nun hatte man sie in zwei Gefängniswagen neben dem Gepäckwagen eingesperrt. Die Soldaten waren ihre Begleitmannschaft, und sooft der Zug hielt, sprangen vier Mann ab und stellten sich mit aufgepflanzten Bajonetten zu beiden Seiten der Geleise auf. An einer Station pflückte ein Soldat, der im Augenblick dienstfrei war und sich die Beine vertrat, einen Strauß wilder Blumen und reichte ihn den Kindern, die begierig die Hände danach ausstreckten, hinter die Gitterstäbe des Gefangenenwagens.

Nicht viel schneller als im Schrittempo trottete der Zug ins Jablonoi-Gebirge hinauf, von einer Lokomotive vorn gezogen, von einer zweiten hinten geschoben. Der weißlich-graue Dampf verzierte im Vorüberfahren die dunklen Tannen wie mit Weihnachtsbaum-Lametta. Und stets wurde der Zug von den kleinen grünen Flaggen weitergeleitet, die die bewegungslosen Männer längs der Strecke emporhielten. Südlich der Bergketten lag jetzt die unendliche Bläue des mongolischen Hochlandes und noch weiter dahinter die gelbe Sandmasse der Wüste Gobi. Im Norden, jenseits von Bergen, Buschland und Tundra – ein gut Teil davon noch auf keiner Karte verzeichnet –, wand sich über zweitausend Kilometer entfernt, die Lena, der drittgrößte Strom Sibiriens, durch hohe Wälder von Lärchen und Silbertannen, verbreiterte sich durch tausend Nebenflüsse, die sie auf ihrer langen Reise aufnahm, bahnte sich ihren Weg durch hohe rote Sandsteinfelsen, gezackt wie gotische Kathedralen, und durch glatt abfallende grüne Porphyrwände, und ergoß sich, selbst im ständigen Licht des arktischen Sommers gewaltige Eismassen vor sich hinschiebend, in die Laptew-See des Nördlichen Eismeers.

In Tschita hatte der Zug eine Stunde Aufenthalt. Unsere Reisenden waren überrascht von dem gepflegten Aussehen der Stadt, so ganz verschieden von dem rohen und liederlichen Gepräge anderer ostsibirischer Siedlungen. Dieser Wohlstand hatte eine ungewöhnliche Geschichte. Hundert Jahre vorher war Tschita nicht mehr als ein verpalisadierter Kosaken-Vorposten gewesen, und der Name (»Città«) soll von einem Trupp abenteuerlustiger italienischer Goldsucher stammen. Doch 1827, zwei Jahre nach dem Dekabristen-Aufstand, wurde es zum Verbannungsort für die an der Revolte Beteiligten. Das vorhandene Gefängnis war ein verkommenes, unhygienisches Loch, und die erste Aufgabe der Exilierten war, ein neues zu bauen. Dann wandten sie sich dem Ausbau des Dorfes zu. Die meisten Dekabristen waren Angehörige adliger Familien, Männer von Geschmack und Ideen, und sie sahen zu, daß ihr Werk, auch wenn sie es unter Zwang tun mußten, gut wurde. Und sogar ihre Frauen ließen sich von den grausamen Strapazen der Reise nach Sibirien nicht abschrekken und folgten ins Exil, brachten Geld mit, so daß sich allmählich ein bescheidener Handel und Wandel in Tschita entwickelte. Um die Jahrhundertwende hatte die Stadt ihre Vergangenheit vergessen: es war ein blühendes Handelszentrum geworden.

Der Abend dämmerte, als der Zug eintraf. Die ganze Stadt schien auf den Beinen; die Einwohner standen vor den Türen oder bummelten durch die Straßen. Neben den chinesischen Geschäftsleuten und Kulis, den Burjat-Mongolen mit den hohen Wangenknochen in den runden, bronzenfarbenen Gesichtern, waren es diesmal die Russen selber, die am meisten die Aufmerksamkeit der Reisenden aus dem Westen fesselten. Man sah die üblichen Bauern in ihren langen Hemden und Schaffellmänteln, aber auch »Städter« in modischen Anzügen, Homburghüten, gelbbraunen Schuhen und Handschuhen, und sogar einen Herrn in Gehrock und Zylinder. Die Atmosphäre hatte auch nichts Gestelzt-Feierliches – diese Abendpromenande der sibirischen Lebenskünstler war von einer selbstverständlichen und seit langem zur Gewohnheit gewordenen Leichtigkeit.

Zwischen Tschita und Sretensk ging es wieder schneller voran. Der Zug fuhr abwärts, heraus aus den Bergen des inneren Kontinents und in die tiefer gelegenen Ebenen des Küstengebietes. Auch die Flüsse bewegten sich dem Osten zu: Kerulen und Argun, Ingoda, Schilka und Onon – sie alle waren eifrig auf dem Weg, dem breiten Amur neue Wassermassen zuzuführen. Dann, etwa achtzig Kilometer hinter Tschita, bemerkte man vom Zug aus bei dem Dorf Kaidalowo eine scheinbar unbedeutende Abzweigung der Hauptstrecke, die nach Südosten ging. Diese Zweiglinie erklärte, warum die Transsibirische Bahn zwischen Sretensk und Chabarowsk noch eine Lücke von ungefähr zwölfhundert Kilometern aufwies, und erinnerte daran, daß man jetzt eine Region internationaler Spannung betrat. Denn hier begann die Eisenbahn, die Rußland durch die Mandschurei legte.

Bis ins siebzehnte Jahrhundert war die Mandschurei eine Art Niemandsland zwischen dem eigentlichen China und den weiten subarktischen Gebieten Nordostasiens gewesen. Doch mit der Eroberung Chinas durch die Mandschu 1644–60 wurde sie ein Teil des chinesischen Reiches. Eine Reihe von Verträgen regelte im neunzehnten Jahrhundert die Grenze zwischen dem russischen Sibirien und der chinesischen Mandschurei längs des Laufes der drei Flüsse Argun, Amur und Ussuri. Den Erbauern der Transsibirischen Bahn gab diese Grenzziehung eine harte Nuß zu knacken: sollte der letzte, der östlichste Abschnitt ganz über russisches Territorium geführt werden, dann mußte man einen großen Bogen um den Norden der Mandschurei bis Chabarowsk beschreiben, um dann scharf nach Süden durch das Ussuri-Tal nach Wladiwostok abzubiegen. Das war die ursprünglich geplante Streckenführung; um 1900 war die Bahn vom Baikalsee bis Sretensk vorgedrungen und zugleich von Chabarowsk bis Wladiwostok fertiggestellt.

Vermessungen und Geländeprüfungen am Nordufer des Amur hatten jedoch ergeben, daß mit großen Schwierigkeiten zu rechnen war, wenn man die Lücke zwischen Sretensk und Chabarowsk ergänzen wollte. Das zerklüftete Gebirgsterrain erforderte mühevolle technische Arbeiten. Eine Route, die bei Tschita von der Transsibirischen Bahn abzweigte und direkt über Mandschuria nach Wladiwostok gelegt würde, wäre nicht nur viel kürzer, sondern auch leichter zu bauen und weniger kostspielig. Die technischen Schwierigkeiten waren echt; sie hatten aber auch einen politischen Hintergrund. Schon lange hatte Rußland ein Auge auf die Mandschurei geworfen. Ihre Möglichkeiten als Rohstoffbasis und Handelsweg waren verlockend; sie versprach den Zugang zu eisfreien Häfen südlich von Wladiwostok; und China, wo die Mandschu-Dynastie in den letzten Zügen lag, war schwach. Der ungünstige Bericht der Fachleute über die nördliche Route bot den russischen Expansionisten die Gelegenheit, die sie suchten: mit einer Bahn durch die Mandschurei könnte man ihre Annektion in die Wege leiten.

Doch nicht nur in St. Petersburg hegte man solche Pläne. Japan, das sich an das chinesische Vakuum von der Seeseite heranpirschte, hatte bereits versucht, an der mandschurischen Küste Fuß zu fassen, und wartete auf seine Stunde; die Westmächte, die ihre eigene gewinnsüchtige Politik in China verfolgten, behielten sowohl Rußland als auch Japan im Auge. Doch Rußland handelte schnell und geschickt; 1896 schloß es ein Geheimabkommen mit China, in dem es, als Gegenleistung für das Versprechen des Schutzes gegen japanische Eroberungsgelüste, das Recht erwarb, eine Eisenbahn durch die Mandschurei zu bauen. Vorgeblich würde es eine chinesische Bahn sein; aber die Art der Finanzierung sicherte den Russen das Recht der Kontrolle. Nach Abschluß des Vertrages wurde die schwierige Route längs des Amur vorläufig aufgegeben und sofort die mandschurische Linie in Angriff genommen.

Hätten unsere Reisenden damals schon mit der Zweiglinie in die Mandschurei fahren können, so wären sie Zeugen ungewöhnlicher Vorgänge geworden. Mit einer Hand trieb Rußland den Bahnbau, der durch einen schrecklichen Seuchenausbruch unter den Arbeitskulis ins Stocken geriet, mit der größten Dringlichkeit voran; mit der anderen mußte es eine umfangreiche Sabotage-Bewegung abwehren. Denn der gegen die Ausländer gerichtete Boxeraufstand in China war auf seinem Höhepunkt, und mehrere tausend russische Soldaten mußten in offenen Kämpfen die Eisenbahn nicht nur gegen lokale Banden verteidigen, sondern auch gegen fanatische Boxer und Angehörige der chinesischen Armee, die mit ihnen sympathisierten. Um der chinesischen Regierung bei der Wiederherstellung der Ordnung zu »helfen« und um Japan und die Westmächte in Schach zu halten, schleuste Rußland ungeheure Truppenmassen in die Mandschurei ein. Die langen Transportzüge, die unsere Reisenden während der ganzen Zeit längs der Transsibirischen Bahn gesehen hatten, waren ein Teil dieser Aktion.

Aber noch hatte die Spannung jenseits der Grenze ihren Höhepunkt nicht erreicht. Der Zug umging sie nordwärts und dampfte das steile Felstal der Schilka nach Sretensk hinunter; er fuhr an Holzhütten vorüber, die auf Flößen im Fluß errichtet waren und vor denen Frauen kochten und wuschen, und wand sich durch drohende Gebirgsschluchten in die Region von Nertschinsk. Dort gab es reiche Silbervorkommen, und da sich freie Männer immer mehr der Goldsuche zugewandt hatten, wurden die Minen seit langem durch Sträflinge ausgebeutet. Einige Jahre vorher hatte George Kennan, ein amerikanischer Journalist ihre harten Lebens- und Arbeitsbedingungen beschrieben und die westliche Welt mit seinen Enthüllungen des grausamen sibirischen Strafsystems schockiert. Und wenn auch die Gefangenen nicht mehr ständig an ihre Schubkarren gekettet und den ganzen Tag von Knute und Pletj bedroht waren, so mußten sie immer noch bei spärlichem Kerzenlicht in tief unter dem Bahndamm liegenden Stollen arbeiten, wo infolge der Kälte das Wasser von den Wänden tropfte.

Hinter Nertschinsk, während der letzten Kilometer der Bahnstrecke, zeigte Sibirien im Frühling und Sommer ein freundlicheres Gesicht. Wilde Blumen belebten die Hänge der Hügel: orangefarbene Trollblumen, purpurne Primeln, scharlachroter Türkenbund, hellblaue wilde Geranien, gelbe Taglilien, Päonien, Ehrenpreis und Glockenblumen. Im Herbst übertrumpften die Laubbäume die immergrünen mit ihren flammenden Farben.

»Sretensk!« rief der Offizier den Meakins durch die Vorhänge zu, und als er merkte, daß sie schliefen, wiederholte er lauter: »Sretensk!« Mit steifen Gliedern nach der viertägigen Fahrt vom Baikalsee, kletterten sie aus dem Gepäckwagen. Die eigentliche Transsibirische Bahn endete hier; doch als müsse es so sein, lag der Bahnhof wieder jenseits des Flusses außerhalb der Stadt. Der Offizier gab ihnen einen Soldaten zur Begleitung, zeigte ihnen die Fähre und salutierte zum Abschied.

In Sretensk hatten sich der russische Westen und der Osten noch kaum berührt. Die Bahnverbindung mit Moskau hörte auf, und vom Stillen Ozean aus war man noch nicht so weit vorgedrungen. Es war eine Pionierstadt an der Siedlungsgrenze, aus Baracken und Hütten bestehend und hauptsächlich von Kosaken mit Frauen und Kindern bewohnt. Und wenn die Straßen von Tomsk mit Lehm und die von Irkutsk mit Staub bedeckt gewesen waren, so wanderten hier überall Kühe und Schweine umher und machten die Gehwege noch abenteuerlicher. Am Tage schliefen sie in orientalischer Lethargie, und gelegentlich aufgescheucht von einem Kosakenmädchen, das mit klirrenden Glasperlen durch den Morast hüpfte, oder vom plötzlichen Geschrei berittener Mongolen, die eine Ponyherde durch die Stadt trieben. In der Nacht hingegen erwachte die Stadt zum Leben. Scharen von Regierungsbeamten, nach Rang und Würde uniformiert, tauchten von allen Seiten auf und bevölkerten das Hotel, wo sie aßen, tranken, tanzten, Karten spielten und wieder aßen und tranken. In den Zimmern darüber hatten die Fenster keine Vorhänge; die Bettfedern quietschten unter den Matratzen, und in den Korridoren hörte man es schnarchen. Am nächsten Morgen sollten die Reisenden per Schiff auf dem Fluß weiterbefördert werden.

Ohne Bedauern sahen sie die armseligen Behausungen von Sretensk hinter den Wellen der Schilka verschwinden. In den ersten drei Tagen der Schiffsreise bestand ihr Quartier aus einem Paar skelettartiger Kabinen auf dem Deck eines Lastkahns, der von einem alten Dampfer geschleppt wurde. Um sie herum schlief und aß, schrie und stritt sich eine bunte Gesellschaft von Auswanderern, Chinesen, Einheimischen und Haustieren. Als sie sich dem Dorf Pokrowka näherten, wo die Schilka in den Amur fließt, schienen ihnen die letzten Reste europäischer Zivilisation ferner denn je. Doch in Pokrowka wurde es besser; denn hier erwartete sie ein größerer Heckraddampfer, der sich sogar eines Speiseraums rühmen konnte, um sie den Amur abwärts nach Blagoweschtschensk zu bringen. Im Fahrplan waren dafür weitere drei Tage vorgesehen, doch die Ankunftszeiten mußten sich den Launen des Flusses fügen. Die Untiefen des Amur waren berüchtigt, und nur zu oft hörte man das nicht gerade tröstliche knirschende Geräusch, wenn der flache Schiffsboden auf den Sand auffuhr. Bei seichtem Wasser geschah es nicht selten, daß das Schiff eine Woche oder noch länger festlag. Auf dem linken Ufer, zwischen dem Fluß und den Hügeln, zogen langsam kleine Kosaken-Siedlungen zwischen Birkenwäldchen vorbei, wie ein sich selbst abspulender Film. Rechts waren die Horizontlinien unbestimmter und geheimnisvoller: dort lag die chinesische Mandschurei; der Amur bildete die Grenze.

In Blagoweschtschensk – dem »New York Sibiriens« – waren im Hotel die Eier verdorben, das Brot sauer und die Butter ranzig. Aber in einer benachbarten Buchhandlung gab es eine Lebensbeschreibung Tennysons, und als Miß Meakin einen Einkaufsbummel durch das feinere Viertel machte, sah sie in einem Schaufenster einen modischen Hut mit einer langen Feder, der als »Chapeau Boer« (»Burenhut«) angepriesen war. Es gingen Gerüchte, daß drüben ihn China Europäer von Boxern ermordet worden sein sollten, und man hörte auch von einem peinlichen und grausamen Vorfall, der sich kürzlich in Blagoweschtschensk selber zugetragen hatte. Der Gouverneur, aus Furcht, der Aufstand könne auf russisches Gebiet übergreifen, hatte angeordnet, daß alle Chinesen innerhalb von vierundzwanzig Stunden die Stadt verlassen und sich über den Amur in die Mandschurei verfügen sollten. Es gab nicht genug Boote für die mehr als viertausend Vertriebenen, und als die Frist um war, trieben Kosaken die Zurückgebliebenen mit aufgepflanzten Bajonetten in den Fluß und ließen sie hilflos ertrinken.

Dann lag auch Blagoweschtschensk zurück, und diesmal ging die Fahrt in einem stattlicheren und komfortableren Raddampfer weiter, der, wie ein Amerikaner bemerkte, an die glorreichen Zeiten des Mississippi erinnerte, bevor die Flußschiffahrt dort von der Eisenbahn verdrängt wurde. Sechs Tage lang pflügten die Schaufelräder die Wellen des Amur, folgte das Ruder den zahllosen Windungen des Stromes, spazierten die Passagiere auf dem Promenadendeck, besuchten die Bar, spielten auf dem deutschen Klavier im Salon – bis Chabarowsk auftauchte. Es schien nahe der Stelle, wo sich der Ussuri in den Amur ergoß, in der Luft zu schweben; die Straßen hoben und senkten sich mit den Konturen der Hügel, und seine roten Ziegelsteinkasernen wachten über einer weit ausgedehnten geruhsamen Welt von Himmel und Wasser. Noch war Sibirien nicht zu Ende; noch eine

Bergkette lag zwischen der Stadt und dem Ozean; doch der östlichste Punkt der Reise war erreicht. Jetzt, auf demselben Längengrad wie Alice Springs in Mittelaustralien, stiegen die Reisenden vom Schiff auf die Eisenbahn um, und südwärts ging es nach Wladiwostok.

Die dem Lauf des Ussuri folgende Strecke war unsanft. Dreißig Stunden lang holperten und knarrten die Wagen unter einem grauen Himmel und dem wehenden Sprühregen des Sommer-Monsuns, an nebelverhüllten Bergen vorbei, durch Wälder, wo sich Ulmen und Ahorne, Korkeichen und Walnußbäume unter die Tannen gemischt hatten. Eigentlich war es ein Militärzug. Offiziere aller Rangstufen füllten die Abteile; die Bahnhöfe wurden von der Armee kontrolliert, und Soldatentrupps arbeiteten an den Bahndämmen. Nach und nach wurde die Besiedlung dichter: eingezäunte Weiden, feste Straßen, weißgetünchte Häuser erinnerten an das europäische Rußland. Und auch die gewohnte Ordnung stellte sich wieder ein. Die freiere Luft der offenen Steppe mußte den strengeren Regeln und Formalitäten einer geschlossenen Gesellschaft weichen. Denn der Küstengürtel des russischen Fernen Ostens war nicht über die räumliche und zeitliche Großzügigkeit Sibiriens kolonisiert worden, sondern von Einwanderern, die auf dem Seeweg von Odessa gekommen waren.

Plötzlich stieß jemand einen Ruf aus: da ragte, umgeben von den weißen Rümpfen der Kriegsschiffe und den viereckigen Segeln der Dschunken, eine Stadt auf einer Landzunge in das Japanische Meer und den Stillen Ozean. Und als die Reisenden zum letzten Mal auf den Bahnsteig hinuntersprangen, sahen sie eine große Tafel: Von Wladiwostok nach St. Petersburg – 9877 Werst.

Ihre Reise war beendet. Sie hatte sie über fast hundert Längengrade zusammenhängenden Festlandes geführt. Und bei der Durchquerung Asiens von Europa zum Stillen Ozean – durch Regionen, die weiter vom Meer entfernt sind als irgendein anderer Punkt der Erde – waren sie durch ein Gebiet gekommen, das innerhalb Asiens selber einen Kontinent für sich bildet, obwohl es den meisten gar nicht zum Bewußtsein gekommen war.

Denn ein Erdteil im üblichen Sinne mit festen geographischen oder politischen Grenzen ist es nie gewesen; es hatte nie einen allgemein anerkannten Namen, doch Geographie und Geschichte haben diesen Kern deutlich von dem ihn umgebenden äußeren Eurasien getrennt, und um diese Besonderheit zu kennzeichnen, hat man ihn des öfteren *das Herzland* genannt.

Zu Beginn des zwanzigsten Jahrhunderts, als unsere Reise vor sich ging, hatte Rußland einen großen Teil des Herzlandes schon fest in der Gewalt. Trotz aller Trägheit und Unfähigkeit, Grausamkeit und Korruption im zaristischen Rußland, war ihm auf bewundernswerte Weise die Besitznahme eines so ungeheuren Raumes gelungen. Historisch gesehen war Rußland allerdings ein Neuankömmling. Noch dreihundert oder wenig mehr Jahre vor dem Bau der Transsibirischen Bahn hatte kaum ein Russe den Boden jenseits des Ural betreten. Ehe die Russen kamen, war das Herzland die Heimat alter Völker gewesen, die aus verschiedenen Wurzeln stammten. Mehrere, hochgewachsen, blauäugig und hellhäutig, ähnelten Europäern; einige waren rauhhaarig und rotbärtig; wieder einige vom orientalischen Typ, rundschädelig, mit Schlitzaugen und hohen Backenknochen in breiten, gelblichen Gesichtern. Etliche hatten in früheren Zeiten indogermanische, andere türkische oder mongolische Sprachen gesprochen. Zwischen manchen bestanden scharfe Unterschiede; zwischen anderen nur feine Schattierungen nahverwandter Konstitution und Charakterart. Woher sie kamen und wie sie sich vermischten, ist vielfach noch unerforscht. Zahlreiche Völkerstämme des Herzlandes lebten und starben in dauernder Wanderung; wenige waren des Lebens und Schreibens kundig, und daher sind ihre Überlieferungen – außer denen, welche die Archäologie nach und nach zutage fördert – oft sehr dürftig oder gar nicht vorhanden. Bis jetzt mußte das Bild ihres Lebens in den verschiedenen Epochen, ihrer Veränderungen und Bewegungen durch die Räume des Herzlandes, überwiegend von außen zusammengesetzt werden.

Längs der Transsibirischen Bahn waren unsere Reisenden die Nachkommen einiger dieser alten Herzland-Bewohner begegnet. Als ein Teil des neuen russisch-asiatischen Völkermosaiks hatten sie ziemlich friedlich ausgesehen. Doch ihre Vorfahren waren nichts weniger als friedlich gewesen. In vielen Jahrhunderten waren sie über die weiten Ebenen gebrandet, um sich gegenseitig zu bekriegen, zu anderen Zeiten wieder hatten sie sich zu überwältigenden Allianzen zusammengeschlossen, die Grenzen Innerasiens überrollt und in wilden Raubzügen die Nachbarvölker heimgesucht oder sie in jahre- oder sogar jahrhundertelanger Herrschaft unterjocht. Die Folgen dieser Invasionen waren größer und mannigfaltiger, als den Reisenden, die gerade dieses Herzland durchquert hatten, bewußt war. Die Hose, das unerläßlichste Kleidungsstück aller Männer des Abendlandes, war zuerst in Innerasien getragen worden. Mehrere Eigenschaften, die sie aneinander bewunderten – Charakterstärke und den Willen, sich durchzusetzen, persönliche Tatkraft und Unternehmungslust –, waren Qualitäten, die mindestens teilweise von dem Druck herrührten, den die Völker des Herzlandes zu bestimmten Zeiten auf ihre Vorfahren ausgeübt hatten. Das Herzland, wenn auch nicht als festumrissener Begriff, hatte in ihren Schulbüchern eine Rolle gespielt. Der Fall des Römischen Reiches und die Germanisierung Westeuropas, das Feudalsystem und die Kreuzzüge, die Ausbreitung der Renaissance, das System der Leibeigenschaft, das seine Spuren noch bei so vielen Russen längs der Transsibirischen Bahn hinterlassen hatte – an den großen Bewegungen, Ereignissen und Krisen der Geschichte und an vielem anderen, was aus unseren Reisenden von Westeuropa und Amerika das gemacht hatte, was sie waren, hatte das Herzland einen wichtigen Anteil gehabt.

Durch die Wildnis, die sie in dem rollenden Komfort ihrer Schlafwagen durchquert hatten, waren Hunderte und Tausende von Jahren vor ihnen andere gezogen: eroberungssüchtige Krieger und Kaufleute, die geduldig auf den Sandwegen ihrer Handelsrouten gewandert waren. Beide hatten wechselseitig die alte Welt außerhalb der Steppen und Wüsten Innerasiens befruchtet; von einem Ende Asiens zum anderen hatten die Eroberer Ideen und kriegsgefangene Handwerker befördert und die Händler neue Verbrauchsgüter und Luxusartikel vermittelt. Europa hatte über die weiten Entfernungen hinweg Metall- und

Glaswaren, Hausrat und gemünztes Geld geschickt, aber auch das nestorianische Christentum und die Gesandten des Papstes. Aus Indien hatte der Buddhismus seinen Weg um den Himalaja zum Fernen Osten gefunden. Gen Westen waren aus dem Herzland zahllose Karawanen mit Seide und Tee, Gewürzen, Porzellan und Papier gezogen; außerdem die Kenntnis der Papierwährung und das reine Salpeter, das die Araber »chinesischen Schnee« nannten und woraus die Europäer das Schießpulver machten.

Für den innersten Kern Asiens waren die Russen mit ihrer Eisenbahn Neulinge. Aber die Geschichte des Herzlandes und seines Einflusses auf die übrige Welt reicht weit hinter die historischen Zeiten zurück.

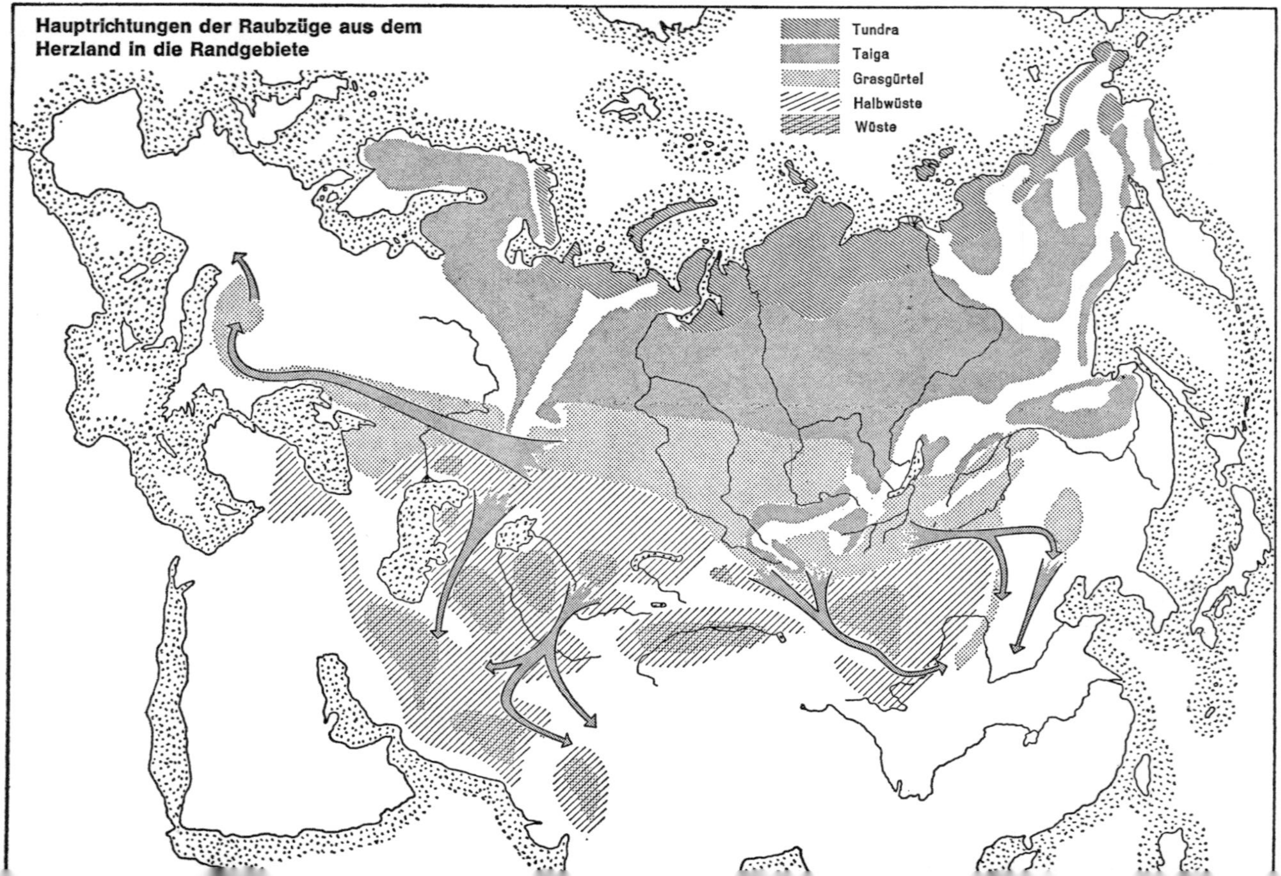
Hauptrichtungen der Raubzüge aus dem Herzland in die Randgebiete
Tundra
Taiga
Grasgürtel
Halbwüste
Wüste

Herzland und Randzone

So wie die Geographie ohne Geschichte einem bewegungslosen Leichnam gleichkommt, so wandert Geschichte ohne Geographie wie ein Vagabund unbehaust umher.

JOHN SMITH, GENERAL HISTORY OF VIRGINIA

EHE WIR DIE GESCHICHTE ERZÄHLEN, wollen wir den Schauplatz schildern.

Wenn wir vor einer Karte Asiens so weit zurücktreten, daß wir den ganzen eurasischen Kontinent ins Auge fassen können, erblicken wir die größte Landmasse der Erde. Sie ist ungefähr wie ein Halbmond geformt, dessen Spitzen nach Norden zeigen. Sein innerer Bogen folgt der arktischen Küstenline von Skandinavien und Sibirien; der äußere Bogen umfaßt Westeuropa, das Mittelmeer, Kleinasien, Persien, Vorderindien, das Festland Südostasiens, die chinesische Küste, Japan und schließlich die pazifische Küste Sibiriens. Außerhalb dieses Bogens, ihn nur an einigen Punkten berührend, liegen Nordafrika und Arabien, Indonesien, Australien und Amerika.

Ein allen an diesem äußeren Bogen gelegenen Ländern gemeinsamer Faktor ist ihre Nähe zu den sie umgebenden Meeren. Das Meer bietet ihnen Freiheit und verbindet sie zugleich miteinander, und ihr wechselseitiger Verkehr wird oft noch durch breite Flüsse begünstigt, die den Seeweg in das Innere des Landes fortsetzen. Und da die Nähe des Meeres Regenfälle fördert, besitzen die meisten dieser Länder eine der wichtigsten Voraussetzungen für eine ertragreiche Landwirtschaft. Daher konnten in den Randgebieten des äußeren Bogens seit Urzeiten Gemeinschaften siedeln, die in erster Linie von Landwirtschaft und Handel lebten, und diese ermöglichten nicht nur die Bildung von Wohlstand, sondern auch den Austausch von Ideen, die wiederum eine Vielfalt von Tätigkeiten erzeugten. So wurde der große halbkreisförmige Gürtel um den Rand Eurasiens die Wiege von Gesellschaftsformen, in denen sich die Künste und Wissenschaft entwickelten, auf denen unsere Kultur basiert. Die meisten Völker Eurasiens haben sich in diesem Randgürtel konzentriert, und es kann als allgemeine Regel gelten, daß ihr Wohlstand, ihre Kenntnisse und Fertigkeiten um so größer und fortgeschrittener waren, ja näher sie am Meer lebten.

Im Inneren Eurasiens liegt jedoch eine weite Region mit völlig verschiedenen Merkmalen. Auch ihre Nordgrenze wird von der arktischen Küstenlinie gebildet, die fast überall und nahezu das ganze Jahr über im ewigen Eis liegt, wodurch bis in die jüngsten Zeiten ein geregelter Verkehr unmöglich war. Weit im Süden erstreckt sich von Afghanistan bis Burma eine andere natürliche Grenze: das große Massiv des Hindukusch und des Himalaja, die höchste Gebirgsbarriere der Welt. Und zwischen dem Eis und dem Hochgebirge liegt eine gewaltige Landmasse, von Flüssen entwässert, die sich in unschiffbare Meere ergießen. Mittelsibirien wird von drei Riesenströmen geteilt – Ob, Jenissej und Lena –, die alle ins nördliche Eismeer münden. Im Westen fließt die Wolga, mit einem Einzugsbereich fast so weit wie die Vereinigten Staaten, ins Kaspische Meer. Im äußersten Osten des Kontinents führt zwar der Amur ins Ochotskische Meer und damit in den Stillen Ozean; aber die sehr starken, jahreszeitlich bedingten Unterschiede des Wasserspiegels, Untiefen und Sandbänke erschweren seine Schiffbarkeit, und auch er ist in seinen unteren Bereichen fast die Hälfte des Jahres vereist. Im Süden fließen Syr-darja (im Altertum Jaxartes) und Amu-darja (Oxus) in den Aralsee; aus der Mongolei empfängt der Baikalsee das Flußnetz der Selenga und der Balkaschsee den siebenarmigen Ili. Von den vielen Flüssen, die sich im Innern verlieren, ist der bedeutendste der Tarim, der sich durch die Wüste im Herzen des Kontinents windet und dann in dem Sumpfgelände von Lop Nor verschwindet.

So ist der Amur der einzige innerasiatische Strom, der zeitweise Zugang zum schiffbaren Meer gewährt; alle anderen fließen entweder nordwärts in die Arktis, speisen Binnenseen oder versickern in der Wüste.

Diese weite Fläche liegt gleichsam wie ein zweiter Halbmond eingebettet in dem großen eurasischen, den wir vorher beschrieben haben. Der innere Bogen deckt sich, worauf schon hingewiesen wurde, mit dem des ersten; doch der äußere umschließt die Gebirgsbarrieren und die Becken der inneren Flußsysteme. Von Westen nach Osten folgt er einer Linie, die etwa von der Mitte des europäischen Rußland durch den Kaukasus und das Elburs-Gebirge in Nordpersien verläuft, den Hindukusch und den Himalaja entlang, die Wüste Gobi und den größten Teil der mongolischen Ebene umfaßt und sich schließlich zwischen den Chingan- und Kolyma-Bergen nordostwärts der Ostsibirischen See zuwendet. In dieser inneren halbmondförmigen Region gab es in der Geschichte nur wenige Voraussetzungen für Wirtschaftsfortschritt und Kulturaustausch, deren sich die Küstenregionen erfreuen konnten. Und diese eigentlich namenlose Landmasse innerhalb Eurasiens ist gemeint, wenn hier und da von dem »Herzland« die Rede ist.

Seine Topographie ist, in den Grundzügen betrachtet, ziemlich einfach. In der Mitte des südlichen Bogens steht das »Dach der Welt«: der majestätische Komplex um Pamir und Hindukusch, der den westlichen Pfeiler des Himalaja-Gebirges bildet. Vom Pamir-Plateau kann man in nordöstlicher Richtung eine Diagonale ziehen, die am Tienschan- und Altai-Gebirge entlang, durch den Baikalsee und dem Lauf der Lena folgend bis zu deren Mündung führt. Nördlich und westlich dieser Linie besteht das Herzland aus vier unermeßlichen Ebenen: dem Hochland von Mittelsibirien, durch das die Nebenflüsse von Jenissej und Lena ihre Canyons genagt haben; die flache, konturlose Ebene von Westsibirien, wo das Flußsystem des Ob die größte Tieflandregion der Welt bewässert; jenseits des Ural die sanftere, abwechslungsreichere Landschaft des Wolga-Beckens und südlich des Ural eine dritte Tiefebene um das Kaspische Meer und den Aralsee. Östlich und südlich unserer gedachten Diagonale liegt höheres Land: das große Plateau der Mongolei und der Wüste Gobi, mehr als tausend Meter über dem Meeresspiegel, und die zerklüfteten Gebirgsmassen Nordostsibiriens. Die tiefer gelegenen westlichen Ebenen und die Hochebenen des Ostens sind jedoch nicht voneinander abgeschnitten; es verbindet sie ein Durchgang, der zwischen dem Tienschan und dem Altai durch die Landschaft Dsungarei im Norden der chinesischen Provinz Sinkiang verläuft. Wegen seines Sandbodens und seiner historischen Bedeutung als Völkerpforte nennt man dieses Durchgangsland häufig die »trockene Straße der Dsungarei«.

Noch andere Faktoren außer seinen natürlichen Grenzen von Eis und Gebirge und seinen vielen Strömen, die es nicht mit der Außenwelt verbinden, haben dazu beigetragen, aus dem Herzland eine besondere, vom äußeren Eurasien deutlich unterschiedene Einheit zu machen. Wenn man von Norden nach Süden geht, durchquert man vier breite Vegetationsgürtel, die sich über die ganze Breite des Subkontinents ziehen wie vier Schichten einer Eiswaffel. Im äußersten Norden liegen die Tundren, deren spärlicher Pflanzenwuchs den größeren Teil des Jahres mit Schnee bedeckt ist. In der kargen Sommerwärme der Mitternachtsonne verwandeln sie sich in eine bräunliche, schwammigfeuchte Masse, und kurze Zeit blühen Blumen auf – arktischer Mohn und Steinbrech – und beleben die Monotonie der Moose und Flechten, die das Futter der Rentiere bilden. Auch Lemminge und Polarfüchse kommen häufig vor. Vögel nähren sich von der Insektenwelt des Sumpflandes und lassen sich auf dem beerentragenden Gestrüpp oder den wenigen verkrüppelten Bäumen an den Flußufern nieder. Fast überall bleibt der Untergrund das Jahr über gefroren, manchmal bis zu sechshundert Meter tief.

Südlich der Tundra liegt die Taiga: der ungeheure dunkelgrüne Nadelwaldgürtel, der sich von der Ostsee bis zum Stillen Ozean erstreckt. Seine Existenz wird ermöglicht durch die Feuchtigkeit, die sich im Mutterboden über dem ständig gefrorenen Grund darunter hält. In den Wäldern leben Eichhörnchen, Luchse, Bären, Elche und Pelztiere; an den Flüssen Biber und Pelikane. Die Bäume wachsen urwaldartig durcheinander und liefern kein ergiebiges Nutzholz. Sowohl in der Tundra als auch in der Taiga hat man Mammute mit vollständigem wolligem Fell gefunden; eins war in dem eisigen Grund so gut erhalten, daß die Eingeborenen das Elfenbein verkauft und mit dem Fleisch ihre

Hunde gefüttert hatten, ehe der Kadaver überhaupt richtig ausgegraben werden konnte.

Der dritte Gürtel, von hellerem Grün, südlich der Taiga, ist die Steppe: ein langgezogenes Grasland mit großenteils humusreichem, schwarzen Boden, dessen Fruchtbarkeit sich im Lauf der Jahrhunderte teils durch das verrottende Gras selber, teils durch nährsalzhaltige Elemente des darunterliegenden Felsbodens erhöht hat. Dieser Steppengürtel, von seinen Ur-Einwohnern der »Erdgürtel« genannt, ist von unermeßlicher Länge; er zieht sich vom Fuß der Karpaten im Westen durch die Pforte zwischen Ural und Kaspischem Meer, durch die Dsungarei bis zum Tschingan-Gebirge östlich der Mongolei. Und an jedem Ende, jenseits der Karpaten in Ungarn und hinter dem Tschingan in der Mandschurei, liegen ebenfalls grasbewachsene Ebenen, so daß die Steppe nicht nur das ganze Herzland umfaßt, sondern auf die Randgebiete Eurasiens übergreift. Sie ist nicht überall gleichmäßig fruchtbar, und ihr Aussehen wechselt. In Westsibirien ist sie niedrig gelegen und von Salz- und Süßwasserseen durchzogen. Östlich der Dsungarei, auf der mongolischen Hochebene, eingebettet zwischen Gebirgsmassen und von schneidenden Winden heimgesucht, ähnelt ihre Oberfläche einer langen Reihe von flachen, sich überschneidenden Tellern. Einst wanderten Bisons und Wildpferde über die Steppe; jetzt sind in den verschiedenen Landstrichen Elche und gehörnte Wildschafe zu Hause, Steinböcke, Bären und Wölfe, Leoparden und Wildschweine, Hasen und Füchse, und darüber kreisen Adler in der klaren, trockenen Luft. Wenn der Frühling kommt und der Winterschnee schmilzt, brechen Iris, Tulpen und Nelken, Anemonen und wilder Thymian durch das Steppengras; doch in der Hitze des kontinentalen Sommers verdorrt alles zu einem pergamentenen Braun.

An der Südgrenze der Steppe verliert sich der schwarze Boden in hellerem Sand; die Vegetation wird spärlicher und rauher, bis der vierte, letzte Gürtel erreicht ist: eine Reihe von gelbbraunen, tigerartig gestreiften Wüsten, die sich am äußeren Rande des Herzland-Halbmondes entlangziehen und Zentralasien umfassen. Um den Aralsee liegen weite Strecken von hartem, unfruchtbaren Kalkstein, krustigem Salz und lehmigen Mulden, von

Wanderdünen und nacktem Fels, der durch den Wechsel von Hitze und Frost zersplittert. Einige dieser Wüsten – die Karakum, die Kysyk-kum, die Ust-Urt – gehören zu den ödesten und verlassensten der Welt. Aber die Zone ist nicht überall so trostlos. In den Ausläufern der hohen Gebirge im Osten finden sich tiefe Schichten fruchtbaren Lößbodens; verstreute Oasen und das Schwemmland der größeren Flüsse bilden weitere fruchtbare Gebiete; und sogar in den Einöden lockt gelegentlich Regen Gestrüpp und grobes Gras hervor und bietet Weidemöglichkeiten. Weiter im Osten liegt abermals eine Wüste, die Takla Makan, ovalförmig und fast von allen Seiten von den Bergketten des Tienschan und des Kunlun umgeben. Der sie durchfließende Tarim ist eintönig und reizlos, doch auch hier gewähren die niederen Hänge der Berge Gelegenheiten zur Bodennutzung. Im Nordosten, zwischen der Takla Makan und der Mandschurei, liegt die Beckenlandschaft der Wüste Gobi, eine riesige Schotterregion, durchsetzt von schimmernden, zerklüfteten Salzflächen, von Lehmmulden, die der Wind zu grotesken, jäh aufragenden Tafeln gemeißelt hat, von monströsen, schwarzen Basaltblöcken und gelbrosa Sandhügeln. Doch selbst hier können Mensch und Tier ihr Dasein fristen. Ab und zu unterbrechen Wassertümpel die Wüstenei; Lehm und Schotter gestatten eine spärliche Grasnarbe und widerstandsfähiges, holziges Gestrüpp. Ein jetzt dürres, aber einst sumpfiges und zum Teil waldreiches Gebiet an den Nordrändern der Gobi ist reich an Resten vorgeschichtlichen Lebens. Man fand ein Nest von dreizehn Dinosaurier-Eiern, ordentlich im Kreis, mit den Spitzen zur Mitte angeordnet, so wie vor Millionen Jahren die Mutter sie hingelegt hatte. Zwei waren zerbrochen, doch in den Schalen hatte der Sand die zerbrechlichen Skelette der Jungen konserviert.

Keiner der vier großen, zusammenhängenden Gürtel von Tundra, Taiga, Steppe und Wüste setzt sich in vergleichbarem Maße in den kleineren, doch mannigfaltigeren Landschaften der Küstenregionen von Eurasien fort. Und das strenge Kontinentalklima Innerasiens verstärkt den Unterschied zwischen dem Herzland und den unter dem milden Seeklima stehenden Randgebieten. Da große Landmassen sich schneller erwärmen und abkühlen als Meeresflächen und ihre Küsten, ist das Klima Innerasiens, des Herzens des größten Erdteils, den extremsten Gegensätzen von Hitze und Kälte unterworfen, und die mäßigenden Einflüsse von außen sind geringfügig. Es ist dem Nordpol ausgesetzt, doch von den Tropen durch hohe Gebirgsketten – Kaukasus, Pamir Karakorum und Himalaja – im Süden abgeschlossen. Und da die meisten Luftströme aus dem Westen kommen, verlieren sich großenteils ihre ausgleichenden und Feuchtigkeit bringenden Wirkungen über den dazwischenliegenden europäischen Ländern, und die klimatischen Kontraste werden nach Osten zu größer. Die durchschnittliche Wintertemperatur liegt unter dem Gefrierpunkt, ein großer Teil des Herzlandes ist länger als sechs Monate im Jahr mit Schnee bedeckt, und am sogenannten »Kältepol« in Nordostsibirien fällt das Thermometer im Januar regelmäßig auf rund minus 50 Grad Celsius, und es wurden dort auch schon minus 70 Grad Celsius gemessen. Bei solchen Temperaturen friert dem Menschen der Atem vor dem Munde, und an den Nasenlöchern bilden sich Eisklümpchen. Nur die Antarktis ist noch kälter. Zwischen März und Juni wandert ein kurzer Frühling von Südwesten nach Nordosten und rasches Tauwetter läßt die Flüsse anschwellen. An den nordwärts fließenden Strömen, deren Oberläufe vor den Unterläufen schmelzen, können ganze Landstriche überschwemmt werden, da das Eis im Norden das Tauwasser nicht ablaufen läßt. Aber die heißer werdende Sonne erwärmt die große Landmasse schnell, und der jähe Temperaturanstieg bringt oft Perioden heftiger Gewitter und Hagelstürme. Mit dem Beginn des Sommers gehen die Fluten zurück, die Unwetter hören auf, und es folgt eine Trockenperiode, die eine der hauptsächlichsten klimatischen Eigenschaften des Herzlandes ist. In den größeren Teilen des Subkontinents wird Regen selten; in den Wüsten des Südens gibt es so gut wie gar keine Niederschläge: Tag für Tag leuchtet der ewig blaue Himmel über dem brennend heißen Salz- und Sandboden. Nur ein schmaler Streifen vom südlichen Ural zum Baikalsee erfreut sich regelmäßig wiederkehrenden Regens, und sogar in diesen Breiten ist immer weniger Verlaß auf ihn, je weiter man nach Osten kommt. Auf der mongolischen Hochebene, abseits von Flüssen und Bergseen, macht die Dürre nahezu jedes Leben unmöglich; in dieser Hinsicht gleichen viele Teile Zentralasiens dem Innern Australiens. Und wo es Niederschläge gibt, fehlt es meist an Wärme. Der Norden Innerasiens, einschließlich der weiten Sumpfgebiete um den Unterlauf des Ob, hat ausreichende Feuchtigkeit, doch die Temperaturen sind niedrig. Im Süden ist das Gegenteil der Fall: dort herrscht Wärme, aber auch überwiegend Trockenheit. Die Kombination von Feuchtigkeit und Wärme, die Landwirtschaft florieren läßt, findet sich nur in streng begrenzten Bezirken des Herzlandes.

Während der prähistorischen Zeiten müssen sich tiefgreifende Veränderungen in der Landschaft und dem Klima des Herzlandes ereignet haben. In der Eiszeit bildete die Eisdecke, unter der Nordasien lag, einen Wall, der den Abfluß des Ob und des Jenissej hemmte, so daß sich die Wassermassen stauten, zurückfluteten und das Schwarze, das Kaspische Meer und den Aralsee zu einer einzigen großen Seenfläche vereinten. Die Reste von Dinosauriern – Riesentiere, die viel Wasser brauchten – in der jetzt dürren Mongolei und der Wüste Gobi bezeugen, daß diese Region in der Kreide- und oberen Jurazeit bedeutend wasserreicher war. Nicht nur der Westen, auch weite Gebiete des östlichen Herzlandes waren vermutlich mit Süßwasserseen und Sumpfland bedeckt. Seitdem hat ein allmählicher Prozeß der Austrocknung stattgefunden, der nur wenige große »Pfützen« wie das Kaspische Meer und den Aralsee in den Seezonen der Vergangenheit zurückließen. Auch ausgeprägte zyklische Klimawandlungen haben Innerasien wie die anderen Erdteile betroffen. In der Vorgeschichte waren diese klimatischen Schwankungen weitaus heftiger und ausgesprochener; doch der Wechsel von langen Dürreperioden mit starken Regenfällen ist bis in die jüngste Zeit geblieben.

Die geographische Beschaffenheit Asiens hielt die Ureinwohner des Herzlandes den Küstenregionen des Kontinents fern. Für die meisten von ihnen waren Landwirtschaft und Handel, war die vielfältige Geschäftigkeit der Küstenvölker eine fremde Welt. In den vier Binnenlands-Gürteln von Sumpfgras, Wald, Steppe und Wüste, wo wegen der klimatischen und Bodenverhältnisse die Kultivierung nicht lohnte, mußten sie ihre eigenen Lebensbedingungen entwickeln.

Die Wälder des Nordens boten Völkerstämmen Unterhalt, die sich in Felle kleideten und hauptsächlich von Jagd und Fischfang lebten. In verstreuten Siedlungen versuchten sich einige in einer primitiven Landwirtschaft; doch die meisten streiften durch die Taiga mit Rentieren und Hundeschlitten, weniger zu Pferde. Nur an vereinzelten fruchtbareren Landstrichen längs der Flüsse und in den Oasen des südlichen Herzlandes, wo die Sonnenwärme in Verbindung mit der natürlichen Bodenfeuchtigkeit Ackerbau ermöglichte, konnten die Bewohner seßhaft werden, konnten einige wohlhabende Stadtstaaten entstehen, die eine gewisse Ähnlichkeit mit den bäuerlichen Wirtschaftsformen der Küstenregionen hatten. Zwischen Taiga und Wüste jedoch lag die Steppe, die sich als breiter Gürtel durch ganz Innerasien zog, und sie bot sich als ein schier unendlicher natürlicher Weidegrund an. Deshalb waren Jahrtausende hindurch die meisten Steppenvölker Viehzüchter und Hirten, und sie sind es vor allem, um die sich die stürmische Geschichte des Herzlandes dreht.

Nicht von Urbeginn an war die Weidewirtschaft die Beschäftigung der Steppenvölker, denn es gehörten lange Erfahrung und große Geschicklichkeit dazu, sie ertragreich zu machen. Wahrscheinlich haben sie sie nach und nach von solchen Völkerstämmen übernommen, die näher an den Küsten wohnten und das Geschäft schon seit altersher betrieben. Die prähistorischen Steppenbewohner müssen Kontakt mit den Bauern der Küste gehabt haben, denn diese waren es, welche die Domestizierung der Tiere entwickelt hatten. Als die Steppenleute von den Bauern die Viehhaltung übernahmen, war sie vermutlich zuerst nur eine Teilzeitbeschäftigung neben der Jagd, dem Fischfang und dem Sammeln von Wurzeln und Beeren. Sie dürften die schwere bäuerliche Routinearbeit abgelehnt haben, teils weil sie in erster Linie Jäger waren und teils weil die frühen Methoden der Landbebauung in den Küstengebieten des Mittelostens sich nicht ohne weiteres auf die nördlicheren Steppen übertragen ließen. Sie erforderte Waldrodung, die durch Abschälen der Baumrinde vorgenommen wurde, so daß die Bäume abstarben. Mit der durch die Verbrennung der Äste gewonnenen Asche wurde gedüngt. Aber auch in den kultivierbaren Teilen der Steppen gab es wenig Baumwuchs.

Ungefähr um 3000 v. Chr. bestand ein ausgeprägter Gegensatz zwischen der bäuerlichen Wirtschaft der Küstenländer und der Weidewirtschaft des Binnenlandes, wenn auch einige Steppenvölker dort, wo es Boden und Klima gestatteten, sich für die Dauer zu einer auf Ackerbau basierenden Lebensweise entschlossen, während andere sich eine gemischte Wirtschaftsform zu eigen machten. Aber bei denen, welche die Viehhaltung als Hauptquelle ihres Unterhaltes übernahmen, wurde die Verschiedenheit der Lebensformen früh zu einer Quelle ständiger Konflikte mit den Küstenbewohnern. Die Hirtenvölker brauchten Schutz für ihre Herden: Schutz vor gegenseitigen Übergriffen, vor Raubtieren und vor den Naturgewalten, die in dem harten Klima des Herzlandes ihre Existenz bedrohten. Zu diesem Zweck entwickelten sie fest zusammenhängende Organisationen unter der Führung anerkannter Häuptlinge, ein Gesellschaftssystem, das von Grund auf disziplinierter und kriegerischer war, als es verhältnismäßig friedliche Bauerngemeinschaften benötigten. Dazu kam, daß die Männer, denen ständig der Wind der Steppe um die Nase wehte, bald Verachtung für die geduldige Plackerei des Bauern auf seinem geschützten und fest umgrenzten Acker empfanden.

Ein charakteristisches Merkmal in der Geschichte der innerasiatischen Hirtenvölker war, daß sie sich allmählich zu Reitern und Pferdezüchtern entwickelten. Es muß um 2500 v. Chr. gewesen sein, als die ersten Steppenbewohner auf den Gedanken kamen, Pferde zu besteigen, die ihnen bis dahin nur zu ihrer Ernährung gedient hatten. Aber auch nach der Entdeckung des Pferdes als Fortbewegungsmittel dauerte es Jahrhunderte, bis es zu einer eigentlichen Reitkunst kam. Die gezähmten Wildpferde der Frühzeit waren vermutlich zu schwach, um Menschen längere Zeit zu tragen – es mußten kräftigere und widerstandsfähigere Rassen gezüchtet werden. Außerdem erforderte richtiges Reiten ganz neues technisches Zubehör. Man konnte die Pferde erst dann beherrschen, als Zaumzeug, Zügel und Sattel – zumindest in primitiven Formen – erfunden worden waren. Auch die Kleidung mußte dem neuen Zweck angepaßt werden. Solange die Männer zu Fuß gingen, trugen sie lockere, rockartige Gewänder und an den Füßen Sandalen und ähnliche leichte Schuhe; die Reiter benötigten Hosen und Stiefel, und dies waren Erfindungen der Steppe. Auch ihre bewegliche Habe mußte der Tragfähigkeit der Pferde angepaßt werden. Vermutlich gab es so etwas wie ein Leben auf dem Rücken der Pferde zuerst im Westen der Steppenregion, und erst um 800 v. Chr. saßen die Hirten nördlich des Schwarzen und des Kaspischen Meeres fest im Sattel. Aber als sie es schließlich im Reiten zur Meisterschaft gebracht hatten, bewirkte dies eine Revolution ihrer Lebensweise. Es ermöglichte eine schnellere und weniger ermüdende Überwachung der verstreut weidenden Tiere und die Vergrößerung der Herden. Das Reitpferd, in Verbindung mit dem Zugpferd, das vor beladene Karren gespannt wurde, machte aus den an feste Standorte gebundenen Hirtenstämmen Nomadenvölker und gestattete ihnen, wenn es notwendig schien, Wanderungen über lange Strecken. So wie das Flugzeug in unseren Tagen den Umfang des Erdballs zusammenschrumpfen ließ, so reduzierte die Ausbildung des Reitpferdes in den Steppen des Herzlandes den Raum auf überschaubare Proportionen.

Als sich das berittene Hirtentum im innerasiatischen Steppenland verbreitete, führte es zu einer einzigartigen Lebensform, von denen viele Züge auch von Stämmen anderen Ursprungs übernommen wurden. Es waren Nomaden, doch keine ziellosen Wanderer. Die meisten bewegten sich regelmäßig zweimal im Jahr zwischen ihren gewohnten Weideplätzen. Den Sommer pflegten sie in den nördlicheren Steppengebieten zu verbringen, lagerten an Flüssen oder an Plätzen, wo mit Regen zu rechnen war, und wichen auf höher gelegene Ebenen aus, wenn die Hitze in den Tälern unerträglich wurde. Im Winter zogen sie südwärts, wo es weniger oder gar keinen Schnee gab und wo die Kälter später einsetzte und der Frühling zeitiger kam. In einigen Gegenden wurde dieses Schema umgekehrt: man ließ die Herden im Norden überwintern, tränkte sie mit geschmolzenem Schnee und trieb sie im Sommer zu den Wasserstellen der südlichen

Steppe. Diese Wanderungen erfolgten im Frühling und im Herbst; es waren langsame Reisen über Hunderte von Kilometern, dem gemächlichen Schritt der Herde entsprechend, mit vielen Abzweigungen zu Wasserstellen und langen Rasten zur Erholung von Mensch und Tier.

Auf diesen zweimal im Jahr stattfindenden Trecks begleitete die vollständige Sippe, Männer, Frauen und Kinder, mit ihrer ganzen Habe die Herden. Nur wenige Viehzüchter des Herzlandes besaßen feste Wohnstätten; die meisten fühlten sich nicht wohl zwischen vier Wänden. Ihr Heim war die Jurte, das runde Zelt aus Holzstangen, die mit Filz überzogen wurden. Es hatte einen Durchmesser bis zu acht Metern; der obere Teil war konisch und endete in einem kleinen zylindrischen Schornstein. Das Zelt war meist schwarz oder weiß, oft mit einer Schutzschicht aus Kreide, Lehm oder Knochenmehl bestrichen; Schornstein und Eingang wurden häufig mit Bildern von Vögeln oder anderen Tieren geschmückt, aus farbigem Filz genäht. Die Jurte war ihrem Zweck vollkommen angepaßt; vermöge ihrer Form widerstand sie ohne Spannseile den stärksten Winden; ihre Filzwände isolierten sie von der Sommerhitze und der Winterkälte. Beim Aufbruch konnte sie von Frauen und Kindern in einer halben Stunde abgebaut werden.

Oft wurden die größeren Zelte auf gewaltige Wagen geladen, mit Radspuren bis zu sechs Metern Breite und Achsen so dick wie Schiffsmaste. Gerätschaften und sonstige Habe wurden in Kisten verpackt und folgten auf Karren hinterdrein, die an den ersten Wagen angekoppelt wurden. Den ganzen Zug, aus zwanzig bis dreißig Fahrzeugen bestehend, schleppten bis zweiundzwanzig Ochsen oder Kamele, in zwei Reihen zu elf Tieren angeschirrt, häufig von einem einzigen Mädchen im Leitwagen kutschiert. So ging es Tag für Tag voran unter dem grellen Glast der Sonne oder gegen die ungestümen Steppenwinde oder auch durch quälende Insektenschwärme; die Männer, auf Pferden die Herden zusammenhaltend, auch die Frauen oft beritten, und die Kinder in den Wagen und Karren hockend: eine große Landflotte, die langsam durch ein grünes Meer trieb, den Staub des Weges aufwirbelnd, der sich allmählich am fernen Horizont verlor.

Die Zusammensetzung der Herden war verschieden nach der Eigenschaft des Weidelandes. Die saftigeren Regionen konnten Rinder, Schafe und Pferde in großer Zahl tragen; in den Randgebieten und am Saum der Wüste bildeten vorwiegend Ziegen und Kamele den Hauptviehbestand. Aber das Weiden auf Triften dieser und jener Art war mit einer bestimmten Lebensweise verknüpft. Große Bevölkerungsansammlungen waren selten, außer in Zeiten des Umsturzes oder allgemeiner Wanderungen. Gewöhnlich bildeten nicht mehr als zehn verwandte Familien mit ihren Zelten ein Lager; doch schon diese Menschenzahl – vielleicht fünfzig bis sechzig – setzte umfangreiche Weideflächen in guter Beschaffenheit für die mitgeführten Tiere voraus. Mehrere solcher Lager, über benachbarte Gebiete verstreut, bildeten eine Sippe, mehrere Sippen einen Stamm. Dem Stamm wurde durch eine aristokratische Hierarchie, an deren Spitze der Häuptling stand, Loyalität gezollt, die sich in Zeiten des Erfolges oder der Krise auf das ganze Volk erstreckte, das sich aus einer Anzahl von Stämmen zusammensetzte, und bei besonderen Gelegenheiten auf eine Allianz mehrerer Völker. Aber Vereinigungen größeren Umfanges waren von dem ökonomischen Unterbau abhängig: einer sehr weiträumig gestreuten Wirtschaft, niemals längere Zeit ortsgebunden, der Gnade unbarmherziger Naturgewalten ausgeliefert und in hohem Grade auf persönliche Findigkeit angewiesen. Diese Umstände begünstigten individuelle Unabhängigkeit und den Zusammenschluß nur kleinerer Einheiten. Der unaufhörliche Wandel der Verhältnisse und Interessen verhinderte meist die Bildung ausgedehnterer Gruppen, die dann auch gewöhnlich nur von kurzer Dauer waren.

Für den Nomaden des Herzlandes waren seine Pferde, oder häufiger seine Ponies, die unabdingbare Existenzgrundlage. Die Steppenponies waren in der Regel kleine Tiere, kaum höher als 130 Zentimeter, stämmig, robust und starkknochig, mit schweren Ramsköpfen und Schultern, tiefen, langen Rümpfen und buschigen Mähnen und Schwänzen. Wie die Filzzelte ihrer Herren waren ihre zottigen Felle wetterfest, warm im Winter, kühl im Sommer und fett genug, um sogar der Nässe des Schneeregens standzuhalten. Ihre Farben waren grau, bläulich-grau, schwarz oder gescheckt; aber am charakteristischsten waren die gelbgrauen. Sie hatten die Schutzfarbe der Steppe: senffarbenes Fell mit schwarzer Mähne und Schwanz, schwarzen Streifen auf dem Rücken und häufig weißen Fesseln. Wenn sie in einer gewissen Beleuchtung stillstanden, waren sie auf zweihundert Meter nicht zu erkennen. Doch wenn sie herdenweise dahingaloppierten, den Nacken vorgestreckt, mit hämmernden Hufen und wehenden Mähnen, müssen sie ein prächtiger Anblick gewesen sein. Sie lebten bei jedem Klima vom Gras der Steppe, ohne Heu oder Hafer, und taten ihre Pflicht auch bei dürftigem Graswuchs oder wenn sie sich ihr Futter im tiefen Schnee suchen mußten. Es war eine harte und widerstandsfähige Rasse, doch wie bei allen Pferden, die nur von Gras leben, war ihre Ausdauer begrenzt: nach der Arbeit eines langen Tages brauchten sie einen Ruhetag, um neue Kräfte zu sammeln. Je mehr Ersatzpferde infolgedessen ein Steppenreiter hatte, desto besser war er für lange Trecks oder Notzeiten gerüstet, denn einen großen Teil seines Lebens verbrachte er auf dem Rücken der Pferde. Noch ehe die Kinder gehen konnten, wurden sie, damit sie reiten lernten, Schafen auf den Rücken gesetzt, und wenn ein Junge etwas holen sollte, das weiter als ein paar Meter entfernt war, dachte er nicht daran zu laufen, sondern bestieg das nächste Pony. Die Erwachsenen aßen und tranken, kauften und verkauften, hielten Versammlungen ab, ja, sie schliefen sogar im Sattel. Reich und arm trachtete danach, soviel Pferde wie möglich zu besitzen. Große Herden waren ein Statussymbol und der Maßstab des Reichtums, und in den Legenden und Mythen der Nomaden spielt das Pferd eine zentrale Rolle.

Das in den Steppen weidende Volk konnte lange Zeit fast ausschließlich von seinen Tieren leben. Häute, Wolle, Pelze und Felle lieferten ihnen Kleidung, Decken, Stiefel, Panzer und Behälter für Flüssigkeiten. Wo es kein Holz gab, war getrockneter Mist die übliche Feuerung. Aus Knochen und Sehnen wurden Werkzeuge und Waffen gefertigt. Im Sommer bestand die Ernährung hauptsächlich aus der Milch der verschiedenen Tiere, geronnen oder gegoren, als Käse oder in Fladen gebacken. Manchmal sammelte man die Körner wilder Getreidepflanzen, und hier und da wurde Hirse gepflanzt, mit Milch aufgekocht und als Brei gegessen, oder getrocknet, gemahlen und als Vorratsmehl aufbewahrt. Der Rauschtrank war Kumys, vergorene Stutenmilch, bläulich in der Farbe, scharf im Geschmack, und wer ihn nicht gewohnt war, wurde schnell davon betrunken. Im Winter gab es Fleisch, roh oder gebraten, getrocknet oder geräuchert. Aber da es darauf ankam, besonders bei den ärmeren Nomaden, die Herden nicht zu sehr zu dezimieren, bildete auch das Wild, das in den Ebenen reichlich vorhanden war, eine wichtige zusätzliche Nahrungsquelle. Im Herbst wurden große Jagden veranstaltet, an denen jeder männliche Steppenbewohner teilnehmen mußte; diese Jagden dienten nicht nur der Nahrungsbeschaffung und dem Sport, sondern auch militärischen Zwecken: es waren gleichsam die jährlich wiederkehrenden Manöver. In schlechten Zeiten aß man beinahe alles: Hunde, Katzen, Ratten, Mäuse, Murmeltiere – tot oder lebend. Wenn ein Reiter in einen Schneesturm geriet und zu verhungern drohte, öffnete er seinem Pferd eine Ader, trank das Blut und verschloß die Wunde.

Das enge Zusammenleben mit den Tieren brachte es mit sich, daß sich die Steppenbewohner selbst wie Tiere verhielten: sie aßen mit den Händen und hielten das Fleisch mit den Zähnen fest, wenn sie sich mit dem Messer ein Stück abschnitten. Die fettigen Hände wischten sie an den Stiefeln ab und schmierten sie damit. Butter trug man in einer Felltasche mit sich herum, bis man sie brauchte; die Reste eines Mahls stopfte man in die Hosentaschen, so daß man oft eine Fettspur nach sich zog. Körperpflege war unbekannt; die neugeborenen Kinder wurden in den ersten Wochen täglich in der frischen Luft gewaschen, um sie abzuhärten; doch später wusch man sich kaum noch. Die Kleidung wurde nicht gewechselt und so lange Tag und Nacht getragen, bis sie weggeworfen werden mußte. Ihre Sprache, auch die der Frauen, konnte überaus gemein sein. Die Not lehrte sie Sparsamkeit bis zum Geiz: bevor sie ihren Hunden einen Knochen hinwarfen, saugten sie selber das Mark heraus. Fremden gegenüber konnten sie anmaßend, unaufrichtig, rücksichtslos und grausam sein; als Gastgeber oft unglaublich knickerig – selbst Gesandte, die zu ihren wohlhabendsten Häuptlingen kamen, wurden häufig nicht bewirtet, hingegen nachdrücklich um Geschenke angegangen.

Doch sie hatten auch viele Tugenden. Zueinander waren sie meist ehrlich, freundlich und rücksichtsvoll. Kisten mit Wertsachen brauchten nicht verschlossen oder bewacht zu werden; ein Tier, das sich in der Herde verlaufen hatte, wurde ohne weiteres zurückgegeben. Sie halfen einander, auch wenn sie sich selber in Not befanden, und wenn sie betrunken waren – was nicht selten vorkam –, entsprangen daraus keine Streitereien. Ihre Haltung den Frauen gegenüber, in einer Gesellschaftsform, in der sich beide Geschlechter in die Alltagsarbeit teilten, war oft unvoreingenommen und großzügig. Gewöhnlich herrschte Polygamie, aber die erste Frau eines Mannes behielt gewisse Vorrechte. Hurerei wurde nicht als unmoralisch betrachtet, doch Ehebruch war selten. Der Rat älterer Frauen wurde gern eingeholt und angenommen. Und ihre Beherrschung der Steppe war großartig. In der Wildnis konnten sie feststellen, wo sie waren, indem sie eine Handvoll Erde untersuchten, befühlten und berochen. Auf ihren Wanderungen bestimmten sie die Richtung bei Tage nach dem Vogelflug, bei Nacht nach den Sternen. Ihre Sehkraft muß märchenhaft gewesen sein: am Morgen, bei klarer Luft sollen sie Tiere und Menschen auf eine Entfernung von zwölf Kilometern haben unterscheiden können.

Aber jederzeit drohten Naturkatastrophen und wurden nur zu oft zur Wirklichkeit. Und die harte Notwendigkeit, sich gegen sie zu wappnen, sie zu überleben und sich wieder von ihnen zu erholen, war die Quelle zahlloser Reibereien und Feindschaften. Geschützte Winterweiden waren unerläßlich, denn wenn das Vieh den unbarmherzigen Nordwinden preisgegeben war, lief es Gefahr in dem dichten Schneetreiben zu verhungern und zu erfrieren, und wer die besseren Winterquartiere besaß, sah sich der Mißgunst der anderen ausgesetzt. Die Sommerweiden konnten den verschiedenen Stämmen oder Sippen leichter zugeteilt werden, so daß hier Zwistigkeiten wegen Grenzüberschreitungen seltener aufkamen; doch die Weiden waren nicht gleichwertig, und wem ein weniger ergiebiges Stück zufiel, war neidisch auf den, der ein besseres hatte.

Es gab auch latente Konflikte in größeren Ausmaßen und auf längere Sicht. Die Klimaschwankungen Innerasiens bewirkten Veränderungen der Steppenvölker. Über Jahrzehnte oder sogar Jahrhunderte hinweg waren bestimmte Regionen von allmählich zunehmenden Regenfällen begünstigt, so daß sich Vieh und Mensch vermehrten, bis dieser Teil der Steppe den Gipfel seiner Tragfähigkeit erreicht hatte. So entstand ein Überdruck, der die benachbarten Territorien bedrohte. Dann konnte eines Tages der Regen nachlassen, eine neue Trockenperiode beginnen, vielleicht zu plötzlich für die angewachsene Bevölkerung, die nunmehr von schrumpfenden Herden leben mußte, und es wurde lebenswichtig, ergiebigeres Land für größere Herden in Besitz zu nehmen.

Vor allem schuf ein klimatisches Dauerphänomen immer wieder Unruhe. Im allgemeinen hatten die Steppen im Westen mehr Regen als die östlichen. In den Gebieten nördlich des Schwarzen Meers und um die Südhänge des Ural lagen die besten Weiden und Landstrecken, wo Ackerbau betrieben werden konnte. So bot der Westen reichere und mannigfaltigere Möglichkeiten. Nach Osten zu, in dem Maße, in dem der Regen spärlicher wurde, verschlechterten sich auch die Lebensbedingungen, bis sie, etwa in der Mongolei, besonders hart wurden. Jahrhundertelang übte dieses Ost-West-Gefälle des Herzlandes eine magische Anziehungskraft auf die Steppenvölker aus; und da die aus dem Osten kühner und ausdauernder waren, besaßen sie die Kraft, ihre Wünsche in die Tat umzusetzen.

Fehden tödlichen Hasses zwischen Familien, die Generationen überdauerten; Intrigen zwischen Sippen um die Führung des Stammes; Unstimmigkeiten zwischen Stämmen über die Nutzung von Weidegründen; Neid eines Stammens wegen der besseren Herden eines anderen; Versuche, Bündnisse zu bilden, um begehrtes Land in Besitz zu nehmen und zu sichern – das alles verflocht sich zu einer komplizierten Steppenpolitik, die sich beim kleinsten Anstoß in aggressiven Handlungen entlud. Nur in Zeiten relativen und verbreiteten Wohlstandes oder wenn ein Stamm die unangefochtene Herrschaft über ein größeres Gebiet ausübte, gab es im Herzland einen Zustand, den man mit Frieden bezeichnen konnte. Sonst war der Krieg ein untrennbarer

Bestandteil des Steppenlebens, und fast immer ging es um Vertreibung, Beraubung und Plünderung.

Wenn schon das Leben im Frieden so gut wie ausschließlich im Sattel verbracht wurde, so wurde der Krieg in der Steppe erst recht zu Pferde geführt. Die berittenen Hirten verwandelten sich in militante Kavalleristen. Sobald Notwendigkeit oder Habgier den Nomaden des Herzlandes bestimmte, seine persönliche Unabhängigkeit dem allgemeinen Interesse zu opfern, fiel ihm die Umstellung auf die kriegerische Betätigung nicht schwer. Militärischer Dienst bedeutete keine große Veränderung seines zivilen Lebens; die Frauen und Kinder und Alten waren durchaus in der Lage, in seiner Abwesenheit die Tiere zu hüten und den Haushalt zu besorgen. Seine hervorragende Reitkunst, seine Kühnheit, die Fähigkeit, sich unterzuordnen und jederzeit und überall ein Lager aufzuschlagen und abzubrechen, die Übung durch die großen jährlichen Jagden und nicht zuletzt die Verachtung all derer, die außerhalb seines Stammes lebten, machten ihn zu einem furchteinflößenden Reitersoldaten: hart und ausdauernd, wendig und listenreich, diszipliniert und grausam.

Im Frieden weidete jeder so viele Pferde, wie es seine Verhältnisse erlaubten. Brach Krieg aus, so wählte er aus der Herde so viele Reittiere – manchmal zehn bis fünfzehn –, wie er zum Feldzug für nötig erachtete. Eine Nomadenarmee auf dem Marsch glich weniger einer militärischen Formation als einer gewaltigen Herde von Rossen, die von Kriegern begleitet wurde. Dazu kamen Rinder und Schafe, denn die nomadischen Soldaten führten oft ihre Verpflegung auf diese Weise mit sich. Wenn es durch Gebiete ging, die ausreichend Weideland und Wasser boten, und wenn das Tempo nicht übermäßig war, so daß die Tiere in guter Verfassung blieben, konnte sich ein solches Heer einen räumlich und zeitlich nahezu unbegrenzten Kriegszug leisten.

In der Schlacht, mit den Viehherden weit in der Nachhut, ermöglichte es die Behendigkeit der Steppenponies und ihrer Reiter den Anführern, mit Methoden zu kämpfen, die außerhalb des Herzlandes unbekannt waren. Schnelligkeit war der Kern des Angriffs; auf der Schnelligkeit beruhte die Verteidigung, und die geschickte Handhabung der Schnelligkeit war die Grundlage ihrer Taktik. Täuschungsmanöver gehörten zu den beliebtesten Tricks. Einem heftigen Angriff konnte ein scheinbar panischer Rückzug bis über den Horizont hinaus erfolgen, so daß der Gegner glaubte, die Angreifer hätten das Weite gesucht. Nach Stunden oder auch nach Tagen, während derer das Feld schweigend dalag, erfolgte dann unerwartet ein neuer Ansturm mit verdoppelter Gewalt, nicht selten im Rücken des Feindes. Durch Wiederholungen und Varianten dieser Taktik konnte der Gegner bis zur Übergabe oder Vernichtung geschwächt werden. Um solche Manöver erfolgreich zu bewerkstelligen, waren eine fähige Führung, schnelle und verläßliche Verständigung und eine intelligente Zusammenarbeit in der Mannschaft erforderlich.

Eine besondere Eigenart der nomadischen Kriegführung des Herzlandes war, daß ein Angriff rein lokaler Art eine Kettenreaktion über weite Entfernungen auslösen konnte. Eine Gruppe hatte unter Umständen nichts weiter im Sinn als einen Raubüberfall auf eine benachbarte Gruppe. Erwies er sich als erfolgreich und wiederholten sich solche Übergriffe in rascher Folge, so wurde der betroffene Stamm von seinem Heimatboden vertrieben und stieß auf eine dritte Gruppe. Manchmal einigten sich die beiden letzteren auf gütliche Weise, doch öfter geschah es, daß der vertriebene Stamm sich an dem schadlos zu halten versuchte, auf dessen Gebiet er gedrängt worden war. Und so konnte sich als Folge eines einzigen örtlichen Ausbruchs eine Serie von Zusammenstößen – wie die Karambolage von Billardbällen oder sich gegenseitig voranstoßende Güterwagen – über das Herzland erstrecken, bis ein großer Teil der Region in Aufruhr war. Bei diesen Kettenreaktionen wurden meist die schwächeren Völker am weitesten gedrängt, und ihre erzwungenen Wanderungen, um neue Ländereien zu finden, wo sie frei von Druck leben konnten, erstreckten sich oft über Tausende von Kilometern und viele Jahre.

Die größeren Allianzen, die zum Zwecke gemeinsamer Kriegführung geschlossen wurden, waren meist nicht von langer Dauer. Für den durchschnittlichen Nomadenkrieger, nachdem er seinen Hunger auf Metzelei und Raub gestillt hatte, mochte nach einem erfolgreichen Plünderungszug das Dasein sicherer geworden sein, aber seine Existenzgrundlagen änderten sich nicht. Von unterjochten Völkern, die im wesentlichen so wie er selber lebten, war kaum etwas zu lernen, das neue Formen wachsenden Wohlstandes hätte hervorbringen können; und wenn, so hatte der Steppenbewohner nicht die Fähigkeit zu lernen. Plünderei war sein Ziel, und sobald ihm Land und Beute zugefallen waren, trachteten der Stamm, die Sippe oder die Familie wieder nach ihrer ursprünglichen Unabhängigkeit. Größere Einheiten, im Kriegsfalle schon nicht leicht herzustellen, waren noch schwieriger auf die Dauer zu erhalten. Sie beruhten auf der persönlichen Überzeugungskraft oder der nackten Gewalt derer, die das Kommando übernommen hatten, und das war nur vorübergehend. Die massive Zusammenballung der Macht, die es zeitweise in der Steppe gab, die die Nomaden Innerasiens sich gegenseitig fürchten ließ und das Herzland zu einem Schreckensherd für die übrige Welt machte, war meist kurzlebig. Es waren keine Imperien – fest, dauerhaft und schöpferisch –, sondern zeitweilige Konföderationen, die sich jäh zu überwältigender Stärke erhoben, dann ihre Stoßkraft verloren und sich auflösten und anderen, ähnlichen Platz machten.

Obwohl sie, wenn es nötig war, von dem leben konnten, was sie selber produzierten, blieben die Nomaden des Herzlandes auf die Dauer keine Selbstversorger. Landwirtschaftliche Erzeugnisse waren immer knapp; und fast alles, was einem gehobeneren Lebensstandard diente – Kleidung, Schmuck, Gerät und Werkzeug von besserer Qualität, Pferde einer besonderen Rasse –, mußte von außen eingeführt werden. Überdies war ihre Wirtschaft, die Viehzucht ausgenommen, von geringer Produktivität. Aus Mangel an Zeit und Lust vernachlässigten sie jede handwerkliche Betätigung außer der allerprimitivsten, und auch diese wurde noch beeinträchtigt, wenn es in den Steppen an dem grundlegenden Material wie Holz und Eisen fehlte. Sogar die dringend benötigten Waffen konnten nicht immer in ausreichenden Mengen in der Steppe selbst angefertigt werden. Darum war ein kontinuierlicher Verkehr und Warenaustausch mit den Küstenvölkern unerläßlich, die eine reichere und entwickeltere Wirtschaft hatten.

Als geeignete Umschlagplätze boten sich die großen Städte am Südrand des Herzlandes an. Die Märkte von Samarkand und Buchara zum Beispiel stellten eine für die Augen der Steppenbewohner geradezu überwältigende Fülle von Waren zur Schau: Stoffe aus Seide und Brokat, Teller und Becher aus kostbaren Metallen, feinstes Silberfiligran und Leckerbissen wie Melonen und Honig. Nicht weit davon lag Taschkent, das sich mehr auf Kriegsgerät spezialisiert hatte: Waffen und Rüstungen, Zelte und Taue. Die Männer aus dem Inneren Asiens brachten dafür Pferde, Häute, Fleisch, Kriegssklaven und die Ausbeute ihrer Jagd: Pelze von Hermelin, Zobel, Marder und Biber. Jene Städte waren die nächstgelegenen Handelsplätze für die Nomaden der Zentralsteppe. Aber für andere Stämme lagen sie zu weit ab; sie waren von Zeit zu Zeit auf den Warenaustausch mit den Grenzgebieten westlich und östlich des Herzlandes angewiesen: nicht nur mit Persien und Indien, sondern auch mit dem landwirtschaftlichen und industriellen Reichtum Europas und Chinas. In gewissen Gebieten um den ungeheuren Halbkreis – und besonders an Chinas Nordwestgrenzen – gab es über lange Perioden hinweg keine bestimmten Trennungslinien zwischen den Hirtenstämmen und den Ackerbau und Handwerk treibenden Völkern, sondern Mischzonen, in denen beide Lebensweisen sich überschnitten und Handel nach beiden Seiten getrieben wurde.

Der Anblick luxuriösen Lebens für Menschen, die in Entbehrung aufgewachsen waren und gewohnt, ihre Nachbarn auszuplündern; ihre Überzeugung, daß die Küstenleute schwächlich waren, verglichen mit ihrer eigenen Zähigkeit und ständigen Kriegsbereitschaft; der Expansionsdrang infolge periodischer Trockenheiten und der Übervölkerung der Steppe; der plötzliche Aufstieg ehrgeiziger Stammesführer, die fähig waren, die Nomaden zumindest vorübergehend für eine erstrebenswerte Aufgabe zusammenzuschweißen – wir wissen nicht, welche dieser Motive, welche dieser Wünsche oder Nöte als die Hauptursachen der aufeinanderfolgenden kriegerischen Eruptionen aus dem Herzland anzusehen sind, die sich über die Randländer Eurasiens ergossen. Aber wie auch die Probleme oder die Vorstellungen beschaffen gewesen sein mögen, die ihre Aufmerksamkeit immer wieder auf den Küstengürtel lenkten: die Verwandlung des wechselseitigen friedlichen Handels in einseitige Raubzüge konnte für die Steppenvölker zu einem unwiderstehlichen Zwang werden.

So isoliert das Herzland an sich gelegen war – gewisse Faktoren seiner Geographie waren seinen Bewohnern günstig, wenn sie die Eroberung und Plünderung der Außenregionen des Kontinents im Sinne hatten.

Der Grasgürtel war vortrefflich als Heerstraße geeignet, auf der sich die Armeen der Nomaden mit Pferd- und Wagentroß frei durch das Innere Asiens bewegen konnten. Er bildete gleichzeitig eine Arena, in der sich die Schwungkraft für den überwältigenden Ausfall auf die Randterritorien durch eine Reihe von erfolgreichen Steppenkämpfen sammeln konnten. War diese Schwungkraft einmal erreicht, dann öffneten sich zahlreiche Routen zu den Ländern an den Meeren, und nichts konnte zum Beispiel die berittenen Heere der Steppenvölker in ihrem Sturm nach Westen aufhalten. Ununterbrochen zog sich der Graslandgürtel um die Nordküste des Schwarzen Meeres bis ins Tal der Donau, und hier, zwischen den Karpaten und den österreichischen Alpen, lag die ungarische Ebene – zugleich Weidereservoir und vorgeschobene Operationsbasis an der Schwelle Europas. Und auf ähnliche Weise lag am Ostende der Steppe Nordchina offen und ungeschützt. Der einzige natürliche Riegel zwischen der Hochburg der militarisierten Nomaden auf dem mongolischen Plateau und den großen chinesischen Städten im Becken des Hoangho war der Nordtteil der Wüste Gobi, aber er konnte umgangen oder auch bei guter Organisation durchquert werden. Und wie die ungarische Ebene boten die mandschurischen Prärien den berittenen Eindringlingen eine vorgeschobene Weidefläche, von der aus sie operieren konnten. Weiter südlich befand sich ein anderer Zugang zu diesen Städten und zum Reichtum Chinas; er führte von der Dsungarei durch das Tor zwischen der Wüste Gobi und dem Hochland von Tibet zum Ordos-Plateau, dem weiten, von einer großen Schleife des Hoangho umflossenen Rechteck, das zum Teil aus Buschland und zum Teil aus Kulturland besteht.

Es gab noch weitere Wege zwischen Europa und China aus der Steppe zu den Glücksgütern der Küstengebiete. Das Hochland von Iran lag offen vor den nomadischen Heeren, wenn sie zwischen dem Kaspischen Meer und dem Pamir südwärts zogen und ihre Pferde in dem Wüstengestrüpp zwischen den Flüssen und Oasen weideten. Auch Indien war trotz der gewaltigen Gebirgsbarriere nicht vor ihnen sicher: zwei Wege führten aus dem Herzland um das Westende des Himalaja durch das heutige Afghanistan und Westpakistan in den Subkontinent: einer über den hohen, schmalen Rücken des Hindukusch und den Fluß Kabul hinunter zum Khaiber-Paß; der andere durch Herat und Kandahar zur Golan-Schlucht bei Quetta. Die erste Route war schwierig, die zweite umständlich, doch über beide gelangte man nach Delhi und zu den Schätzen des Ganges-Tals.

Den kultivierten Bewohnern der Küstenländer kamen die Eindringlinge aus der Steppe so fremdartig vor, daß sie in ihnen eher Gespenster als Menschen sahen. Für Jordanis, den Geschichtsschreiber der Goten, waren sie »unreine Geister, kaum menschenähnlich und mit einer Sprache, die mit der menschlichen nur eine schwache Ähnlichkeit hat«. Die Griechen nannten sie »Geschöpfe von jenseits des Nordwindes«. Der Römer Ammianus Marcellinus bezeichnete sie als »zweibeinige Tiere, wie festgekettet an ihre Pferde, die ihnen Speise und Trank lieferten; weder den Pflug benutzend noch Häuser bewohnend, klein zu Fuß, doch gewaltig im Sattel«. Von den Chinesen, angewidert von der Gewohnheit der östlichen Nomaden, ihren Körper gegen die Kälte mit Tierfett einzureiben, erhielten sie den Beinamen »die Stinkenden«. »Sie kamen und griffen an«, schrieb ein Überlebender der Plünderung von Buchara, »brandschatzten und mordeten, packten ihre Beute zusammen und verschwanden.«

Solche verschreckten Schilderungen stammen keineswegs aus Kreisen, die nicht imstande gewesen wären, sich zu verteidigen. Viele von ihnen waren Bürger des mächtigsten Reiches der damaligen Zeit. Doch von etwa 1000 v. Chr. bis zum Ausgang des Mittelalters konnte man der Reiterscharen aus der Steppe, die ein über das andere Mal in die stärksten Staaten des äußeren Eurasiens einbrachen, mordeten, raubten, Sklaven machten und wieder ins Innere Asiens zurückfluteten, nicht Herr werden. Das lag nicht an ihrer zahlenmäßigen Überlegenheit. Wenn auch in europäischen Berichten beharrlich von »Horden« die Rede ist und in chinesischen Chroniken von Hunderttausenden von Eindringlingen, waren die Armeen der Steppenreiter in Wirklichkeit oft lächerlich klein gegen die Kriegsstärke der Länder des eurasischen Randgürtels. Der Grund lag teilweise darin, daß die Nomaden eine kühnere Art der Kriegführung und ein stärkeres militärisches Training hatten; und andernteils waren sie von Natur aus Soldaten, die für ihre eigenen Vorteile kämpften und außer ihrem Leben wenig zu verlieren hatten, im Gegensatz zu den kostspieligen Söldnertruppen, welche die Interessen der Herrscher verteidigten. Doch die Überlegenheit der Steppe beruhte hauptsächlich darauf, daß die Hirten entdeckt hatten, ihre kavalleristische Wendigkeit und Schnelligkeit mit einer Waffe zu kombinieren, der konventionelle gegnerische Armeen nicht standhalten konnten. Mit der Entwicklung dieser Waffe beginnt die Geschichte des Herzlandes.

Feuertaufe

Und siehe, eilend und schnell kommen sie daher ...
Ihre Pfeile sind scharf und alle ihre Bogen gespannet.
Ihrer Rosse Hufe sind wie Felsen geachtet und ihre
Wagenräder wie ein Sturmwind.

JESAJA 5, 26 UND 28.

KURZ NACH 1700 V. CHR. wurde die seßhafte Welt der Ackerbauer von einer Reihe von vernichtenden Angriffen heimgesucht, die den Lauf der Zivilisation in einem großen Teil der eurasischen Küstenregion veränderten. Diese Invasionen wurden durch eine neue kriegstechnische Erfindung ermöglicht, die im Süden des Herzlandes gemacht worden war.

In den vorangegangenen zweitausend Jahren hatten sich die ursprünglichen Zentren der Bewässerungs-Landwirtschaft in den Flußtälern des Nahen Ostens nordwärts zu den Regenzonen des Schwarzen und des Kaspischen Meers und nach Europa verschoben. Das Indus-Tal mit den Städten Mohenjo Daro und Harappa war kultiviert worden. Im Fernen Osten hatten sich im Hoangho-Becken, wo Weizen, Gerste und Reis angebaut wurden, Siedlungen gebildet. Zur gleichen Zeit entwickelten die Völker Innerasiens ihre Weidewirtschaft. Noch war ihnen nicht die volle Meisterschaft in der Züchtung des Pferdes gelungen, das sie ursprünglich nur als Schlachttier zusammen mit den anderen Viehherden gehalten hatten; doch gingen sie schon versuchsweise dazu über, es als Reittier zu benutzen, es abzurichten und zu beherrschen.

Dort, wo Ackerland und Weideland aneinandergrenzten, gab es ein lebhaftes Hin und Her. Die Hirten kamen, um ihre Herden auf den Stoppelfeldern fressen zu lassen und Fleisch und Häute gegen die Erzeugnisse von Ackerbau und Handwerk zu tauschen. Die Bewohner des Küstengürtels trieb es ins Landesinnere, um die Metalle zu suchen, die ihre Handwerker brauchten, und die Fertigfabrikate – Waffen und Schmuckstücke – an die Hirtenleute der Steppe zu veräußern, für die sie neu und verlockend waren. Dieser Kontakt zwischen den beiden Lebensformen war besonders stark im Mittleren Osten und am lebhaftesten in dem Gebiet östlich des Kaspischen Meers, wo keine natürlichen Barrieren das Hochland von Iran von den trockenen inneren Regionen des Herzlandes südlich des Aralsees trennten. Vermutlich haben in dieser Gegend, irgendwo zwischen dem Elburs-Gebirge und dem Hindukusch, die sich entfaltenden technischen Fähigkeiten der Bauern-Handwerker und der Hirten zusammengewirkt, um eine neue Kriegswaffe zu erfinden.

Das Rad und damit der Wagen wurde zuerst in den Ackerbaugebieten des Euphrat-Tigris-Tales entwickelt. Die ersten Wagen hatten vier Scheibenräder, die an zwei sich mit ihnen drehenden Achsen befestigt waren. Sie wurden von Ochsen oder Eseln gezogen oder von kleinen, primitiven Vorläufern unserer heutigen Pferde. Die sich drehenden Achsen erschwerten das Wenden, und die Zugtiere waren plump und schwer zu lenken. Man benutzte solche Wagen nur für die tägliche Feldarbeit oder bei Festzügen.

Doch die fortschreitende Handwerkskunst erfand die Speichenräder, die sich an den Enden fester Achsen drehten, und diese Idee wurde dadurch ergänzt, daß man ein Radpaar überhaupt fortließ und das Fahrzeug so anschirrte, daß ein Teil seiner Last auf den Rücken des Zugtieres verlegt wurde. Zu diesem leichteren, besser manövrierbaren zweirädrigen Fortbewegungsmittel, in der Welt des Ackerbauers entstanden, fügte der Mann der Steppe einen entscheidenden Beitrag. Denn er muß es aller Wahrscheinlichkeit nach gewesen sein, der auf Grund seiner wachsenden Erfahrung in der Zucht und Dressur der Pferde als erster die ungelehrigen Zugochsen durch die schnellsten, wendigsten und klügsten Pferde ersetzte, die ihm damals zur Verfügung standen. Aus der Vereinigung dieser beiden Erfindungen entstand der Streitwagen.

Und auch der Streitwagen hätte für sich allein keine so revolutionäre Wirkung gehabt, wäre nicht die Waffe hinzugekommen, die zu seiner vollständigen Ausrüstung gehörte. Das war der zusammengesetzte Bogen. Der gewöhnliche, aus einem einfachen Holzstab bestehende Bogen, mehrere Meter lang, wäre in einem so kleinen, schnellbeweglichen Fahrzeug nicht zu handhaben gewesen, und die Spannkraft von fünfzig Pfund, die man brauchte, um den Pfeil in Schießstellung zu bringen, gab dieser Waffe eine Schießentfernung von höchstens hundert Metern. Es wurde ein Bogen benötigt, der bei kürzerer Länge eine stärkere Schußkraft besaß, und dies erreichte man durch die Kombination von dreierlei Material – Holz, Horn und Sehnen. Diese Dreiheit erhöhte weitgehend die Elastizität des Bogenstabes, so daß er schon gespannt werden konnte, ehe der Pfeil angelegt wurde. Infolge der damit gewonnenen größeren Kraft durfte der Bogenstab kürzer sein, ohne an Wirkung einzubüßen. In starken und geübten Händen konnte ein gutgemachter zusammengesetzter Bogen, kurz und leicht zu bedienen, mit einer Spannkraft bis hundert Pfund, noch auf dreihundert Meter sein Ziel tödlich treffen und im äußersten Fall eine Schießleistung von über vierhundert Metern erbringen. Im Mittleren Osten kannte man ursprünglich diese gefürchtete Waffe nicht. Woher sie kam und wie sie gerade an dem Zeitpunkt, da man sie benötigte, an den Nordgrenzen Persiens in Erscheinung trat, ist ungewiß. Wahrscheinlich war sie bei der Jagd schon lange in der Mongolei in Gebrauch gewesen. Doch wo immer ihre Heimat zu suchen ist – sie war die ideale Schußwaffe für den Streitwagen.

Die Beweglichkeit des Streitwagens in Verbindung mit der Schießkraft des zusammengesetzten Bogens erweiterte die Kriegführung zu neuen und überwältigenden Ausmaßen. Eine Kavallerie, die ihr hätte die Stirn bieten können, gab es damals nicht. Auf dem Schlachtfeld war keine höhere Geschwindigkeit möglich als die des laufenden Fußsoldaten, der seine Ausrüstung zu schleppen hatte. Schon eine Formation angreifender Streitwagen war an sich ein bestürzender Anblick für das gegnerische Fußvolk; und noch viel erschreckender war der Hagelsturm der blitzschnellen Pfeile, der losgelassen wurde, ehe es zu einer Feindberührung im eigentlichen Sinne kam. Es war überhaupt nicht nötig, daß die Streitwagen dicht an den Feind herangingen. Auf

Grund der Kraft und Reichweite ihrer zusammengesetzten Bogen änderten sie plötzlich die Richtung, wenn sie noch mehrere hundert Meter entfernt waren, und verdoppelten ihren Pfeilregen, wenn sie die Front des Feindes entlanggaloppierten oder ihm in die Flanke fielen. Sogar beim scheinbaren Rückzug konnten sie ihre Bogen mit unverminderter Wirkung benutzen. Solchen schnellbeweglichen Männern, mit Waffen von unvorstellbarer Schußweite ausgerüstet, war kaum beizukommen. Wiederholte Angriffe aus verschiedenen Richtungen konnten den Gegner in kurzer Zeit schwächen, in die Flucht schlagen oder vernichten; und vermutlich ist in dieser Streitwagentaktik, unter Vermeidung des Nahkampfes, der Ursprung der späteren Steppenkriege zu sehen. Die Streitwagen dienten zugleich dem Truppentransport und brachten Verstärkungen dorthin, wo sie in der Hitze des Gefechts am dringendsten gebraucht wurden. Geübte Fahrer jagten in gestrecktem Galopp heran, begleitet von einem Fußsoldaten, der an der gewünschten Stelle absprang, sich am Kampf beteiligte und dann wieder in den Wagen zurückstieg. Auf diese Weise waren Blitzangriffe möglich, um an kritischen Punkten den feindlichen Druck abzuwehren und den eigenen zu verstärken.

Dieser zuvor nie erlebten Art der Kriegführung konnte man zumindest auf festem und offenem Gelände nichts Entsprechendes entgegensetzen. Sie vor allem trug sehr zur Macht und zum Ansehen der Steppenvölker bei. Sie waren die Züchter und Zureiter der Pferde, ohne die kein Rosselenker hätte kämpfen können. Und aus ihrem alles andere als idyllischen Hirtenleben bezogen sie die Eigenschaften – Zähigkeit, Disziplin, Organisation –, die sie in die Lage versetzten, sich das neue System dienstbar zu machen.

Bald nach dieser folgenschweren Entdeckung begannen mächtige Invasionen die Flußtäler des Nahen Ostens zu erschüttern. Diese Stöße erfolgten in Wellen, meist aus dem Norden und zu einer Zeit, als die seßhaften Völker auf ihren Empfang nicht vorbereitet waren. In Ägypten tauchten die Hyksos auf, entthronten das schwache Regime nach der Blütezeit des Mittleren Reiches und errichteten für etwa anderthalb Jahrhunderte ihr

Hirtenkönigtum. Die Kassiten drangen in Mesopotamien ein und fegten nach anfänglichen Rückschlägen die sorgfältig aufgebaute Verwaltung, die Hinterlassenschaft Hammurabis, hinweg. Am oberen Euphrat gründeten die Mitanni einen eigenen Staat. Die Hethiter stießen nach Kleinasien vor, dann weiter südwärts nach Syrien. Diese Invasionen kamen nicht direkt aus der Steppe, sondern aus den Gebirgsländern zwischen der Steppen- und der Kulturzone. Aber aller Wahrscheinlichkeit nach war die treibende Kraft die große Wanderung der indo-germanischen Völker, die sich damals im Herzland und um das Kaspische Meer zusammenballten. Und dies war auch die Gegend, in der die Streitwagen entstanden waren, und das charakteristische Merkmal dieser barbarischen Überfälle auf die alten Küstenzivilisationen war die Rolle, die die neuen Waffen darin spielten. Sozusagen als Gegengabe für die Beute, die sie davontrugen, haben die Männer der Steppe wahrscheinlich die Bergbewohner mit geschulten Anführern, Pferdezüchtern und den Rossen versorgt, die für die neue Kriegführung nötig waren. Auch auf eigene Faust umherstreifende Wagenlenker und Bogenschützen mögen sich den Invasionsheeren angeschlossen haben, um sich ihren Anteil zu sichern. Vermutlich war damals eine »Karambolage« im Gange von der Art, wie sie später in unruhigen Zeiten im Herzland üblich wurde, bei der die Bewohner der Randgebirge die Stöße, die sie aus der Steppe empfingen, an die Küstenvölker weitergaben.

Der Druck der Steppenkrieger mit ihren Streitwagen auf Indien erfolgte mehr auf direktem Wege. Um 1500 v. Chr. begannen die arischen Völker ihre Vorstöße in den Südosten durch das Tor zwischen dem Kaspischen Meer und dem Pamir-Plateau. Wie die Gemeinschaften an den Flußufern des Nahen Ostens, hatte die Kultur am Indus bereits ihren Höhepunkt überschritten, und die Stürme der Indogermanen aus dem Herzland vervollständigten ihren Untergang. Ihre Mittelpunkte, die Städte Mohenjo Daro und Harappa fielen in Schutt und Asche. Jeden Widerstand brechend, sich manchmal auch gegenseitig bekriegend, fluteten die Eroberer das Ganges-Tal hinunter in den Dekkan. Und durch die Verwirrung der folgenden Jahrhunderte haben sich eindrucksvolle Bruchstücke einer indischen Heldendichtung erhalten, von einer neuen Kriegeraristokratie handelnd, von Rittern und Streitwagen, von kühnen Fürsten, die sich in den Künsten des Reitens und Bogenschießens auszeichneten und unbarmherzige Zweikämpfe ausfochten:

»Ein ungeheurer Aufruhr erhob sich in der Schar der Pandavas, wie das Brüllen eines gewaltigen Löwen, der den Leitbullen einer Elefantenherde anspringt. Dann rieb Arjuna, der mächtige Streitwagen-Krieger, seine Bogensehne ein, um die Kraft und Schnelligkeit des Schaftes zu erhöhen, und stürzte sich auf den König der Pandavas. Schnell zerbrach er seines Feindes Bogen in zwei Stücke und durchbohrte dessen Rosse und Wagenlenker mit fünf Pfeilen. Dann warf Arjuna seinen Bogen beiseite, ergriff seinen Krummsäbel und sprang mit einem lauten Schrei von seinem Wagen auf den seines Gegners ...«[1]

Sogar das ferne China scheint die Wucht der Angriffe der Wagenkrieger aus der Steppe zu fühlen bekommen zu haben. Kriegerische Gruppen, aber auch friedliche Wanderer fanden den Weg nach Osten über die Berge und durch die Wüsten. Die Flüsse und Oasen des südlichen Herzlandes dienten ihnen als Zwischenstationen; dort blieben sie eine Weile und zogen später weiter – insgesamt dürfte ihre Reise über eine Strecke von annähernd fünftausend Kilometern von der Kaspischen Region bis ins nördliche China mehrere Jahrhunderte gedauert haben. Welchem Zweck diese Wanderung diente, ist nicht bekannt. Doch in Anjang, auf dem Boden einer der frühen Hauptstädte am Hoangho, hat man Kriegsgerät gefunden, das in jeder Hinsicht dem gleicht, das bei den Einfällen im Nahen Osten verwandt wurde: Streitwagen, Geschirre und Waffen, darunter auch den zusammengesetzten Bogen.

Als sich der Staub der Streitwagen-Invasionen gelegt hatte, war die Welt anders geworden. Drei große Mächte – Ägypten, Assyrien und das kurzlebige Reich der Hethiter – erstreckten sich nun im Vorderen Orient; und alle verdankten ihren Aufschwung großenteils dem Umstand, daß sie gelernt hatten, den Streitwa-

[1] »The Mahabharata«, hrsg. Pratapa Chandra Ray; Bharata Press, Kalkutta 1893, S. 411 - 412

gen zu gebrauchen, ihn in der Vorhut ihrer militärischen Formationen einzusetzen, und sich damit gegen seine Erfinder wandten. Aber das war vielleicht nur das äußere Zeichen einer grundlegenden inneren Wandlung. In den Staatsgebilden der Küstengebiete nach den Streitwagen-Eroberungen – im mykenischen Griechenland, in den vorderasiatischen Reichen, im arischen Indien, im aufstrebenden China der Shang-Dynastie – zeichnete sich eine neue Auffassung der Staatskunst ab. Größe und Macht und die Technik ihrer Ausübung waren wichtig geworden; die organisierte Autorität war gewachsen, und in allen Ländern des eurasischen Randgürtels war die Regierungsgewalt härter. Die Eindringlinge mochten vertrieben oder absorbiert worden sein: aber die Wogen aus dem Innern des Kontinents ließen bei denen, die sie überschwemmt hatten, bestimmte Charakterzüge der Herzlandbewohner zurück – vor allem einen stärkeren Sinn für erfinderischen Realismus und die Anwendung des Befehls und seinen Empfang durch militärisch geschulte Bereitschaft. Diese von den Invasoren übernommenen Eigenschaften entwickelten sich zu festen Bestandteilen der gesellschaftlichen Struktur der Küstenvölker mit dem Ergebnis, daß die Randländer einander ähnlicher wurden. Somit hatte das Herzland einen Ring von Staaten um sich herum ins Leben gerufen – Staaten, ungleichartigen Wechselfällen der Geschichte unterworfen, durch weite Entfernungen voneinander getrennt, mit verschiedenen Lebensgewohnheiten, doch mit einer gemeinsamen Regierungsform, die ihnen die Möglichkeit gegenseitiger Verständigung bot. Der Streitwagen war also nicht nur eine Kriegswaffe, sondern auch ein Mittel der Veränderung gewesen.

Den Steppenvölkern selber brachte der Krieg mit dem Streitwagen auch gewisse Erschwernisse und Nachteile. Eine größere Zahl von Wagen mit allem komplizierten Zubehör war kostspielig in der Unterhaltung. Man brauchte eine Elite sowohl von Wagenlenkern und Streitkräften als auch von Arbeitern, die die Fahrzeuge in Ordnung hielten. Das setzte eine aristokratische Rang- und Befehlsordnung voraus, die den Steppenhirten im Grunde fremd war. Und obwohl sie in der Fähigkeit, die Wagen für sich und ihre Verbündeten zu bespannen, von niemandem übertroffen wurden, gerieten sie in Schwierigkeiten, wenn es darum ging, sie zu bauen. Holz und Metall waren in den Grasländern nicht leicht zu bekommen und ebensowenig Handwerker wie Stellmacher, Lederarbeiter und Schmiede. Diese hatte bei der Zusammenarbeit, aus welcher der Streitwagen hervorging, die seßhafte Ackerbaubevölkerung außerhalb der Steppe geliefert. Doch gerade solche relativ wohlhabenden Gemeinschaften boten ein verlockendes Ziel für Plünderungen, wenn es die Steppenmänner nach Beute verlangte. Von ihnen abhängig zu sein auf Kosten ihrer Eroberungsgelüste, würde eine verhängnisvolle Schwäche gewesen sein. Darum war eine weitere Entwicklung nötig, ehe die Steppe ohne Hilfe von außen ihr volles Kräftepotential entfalten konnte. Sie brauchte eine Form der Beweglichkeit, die billiger war, besser zu ihrem Gesellschaftssystem paßte und ihren Bedürfnissen nach Autarkie entsprach.

Diese Entwicklung vollzog sich zu gegebener Zeit. Das Prinzip konnte nicht einfacher sein: es galt lediglich die Handhabung des zusammengesetzten Bogens vom Streitwagen auf den Rücken des Pferdes zu verlegen. In der Praxis dauerte es allerdings mehrere Jahrhunderte, denn es erforderte eine einzigartige Beherrschung der Reitkunst und ihrer Lehre und Verbreitung durch Generationen. Der Vorgang kann vielleicht durch eine Analogie deutlich gemacht werden.

Für den Anfänger eines Reitkurses sind gewisse Vorbedingungen erforderlich. Dazu gehören vor allem ein gut zugerittenes Pferd und das richtige Zubehör – das heißt, ein Zaumzeug, das sowohl dem Temperament des Pferdes als auch den Händen des Reiters angepaßt ist, und ein Sattel, der das Gewicht des Reiters in die günstigste Lage bringt und ihm ein Maximum an Beinfreiheit gestattet. Schon diese Dinge benötigen viele Versuche und eine lange Erfahrung, ehe der Moment erreicht ist, da sich der Neuling zum ersten Mal aufs Pferd schwingen kann, ohne abgeworfen zu werden. So ähnlich muß es in der Steppe zugegangen sein, bis sich das Reiten allgemein durchsetzte. Etwa 2500 v. Chr., als zum ersten Mal ein Bewohner der Steppe zaghaft ein Roß bestieg, begann man mit dem, was man eine systematische Zucht und Dressur von Pferden nennen könnte, und zugleich, mit viel Versuchen und Irrtümern, die Herstellung des Zaumzeugs. Aber der Beginn der Streitwagen-Ära – ein Zeitalter des Fahrens, nicht des Reitens – läßt vermuten, daß bei allem Fortschritt auf diesem Gebiet die Integration von Mensch, Tier und Geschirr noch nicht so weit war, daß die Kavallerie das Feld behaupten konnte.

Kehren wir zu dem Vergleich mit dem Reitschüler zurück. Während der ersten Unterrichtsstunden entdeckt er, daß sein Ober- und Unterkörper verschiedene Funktionen ausüben können. Mit den Beinen sichert er sich den festen Sitz und bestimmt durch den Schenkeldruck die gewünschte Gangart und zum Teil auch die Richtung. Von den Hüften abwärts ist also sein Körper damit beschäftigt, sich im Sattel zu halten und sein Pferd anzutreiben. Der Oberkörper ist frei. Wenn der Reiter so weit ist, daß er sein Gewicht verlagern kann, um seinem Tier über schwierigen Boden hinwegzuhelfen oder die Gangart zu wechseln, mag sein Lehrer ihn ermutigen, sich zum Pferdenacken vorzubeugen oder rückwärts, bis sein Kopf dem Rumpf aufliegt, oder sich von einer Seite zur andern zu wenden. Auf ähnliche Weise lernt er, nachdem er zuerst die Zügel in beide Hände genommen hatte, sein Pferd mit einer Hand zu lenken und zum Stehen zu bringen, und hat nunmehr die andere Hand frei, ein Gatter zu öffnen, einen Polohammer zu schwingen oder sogar, wie ein amerikanischer Cowboy, sich eine Zigarette zu drehen und anzuzünden, während er mit der Linken allein das störrische Pferd bändigt. Früher oder später wird er lernen, sein Tier im leichten Galopp zu reiten, die Richtung zu verändern und über leichtere Hindernisse zu setzen, ohne die Zügel überhaupt zu gebrauchen. Und schließlich wird er es vielleicht jenen Husaren gleichtun können, die in den Glanzzeiten der Kavallerie bei Paraden imstande waren, die Sattelgurte zu lösen, den Sattel zwischen den Beinen hervorzuziehen und ihn hoch über dem Kopf zu schwingen, alles in vollem Galopp. Dann hat er nach langer Übung gelernt, auf die Dauer von Minuten mit Armen und Oberkörper Dinge zu verrichten, die mit dem Reiten als solchem nichts zu tun haben.

Eine solche Trennung der Funktionen des Reiters muß, wenn auch sehr allmählich, im Herzland stattgefunden haben. Dort gelangte die Reitkunst eines Tages zu einer solchen Vollkommenheit, daß man in der Lage war, auf den von mehreren Pferden gezogenen Streitwagen zugunsten eines einzigen Reittieres zu verzichten; daß die Beine des Reiters den Wagenlenker ersetzten und seine Arme den begleitenden Bogenschützen. Der Reiter war jetzt so geschickt und sattelfest, daß er die Zügel fallenlassen und, während das Pferd in gestreckter Karriere weiter galoppierte, seinen Bogen ergreifen und in rascher Folge in einem Dreiviertelkreis um sich schießen konnte.

Diese Leistung war um so erstaunlicher, als man zunächst weder Sättel noch Steigbügel hatte – Dinge, die dem modernen Reiter für seine Sicherheit und Bequemlichkeit unerläßlich sind. Den frühen Steppenreitern standen nur Sättel in der primitivsten Form zur Verfügung, wahrscheinlich begnügten sie sich mit Wolldecken. Der Ledersattel mit Vorder- und Hinterzwiesel und Untergurten, um das Verrutschen zu verhindern, tauchte erst später auf. Und Steigbügel als Halt für die Füße des Reiters, als Unterstützung für den sich steigernden Trab und zur besseren Beherrschung der seitlichen Bewegung des Pferderumpfes, blieben Jahrhunderte lang unbekannt.

Für die Zwecke des Steppenvolkes war der Bogenschütze zu Pferde dem Streitwagenschützen unendlich überlegen. Die Schnelligkeit war größer; man sparte Mannschaft und komplizierte Ausrüstungen, die schwierig zu unterhalten waren, und konnte auf eine besondere Kriegerkaste innerhalb der Steppengesellschaft verzichten. Denn jeder Hirt zu Pferde – und das waren sie alle – war nun ein potentieller Krieger. Zudem brauchte man keine Gerätschaften mehr, die nicht im Herzland selbst hergestellt werden konnten, es sei denn bei größeren Kriegszügen, wo verstärktes Waffenmaterial erforderlich war; doch militärisches Zubehör von draußen wurde mehr ein Luxusartikel als eine Notwendigkeit.

Der berittene Bogenschütze trat vermutlich zuerst in den westlichen Steppenländern zu Beginn des achten Jahrhunderts v. Chr. in Erscheinung. Und zweitausend Jahre lang blieb seine unheimliche Behendigkeit eine beherrschende Kraft in der Geschichte der Alten Welt.

Unbelastet von den Streitwagen und ihren Geschirren konnten die Reiterbanden schnell aus der Steppe in die kultivierten Randgebiete gelangen. Sie verbreiteten Angst und Schrecken und brachen örtlichen Widerstand im Hagel der Pfeile, die sie im vollen Galopp abschossen; sie plünderten Dörfer in wenigen Stunden, packten die Beute zusammen und verschwanden, ehe Verteidigung organisiert werden konnte; sie operierten auf gegnerischem Gelände, so lange sie wollten, wenn es offenes Land war und es genug erbeutetes Futter für ihre Pferde gab. Wenn sie auf ernsthafte Abwehr stießen, zogen sie sich zurück und griffen an einer anderen Stelle an; war die Abwehr schwach oder gar nicht vorhanden, dann drangen sie tiefer ein, ließen Verstärkung kommen und verwandelten einen Überraschungsüberfall in eine Invasion – aus einem Nadelstich wurde ein Hammerschlag. Bald bedrängten die klopfenden Hufe und zischenden Pfeile der berittenen Bogenschützen die Gebiete an den südwestlichen Rändern des Herzlandes. Besonders in Vorderasien und dem südlichen Osteuropa sollten sie eine entscheidende Rolle spielen.

Damals wurden die Steppen an der Nordküste des Schwarzen Meers von Skythen überrannt, Angehörigen eines großen Nomadenvolkes, das in der Region des Altai-Gebirges zu Hause war. Die Westbewegung einiger seiner Stämme konnte auf den Druck zurückzuführen sein, der von rivalisierenden Nomaden ausgeübt wurde, oder auf eine Trockenperiode, die wahrscheinlich einige Jahrzehnte vorher in der Mitte des Herzlandes eingesetzt hatte. Doch was auch immer die Ursache ihrer Wanderung gewesen sein mag – um 720 v. Chr. hatten sie die Steppen des südlichen Rußland fest in der Hand.

Obgleich die Skythen vermutlich gemischten Ursprungs waren, bildete ein Volk iranischer Rasse den Kern ihrer Gesellschaft, und ihre Sprache gehörte zur indogermanischen Gruppe. Eine Herrscherschicht, die sich die »Königlichen Skythen« nannte, beanspruchte die Führerschaft über die übrigen Stämme. Es waren große, vollbärtige Männer, denen man die Neigung zur Fettleibigkeit und einen übertriebenen Sinn für Humor nachsagte. Sie trugen lange, durch einen Gürtel zusammengefaßte Röcke, in die Stiefel gesteckte Hosen und hohe, spitze Mützen. Vielleicht am auffallendsten waren die gewaltigen Goldmengen, die sie besaßen und an sich trugen. Goldene Gürtel und Ornamente waren ihr Alltagsschmuck, Goldplatten als große Ziermünzen auf ihre Gewänder genäht, mit Gold ihre Waffen verziert, ihre Trinkgefäße, die sie anfertigten, wurden oft in Gold gefaßt, und sie pflegten Opfergeschenke aus Gold in verschwenderischer Fülle ihren verstorbenen Königen in ihre großen Grabhügel in der Dnjepr-Schleife mitzugeben. Dieses Gold stammte zweifellos aus den reichen Vorkommen im Altai-Distrikt; und seine Menge läßt auf einen regen Goldhandel zwischen den dort gebliebenen und den nach Westen gewanderten Stämmen schließen.

In den fruchtbaren Gebieten, die heute der Westukraine entsprechen, haben einige Skythenstämme auch landwirtschaftliche Wurzeln geschlagen. An den Ufern des Dnjestr entstanden bäuerliche Gemeinschaften, die genügend Weizen ernteten, um einen Teil zu exportieren. Aber weiter östlich, um das Asowsche Meer, waren sie vorwiegend Nomaden, die ihre Schaf- und Rinderherden der Jahreszeit entsprechend über die Ebenen trieben: im Frühling und Herbst auf die Steppen, im Sommer und Winter an die Flüsse, wo sie Wasser und Unterkünfte fanden. Bei diesen skythischen Stämmen war die Lebensweise, die später für alle Nomadenvölker im Steppengürtel des Herzlandes charakteristisch wurde, schon in den Umrissen ausgeprägt. Sie betrieben die Filzherstellung, und ihre Zelte waren kunstvoll und zugleich leicht genug, um bequem auf den Ochsenkarren, die ihren Herden folgten, transportiert zu werden. Die Ornamente, mit denen sie ihre Gebrauchsgeräte schmückten, hatten einen eigenen kraftvollen und lebendigen Stil und beruhten, wie die Kunst der späteren Steppenvölker, auf Tiermotiven. Ihr besonderer Stolz waren die kleinen stämmigen Pferde, von denen die Kosakenponys abstammen sollen. Die Skythen aßen Pferdefleisch, tranken Kumys und verbrachten den größeren Teil des Tages auf den Rücken ihrer Pferde. Sie gebrauchten zwar schon kunstvolles Zaumzeug mit Gebiß, doch sie kannten noch keine Steigbügel, begnügten sich mit Satteldecken und verließen sich im übrigen beim Reiten auf Griff und Balance. Und auch so waren sie im Kampf gefürchtete Reitersoldaten. Sie sammelten die Skalpe ihrer getöteten Feinde, verzierten damit ihre Zügel, wie man Zirkuspferde mit Rosetten schmückt oder trugen sie wie Orden an ihrer Kleidung. Ein hervorragender Krieger konnte ein Gewand besitzen, das nur aus Skalpen bestand. Sie fochten mit Äxten, Speeren und kurzen Schwertern – aber ihre Hauptwaffe war der Bogen in der Hand des berittenen Schützen.

Von den Skythen in Südrußland durch das Schwarze Meer und den Kaukasus getrennt, lag das Reich der Assyrer. Sie hatten nach den Streitwagen-Invasionen ihre Herrschaft fast über den ganzen Vorderen Orient ausgedehnt. In einer Reihe von blutdürstigen und gnadenlosen Eroberungen hatten sie das Königreich der Mitanni am Euphrat vernichtet, die Kassiten unterjocht, Babylon und Ägypten bezwungen. Nun erstreckte sich ihr ungeheures Machtgebiet vom Mittelmeer bis zum Zagros-Gebirge in Persien; unbarmherzig von Niniveh am Tigris aus regiert, der rechtwinklig angelegten, fest ummauerten fünfzehntorigen Hauptstadt, die ein wichtiger strategischer Stützpunkt war, streng geschieden von dem Leben der sie umwohnenden Untertanen. Die assyrischen Könige – ihre Namen dröhnen wie tiefe Gongschläge: Tiglatpileser, Adad-nirari, Sargon, Assurbanipal – hielten ihre Territorien mit Methoden zusammen, die gewisse Ähnlichkeiten mit denen moderner totalitärer Staaten haben. Den Provinzgouverneuren unterstand ein allgegenwärtiges Spitzelsystem, und der Terror, oft in der Form abscheulicher Folterungen, war ein übliches Instrument der Verwaltung. Unruhen bei den eroberten Völkern wurden durch Massendeportationen bestraft. Ohne eigene konstruktive Ideen hegte die herrschende Klasse einen übertriebenen Respekt vor der Kultur des alten Babylon: der Königspalast in Niniveh war eine getreue Nachbildung babylonischer Baukunst. Aber das, woran sie wirklich glaubten und dem sie ihr höchstes Vertrauen schenkten, war ihre Armee.

Es war die größte Streitkraft an aktiven und Reservetruppen, die es je in der Welt der Küstenregionen gegeben hatte. Sie bestand hauptsächlich aus Fußsoldaten, unter welchen sich die Bogenschützen auszeichneten, und einer Pioniertruppe, die in der Technik der Belagerung erfahren war. Der Wagen- und Reitertroß – zum Teil pittoresker Antiquiertheit – wurde als weniger wichtig erachtet.

In der Hauptsache stützte sich die assyrische Armee auf massierte Infanterie, auf eine peinlich genaue Organisation und auf ein Netzwerk gepflasterter Straßen. Damit wurden Rebellen im Lande niedergehalten und Eindringlinge von außen zurückgeschlagen, doch angesichts des unerbittlichen Despotismus, den sie zu beschützen hatte, wurde die Aufgabe der Armee mit der Zeit immer schwieriger. Den eroberten Provinzen, in ihrer Wesensart und ihren Interessen grundverschieden und einig nur in ihrer Unzufriedenheit mit den Herrschern, hatten diese zuviel entnommen und zuwenig gegeben. Auf ihre umfangreichen Hilfstruppen, in den Außenregionen stationiert, um die Ordnung aufrechtzuerhalten, war schließlich kein Verlaß mehr. Als die Skythen auftauchten, war der vertrauenswürdige Kern der Ordnungsmacht schon bedenklich geschwächt.

Im Verlauf ihrer Wanderung nach dem Westen verdrängten die Skythen ein Volk, den Griechen als Kimmerier bekannt, das aus Osteuropa gekommen war und sich im heutigen Südrußland niedergelassen hatte. Begierig auf das fruchtbare Grasland, trieben die Skythen sie um das Schwarze Meer über die Donau und über die Pässe des Kaukasus. Nach Süden strömend, verbreiteten die Kimmerier Chaos und Zerstörung in Kleinasien und überfielen die Handelsstädte, die auf den Trümmern des hethitischen Staates entstanden waren. Ihr Eindringen schuf eine kritische Situation für Assyrien; die Invasoren standen an den Toren des Reiches, und dessen mediterrane Provinzen zogen unverzüglich Vorteil daraus, um gegen ihre Beherrscher zu revoltieren. Besonders Ägypten verjagte die assyrischen Garnisonen von seinem Boden und stellte seine Unabhängigkeit wieder her, und Assyrien mußte tatenlos zusehen. Um den wachsenden Geist des Aufruhrs zu ersticken, griff Assurbanipal wieder auf das Regiment des Schreckens zurück und hielt sich im Inneren seines Reiches schadlos. Er ließ Babylon plündern – eine Handlung, die an

Sakrileg grenzte – und vernichtete Susa, die Hauptstadt der Elamiter in Persien an der Ostgrenze seines Reiches.

Inzwischen waren skythische Gruppen im Kielwasser der Kimmerier nach Süden gezogen. Ihre ersten Berührungen mit dem assyrischen Reich waren durchaus freundlicher Natur gewesen, aber dessen wachsende Schwäche bot ihnen verlockende Gelegenheiten zu Plünderungen. Aus den friedlichen Beziehungen wurden Raubzüge; die Skythen wagten sich zuerst um die Westküste des Schwarzen Meeres und über den Kaukasus nach Süden und wurden kühner, bis sie schließlich den Nahen Osten in einer gewaltigen Woge überfluteten. Das assyrische Fußvolk, durch seine vorhergegangenen Niederlagen geschwächt, war dem Ansturm der neuen Reiterschützen aus der Steppe nicht gewachsen. Die Lage nützend, bildeten die Babylonier eine Allianz mit den Medern aus Persien, und die unersättlichen Skythen verbündeten sich mit ihnen. Dieser Dreibund vernichtete, was an assyrischer Macht noch übriggeblieben war. Im Jahr 612 v. Chr. wurde Niniveh so gründlich dem Erdboden gleichgemacht, daß der Tourist unserer Tage vom heutigen Mosul am anderen Ufer des Tigris gerade noch die Umrisse der Ruinenmauern erkennen kann. Die Offensivkraft der Steppenreiter hatte das Gleichgewicht der seßhaften Welt ins Wanken gebracht.

Genau ein Jahrhundert später sollten die berittenen Bogenschützen aus dem westlichen Herzland abermals die Berechnungen der Machtpolitiker im Vorderen Orient empfindlich stören. Wie zuvor war ihr Widersacher der damals mächtigste Staat des eurasischen Küstengürtels. Aber nun übten sie eine mehr defensive Taktik.

Nach der Zerstörung von Niniveh hatten sich die Skythen, mit Beute reich beladen, nordwärts in ihre Heimat zurückgezogen und es den Babyloniern und Medern überlassen, das frühere assyrische Reich unter sich aufzuteilen. Doch innerhalb von fünfzig Jahren trat ein neuer starker Mann auf den vorderasiatischen Schauplatz. Es war Kyros, der halbzivilisierte Häuptling eines unbekannten persischen, dem König der Meder tributpflichtigen Stammes. Nachdem er die persischen Edelleute mit ihrer Gefolgschaft um sich geschart hatte, beseitigte er zunächst die Macht der

Meder in Persien und brachte dann in wenigen Jahren praktisch das ganze Gebiet zwischen dem Mittelmeer und Persien, das früher zu Assyrien gehört hatte, unter sich. Danach wandte er sich in die entgegengesetzte Richtung und dehnte die persische Herrschaft auf das heutige Afghanistan aus. Kyros fiel in der Schlacht an der Ostgrenze seines Imperiums; Kambyses setzte seines Vaters Werk fort, und als er 522 v. Chr. starb, erstreckte sich das in dreißig Jahren aufgebaute persische Weltreich vom Nil bis zum Jaxartes (Syr-darja) und Indus.

Dareios, der dritte große Perserkönig, suchte die Vorteile der strategischen Position des Reiches zu nutzen, dessen Thron er nun bestieg. Im Westen grenzte es an die Welt des Mittelmeers; im Osten an das Arabische Meer und Indien. Zwischen West und Ost gelegen, kontrollierte Persien die See- und Landwege zwischen den beiden produktivsten Gebieten des eurasischen Küstengürtels. Es hatte die günstige Gelegenheit, den Güteraustausch zwischen den zwei Regionen an sich zu ziehen und zum bedeutendsten Umschlagplatz der Alten Welt zu werden.

Zwei Vorbedingungen mußten erfüllt sein, wenn Dareios seine Vision wahrmachen wollte. Er mußte sich die Herrschaft über das Meer sichern, und das hieß, die Griechen aus der Ägäis verdrängen. Und er mußte seine Nordgrenzen gegen die Reiterschützen aus der westlichen Steppe verteidigen. Denn überall, wo Handel getrieben wurde, witterten die Nomadenvölker, und besonders die mächtigen Skythen, Gelegenheit zur Plünderung; und ein neuer Übergriff, ähnlich dem, der Assyrien zu Fall gebracht hatte, würde Dareios' Hoffnungen zunichte machen. Aber das strategische Problem war schwierig zu lösen, auch mit Hilfe der starken persischen Armee und ihrem glanzvollen Kern der sogenannten »Unsterblichen«. Man hatte noch zu gut in Erinnerung, daß die Skythen imstande gewesen waren, das Schwarze Meer zu umrunden und den Kaukasus zu überschreiten; und zwischen dem Kaspischen Meer und dem Hindukusch lag eine zwar längere, doch bequemere Route vom Herzland in die Ostgebiete des persischen Reiches. In dieser Gegend hatte Kyros den Tod gefunden; wahrscheinlich von der Hand eines Steppenschützen.

Dareios machte sich einen Plan zu eigen, der darauf abzielte, sowohl seine Meeres- als auch seine Landgrenzen abzusichern. Zwischen den Skythen und den Griechen ging ein lebhafter Handelsverkehr hin und her. Die Griechen tauschten von den ackerbautreibenden Skythen in der Steppe Korn gegen Wein und Öl ein. Die Lieferung erfolgte durch eine Reihe von griechischen Handelsposten an der Küste des Schwarzen Meeres, von denen die Skythen, unverfroren genug, auch noch Abgaben verlangten, wann immer sich die Gelegenheit dazu bot. Ein erfolgreicher Schlag der Perser – so der Plan des Dareios – über die Nordküste des Schwarzen Meeres nach Osten würde die Macht der Skythen über die Steppe brechen und die Landgrenzen des persischen Reiches von ihrem Druck befreien. Zugleich würde er den Nachschub wertvoller Nahrungsmittel aus Griechenland abschneiden und so die Kraft der Skythen für spätere Feldzüge schwächen.

Mit Dareios selber an der Spitze überschritt die persische Armee auf einer Pontonbrücke den Bosporus und marschierte über die Donau den Steppen zu. Als die Skythen merkten, daß es sich um eine Invasion großen Umfangs handelte, ersuchten sie andere Steppenvölker um Beistand. Aber es kam keine Hilfe, so daß sie sich darauf einstellten, mit den persischen Streitkräften, so gut es ging, allein fertig zu werden. Ihre Spähtrupps ritten die Flanken des Gegners entlang, um Blößen zu erkunden. Sobald eine mangelhaft verteidigte Stelle entdeckt wurde, vergrößerten sich die Spähtrupps zu berittenen Scharmützlern, und auf den verdutzten Feind brach ein Blitzangriff los, ein Hagel von Pfeilen – und ebenso blitzschnell wendeten die skythischen Reiter wieder und verschwanden. Den voranmarschierenden Persern hinterließen sie verbrannten Proviant, verdorbenes Viehfutter und zerstörte Wasserstellen. Beharrlich überschritt Dareios mit seinen Truppen den Dnjestr. Nun war er inmitten der unendlichen Leere der Steppe. Rauchsäulen stiegen von den Haufen getöteten Viehs und von der verbrannten Erde der besiedelten Flußufer auf, am Horizont lagerten Staubwolken über den abziehenden Skythen, während einzelne Späher fortfuhren, die persischen Marschtruppen zu umkreisen. Die letzten Versorgungs-

und Nachschubbasen lagen mindestens anderthalb tausend Kilometer zurück. Für die Perser, an Kämpfe von Mann zu Mann gewöhnt, war dies ein Krieg mit dem Unfaßbaren. Die Rationen gingen zur Neige, die Moral der Soldaten sank.

Endlich versuchte Dareios, eine Entscheidung zu erzwingen. Er sandte Boten zu dem Befehlshaber der Skythen und forderte die Beendigung dieser Rückzugsstrategie: entweder Kampf oder Verhandlung. Wenn sich die Skythen stark genug fühlten, die Perser zu schlagen, dann sollten sie sich stellen; wenn nicht, verlange er die Anerkennung seiner Oberhoheit und den Beweis dafür durch Zahlung von Tributen. Dann könne man in Friedensverhandlungen eintreten. Die Antwort der Skythen war charakteristisch für die Haltung späterer Steppenhäuptlinge in ähnlichen Situationen. Sie versicherten stets, daß sie sich überlegen fühlten; doch selten ergingen sie sich in leeren Drohungen. »In dem, was wir tun, ist nichts Neues oder Besonderes«, erklärte der skythische Bote dem Dareios. »Wir verhalten uns nicht anders, als wir es in Friedenszeiten zu tun pflegen. Wir haben in diesen Regionen weder Städte noch Kulturland zu verteidigen. Deshalb haben wir keine Eile, uns euch zum Kampf zu stellen. Aber wenn euch daran gelegen ist, mit uns handgemein zu werden, dann habt acht auf die Gräber unserer Väter. Versucht, sie anzutasten – und ihr werdet sehen, ob wir kämpfen können oder nicht.«

Es blieb Dareios nichts anderes übrig als umzukehren. Auf dem ganzen Weg bis zur Donau wurde sein Rückzug erneut durch skythische Störmanöver behindert. Er versuchte nie wieder einen Feldzug in nördlicher Richtung durch Europa, und sein Mißerfolg in der südrussischen Steppe im Jahre 512 v. Chr. war der Anfang einer Kette von Fehlschlägen bis zu der verhängnisvollen Niederlage durch die Athener bei Marathon. Wie vor hundert Jahren erwies sich die bewegliche Taktik der Steppenreiter als verderblich für die in voller Rüstung strotzenden Streitkräfte aus den Küstenländern. Und diesmal offenbarten sie ein Dilemma, aus dem das Persische Reich nicht wieder herauskam: zu entscheiden, ob es, bei einer unzureichenden Kriegsmacht, wichtiger war, die Meeres- oder die Landgrenzen zu verteidigen.

Schließlich endete auch die Vorherrschaft der Skythen in der Steppe. Mehrere Jahrhunderte lang waren ihre östlichen Nachbarn die Sarmaten gewesen, ein ihnen rasse- und sprachverwandtes anderes Nomadenvolk. Der Hauptstamm der Sarmaten, den Griechen als Massageten bekannt, hielt die teils begrasten, teils dürren Landstriche nördlich und östlich des Kaspischen Meeres besetzt; die Saken, ein anderer sarmatischer Stamm, weideten in der Region zwischen dem Aral- und dem Balkaschsee. Ihr Nomadenleben in Friedenszeiten und ihre Praxis des Bogenschießens zu Pferde im Kriege unterschieden sich von denen der Skythen kaum; aber sie waren ein noch streitlustigeres Volk. Während die skythischen Frauen keine Pferde bestiegen und das Kriegsgeschäft den Männern überließen, ritten die sarmatischen Frauen von Kindheit an und kämpften, gekleidet und bewaffnet wie Männer, neben ihnen, und sie durften erst heiraten, nachdem sie in der Schlacht einen Feind getötet hatten.

Als Alexander der Große 334 v. Chr. seinen gewaltigen Feldzug durch Persien zum Indus begann, stieß er nördlich des Jaxartes in sarmatisches Gebiet vor. Dort wurde er in heftige Kämpfe mit sakischen Stämmen verwickelt. Ihre verblüffende Beweglichkeit stellte seine militärische Erfindungsgabe auf eine harte Probe; denn die griechische Taktik beruhte überwiegend auf der Schlagkraft der festen Phalanx des mit Spieß und Harnisch bewaffneten Fußvolks, der einem gleichermaßen bewaffneten Feind gegenüberstand. Die um die voranmarschierenden Mazedonier schwärmenden Reiterschützen boten kein festes Ziel: und Alexander konnte ihrer nur einigermaßen Herr werden, indem er seine Phalanx zu beiden Seiten von berittenen Soldaten begleiten ließ.

Die erste skythische Wanderung aus dem Altai-Gebiet nach Südrußland im achten Jahrhundert v. Chr. mag von dem Druck der Sarmaten veranlaßt worden sein, ein Druck, der sich verstärkte, während die Skythen die Steppen am Schwarzen Meer in Besitz hielten. So wie die Skythen das Grasland im Westen – die besten Weidegründe des gesamten Herzlandes – den Kimmeriern weggenommen hatten, so wurde es ihnen dann von den Sarmaten, die selber von Nomaden aus dem ferneren Osten bedrängt wurden, streitig gemacht. Schließlich mußten die Skythen den Platz räumen. Die angeborene Kampflust der Eindringlinge – zweifellos verstärkt durch ihre reit- und schießkundigen Amazonen – verschaffte ihnen einen Vorteil in dieser Kraftprobe. Aber noch wichtiger war eine neue Form der berittenen Kriegführung, welche die Sarmaten ausgebildet hatten.

Bisher hatten die Bogenschützen in der Steppe Ponys geritten, deren Kraft und Ausdauer begrenzt war. Den Sarmaten gelang es, größere und kräftigere Pferde zu züchten, und das ermöglichte ihnen, einen Teil ihrer Leute schwerer zu bewaffnen und sie mit primitiven Lanzen statt mit Bogen auszurüsten. Die Wirksamkeit der ersten Lanzenreiter war gering, denn da sie noch keine Steigbügel hatten, konnten sie nicht mit ganzer Wucht, geschweige mit Hilfe des Gewichts ihrer Tiere, zustoßen, denn sonst wären sie vom Pferd gestürzt; und deshalb faßten sie die Waffe mit beiden Händen, wenn sie an ihre Gegner heranpreschten. Doch auch so gab ihnen im Nahkampf die Länge der Lanze einen entscheidenden Vorteil über die kürzeren Speere oder Schwerter, und man kann in dieser Erfindung der Sarmaten, welche die leichte Reiterei der Bogenschützen ergänzte, die Keimzelle der schweren Kavallerie erblicken.

Mit dieser neuen Technik des Kampfes zu Pferde gelang es den Sarmaten, die Skythen vernichtend zu schlagen. Aber bevor diese ganz vom Schauplatz der Geschichte abtraten, riefen sie eine Macht auf den Plan, die eine entscheidende Rolle in dem Gleichgewicht zwischen der Steppe und den Ländern des Küstengürtels spielen sollte.

In der Nachfolge Alexanders versuchte die Dynastie der Seleukiden, dessen Reich in seinem alten Glanz wiederaufleben zu lassen. Damals gingen tiefgreifende Veränderungen in der Küstenwelt Europas und des Nahen Ostens vor sich. Die alten, im Innern des Landes gelegenen Großstädte mußten ihre Vormachtstellung an die wachsenden Nationalstaaten an der Mittelmeerküste abgeben, und deren Hauptinteresse galt dem Handel. Ägypten hatte die Führung im Seehandel, denn es kontrollierte die wichtigen Schiffsrouten zwischen dem Orient und dem zentralen Mittelmeer, wo der Stern Roms im Aufgehen war.

Für die seleukidischen Könige verschärfte sich dadurch das Dilemma, in dem sich schon Persien unter Dareios befunden hatte: sollten sie ihre Bemühungen vor allem darauf richten, die Handelswege zu Land nach dem Osten zu sichern, oder sollten sie mit Ägypten um die Seeherrschaft wetteifern? Zuerst betrieben sie eine Festlandspolitik, um sie jedoch bald wieder zugunsten maritimer Ambitionen aufzugeben. Das gab unweigerlich Streit mit Ägypten, und 261 v. Chr. erlitten die Seleukiden eine empfindliche Niederlage. Schlimmeres folgte: denn alle größeren Anliegerstaaten des Mittelmeeres waren jetzt in einen langen und verzweifelten Kampf um die Vorherrschaft zur See verwickelt. Die Seleukiden verbündeten sich mit Karthago gegen die vereinigten Kräfte von Rom und Ägypten, und das führte schließlich zu ihrem Untergang. Während diese Konflikte noch im Gange waren, trug sich in Ostiran etwas zu, was Persien veranlaßte, seine Aufmerksamkeit in Zukunft dem inneren Asien zuzuwenden.

Auf seinem Zug nach Indien hatte Alexander in jener Region (etwa im Nordosten des heutigen Afghanistan) die Satrapie Baktrien gegründet, die später ein Teil des Seleukiden-Reichs wurde. Im Jahr 255 v. Chr. unternahm der Statthalter von Baktrien, während die Zentralregierung durch ihre Mittelmeerpolitik gebunden war, auf eigene Faust den Versuch, sein Territorium zu erweitern. Er marschierte nordwärts ins Innere Asiens und stieß auf einen Nomadenstamm am Südrand des Herzlandes. Dies war das Volk, das sich als Parther in der Geschichte einen Namen machte, ein Zweig der Skythen, der von den südrussischen Steppen um das Kaspische Meer gekommen war, sich mit anderen Steppenbewohnern gemischt und einen Teil des halbwüsten Landes zwischen Kaspischem Meer und Aralsee in Besitz genommen hatte. Nun, da sie ihre Weiden durch das Vorrücken der Baktrier bedroht fühlten, verlegten sie ihre Zelte an die Nordgrenze des Irans.

Einige Jahre später, 247 v. Chr., gerieten die Parther abermals in Bewegung, stiegen über die Hänge des Kopet-Dag in das eigentliche iranische Hochland und verbreiteten sich unter der ackerbautreibenden Bevölkerung, die sie bald beherrschten. Bald waren die Städte südlich des Kaspischen Meeres in ihrer Hand, und ihr König Arsakes machte Hekatompylos zu seiner Hauptstadt, die Stadt der Hundert Tore, so genannt wegen der vielen durchlaufenden Handelswege. Unter Mithridates I. eroberten sie in wenigen Jahrzehnten den größten Teil Ostirans und zogen nach Westen, um Seleukia im Tigris in Besitz zu nehmen, das in der Nachfolge Babylons das Handelszentrum von Mesopotamien geworden war.

Die parthische Invasion bedeutete, daß zum ersten Mal ein Kriegervolk aus der Steppe sich eine Schlüsselposition im eurasischen Küstengürtel verschafft hatte. Mochte Ägypten das Meer beherrschen – durch das neue Parther-Reich, von der syrischen Wüste bis zum Hindukusch, vom Kaspischen Meer bis zum Persischen Golf, führten zahllose Handelswege zu Land kreuz und quer, vor allem die Straßen vom Mittelmeer, Kleinasien und dem Kaukasus nach Indien. Es war darüber hinaus das Tor, nach Zentralasien, durch welches, an den Südgrenzen des Herzlandes entlang, schon die ersten Kaufleute ihre Fühler nach dem Fernen Osten ausstreckten.

Nachdem sie diese Region zu ihrer neuen Heimat gemacht hatten, begannen die Parther, die Dinge anders anzusehen und ihre Steppengewohnheiten abzulegen. Nicht mehr dem unverblümten Plündern galt ihr Interesse, sondern sie bemühten sich, aus ihrer Kontrolle über die durch Nordiran gehenden Landrouten Vorteil zu ziehen und die Zufahrtswege gegen alle potentiellen Eindringlinge zu schützen. Sie befreiten sich von den griechischen, aus der Zeit Alexanders stammenden Einflüssen – von Handelsbeziehungen abgesehen – und kehrten zur alten persischen Nationalreligion, dem Zoroastrismus, zurück. Ihr Reich dauerte immerhin über vierhundert Jahre. Zuerst unternahmen die Seleukiden energische, doch vergebliche Versuche, sie zu vertreiben; und später, als Rom sich triumphierend nach Westen ausdehnte und gleichzeitig das Reich im Osten vergrößern wollte, leisteten die Parther wirksamen Widerstand. In der Schlacht von Karrhä schlugen sie 53 v. Chr. mit zehntausend Mann sieben römische Legionen über den Euphrat zurück. Ihre gefürchteten Lanzen durchbohrten Schilde und Tuniken und konnten zwei Mann mit einem Stoß töten. Römischen Gegenangriffen wichen sie geschickt aus und schossen über die Pferdeleiber hinweg rückwärts ihre Pfeile ab – der berühmte »Partherschuß«, den die Römer nie vergaßen und ihnen nie verziehen. Die Folge dieser Niederlage war der endgültige Verzicht Roms auf die Herrschaft über die asiatischen Handelsstraßen, und dies stellte das Imperium vor wirtschaftliche Probleme, die es nie zu lösen vermochte.

Die Haltung der Parther zum Herzland war nicht weniger wichtig. Während sie den durch den Iran gehenden Handel beaufsichtigten und dafür lukrative Abgaben erhoben, machten sie ihr Land gleichzeitig zu einer Bastion gegen nach Süden gerichtete Einfälle aus der Steppe. Die ursprünglich räuberischen Nomaden waren seßhafte Feudalherren geworden; die Krieger-Aristokratie eignete sich große Güter an und ließ die darauf siedelnden Bauern arbeiten. Sie selber blieben Reiter und Pferdezüchter, und ihre Kenntnis des Steppenkrieges befähigte sie, ein Kampfsystem zu Pferde zu entwickeln, das in der späteren Geschichte den berittenen Bogenschützen der Steppe erfolgreich Widerpart bieten und eine bemerkenswerte Rolle in den Geschicken der Küstenregionen spielen sollte.

Während all dieser frühen Zusammenstöße zwischen Herzland und eurasischem Randgebiet ging im tiefen Innern Asiens eine Bewegung von großer Bedeutsamkeit vor sich. Die Künste der Hirten zu Pferde, aus denen sich die Geschicklichkeit der berittenen Bogenschützen entwickelt hatte, stammten aus den von einem verhältnismäßig milden Klima begünstigten fruchtbaren westlichen Steppengebieten. Bald begannen diese friedlichen Künste und kriegerischen Fertigkeiten sich weiter auszubreiten. Als die Skythen ihren Druck auf Assyrien und Persien ausübten, als Alexander die hellenische Kultur bis zu den Füßen des Himalaja trug, als die kleine römische Republik aus Italien das Sprungbrett eines Imperiums machte – in diesen Jahrhunderten wanderte die Lebensordnung des berittenen Nomadentums ostwärts, von Steppe zu Steppe, von Stamm zu Stamm, bis in die rauheren Regionen Innerasiens, über schneebedeckte Hochebenen und Flächen sonnenverbrannten Gestrüpps, durch die »Trockenstraße« der Dsungarei zwischen den Gipfeln des Tienschan und des Altai, hinauf in das sturmgepeitschte mongolische Hochplateau und darüber hinaus. Es dauerte Jahrhunderte, bis sich die Kenntnisse des Herdenwesens, der Pferdezucht und des Bogenschießens über den ganzen Raum des Herzlandes verbreiteten, denn es war eine Bewegung gegen die natürliche Tendenz der Steppenbewohner, nach den milderen westlichen Zonen zu ziehen. Doch schon vor 200 v. Chr. hatte sie den östlichen Saum der Steppengebiete erreicht. Die dort lebenden primitiven Völker – einige von ihnen Präriejäger, andere aus den Wäldern der Taiga gekommen, doch alle für das unerbittliche östliche Herzland-Klima gestählt – solch abgehärtete Halbwilde wurden jetzt mit den Methoden der reitenden Nomadenhirten und räuberischen Bogenschützen vertraut gemacht.

Mit dieser Bewegung und all ihren verhängnisvollen Folgen für die pazifischen Küstenländer Eurasiens verlagert sich der Schauplatz nach China.

Das östliche Amphitheater

> Sie haben nicht Felder noch Pflugland,
> Nur Wüsteneien, wo Gebein
> Im gelben Sande bleicht.
>
> LI PO

Bis jetzt waren es die großen Ebenen des westlichen und südlichen Herzlandes gewesen, von den Steppen des Schwarzen Meeres bis zum Hindukusch, auf denen sich die Ereignisse abgespielt haben. Nun wechselt unser Schauplatz zur östlichen Hälfte des eurasischen Kontinents. Hier, jenseits einer Diagonale, die wir vom Tienschan und Altai zum Baikalsee ziehen, liegen die Steppen der mongolischen Hochebene und der mittleren Mandschurei und südlich davon die Wüsten Takla Makan und Gobi. Man kann die ganze Region als ein ungeheures Amphitheater von Gras und Sand und Fels betrachten, das sich halbkreisförmig um die Nordgrenzen Chinas rundet, getrennt von den westlichen Steppen durch eine fast ununterbrochene Kette von Bergen und Wäldern vom Hindukusch bis zum Ochotskischen Meer.

Bis zum dritten Jahrhundert v. Chr. wurde dieses Amphitheater des östlichen Herzlandes von Völkern verschiedenen Ursprungs und verschiedener Lebensweise bewohnt. In der Mitte war der größte Teil der Mongolei die Domäne eines Volkes, das die Chinesen als Hiung-nu oder die »Nördlichen Pferde-Barbaren« kannten. Wie der Name besagt, waren es berittene Nomaden. Östlich der Hiung-nu, in der Mandschurei, siedelte ein anderes Nomadenvolk, die Tung-hu der »Östlichen Pferde-Barbaren«; und im Westen, jenseits des Altai, wo sich heute Tomsk und Krasnojarsk befinden, waren andere berittene Hirtenstämme ansässig. Im Norden, im Waldgürtel Sibiriens, fristete ein primitives Volk sein Dasein durch Jagd, Fischfang und das Sammeln von Wildfrüchten. Einige waren zu verschiedenen Zeiten aus der Taiga gekommen und hatten sich bereits das Pferd dienstbar gemacht. Die meisten Stämme, die in der Steppe und in den Grenzgebieten zwischen Steppe und Taiga lebten, waren Vorläufer der Turkvölker und Mongolen; die Bewohner der Wälder im Norden waren vorwiegend Tungusen.

Die Völker im Süden der Region indessen hatten einen anderen Ursprung. Sie stammten aus der großen iranisch-indogermanischen Bewegung, die in früheren Jahrhunderten den Westen des Herzlandes erschüttert hatte. Ein Teil war nach Osten geflutet, und als der Strom abebbte, hinterließ er Völkerreste, die er mit sich geschwemmt hatte. So waren südlich der Hiung-nu, zwischen der Wüste Gobi und der tibetanischen Hochebene, zwei wichtige Stämme zurückgeblieben, von den Chinesen Yüeh-chih und Wu-sun genannt. Beides Reiterhirten, doch im Gegensatz zu ihren Nachbarn im Norden sprachen sie indogermanische Sprachen. Wieder verschieden waren die Bewohner der Takla Makan, der oval geformten Wüste zwischen den Bergen des südlichen Herzlandes, die vom Tarim durchflossen wird. Auch diese waren aus dem Westen gekommen und gehörten zur indogermanischen Sprachgruppe. Aber nachdem sie im Vorland der von Bergketten umschlossenen Wüste mehrere wasserreiche Oasen gefunden hatten, gaben viele das Nomadenleben auf, legten Bewässerungsgräben an und wurden seßhafte, friedliche Ackerbauern. Inmitten der Oasen gründeten sie Städte, von wohl bewässerten Feldern umgeben, die sie ernähren konnten. Am Süd- und Westrand der Wüste waren es Kaschgar, Yarkand und Chotan; im Norden Kucha, Kara Shar und Turfan. Diese und andere, sich selbst regierende Stadtstaaten des Tarim-Beckens, im Herzland gelegen, doch nicht daraus stammend, sollten in den kommenden Jahrhunderten eine wichtige Rolle spielen.

Von diesen östlichen Herzlandvölkern, die sich an den Marken Chinas angesammelt hatten, waren die Hiung-nu die weitaus gefährlichsten. Sie ließen ihre Herden in einem Gebiet weiden, das nahezu die ganze heutige Äußere und Innere Mongolei umfaßt. Einige ihrer Stämme hielten die Steppen der nördlichen mongolischen Hochebene besetzt; andere beanspruchten die Weideflächen an den Südrändern der Wüste Gobi. Durch diese Position und die große Ausbreitung ihrer Ländereien beherrschten sie die beiden strategisch wichtigen Routen, die von den Hochebenen Innerasiens nach China führten. Sofern nicht andere Nomadenstämme sich ihnen in den Weg stellten, war ihnen das chinesische Tiefland über die Nordseite der Gobi und die vorgeschobenen Weideflächen der Mandschurei erreichbar; oder sie konnten an der Südseite der Wüste zum Ordos-Plateau und zum volkreichen Becken des Hoangho vordringen.

Es hat viel Kopfzerbrechen darüber gegeben, wer die Hiung-nu eigentlich waren. Einige Fachleute meinen, es seien die Vorfahren der Mongolen gewesen: rundköpfig, blaßhäutig und mit wenig Haar am Körper. Andere glauben, sie wären die Ahnen der Türken: langschädelige Männer mit buschigen Bärten, in den Gesichtszügen und der Hautfarbe mehr den Europäern ähnlich. Wieder andere vertreten die Ansicht, sie stammen möglicherweise aus einer Mischung von Mongolen und Tungusen. In chinesischen Chroniken hingegen liest man, sie hätten »rotes Haar, grüne Augen und weiße Gesichter« und seien sehr rauhhaarig. Diese Berichte, zusammen mit einigen archäologischen Belegen, erweisen die Hiung-nu als ein frühes Turkvolk, wenn auch viele durch Vermischung mit fernöstlichen Rassen, einschließlich der chinesischen, mongoloide Züge annahmen.

So sehr ihre ethnische Herkunft noch im Dunkeln liegt, so weiß man doch einiges mehr von ihrer Lebensweise. Sie ähnelte der ihrer nomadischen Vorläufer auf den westlichen Steppen, und viele ihrer Eigenarten wurden später von ihren Nachfolgern in allen Steppengebieten des Herzlandes übernommen. Sie kleideten sich in lange, gegürtete Jacken, über denen sie Ledermäntel zum Schutz gegen die Kälte und die Pfeile ihrer Feinde trugen. Sie müssen für unsere Begriffe ziemlich abstoßend ausgesehen haben. Über den mit Ringen geschmückten Ohren war der Kopf zu beiden Seiten kahlgeschoren, und das Haar in der Mitte wurde in zwei kurze Zöpfe geflochten, die hinter die Ohren fielen. Diese, wegen der Steppenwinde zweifellos praktische Haartracht, dürfte der Ursprung des späteren Zopfes der Chinesen gewesen sein. Ihre Wohnungen waren die runden Filz-Zelte, die wir schon bei den westlichen Steppenvölkern kennengelernt haben; doch, wie ein chinesischer Geschichtsschreiber bemerkte, »ihre Heimat war der Rücken der Pferde«. Ihre Ponys versorgten sie mit Milch und Kumys, dienten ihnen dazu, die Herden von einer Weide zur andern zu treiben, und trugen die galoppierenden Bogenschützen im Kriege. In einer solchen Gesellschaft von Räuberbanden, die von Überfällen auf andere Stämme und Völker lebten und jederzeit mit Gegenangriffen rechnen mußten, war die Kunst des Bogenschießens für alle Männer obligatorisch, und jeder berittene Hirte war ein potentieller Krieger. Die Kinder lernten, wenn sie kaum laufen konnten, auf einem Schaf oder einem Esel zu sitzen und mit kleinen Bogen und Pfeilen Vögel und Nagetiere zu schießen; und die Knaben nahmen sich die schnellfüßigeren Füchse und Hasen zum Ziel. Die Kraft, einen Männerbogen zu spannen, war für den Jüngling die Probe auf seine Wehrfähigkeit, so daß er nunmehr an Raubzügen teilnehmen durfte. Wie die Methoden der Kriegführung hatten die Hiung-nu von ihren westlichen Nachbarn auch bestimmte Riten übernommen, mit denen sie ihre Siege feierten: zum Beispiel, das Blut ihrer Feinde aus Schalen zu trinken, die sie aus deren Schädeln anfertigten.

Ihre Religion war der Schamanismus, wie wir ihn von den historischen Völkern des nördlichen Innerasiens kennen. Es gab ein einziges höchstes Wesen, das sich in guten und bösen Geistern der natürlichen Umwelt manifestierte: in Feuer und Wasser, in Bergen und Höhlen, in Wind, Sturm und Donner. Das Zusammenwirken dieser zahllosen Unter-Gottheiten bewirkte Glück und Unglück im Leben des Menschen: Gesundheit oder Krankheit in der Familie, Fruchtbarkeit oder Unfruchtbarkeit in den Herden, Reichtum oder Niederlage in Krieg und Frieden. Diese Geister konnten von der Kaste der mit übernatürlichen Kräften begabten Schamanen beeinflußt oder besänftigt werden; und manche Forscher glauben, die wilden Tänze und Beschwörungsgesänge dieser Zauberpriester seien der Ausbruch einer »arktischen Hysterie«, eines Geisteszustandes, der auf den monatelangen Aufenthalt in der maßlosen, gleichförmigen Landschaft des Nordens zurückzuführen ist und der krampfhafte Wiederholungen von in der Wirklichkeit oder im Traum Gesehenem oder Gehörtem nach sich ziehen kann.

Aber bei den Nomaden wuchs der Schamanismus über einen bloßen Aberglauben hinaus. Er gemahnte seine Anhänger an die Notwendigkeit, sich den sie umgebenden Naturkräften so gut wie möglich anzupassen und den Ausgleich zu finden zwischen solchen, die manipulierbar waren, und solchen, die als unabänderlich hingenommen werden mußten. Er brachte sie dazu, sich der Faktoren bewußt zu werden, mit denen bei der Zucht und Wartung der Herden zu rechnen war, und half ihnen bei den Kriegsvorbereitungen. In dem ständigen Kampf um Überleben in dem harten Klima und bei den rauhen Sitten Innerasiens enthielt der Schamanismus viel praktische Lebensweisheit. Bemüht, feindliche oder schädliche Einflüsse zu versöhnen, glaubte er an die Einheit zwischen den Lebenden und den Verstorbenen, die sich im Ahnenkult kundtat. Das höchste Wesen stand in Verbindung mit dem Himmel und der Sonne, und wenn auch die Auslegung und Verkündigung dieses Pantheons für den einfachen Menschen Sache des Schamanen-Priesters war, so gehörte es gleichfalls zu den Pflichten des Schanju, des Häuptlings der Hiung-nu, sich jeden Morgen vor der aufgehenden Sonne zu beugen, als Zeichen seiner immer wieder neuen Bereitschaft, den höchsten Willen auf Erden zu vollstrecken.

Das China, das jetzt den Steppenvölkern so gefahrvoll ausgesetzt war, hatte so gut wie gar keine Verbindung mit den westlichen Ländern des eurasischen Küstengürtels. Es war viel kleiner als heute. Die bäuerlichen Gemeinschaften, welche die erste Stufe einer Nationalstaatlichkeit bildeten, entstanden am Hoangho, wo die fruchtbaren Lößböden leicht mit Handgeräten zu bearbeiten waren. Von dort breiteten sie sich ins Tal des Wei aus, eines Nebenflusses des Hoangho, wo die Erde besonders ergiebig war. Das frühe China lag also ganz und gar nördlich des Jangtsekiang, der es heute in seiner Mitte teilt, und das bedeutete, daß jede feindliche Machtkonzentration in der Mongolei oder der Mandschurei es nicht nur am Rande, sondern im Herzen bedrohte.

Als die Hiung-nu stark wurden, hatte China schon eine über tausendjährige Geschichte hinter sich, ein Jahrtausend sowohl des Aufbaus als auch der Zerstörung. Es war von heftigen inneren Kriegen zerrissen worden, doch gleichzeitig wurden die

Grundlagen seiner geistigen Größe und seiner Bedeutung als Handelsland geschaffen. Die Shang-Dynastie – die erste, die sich nicht im Dunkel der Legende verliert – hatte in der zweiten Hälfte des zweiten Jahrtausends v. Chr. über den Bauern-Gemeinschaften des Hoangho- und Wei-Tales regiert. Sie herrschte über ein Reich von großen Dörfern, in Landschaften verstreut, die oft durch unkontrollierbare Überschwemmungen in Seen oder Sumpfgebiete verwandelt wurden. Es gab keine großen Städte, und das Meer war noch kein Handelsweg, sondern die Grenze des Unbekannten. Die Feudalordnung der Shang hatte Ähnlichkeit mit dem System, das später im Abendland auf den Rittergütern ausgeübt wurde: die Bauern waren Leibeigene, an den Boden der Landherren gebunden; doch trotz des niedrigen Lebensstandards und grausamer Sitten – Menschenopfer gehörten dazu – erwies sich das System als fest und dauerhaft.

Um 1000 v. Ch. wurden die Shang von einer neuen Dynastie, den Chou, verdrängt, die aus dem Wei-Tal kamen. Es waren Herrscher von härterem Stoff, und sie führten eine umfassendere, mehr zentralistische Regierungsart ein. Sie sind es vermutlich gewesen, von denen die Idee stammt, die bis zum Sturz der letzten Kaiserdynastie im zwanzigsten Jahrhundert Gültigkeit hatte: daß der Monarch sein Regierungsamt durch ein Mandat des Himmels erhält, das erst erlischt, wenn er oder seine Nachfolger, die Söhne des Himmels, durch ihre Taten anzeigen, daß sie die göttliche Stellung bei ihren Untertanen verwirkt haben. Auf den von den Shang geschaffenen Grundlagen errichteten die Chou einen Feudalismus zugunsten ihrer eigenen Familie und ihrer Anhänger; aber es war ein Feudalismus größerer Einheiten und größerer Lehnsherren als vorher, der den Versuch unternahm, die willkürliche Ausbeutung der leibeigenen Bauern durch die Erhebung von Steuern und einen geregelten Militärdienst zu ersetzen. Aus diesem System entstand eine Anzahl umfangreicher Domänen oder Herzogtümer, die einigermaßen den wirtschaftlichen Verhältnissen und geographischen Gegebenheiten des chinesischen Reiches entsprachen.

Im Jahre 771 v. Chr. jedoch war es mit dem Chou-Regime zu Ende. Seine Hauptstadt wurde plötzlich von Barbaren aus dem

Westen – das heißt aus dem Herzland – gestürmt. Die Macht ging an die Gaufürsten über, die sich eine Zeitlang bemühten, den Frieden durch eine relativ aufgeklärte Regierungsweise aufrechtzuerhalten. Es waren Edelleute, und ihre Fehden untereinander wurden nach den strengen Regeln des Rittertums geführt. René Grousset[1] zeichnet ein lebendiges Bild dieser fürstlichen Fehden im siebenten Jahrhundert v. Chr., die mit dem Streitwagen ausgefochten wurden (der im Westen zu jeder Zeit schon als überholt galt). Von vier feurigen Rossen gezogen, trug jedes Fahrzeug drei Mann: den Fahrer mit einem Lanzenwerfer zur rechten und einem Bogenschützen zur linken Seite. Wenn sie zum Kampf galoppierten, blitzte die Sonne auf den scharfen Spitzen der Lanzen, den lackierten Rindshäuten der Brustplatten und den hellbemalten Schilden. Über der fahrenden Truppe, vorn, hinten und zu beiden Seiten flatterten vier Banner im Wind; sie trugen die Tiersymbole der Himmelsrichtungen: den roten Vogel, die schwarze Schildkröte, den weißen Tiger und den grünen Drachen.

Aber solche Etikette dauerte nicht lange. Die Kraftproben zwischen den Granden entarteten in chaotische Kämpfe zwischen aufsteigenden kriegerischen Stammesfürsten, die nach Macht und Land auf Kosten anderer strebten. Um 350 v. Chr. waren diese endlosen Kriege so grausam geworden, daß man das Ansehen der Führer nach der Zahl der Köpfe maß – Hunderttausende in einer einzigen Schlacht –, die den Toten wie den lebend Gefangenen abgeschlagen wurden. Um Abwechslung in die Eintönigkeit der Massenenthauptungen zu bringen, wurden andere Gefangenentrupps mit kochendem Wasser übergossen.

Nichtsdestoweniger waren in der sozialen Struktur der Shang-Jahrhunderte und an den Fürstenhöfen der frühen Chou-Monarchie die Grundlagen einer gebildeten, lese- und schreibkundigen Schicht gelegt worden. Und als die Chou-Dynastie verfiel, begannen Beamte, Gelehrte und Kaufleute, ursprünglich nur Anhängsel der Hofhaltung der großen Landmagnaten, sich einen selbständigen Platz im Leben Chinas zu sichern. Zwar noch nicht stark genug, die tiefen politischen Krisen mit Ord-

[1] *»Rise and Splendur of the Chinese Empire«* S. 25.

nung und Menschlichkeit zu meistern, nahmen durchdachte Systeme der Erkenntnis und der Organisation in den Keimzellen von städtischen Gemeinschaften Gestalt an, als Ausgleich für die vernunftwidrigen Brutalitäten, die im Lande geschahen. Auf neuen Straßen und Kanälen entwickelte sich allmählich ein Warenverkehr, und der Einfluß des Verwalters an seinem Schreibpult, des Gelehrten in seiner Studierstube begann zu wachsen. Die Unruhe der Zeit trug im übrigen dazu bei, Ideen zu verbreiten; denn gebildete Männer, von dem Marschtritt der Soldaten vertrieben, suchten Zuflucht in den ruhigeren äußeren Distrikten. Die Lehren von Lao-tse und Konfuzius, der Überlieferung nach 604 bzw. 551 v. Chr. geboren, spiegelten die Nöte eines der Willkür der Kriegsherren preisgegebenen Landes. Der Taoismus mit seiner Betonung der Meditation und einer einfachen Lebensführung als Mittel zur Erreichung der Unsterblichkeit bot den Ausweg aus der Trübsal der Realität. Der Konfuzianismus, weniger eine Religion als der Wegweiser zu einem ehrenhaften Leben, dem vor allem die folgen sollten, die mit den Regierungsgeschäften zu tun hatten, drückte die Sehnsucht aus nach einer Rückkehr zu den ethischen Grundsätzen der ersten Chou-Herrscher.

Während dieser ganzen Zeit wurde der Druck aus dem Herzland stärker. Chinesische Historiker berichten kurz aber wiederholt von Zusammenstößen mit den Barbaren schon von 1400 v. Chr. an. Bevor sie die Zentralgewalt erlangten, hatten die Chou, als Herren des Wei-Tales im Westen des eigentlichen China, sich gegen die unaufhörlichen Raubeinfälle aus den Randgebieten der Gobi zur Wehr setzen müssen. Später, in der langen Periode interner Konflikte, hatte einer der Gaufürsten die Unwirksamkeit seiner schwerfälligen Streitwagen gegen die flinken Reiterschützen der Steppennomaden eingesehen und Schwadronen chinesischer berittener Bogenschützen ausgebildet. Aber die Überfälle hörten nicht auf; sie vernichteten Saaten und Ernten in den Grenzgebieten, und der Name Hiung-nu wurde zum Sammelbegriff für alle räuberischen Nomadenstämme. Trotz der politischen Zersplitterung nach dem

Niedergang der Chou-Dynastie, wuchs der Reichtum Chinas von Jahrzehnt zu Jahrzehnt, und den Hiung-nu schien es vom Schicksal bestimmt, einfach zuzugreifen. Die Bürgerkriege, die häufig die Verteidigung der Grenzen hinderten, erleichterten es den Nomaden, in die kultivierten Regionen einzuschwärmen, zu morden, zu brandschatzen und zu rauben und so schnell, wie sie gekommen, wieder zu verschwinden.

Aber gegen Ende des dritten Jahrhunderts v. Chr. gelangte ein kraftvoller Autokrat in China zur Macht. Es war Ch'in Shih huang-ti, der »Erste Erlauchte Herrscher des Hauses Ch'in«. Wie die Chou waren auch die Ch'in ursprünglich Markgrafen gewesen, deren Besitztümer in den westlichen Grenzgebieten des Wei-Tales lagen; und einmal hatten sich die Geschicke der beiden Häuser miteinander verflochten. 771 v. Chr. nämlich, als die Chou wieder einmal von Nomaden aus dem Herzland bedrängt wurden, waren ihnen die Ch'in als Nachbarn zu Hilfe gekommen und als Zeichen der Dankbarkeit mit Ländereien am Fluß Wei belehnt worden, unter der Bedingung, die Grenzen gegen die Steppe zu schützen. Das hatten die Ch'in nach besten Kräften getan; sie hatten auf ihren vergrößerten Gütern die tapfersten Bauern angesiedelt, die sie finden konnten, und sie in der Taktik geschult, die räuberischen Überfälle der Reiterbarbaren abzuwehren. Mit der Zeit war jedoch das Fürstentum der Ch'in eine selbständige Macht im chinesischen Westen geworden, und seine Herrscher wurden berüchtigt für ihre ungesittete Flegelhaftigkeit, die sich durch den ständigen Kontakt mit den Nomaden bei ihnen ausgeprägt hatte.

Im Jahre 246 v. Chr. wurde ein dreizehnjähriger Knabe der Führer der Ch'in-Herrschaft. Er wurde beschrieben als »knauserig, kriecherisch und lasterhaft«, doch mit »der Brust eines Raubvogels, der Stimme eines Schakals und dem Herzen eines Tigers«.[1] Der ehrgeizige Jüngling sah die chinesischen Staaten, seinen eigenen inbegriffen, in Bürgerkriege verstrickt; und in dem allgemeinen Durcheinander nahm er mit dem abgebrühten Realismus der Ch'in seine Gelegenheit wahr. Er hatte eine Gefolgschaft von fähigen, doch habsüchtigen Beratern hinter sich

[1] Von dem Geschichtsschreiber Su-ma Ts'ien, der im 1. Jh. v. Chr. starb.

und die Ch'in-Armee, die in der Tradition der zähen Grenzkriege gegen die Nomaden gestählt war, so daß es ihm gelang, einen Feudalherren nach dem anderen, die so lange in China regiert hatten, mit Waffengewalt zu schlagen oder durch List zur Unterwerfung zu zwingen. Mit achtunddreißig Jahren hatte er sich zum Herrn von ganz China gemacht, legte sich den Titel Shih huang-ti zu und ging nun als erster wirklicher chinesischer Kaiser daran, die gespaltenen Länder und Völker, die er erobert hatte, zu einer einzigen Nation zusammenzuschweißen. Teils militärischer Diktator, teils friedlicher Organisator, nahm er sich ein umfassendes Programm vor, um China zu vereinheitlichen und zu erweitern. Er ersetzte das willkürliche System der Eintreibung durch eine zentral gelenkte Besteuerung, teilte das Reich in Provinzen, vergrößerte das Verkehrsnetz, dehnte die Südgrenze Chinas über den Jangtsekiang aus und kolonisierte die neuen Territorien zum Teil mit Sträflingen, so wie die Briten zuerst Australien besiedelten. Und nachdem er die inneren Reformen seines Landes in die Wege geleitet hatte, wandte er seine Aufmerksamkeit auf die Bedrohung von außen durch die Hiung-nu.

Deren Schwerpunkt lag damals direkt vor den Toren Chinas, denn sie hatten ihr Hauptquartier am Südostrand der Gobi aufgeschlagen, wo sie an das Ordos-Plateau stößt, und waren damit den großen Schleifen des Hoangho gefährlich nahe. Von hier übte ihr Häuptling, der Schanju, seine Herrschaft über die Stämme aus, die ihre Herden über die Weiden am Rande der Wüste und bis in die Mongolei hinein trieben; und von hier aus organisierte er ihre Raubzüge in das chinesische Territorium. Der Name des regierenden Schanju war T'ou-man; und nach chinesischen Bildern der Zeit, als die Hiung-nu dem Höhepunkt ihrer Macht zustrebten, kann man sich eine ungefähre Vorstellung von ihm machen. Sie zeigen ihn als einen hochgewachsenen, stattlichen Mann mit gewölbter Brust auf einem kleinen Pferde von jenem reinen Weiß, das den Edelleuten unter den Nomaden vorbehalten war. Sein langer Mantel fällt über die Stulpen hoher Stiefel; er trägt eine turbanartige Kopfbedeckung, ist vollbärtig, und seine Gesichtszüge sind düster und unerbittlich. Er blickt aufwärts, als stehe er in Verbindung mit dem Höchsten

Wesen des Himmels und der Sonne. In der linken Hand hält er den lockeren Zügel und in der rechten den Bogen. An seinem Sattel hängt ein Köcher mit Pfeilen. In einer solchen Persönlichkeit hatte der chinesische Kaiser mit der Stimme des Schakals und dem Herzen des Tigers einen ebenbürtigen und zu fürchtenden Widersacher gefunden.

Nachdem Shih huang-ti die Zentralgewalt an sich gebracht hatte, ernannte er zum Oberbefehlshaber seiner Armeen Meng T'ien, seinen fähigsten General, der ein hervorragender Militär-Ingenieur war. Ein kultivierter Mann mit weiten künstlerischen Interessen, beschäftigte sich Meng T'ien sogar in seinen Mußestunden mit technischen Erfindungen: er soll ein Musikinstrument nach dem Prinzip unseres Klaviers konstruiert und eine verbesserte Art des Schreibpinsels erfunden haben. Jetzt übertrug ihm der Kaiser die Aufgabe, die Hiung-nu aus ihren beunruhigend nahen Stellungen am Nordwestrande Chinas zu vertreiben und die Grenzen gegen weitere Überfälle zu schützen. Meng T'ien marschierte mit einer ungeheuren Streitmacht los – es wurde von dreimalhunderttausend Mann berichtet –, und sein Feldzug war erfolgreich – zu erfolgreich, wie sich später herausstellen sollte. Überwältigt von der plötzlichen geordneten Übermacht, wurden T'ou-man und seine Horden aus allen Landstrichen vertrieben, die sie zwischen dem Hoangho und der Gobi besetzt gehalten hatten, und in wirrem Durcheinander suchten sie hinter der Wüste in der mongolischen Hochebene Schutz.

Nachdem die unmittelbare Bedrohung aus dem Herzland beseitigt worden war, gewannen Meng T'ien und der Kaiser Zeit, dauerhaftere Mittel zur Festigung der Grenzen und des schnell erstarkenden Reiches zu erwägen. Die Südgrenzen Chinas wurden von den eisbedeckten Höhen Tibets und dem breiten Jangtsekiang geschützt. Aber im Westen und Norden mangelte es an solcher natürlichen Wehr; und von dort waren ja die räuberischen Nomadenstämme aus dem Inneren Asiens stets gekommen.

Die außerordentliche Wirkung der Zusammenarbeit zwischen den beiden war zum Teil auf die kühnen, doch um der militärischen Sicherheit willen grenzbewußten Gedanken des Kaisers, zum Teil auf das geniale Organisationstalent seines Generals, und zum Teil auf etwas ganz anderes zurückzuführen, nämlich auf die den Chinesen eigentümliche Vorliebe für Mauern. Schon in den frühesten Zeiten war das China des Hoangho- und des Wei-Beckens von Mauern kreuz und quer durchzogen; manchmal hatten sie dazu gedient, Lehnsgüter zu umschließen, manchmal, Stammesgrenzen zu bezeichnen, und manchmal waren sie zum Schutz der größeren Städte errichtet worden. Während der Bürgerkriege hatten Feudalherren Mauern gebaut als Schutzwälle gegen den Nachbarstaat, mit dem sie gerade in Fehde lagen, und auch an Abschnitten der nördlichen und westlichen Grenzmarken, die gegen die Übergriffe aus der Steppe besonders anfällig waren. Shih huang-ti selber hatte, als er noch der Fürst des Ch'in-Staates war, eine Mauer gebaut, um seine besonders gefährdeten Grenzen zu schützen. Jetzt faßte er den Plan, alle bisher im Norden aufgeführten Mauern zu einer fortlaufenden Verteidigungslinie zusammenzufassen. Diese neue Mauer, zum Teil aus vorhandenen und verstärkten Bruchstücken, zum Teil aus neuerrichteten Konstruktionen bestehend, sollte sich die nördlichen Grenzen Chinas entlang fast zweitausend Kilometer von Schan-hai-kwan am Golf von Liaotung bis zu den Rändern der Gobi hinter der Hoangho-Schleife auf dem Ordos-Plateau erstrecken und für alle Zeiten das seßhafte, gesittete China gegen die barbarischen Nomaden des Herzlandes, besonders die Hiung-nu abschirmen.

Für die Dringlichkeit, mit der der Kaiser dem General die Durchführung dieses übermenschlichen Projekts befahl, mögen verschiedene Gründe maßgebend gewesen sein. Zwar war T'ouman vorderhand zurückgeschlagen; doch die Hiung-nu oder andere Steppenhorden würden ohne Zweifel ihre Angriffe bald wiederaufnehmen. Im Inneren des Reiches lastete auf ihm ein Überschuß von arbeitsloser Menschenkraft, der gefährlich werden konnte: die jetzt unbeschäftigten Armeen der Staaten, die er auf seinem Weg zur Macht unterworfen hatte; die Scharen von Abenteurern, Unzufriedenen und Aufsässigen, die aus den Jahren der Anarchie geblieben waren. Außerdem war er ein noch junger, von unbändigem Tatendrang erfüllter Mann.

Meng T'ien errichtete sein Hauptquartier auf der Steppentafel des Ordos, und von dort dirigierte er die gewaltigen logistischen Operationen, die der Bau der Großen Mauer erforderte. Der Kern seiner Arbeitsgruppe war die Armee, mit der er T'ouman in die Mongolei getrieben hatte. Er wurde ergänzt durch zahllose weniger arbeitswilliger Kräfte: Kriegsgefangene, Sträflinge, Bettler, Außenseiter und Gegner des Regimes aus jeder Gesellschaftsklasse. Jeder, der kein gutes Leumundszeugnis aufzeigen konnte, mußte gewärtigen, zur Arbeit an der Mauer eingezogen zu werden. Es ist nicht unwahrscheinlich, daß zur Zeit der intensivsten Bauarbeiten über eine Million Menschen in großen Kolonnen zur Nordgrenze getrieben und zur Zwangsarbeit an der Großen Mauer in den zerklüfteten grauen Bergen und dem Treibsand der Löß-Ebenen gepreßt wurden. Überanstrengt und unterernährt, wurden sie gnadenlos ausgenutzt. Die Mauer erlangte den traurigen Ruhm des größten Friedhofs der Welt; man erzählte sich, daß Tausende von zu Tode erschöpften, oft noch atmenden Männern eingemauert wurden, teils, um dadurch die Geister der Grenzen zu besänftigen, und teils, weil man dadurch der Mühe enthoben wurde, Gräber zu schaufeln.

Die Bauweise wechselte nach der jeweiligen Bodenbeschaffenheit. In den gebirgigen Abschnitten wurden zwei parallele Gräben im Abstand von etwa acht Metern in den Felsboden geschlagen und zurechtgehauene Granitblöcke eingelassen, die daraus hervorragten und bis zu einer Höhe von sieben bis zehn Metern durch Ziegelschichten ergänzt wurden. Den Zwischenraum füllte man mit gestampfter Erde aus und schuf so eine Fahrstraße, auf der sich mehrere Reiter nebeneinander fortbewegen konnten. Im Westen, auf dem flachen Tafelland, wurde der Schutt in Holzverschalungen gepreßt und mit Stein oder feuchtem Lehm verkleidet. Im äußersten Osten, wo die Mauer an das Meer stieß, versenkte man mit Steinen gefüllte Schiffswracks und legte damit die Fundamente der Festung Schan-haikwan. In die Mauer eingebaut und nach außen vorspringend waren gedrungende, rechteckige Türme mit zinnenbewehrten Plattformen, die, wie später die römischen Limes-Burgen, als Wachtposten und Truppengarnisonen dienten. Sie waren nur zwei

Bogenschüsse voneinander entfernt, damit keine Stelle der Mauer außerhalb der Reichweite der in den Bastionen stationierten Schützen blieb.

Die große Mauer war jedoch nur der Hauptbestandteil eines ausgeklügelten, tief ins Landesinnere reichenden Verteidigungssystems. Sie war so geplant, daß sich ein Maximum von Wasserläufen, Flüssen und Kanälen auf chinesischem Territorium befand, während man die äußeren Randgebiete verhältnismäßig trocken beließ. Vorgeschobene Außenposten, mit der Zeit bis zu zwanzigtausend, wurden über das Land jenseits der Mauer verteilt und von ihnen aus die herannahenden Feinde signalisiert und Verzögerungsaktionen ausgefochten. Die Ackerbauern in den Grenzgebieten mußten eine langerprobte einfache Methode anwenden, um die Nomadenkrieger zu schwächen und zu ermüden: sie pflügten quer zu der Richtung, aus der der Angriff mutmaßlich erfolgte, damit die Steppenpferde in den Ackerfurchen strauchelten. Eine bereits vorhandene Weidenpalisade in Form eines riesigen Hufeisens auf der Landseite der Halbinsel Liaotung, wurde zu einer östlichen Verlängerung der Mauer verstärkt, um Kavallerie-Angriffe in dieser Region zu brechen.

Shih huang-ti erlebte die endgültige Vollendung seiner gigantischen Idee nicht mehr; doch die Hauptabschnitte der Chinesischen Mauer mit den sie ergänzenden Forts waren zwanzig Jahre nach Beginn der Arbeiten fertig. Nach seinem Tode wurde der Lauf der Mauer wiederholt geändert, je nach dem Druck, den die ausländischen Streitkräfte ausübten und den sie fernhalten sollte. In späteren Jahrhunderten und Dynastien vernachlässigte man große Teile, dann wurden sie erneuert, nur um wieder zu verfallen; andere Abschnitte wurden verstärkt, Ergänzungen im Westen hinzugefügt, parallele äußere oder innere Mauern gebaut, die ebenfalls wieder vernachlässigt wurden. Die Partie, die heute nicht weit von Peking als touristische Sehenswürdigkeit gilt, ist großenteils das Werk der Ming-Kaiser im fünfzehnten und sechzehnten nachchristlichen Jahrhundert.

Diese unaufhörlichen Wandlungen geben uns den Schlüssel zu der wahren Natur dieses stets mit Superlativen bedachten eindrucksvollen Werks menschlicher Hand. In der Nähe der Festung

Kia-yukuan, wo die äußersten westlichen, später hinzugefügten Ausläufer sich in die Wüsten Zentralasiens erstrecken, ist eine Inschrift in chinesischer Sprache angebracht: »Die größte Schranke der Erde.« Eine solche Schranke war die Chinesische Mauer nun allerdings kaum, was immer sie gewesen sein mag. Es erwies sich als undurchführbar, eine Barriere zwischen den zwei Kulturen zu errichten, der seßhaften und der wandernden Bevölkerung, die einander auch viel zu geben hatten, wenn es nicht gerade in kritischen Zeiten zu schrecklichen Zusammenstößen zwischen ihnen kam. Solange die Nomaden sich ruhig verhielten, war die Mauer, außer mit wenigen Zivilbeamten, fast unbemannt; und chinesische Bauern und Nomadenhirten wechselten in friedlichem Verkehr und Warenaustausch hin und her, oft viele Meilen in das andere Territorium hinein. Die Mauer war nicht in der Absicht gebaut worden, die Waffengewalt einer regulären Verteidigungsarmee zu ersetzen, und sie war auch selten eine feste Linie, die um jeden Preis gehalten werden mußte. Sie war eher eine unendliche Kette von Versorgungsbasen und Sammelpunkten für die im Kriegsfalle nach Norden marschierenden chinesischen Truppen. Ihr militärischer Verwendungszweck war begrenzt; sie hatte nie eine massive Invasion aus der Steppe aufhalten können. Aber sie verhinderte kleinere Raubzüge, und kein Eroberer aus der Steppe konnte einen ernsthaften Einfall in das eigentliche China unternehmen, ohne sich zuvor beträchtliche Abschnitte der Mauer zu sichern und sie für die Dauer seines Krieges zu halten. Nicht weniger wichtig war, daß sie zu Zeiten wachsenden nomadischen Druckes die Bewohner des Reiches umschlossen hielt und damit die Gefahr des Verrats und der Landesflucht minderte. Zuerst von einem aufsteigenden Volk des Küstengürtels errichtet, um der gleichzeitig zunehmenden Macht der berittenen Herzlandnomaden Widerpart zu bieten, wurde die Mauer weniger eine feste und gleichbleibende Barriere als eine ungefähre Grenzlinie, gezogen durch das sich ständig verschiebende Niemandsland zwischen den beiden asiatischen Regionen, der inneren und der äußeren.

Mittlerweile bemühte sich T'ou-man eifrig, die Scharte auszuwetzen, die ihm Meng T'ien zugefügt hatte. Dadurch, daß die

Hiung-nu gezwungen waren, sich durch die Wüste Gobi in die ferne Mongolei zurückzuziehen, wurden sie nicht nur von ihren gewohnten Handels- und Beutequellen abgeschnitten, sondern auch eines beträchtlichen Teiles ihres Weidegrundes beraubt. So weit die mongolische Hochebene auch sein mochte, sie bot nicht genügend Raum und Nahrung für die Herden der vielen Stämme, die sich nun darauf zusammendrängten. Eine neue Expansion war unabwendlich; und wenn die derzeitige Stärke Chinas einen abermaligen Vorstoß nach Osten und Süden verbot, mußte der Überdruck in andere Richtungen geleitet werden. Daher schloß T'ou-man Bündnisse mit benachbarten Steppenvölkern, um zunächst schwächeren Nomaden Land wegzunehmen, und mit dem weiteren Ziel, wieder so stark zu werden, daß er die chinesischen Grenzgebiete zurückerobern konnte.

Trotz der Schläge, die er von Meng T'ien hatte einstecken müssen, blieb seine Machtstellung unter seinesgleichen doch unbestritten.
Seine achtungsgebietende Gestalt strahlte die Persönlichkeit aus, die zu großen Taten befähigt; und wenn das nicht ausreichte, um die üblichen Uneinigkeiten und Rivalitäten der Steppe zu überwinden, so hatte er immer noch das größte Heer von Reiterschützen im östlichen Herzland hinter sich. Er verlangte unbedingten Gehorsam als Oberherr und machte sich zuerst die Stämme und Völker an den Rändern der Mongolei und danach die im Innern untertan. Der Ruf dieses allmählich entstehenden Reiches der Hiung-nu verbreitete sich bald über alle Steppen des Herzlandes. Seine Stärke und seine Schwäche waren die, welche einer Gemeinschaft eigentümlich sind, die allein auf den Versprechungen und Drohungen einer einzigen überragenden Individualität basiert. Die unvermeidlichen Veränderungen in der Persönlichkeit und Politik der Führung, die ständig wechselnden Geschicke der Nomadenvölker, aus denen dieses Reich sich zusammensetzte, enthielten schon die Keime seines Zerfalls. Aber zunächst entfaltete er sich mit unheimlicher Schnelligkeit. Noch während die Große Mauer in der Steppentafel des Ordos emporwuchs, umspannten die Hiung-nu mit ihrem Netz von Bündnis-

sen und Einflüssen das ganze Halbrund des Herzlandes an den Grenzen Chinas.

Wenn es der eindringlichen Diplomatie T'ou-mans, des ersten der großen Schanjus, gelang, die Hiung-nu zu sammeln und um sie ein machtvolles Steppen-Bündnis zu bilden, so verlieh die strategische Tüchtigkeit seines ältesten Sohnes Mao-tun ihnen eine solche Stärke, daß die Existenz Chinas ernsthaft in Gefahr geriet. Seine Absicht, wie die der Schanjus, die ihm nachfolgten, war keine geringere, als die vollständige Unterwerfung des chinesischen Reiches, das Shih huang-ti geeinigt hatte. Aber er konnte den rechten Augenblick abwarten und sich Schritt für Schritt seinem Ziel nähern. Seine erste Bemühung als junger Prinz, von intrigierenden Rivalen umgeben, galt der Sicherung seiner Nachfolge, wobei er vor einem ruchlosen und raffiniert durchgeführten Vatermorden nicht zurückschreckte.

Nachdem er Schanju geworden war, erweiterte und verstärkte Mao-tun die Hiung-nu-Föderation durch systematisch vorgenommene Eroberungen. Seine Augen blieben auf China gerichtet; doch ehe er chinesischen Boden betrat, war er klug genug, Flanken und Nachhut gegen jede mögliche Einmischung aus dem Herzland zu schützen, dem er den Rücken kehren mußte. Zuerst stieß er nordöstlich auf die Tung-hu, das benachbarte Nomadenvolk in der Mandschurei, machte sich einen großen Teil ihrer Weideflächen zu eigen und zwang sie, sich mit ihm zu verbünden. Dann schickte er seine Reiterei nach Westen über die Mongolei in das Becken des Selanga-Flusses und unterjochte die Territorien verstreuter Stämme zwischen dem Altai und dem Baikalsee. Nachdem er sich so den Rücken gedeckt hatte, ging Mao-tun südwärts und entmachtete seine alten Freunde, die Yüeh-chih und die Wu-sun. Zugleich drang er in das Tarim-Becken ein und erzwang durch seine Übermacht von den Oasenstädten Geiseln und Tribute als Faustpfänder für ihre künftige Loyalität.

Jetzt hatte sich Mao-tun jedes größere oder kleinere militärische Potential zum Verbündeten oder Vasallen gemacht. Von der Mandschurei bis nach Tibet beherrschte das Reich der Hiung-nu den großen Bogen des China umfassenden Binnenlandes. Die Weideflächen und Verbindungswege von der Mongolei in das dichtbevölkerte Tal des Hoangho lagen offen. Dahinter zwar ragte abschreckend die Große Mauer des Shih huang-ti; doch für die Befehlshaber der Steppe, unter denen immer neue Wogen von Reitertruppen heranbrandeten, hatten Mauern nicht die Endgültigkeit, die sie in der Vorstellung der Chinesen besaßen. Es waren Hindernisse, aber keine unüberwindlichen, ähnlich solchen, wie sie ihnen auch die Natur entgegenstellte; und wenn sie im Sturm genommen werden konnten, so fanden sich Wege, sie zu umgehen. Freilich war, dank Meng T'iens Voraussicht, das Land vor der Mauer wasserarm und unfruchtbar, doch die Steppenreiter wie ihre Pferde konnten Durst ertragen.

Außerdem war Shih huang-ti tot, und China, sich gegen die ihm auferlegte Tyrannei wendend, war wieder einmal in Revolte und Anarchie. Mao-tun nützte die Stunde. Seine Reiter galoppierten von der Mongolei hinein und eroberten fast alle Randgebiete der Gobi zurück, aus denen Meng T'ien sie erst etliche zwanzig Jahre vorher vertrieben hatte. Als in China wieder Ordnung herrschte, hatten die Hiung-nu die äußere Schleife des Hoangho überschritten. Hinter den kämpfenden Bogenschützen breiteten sich ihre Schaf- und Rinderherden, ihre Zelte und Wagen über das Ordos-Plateau aus. Die Westabschnitte der Chinesischen Mauer lagen hinter ihnen.

Nach acht chaotischen Jahren, die auf den Tod Shih huang-tis folgten, nahm ein Bauernsohn namens Liu Pang die Regierung Chinas in die Hand. Er war nacheinander ein kleiner Beamter und Polizist, ein Abenteurer am Rande des Banditentums und ein aufsässiger Kriegsherr gewesen, und als solcher erkämpfte er sich im Jahr 202 v. Chr. seinen Weg zum Thron. Er wurde, trotz seines unbeherrschten Charakters, der Begründer einer der berühmtesten chinesischen Dynastien, des Hauses Han. Unter den Han erlebte China eine große Zeit der materiellen und geistigen Entwicklung; und die lange Periode ihres Aufstiegs und Verfalls über mehr als vier Jahrhunderte ging parallel mit der ihres meistgefürchteten Feindes, der Hiung-nu.

Die Methoden Liu Pangs, der sich als Kaiser Kao-tsu nannte, waren noch nicht die seiner Han-Nachfolger, die, neben anderen aufklärerischen Maßnahmen, aus der Geheimbürokratie eine öffentlich zugängliche machten und so jenes Beamtentum schufen, das bis in die Neuzeit nicht seinesgleichen hatte. Kao-tsu mißtraute dem Intellekt und jeglichen Prinzipien. Als grober und impulsiver Gewaltherrscher sah er, daß die feste Regierungsform, die sein willensstarker Vorgänger errichtet hatte, der Schlüssel zu seiner eigenen Macht war. Aber er war klug genug zu erkennen, daß Shih huang-ti die Unterdrückung Chinas zu schnell und zu weit vorangetrieben hatte. Er regierte mit einem gemäßigteren Zentralismus und gewann rasch ausreichende nationale Unterstützung, um der erneuten Bedrohung der Nordwestgrenzen entgegenzutreten.

Die erste Auseinandersetzung der Han-Dynastie mit den Hiung-nu, von Kao-tsu selber angeführt, stand unter keinem günstigen Stern. Daran war in erster Linie ein fehlerhafter Nachrichtendienst schuld. Auf Grund von Kundschafter-Meldungen wurde die Stärke der feindlichen Nomaden grob unterschätzt. Mao-tuns Kampftruppen, so hieß es, seien gering an Zahl, zerlumpt, schlecht ausgerüstet und schlecht beritten. Durch diese Berichte ermutigt, marschierte Kao-tsu mit einem Heer von annähernd einer Viertelmillion Mann nach Norden. Aber der neue Kaiser besaß weder Meng T'iens taktische Fähigkeit noch Mao-tuns Geschicklichkeit. Und sein Heer bestand fast ganz aus Fußtruppen. Das offene Land, in das die Chinesen langsam eindrangen, eignete sich vorzüglich für die schnellen Manöver der berittenen Steppenschützen, und zugleich war es wellig genug, um größere Formationen von ihnen zu verstecken. Und so barg Mao-tun tatsächlich seine Hauptkräfte im Hinterhalt, und das war Kao-tsus Spähern entgangen.

Angesichts der chinesischen Heerscharen »floh« Mao-tun, und der im Steppenkrieg unerfahrene Kao-tsu glaubte, was er erblickte: die Hiung-nu zogen sich zurück. Wie sein Vater hatte Mao-tun scheinbar seinen Meister gefunden, und wenn man ihm mit Beharrlichkeit nachsetzte, müßte es gelingen, ihn in die Mongolei zu treiben. Die Chinesen marschierten voran, an ihrer Spitze der Kaiser selbst, der sich im Übereifer zu weit vorwagte und, von kaum mehr als einer Leibwache begleitet, die Grenzstadt Ping-yang betrat. In wenigen Stunden wimmelte die vorher leere

Umgebung der Stadt von feindlichen Truppen. Von den Mauern aus sah Kao-tsu, daß er von der chinesischen Haupttruppe durch eine wogende Masse von schwarzen, weißen, grauen und braunen Pferdeleibern getrennt war – durch vier Armeen der Hiung-nu-Reiterei. Mao-tun hatte den rechten Zeitpunkt abgepaßt, war zurückgekehrt und hatte die Falle zuschnappen lassen.

Mehrere Tage blieb der Kaiser eingeschlossen und lahmgelegt, ohne Hoffnung auf Hilfe von außen. Schließlich kam ein Minister seiner Begleitung auf den Gedanken, wie man die verhängnisvolle Sperre durchbrechen könne. Es gelang ihm, mit Mao-tuns Hauptfrau in Verbindung zu treten und ihre Eifersucht zu erwecken. Wie er es im einzelnen anstellte, ist nicht überliefert; aber es scheint, daß er ihr ein zweideutiges Bild eines chinesischen Mädchens zusammen mit einigen verlockenden Geschenken zuschmuggelte. Die Andeutung, daß die Gefangennahme Kao-tsus durch ihren Gatten dessen Verhältnis mit einem Chinesenmädchen begünstigt haben könnte, verfehlte ihre Wirkung nicht, und die eifersüchtige Dame machte ihren Einfluß auf Mao-tun geltend. Er zog seine Truppen zurück, nicht ohne vorher die Umgebung gründlich plündern zu lassen. Was sie an Vieh wegtreiben und an unbeweglicher Habe auf ihren Tieren davontragen konnten, nahmen seine Hiung-nu mit. Der Kaiser jedoch durfte mit heiler Haut aus Ping-yang abziehen.

Dieser Zwischenfall führte zu einem gründlichen Umdenken in der chinesischen Politik gegenüber dem Herzland. Die Große Mauer hatte sich als von geringem Nutzen erwiesen, und es war klar geworden, daß man die Hiung-nu nicht mehr mit Gewalt zurückwerfen konnte. Doch wo militärische Mittel versagten, war vielleicht ein Appell an die sprichwörtliche Habsucht der Nomaden erfolgreich. Der *status quo* konnte mit Geschenken aufrechterhalten und die so gesicherte Stabilität durch die reichste Gabe gestützt werden: eine chinesische Prinzessin. Wenn Kao-tsu seine Tochter dem Mao-tun zur Frau gäbe, würde der Schanju des Kaisers Schwiegersohn werden, und da er ohne Zweifel eine so hohe Persönlichkeit zu seiner Hauptfrau machen würde, wären ihre Nachkommen, Verwandte des chinesischen Kaiserhauses, die künftigen Herrscher der Hiung-nu. Dieser in der Theorie stichhaltige Plan hatte zwei schwache Punkte. Die Kaiserin lehnte es schlankweg ab, ihre Tochter mit einem Barbaren zu verheiraten; und die Hiung-nu, so sehr sie bereit waren, die Han als Verwandte zu betrachten, wenn es ihren Zwecken diente, würden nicht gewillt sein, sich auf die Dauer von einer Schanju-Linie regieren zu lassen, die unter chinesischem Einfluß stand. Im Prinzip jedoch hatte die Politik, den Frieden zu erkaufen, unmittelbaren Erfolg. Kao-tsu unterließ weitere Versuche, die Grenzländer wiederzuerlangen; und zu Mao-tuns Lebzeiten flossen in einem unaufhörlichen Strom die Erzeugnisse des Fernen Ostens – Seide, Korn, Wein, Delikatessen, Konkubinen – in die mongolischen Steppenländer. Und er brachte schließlich auch eine Prinzessin mit sich; keine Schönheit, aber eine authentische Verwandte der kaiserlichen Familie, die Kao-tsu, ohne daß die Kaiserin diesmal Einspruch erhob, als seine Tochter ausgab. Auch Mao-tun schien zufrieden, und er hatte guten Grund dazu. Es war ihm zwar nicht gelungen, den ersten Han-Dynasten vom Thron zu stoßen, doch als er im Jahre 174 v. Chr. starb, hatte er sonst alles erreicht, was er sich vorgenommen.

»Die Hiung-nu sind nicht zahlreicher als die Bevölkerung einer einzigen chinesischen Provinz. Was sie so unzugänglich macht, ist der gewaltige Unterschied ihrer Nahrungs- und Lebensgewohnheiten von den unsrigen: sie haben kein Verlangen nach unseren Waren. Wir haben ihnen seidene Gewänder geschickt, und sie sind damit durch dorniges Dickicht gejagt, bis sie zerfetzt waren, und haben dann erklärt, unsere Seide sei nicht so gut wie ihre Tierfelle. Wir haben ihnen Delikatessen geschickt, und sie sagten, ihre Milch und ihr Kumys seien viel besser.«

Dieser Bericht, von einem chinesischen Gesandten bei den Hiung-nu kurz nach Mao-tuns Tod erstattet, wies auf ein verblüffendes Problem hin. Die Politik, sich die Nomaden durch Tribute vom Leibe zu halten, hatte anfangs Erfolg gehabt, vor allem wegen der verwirrenden Neuheiten, die sich ihren habsüchtigen Augen darboten. Aber nachdem der erste Reiz vorbei war, zeigte sich abermals, wie unüberbrückbar die Kluft zwischen den beiden Gesellschaftsformen tatsächlich war. Und als wolle er den Unterschied in Erinnerung bringen und betonen, brach

Mao-tuns Nachfolger in den ersten Jahren seiner Regierung den erkauften Frieden und begann wieder mit den traditionellen Aggressionen. Seine Soldaten stießen durch die Große Mauer, drangen zum Fluß Wei vor und kamen bis zu den Toren der Hauptstadt Tschang An. Zwar mußten sie einem heftigen Widerstand weichen, doch auf ihrem Rückzug plünderten sie nach alter Sitte die von ihnen überrannten Gebiete wieder gründlich aus.

Die kaiserlichen Ratgeber blieben bei ihrer Ansicht, daß Vergeltungsmaßnahmen keinen Sinn hatten. Der Gegensatz zwischen den militärischen Methoden Chinas und denen des Herzlandes war noch größer als der zwischen den zivilen Sitten und Gebräuchen. Die Minister lehnten die Forderungen nach einem vernichtenden Gegenschlag ab und bemühten sich weiterhin um politische Lösungen, die weniger riskant waren und von denen sie sich mehr Erfolg versprachen als von militärischen Aktionen; denn der schneller bewegliche Feind war praktisch nicht zu fassen. Erneut wurden Kontakte mit den Nomaden aufgenommen, um ihr Verlangen nach den erlesensten Waren anzustacheln, die China teils als Handelsobjekte, teils als Tribute anzubieten hatte. Trotz der diesem System innewohnenden Gefahren versorgte man freundlich gesinnte Nomadenstämme nicht nur ausgiebig, sondern überließ ihnen Weideflächen in den Grenzgebieten, die den Stoß eventueller Raubüberfälle auffangen sollten. Und gleichsam als Krönung dieser Politik gelang es dem zweiten Han-Kaiser, mit den Hiung-nu einen Vertrag der friedlichen Koexistenz zu schließen. »Alles was nördlich der Großen Mauer liegt«, hieß es darin, »ist das Land der Bogenschützen und dem Schanju untertan. Alles was südlich der Mauer liegt, ist das Land der Chinesen und dem Kaiser untertan.«

Diese Vereinbarung trug den Realitäten Rechnung. In den Beziehungen zwischen den beiden Großmächten Ostasiens – dem Küstengürtel-Staat der Han und der angrenzenden Steppen-Förderation des Herzlandes – war ein Stillstand erreicht worden, ein fast vollkommenes Gleichgewicht der Kräfte zwischen dem chinesischen Reich mit seiner intensiven Bodenbewirtschaftung und Industrie und dem extensive Weidewirtschaft treibenden, in ständiger Waffenbereitschaft stehenden Reich der Hiung-nu. Zwar konnten die nomadischen Reiter immer noch vereinzelt rauben und plündern, wie es ihre Gewohnheit seit Bestehen Chinas gewesen war, aber dessen Widerstandskraft auf Grund seiner wachsenden Wirtschaft und Bevölkerungszahl machten eine totale Unterjochung für die nächste Zukunft unrealisierbar. Andererseits konnten die chinesischen Ackerbauer und Handwerker ihre wilden, unberechenbaren Nachbarn durch Geschenke und Tribute bestechen und sich vom Halse halten; doch gelang es ihnen nicht, sie auf die Dauer unschädlich zu machen.

Doch während die Chinesen innerhalb ihrer bestehenden Grenzen ihren Lebensstandard verbessern konnten, waren die Hiung-nu dazu nicht imstande. Für ihre ruhelosen, kriegerischen Gemeinschaften, die auf ausgedehnte Weideflächen angewiesen waren, bedeutete der aus der angesammelten Macht zwangsläufig entstandene Bevölkerungszuwachs territoriale Expansion. Und während der einfache Nomade noch immer wenig Bedürfnis nach den fremdartigen Artikeln einer zivilisierten Lebensweise haben mochte, so waren sie für ihre Führungsschicht schon fast unentbehrlich geworden. Denn es waren Symbole der Auszeichnung, von dem Schanju und den Stammesfürsten untergeordneten Häuptlingen und Befehlshabern verliehen, um sich ihrer Loyalität zu versichern. Eigentlich waren Seidenstoffe und Gewürze der Strenge und Nüchternheit der mongolischen Steppe unangemessen; doch ihr Besitz war ein Gunstbeweis und ein Statussymbol geworden. Mit der Ausbreitung der Hiung-nu-Reiches wurde die Gier der Kriegerhierarchie nach solchen Belohnungen unersättlich.

Im Osten stand kein Territorium mehr bereit, das man besetzen konnte, und die Tribute, die aus China flossen, waren nicht unbegrenzt. Im Westen jedoch, im innersten Kern des Kontinents, lagen die Aussichten günstiger. Hier war, dank einem freundlicheren Klima, das Gras üppiger, das Wasser reichlicher, das Leben leichter. Und je weiter man nach Westen vordrang, desto fruchtbarer wurde die Steppe. Die Völker in diesen Landstrichen, meist Reiternomaden wie die Hiung-nu selber, konnten enteignet und vertrieben werden. Und zugleich mit dem Land würde ihnen Beute in die Hände fallen.

Auf die Gefahr hin, uns zu wiederholen, empfiehlt es sich an dieser Stelle, die damalige Lage im mittleren und westlichen Herzland und den angrenzenden Küstenregionen kurz zusammenzufassen.

Die nomadischen indogermanischen Nachbarn der Hiung-nu, die Yüeh-chih und die Wu-sun, weideten auf den Landstrichen südlich der Wüste Gobi. Westlich von ihnen, in den um den Rand des Tarim-Beckens verstreuten Oasen, hatten sich andere indogermanische Stämme niedergelassen. Weit im Süden, hinter den Bergketten des Himalaja, lag Nordindien. Hier war, nach den Zeiten der Streitwagen-Invasionen und der sich befehdenden Fürstentümer, die sich daran anschlossen, ein zunehmender Wohlstand eingetreten, beeinflußt durch den Handel mit Alexandria und dem Mittelmeer und begünstigt durch die Entwicklung einer Zentralregierung. 321 v. Chr. hatte der Kriegerkönig Tschandragupta die Maurja-Dynastie begründet, deren Reich ein knappes Jahrhundert später unter Aschoka, dem Förderer der buddhistischen Ethik, ihre größte Blüte erlebte. Die Hauptstadt Pataliputra (heute Patna) war ein in der damaligen zivilisierten Welt berühmter Mittelpunkt der Diplomatie und des Geistes. Nach Aschokas Tod jedoch zerfiel sein Reich – teilweise durch seine eigene Schuld, da er die Lokalherrscher begünstigt hatte. Inzwischen waren die Steppen des mittleren Herzlandes überwiegend von sarmatischen Stämmen in Besitz genommen worden, von denen die Saker in den Weidegebieten um den Balkaschsee vorherrschten. Angrenzend an diese nomadischen Gruppen lagen zwei große Reiche des Randgürtels: Parthien und die griechische, von Alexander gegründete Satrapie Baktrien. Beide hatten Vorteil aus den Mißgeschicken ihrer nächsten Nachbarn gezogen. Der Zusammenbruch des Seleukidenreiches hatte es den Parthern ermöglicht, sich Mesopotamiens zu bemächtigen und es ihrem Reich im Iran hinzuzufügen; und der Verfall der Maurja-Dynastie in Indien hatte die asiatischen Griechen ermuntert, nach Osten vorzustoßen und das Indus-Tal zu besetzen. Im westlichen Herzland, auf den Weiden des heutigen Südrußland, ließen noch die Skythen ihre Herden grasen, während jenseits des Schwarzen Meeres in Kleinasien, der Brücke zwischen Europa und Asien, sich zahlreiche kleine Küstenstaaten aus dem volkreichen Mosaik von Städten, Märkten und Palästen gebildet hatten. Im fernen Westen, jenseits der Karpathen und der Donau hatte Rom aus den wehrfähigen Bauern Italiens seine Legionen zusammengestellt; der mörderische Krieg mit Karthago näherte sich seinem siegreichen Höhepunkt, und das römische Reich streckte seine Macht nach beiden Seiten des Mittelmeers aus.

So stand es um den eurasischen Schauplatz, als um 165 v. Chr. die Hiung-nu über die Wüste Gobi hinweg einen heftigen Angriff auf die Yüeh-chih unternahmen. Diese Aggression löste eine Reihe von Stoßwellen aus bis zu den fernsten Grenzen der Steppe und in den Küstengürtel darüber hinaus. Die Yüeh-chih, nachdem sie anfangs Trotz geboten, mußten nachgeben und zogen sich in das mittlere Herzland zurück. Sie fluteten westwärts um die Tienschan-Kette, ein Teil durch das Tarim-Becken, ein anderer durch das Tor der Dsungarei. Hinter den Bergen, in der Region des Balkaschsees, stießen sie auf die Saker. Von den Hiung-nu gedrängt, trieben die Yüeh-chih die Saker vor sich her bis zum Jaxartes und ergriffen von ihren Weiden Besitz.

Jetzt also waren die Saker in Bewegung geraten. Über den Jaxartes hinweg wandten sie sich nach Süden um die Vorgebirge des Pamir; ein Teil näherte sich dem Hindukusch, brandete westwärts bis an die Grenzen Parthiens. Der größere Teil jedoch zog weiter südwärts nach Baktrien hinein, zerbrach den Staat, scheuchte viele seiner Einwohner vor sich her, stieg über den Hindukusch und ergoß sich durch den Khaiber-Paß in das obere Indus-Tal. Die Saker besetzten die Hauptstadt Taxila und gelangten bis in das Ganges-Becken. Das schon verfallende Maurja-Reich wurde endgültig zerstört, und mit der griechischen Herrschaft im Orient war es zu Ende.

Der Aufruhr im mittleren Herzland ließ auch andere sarmatische Stämme ihre Herden westwärts durch das Steppentor zwischen dem Ural und dem Kaspischen Meer treiben. In Südrußland kollidierten sie mit den Skythen, die ihrerseits gegen die Westgrenzen der Steppe an der Donau drängten und schließlich Einlaß in das Römische Reich begehrten. Die Römer leisteten Widerstand, und fürs erste wurde dem Druck aus dem Inneren Asiens Halt geboten.

Bevor die Saker in Indien eingebrochen waren, hatte eine weitere Explosion innerhalb des Herzlandes eine neue Welle in Bewegung gesetzt. Die Wu-sun, ursprünglich Nachbarn der Yüeh-chih, begannen nach Westen zu wandern. Die Beziehungen der beiden Völker zueinander hatten sich zunehmend verschlechtert, und nachdem die Yüeh-chih aus ihrer Heimat vertrieben worden waren, verfolgten die Wu-sun sie in der doppelten Absicht, sich an ihnen blutig zu rächen und ihnen die neuen Weiden wegzunehmen, auf denen sie sich niedergelassen hatten. Mit Hilfe der Hiung-nu griffen die Wu-sun die Yüeh-chih in dem Gebiet am Jaxartes an, das sie wenige Jahre zuvor den Sakern abgerungen hatten. Die Yüeh-chih wurden abermals zum Aufbruch gezwungen. Sie strömten südwärts nach Baktrien, kollidierten dort mit den Sakern, mischten sich mit ihnen und trieben sie voran; und die unmittelbare Wirkung dieser neuen Umwälzung war eine zweite nomadische Welle an den Nordostgrenzen Parthiens.

Der Widerstand der Parther war hartnäckiger als der Baktriens und Indiens. Denn seitdem sie in den Iran eingewandert waren, hatten sie eine Waffe entwickelt, mit der sie dem Steppen-Pony und dem zusammengesetzten Bogen entgegentreten konnten. Sie waren ja selber einst Steppenreiter gewesen, und als solche hatten sie erkannt, daß die wirbelsturmartigen Angriffe der berittenen Bogenschützen nur von einer Kraft abgeschlagen werden konnten, die nicht nur ihrem Pfeilregen standhielt, sondern auch mit ähnlicher Intensität in ihre Streitmassen eindrang. Durch ihre Verbindung mit dem mittleren Herzland kannten die Parther zweifellos die sarmatischen Versuche, größere Streitrosse zu züchten und ihren Einsatz mit dem Gebrauch einfacher Lanzen zu koppeln, und in den groben, aber für die damalige Zeit revolutionären sarmatischen Lanzerbrigaden sahen sie die Keimzelle ihrer eigenen schweren Kavallerie.

Aus den prächtigen nisäischen Pferden der alten Perserkönige in dem Hügelland südlich des Kaspischen Meers hatten die

Parther eine Rasse von »Chargenpferden« von bisher nicht dagewesener Größe und Kraft gezüchtet. Mit getrockneter Luzerne gefüttert, die sie das ganze Jahr über in guter Form hielten, konnten diese stattlichen Tiere nicht nur einen Lanzenreiter in voller Rüstung tragen, sondern selber mit einem Kettenpanzer bewehrt werden. Um diese schwere Kavallerie in genügendem Umfang in die Schlacht zu bringen, wurde ein großer Teil der parthischen Wirtschaft mobilisiert: die Städte mußten Metalle und Waffenschmiede liefern, und auf dem Land mußte die Bauernschaft große Weideflächen zur Verfügung stellen und sich der Zucht und Pflege der Streitrosse widmen. Es erwies sich auch als nötig, die parthische Armee zu reorganisieren. Das Fußvolk wurde auf den Garnisondienst beschränkt, und an seiner statt ritten zwei Klassen von Kavalleristen in den Kampf: die Edelleute mit goldverzierter, in der Sonne blitzender Rüstung, deren Aufgabe war, den anstürmenden Horden Halt zu gebieten und sie zur Umkehr zu zwingen; und ihre Gefolgsleute, die sie begleiteten und wie die Feinde als berittene Bogenschützen ausgerüstet waren und deren Funktion im Gegenangriff und in der Verfolgung bestand. Dieses starke Verteidigungssystem litt nur an einem bedenklichen Nachteil: die parthischen Lanzer hatten, wie ihre sarmatischen Vorgänger, keine Steigbügel, und daher war die Stoßkraft ihrer Lanzen begrenzt.

Aber das große Streitroß der Parther hielt nicht nur den Ansturm der Hiung-nu aus dem Herzland auf; es war auch das Vorbild für die Kataphrakten, die schwere Reiterei mit gepanzerten Rossen der späteren Byzantiner, von denen es die Ritter des westlichen Mittelalters übernahmen. Und wie es im Iran einen Landadel für seine Aufzucht brauchte, so wurde in Europa der Ritter mit seinen Knappen nur dadurch möglich, daß der König seinen Lehnsherren große Ländereien überließ. So besteht eine direkte Verbindung zwischen der Kampfweise der aus der Steppe kommenden Parther und dem Feudalsystem des mittelalterlichen Europa.

Bald nachdem sie Baktrien besetzt hatten, zersplitterten die Yüeh-chih in mehrere sich befehdende Stämme. Schließlich jedoch gelang es dem herrschenden Clan, die Ordnung wiederherzustellen. Diese Sippe wurde von den Chinesen Kwei-schuang genannt, woraus allmählich Kuschan entstand, und nach der Wiederherstellung ihrer Einheit wurden die Yüeh-chih allgemein Kuschan genannt. Als sie den Zugang nach Westen von den Parthern versperrt fanden, wandten sich die Kuschan gen Osten, einen Teil ihres Volkes zurücklassend, um ihre Ausgangsbasis in Baktrien zu halten. Sie überschritten den Hindukusch, ersetzten die Herrschaft der Saker im Indus-Becken durch ihre eigene und drängten den Ganges hinunter nach Benares. Jetzt gehörte ganz Nordindien ihnen, neben den großen, sich fast bis zum Aralsee erstreckenden Gebieten, die sie noch in Baktrien hielten. Ihr Reich ging also über die Berge hinweg, die die südliche eurasische Küstenregion vom mittleren Herzland trennten. Und ihre Könige, die fortan den Titel Maharadscha annahmen, machten zu ihrer Hauptstadt Peschawar, von wo aus die wichtigsten Verbindungsstraßen durch den Hindukusch kontrolliert werden konnten. Ein Steppenvolk hatte ein anderes in der Herrschaft Indiens abgelöst.

Diese gewaltige Serie von kriegerischen Wanderungen brauchte annähernd zwei Jahrhunderte, um in Schwung zu kommen und, durch den Zusammenstoß eines Volkes mit einem anderen, sich bis zu den äußersten Enden des Herzlandes auszubreiten. Als sie nachließen, hoben sich vier große Mächte am Rande des eurasischen Kontinents hervor: im Westen Rom, bis jetzt noch von nomadischen Einfällen unberührt; im Süden das Parther- und das neue Kuschanreich, beides von früheren Steppenvölkern geschaffene Staaten des eurasischen Küstenrandes, und im Osten China. Durch seine langsame und mühevolle Politik des Gleichgewichts mit den Hiung-nu hatte China indirekt die erste große Stoßwelle in Bewegung gesetzt. Aber als die Wellen ihren Höhepunkt erreichten, waren es nicht mehr die Hiung-nu, die den Druck nach Westen ausübten. Jetzt wurden sie selber gestoßen. Das Pendel der Macht, das sie solange zu ihren Gunsten festhalten konnten, begann zu schwingen.

In der Mitte des zweiten Jahrhunderts v. Chr. wurden dem alten China in den nördlichen Flußbecken seine Grenzen zu eng. Es brauchte mehr Land, um die wachsende Bevölkerung zu ernähren. Die Wirtschaft wurde lebhafter, Technik und Finanzwesen feiner und differenzierter. Durch die Ausbreitung der Handwerkskünste und die Verbesserung der Transportwege schwoll das industrielle und Verkehrsvolumen an. Kaufleute mit wohlgefüllten Vorratshäusern und im Besitz von Investitionskapital suchten neue Märkte für ihre Waren. Aber noch bot das Meer keinen Weg zu neuen Absatzmöglichkeiten. Denn China, nach wie vor vom Hoangho abhängig, war noch keine eigentliche Seemacht geworden. Der »Gelbe Fluß«, seit Urzeiten die Hauptader Chinas wirtschaftlicher Entwicklung, war ständigen Überschwemmungen und Änderungen seines Bettes unterworfen und unzuverlässig als Basis für die Meeresschiffahrt. Chinas wachsender Handel brauchte zum Ozean einen besseren Zugang, den erst die Zukunft bringen sollte; vorläufig und längere Zeit hindurch beschränkte es sich auf die Landwege, die durch Zentralasien nach Westen führten.

Der Kaiser Han Wu-ti, der 140 v. Chr. den Thron bestieg, war ein Mann seiner Zeit. Energisch, lebhaften Geistes prachtliebend und extravagand, ist er mit Ludwig XIV. verglichen worden. Nicht weniger mächtig als Shih huang-ti oder Kao-tsu, regierte er nicht so autoritär wie diese und verstand es, Begabungen in seiner Umgebung zu erkennen und schöpferisch zu nutzen. Er schuf die Möglichkeit, durch Prüfungen in den öffentlichen Dienst zu gelangen, und so kamen gebildete Männer, meist im Konfuzianismus erzogen, in die Verwaltung. Doch trotz all seines hohen Interesses für die Regierungsgeschäfte waren seine privaten Neigungen unorthodox. Zur Verblüffung des Hofes konnte er eines Tages verschwinden, um ohne jede Begleitung allein auf die gefährliche Großwildjagd zu gehen; und er hatte eine gleichermaßen gewagte Neigung zu zahlreichen wundersamen Elixieren, die nach der Behauptung seiner Alchemisten Unsterblichkeit verleihen sollten. Er war ein ehrgeiziger Expansionist und wurde als »Kriegerkaiser« bekannt. Durch die Annexion Koreas versuchte er, das Gesicht Chinas dem Meer zuzuwenden; er betrieb tatkräftig die Besiedelung der weiten Räume im Süden, die Shih huang-ti tastend erschlossen hatte, und erweiterte die chinesische Kolonisierung über Kanton hinaus bis in das Gebiet des heutigen Vietnam.

Vor Wu-tis Regierungsantritt hatten die Hiung-nu auf der Suche nach größeren und besseren Weiden begonnen, sich nach Südwesten auszudehnen; sie hatten bereits die Yüeh-chih verdrängt und dadurch den Aufruhr im mittleren Herzland ausgelöst.

Als die Unruhe um sich griff, reichte ihre Herrschaft tief nach Innerasien hinein. Von ihrer Heimat, der Mongolei, aus, geboten sie über eine Kette von Bundesgenossen, Vasallen und unterjochten Feinden von der Mandschurei bis fast zum Aralsee. Dies bedeutete für den Kaiser Chinas eine doppelte Herausforderung: die Stellung der Hiung-nu an seinen Grenzen war bedrohlicher denn je, und sie wurde im Lauf der Jahre verstärkt durch sich bestürzend mehrende chinesische Überläufer. Deren Ursache war ein kurzsichtiger Artikel in der chinesischen Militärordnung, der die Hinrichtung geschlagener Generäle und zusätzliche Repressalien gegen ihre Verwandten anordnete. Da sich in den vielen Scharmützeln mit den Nomaden Niederlagen nicht vermeiden ließen, hatte eine erschreckende Zahl von höheren Offizieren mit ihren Familien den Sohn des Himmels den Gehorsam gekündigt und war in die Dienste des Schanju getreten. Und zugleich sperrte die Hiung-nu-Förderation den Weg der Chinesen in den Westen.

Um die Grenzprovinzen zu entlasten und den Zugang nach Westen zu öffnen, verfiel Wu-ti auf eine ungewöhnliche Idee. China sollte sich mit den nomadischen Gegnern der Hiung-nu im Herzland verbünden, den Yüeh-chih, die jenseits der Wüste Gobi von den Hiung-nu nach Südwesten getrieben wurden. Wenn man die Yüeh-chih veranlaßte, sich gegen ihre Verfolger zu wenden, konnten die Hiung-nu von zwei Seiten gleichzeitig, von Osten und vom Westen, angegriffen werden. Aber es war ein schwieriges und abenteuerliches Unterfangen, den Plan in die Tat umzusetzen: mit den Yüeh-chih, von denen man nicht einmal genau wußte, wo sie waren, Kontakt aufzunehmen, bedeutete eine Reise von mindestens dreitausend Kilometern durch unbekanntes und rauhes Land, das ein äußerst beweglicher Feind durchstreifte. Wer als Botschafter ausgesandt werden sollte, mußte nicht nur eine sehr beredte Zunge haben, sondern auch eine besondere Findigkeit. Der Mann, den der Kaiser mit dieser Aufgabe betraute, war Tschang K'ien, ein Offizier der Leibgarde, der sich durch Rechtschaffenheit, Mut und Körperkraft auszeichnete. Mit hundert Begleitern begab er sich 138 v. Chr. von Tschang An aus seine gefahrvolle Mission.

Dem Kaiser fiel inzwischen die nicht weniger schwierige Aufgabe zu, sich die Hiung-nu vom Leibe zu halten, bis das Bündnis mit den Yüeh-chih zustande kommen würde. So wie er sich in der Verwaltung mehr auf die erwiesene Tüchtigkeit als auf den hohen Rang seiner Beamten verließ, so wählte er seine Generäle vorurteilslos aus dem harten Schlag der unteren Klassen. Zwei Offiziere von unkonventioneller Herkunft waren verfügbar. Wei Tsching, der mit dem Oberkommando betraut wurde, hätte kaum von niedrigerer Geburt sein können: er war der uneheliche Sohn einer Dienstmagd. Als junger Mann war er mehrere Jahre Viehtreiber gewesen und ein meisterhafter Bogenschütze geworden. Durch diese beiden Eigenschaften ähnelte seine militärische Berufsauffassung der eines Hiung-nu-Befehlshabers. Ihm zur Seite stand sein Neffe Huo T'schu-ping, der als hervorragender Reiter schon mit achtzehn Jahren für die Einverleibung starker Schwadronen von berittenen Schützen in das chinesische Heer eingetreten war. Nach seiner Beförderung setzte er seine Pläne in die Tat um.

Mit ihren für den Steppenkrieg nun besser ausgerüsteten Streitkräften paßten Wei und Huo ihre Strategie den Methoden ihrer nomadischen Gegner an. Unter Vermeidung der früheren sorgfältig geplanten schweren Aufmärsche bevorzugten sie plötzliche schnelle Attacken auf das Territorium der Hiung-nu. Sie versuchten den Feind mit seinen eigenen Mitteln zu übertrumpfen, und wenn sie damit Erfolg hatten, wiederholten und verstärkten sie den Druck beständig und ließen ihm keine Ruhe.

Acht bedeutsame Jahre lang hatten sie mit dieser Strategie Erfolge, die jede Erwartung übertrafen. Im Jahr 127 v. Chr. überschritt Wei die Grenze Chinas, durchquerte die Gobi, drang tief in die Mongolei zum Fluß Ongiin vor und fügte den Lagern der Hiung-nu große Schäden zu, um dann seine mehr oder weniger intakte Armee wieder zurückzuziehen. Huo folgte mit seinem Blitzüberfall auf das Gebiet innerhalb der Ordos-Schleife, in dem die Hiung-nu seit Kao-tsus Regierung saßen. Seine ungestümen Angriffe vertrieben sie aus dem ganzen Land südlich der Großen Mauer, und in den zurückeroberten Grenzstreifen siedelte er schwerbewaffnete Bauernsoldaten an.

Während diese Kampagnen noch andauerten, kehrte eines Tages Tschang K'ien von seiner Mission zu den Yüeh-chih zurück. Er hatte eine erstaunliche Geschichte zu erzählen. Bald nach seiner Abreise war er, was beinahe zu erwarten gewesen war, in die Hände der Hiung-nu gefallen. Er nahm sein Schicksal mit Gleichmut hin, heiratete ein Hiung-nu-Mädchen, mit der er Kinder zeugte, und ließ sich als halber Gefangener bei den Hiung-nu nieder. Erst nach zehn Jahren gelang ihm mit einigen Begleitern die Flucht. Er setzte seine Reise fort und machte endlich in der Nähe des Oxus die Yüeh-chih ausfindig, die von dort ihre Invasion Baktriens betrieben. Sie empfingen ihn höflich, lehnten aber das Anerbieten ab, das er ihnen machte. Ihre erzwungene Wanderung hatte sie in ein reiches Land geführt; ein noch besseres läge eventuell vor ihnen, und ihre Erfahrungen mit den Hiung-nu seien nicht so gewesen, daß sie zu neuen Kontakten ermutigten. Der unverzagte Tschang-K'ien blieb ein ganzes Jahr bei seinen nomadischen Gastgebern, reiste im Innern Asiens umher und sammelte Informationen über Land und Leute. Auf der Heimreise wurde er erneut von den Hiung-nu aufgegriffen, konnte jedoch abermals, diesmal nach verhältnismäßig kurzer Zeit, entfliehen. Er war im ganzen vierzehn Jahre fern von China gewesen, und nur zwei Männer von den hundert, mit denen er ausgezogen, kehrten mit ihm in die Heimat zurück.

Seine Bemühungen, mit den Yüeh-chih ein Bündnis zu schließen, waren fehlgeschlagen; dennoch hatte seine Reise einen unschätzbaren Wert gehabt. Was die Chinesen bis dahin vom mittleren und westlichen Asien gewußt hatten, stützte sich großenteils auf Hörensagen und Legenden. Jetzt konnte sich der Kaiser dank den sorgfältigen Ermittlungen seines Kundschafters ein objektives Bild vom Herzland und seinen Bewohnern machen. Darüber hinaus bestätigten seine Beobachtungen, daß dahinter Staaten und Reiche lagen, die sich mit China hinsichtlich des Gewerbefleißes seiner Bevölkerung messen konnten. Unglaubliche Geschichten vom parthischen Iran, von Kleinasien und sogar von Rom fügten sich stückweise zu einem zusammenhängenden Mosaik. Tschang K'ien brachte greifbare Beweise einer fortschrittlichen Kultur mit: Luzerne, Weinreben und die Kunst, Wein zu keltern. Die Möglichkeiten, mit solchen betriebsamen Völkern Handel zu treiben, schienen nahezu unbegrenzt. Nicht weniger wichtig – vom militärischen Standpunkt betrachtet – war der Bericht, den der Reisende als Pferdekenner von einer besonderen Pferderasse erstattete, die er im Fergana-Tal an den Westhängen des Pamir gesehen hatte. Die Schnelligkeit und das Stehvermögen dieser Tiere, so berichtete er, seien einmalig, und ihre harten Hufe böten dem rauhesten Boden Trotz. Es waren die Pferde, die als die »himmlischen Rosse von Fergana« bekannt wurden. Sie stammten wahrscheinlich, wie die »Großen Rosse« der parthischen Ritter von den nisäischen Herden Irans ab, doch ihr ausgesprochener arabischer Einschlag gab ihnen einen feineren und leichteren Körperbau. Tschang K'ien war besonders verblüfft von ihrer unerklärlichen Eigenschaft, »Blut zu schwitzen« – eine Neigung, die, wie man heute annimmt, auf Parasiten in ihrem Fell zurückzuführen war. Diese Pferde, betonte er, würden für des Kaisers Armeen von größtem Wert sein.

Die Umstände, unter denen Tschang K'ien seine zweite Flucht von den Hiung-nu gelungen war, erregten das größte Interesse: er konnte, so berichtete er, in der Unruhe entkommen, die infolge der Zwietracht unter den Häuptlingen der Hiung-nu ausgebrochen war. Solche Risse in der einst monolithischen Fassade des Feindes sollte man ausnutzen; und sie ermutigten Wu-ti, einen neuen Schlag gegen die Hiung-nu auch ohne die Hilfe westlicher Bundesgenossen zu führen.

Die beiden Generale, Onkel und Neffe, erweiterten nunmehr ihre Kriegsziele. Wei zog abermals, mit noch größeren Streitkräften, gegen das Herz der Mongolei, während sich Huo vom Ordos in nördlicher Richtung in die Grenzländer zwischen Mongolei und Mandschurei in Bewegung setzte mit der Absicht, die

Verbindung zwischen den Hiung-nu und ihren östlichen Verbündeten zu zerschneiden. Wie früher, machte sich die Strategie der Schnelligkeit und Überrumpelung bezahlt. Huo zerstreute die hastig zusammengeworfenen Armeen des vom Schanju im Osten eingesetzten Statthalters und erhob dabei einen gewaltigen Zoll von gefangenen Männern und erbeuteten Pferden. Und am Ulan-See in der Mittelmongolei stieß Wei auf den Schanju selber, von einem Heer berittener Bogenschützen umgeben, das sich bis zum Horizont erstreckte. Wei führte einen Troß von Kampfwagen mit sich, aber da er wußte, daß sie in der unvermeidlichen Feldschlacht ohne Nutzen sein würden, bildete er mit ihnen einen Verteidigungsring um seine Versorgungs- und Nachschubtruppen. Dann warf er seine Reiterei in den Kampf. Den ganzen Tag wogten Angriffe und Gegenangriffe ergebnislos hin und her. In der Dämmerung schließlich wurde der Wind stärker, bis ein gewaltiger Sturm über die blutbefleckte Steppe fegte und Sand in die Augen der Hiung-nu wehte. In einer letzten Anstrengung befahl Wei den erschöpften Schwadronen zu seinen Seiten einen Umfassungsangriff. Von Sandwolken und Pfeilregen geblendet, konnten die Hiung-nu nicht länger Widerstand leisten. Sie kehrten um und galoppierten davon, um der sich um sie schließenden Falle zu entgehen. Diesmal kehrten sie nicht zurück. Der Schanju floh in einem Streitwagen hinter einer Herde von Mauleseln.

Die »Sandsturmschlacht« war der Schwanengesang des Streitwagens. Durch die Übernahme ihrer Methoden waren die Chinesen fast so beweglich geworden wie ihre Gegner und hatten deren Macht im Herzland ernsthaft ins Wanken gebracht. In wenigen Jahren hatten die Hiung-nu über neunzigtausend Mann verloren, und die weniger zuverlässigen Verbündeten begannen abzufallen. Auch die Chinesen hatten, dank des von Wu-ti rücksichtslos betriebenen Einsatzes von Mensch und Tier, hohe Verluste erlitten: zwanzigtausend Mann und hunderttausend Pferde waren auf den Schlachtfeldern geblieben. Aber die Hiung-nu, wenn auch bei weitem nicht vernichtet, waren vorderhand vom Ordos-Plateau vertrieben, und der Weg in den Westen war frei.

Wu-ti versuchte sofort, die Tür nach Westen offenzuhalten. Der natürliche Verbindungsweg zwischen dem Ordos und den Oasen des Tarim-Beckens mußte gesichert werden. Nördlich dieser Pforte lagen die Gobi und die Mongolei; südlich die Nanschan-Kette und Tibet. Wenn man ein friedliches Volk am Südrand der Wüste ansiedeln könnte, würde es einen erwünschten Pufferstaat abgeben zwischen den Hiung-nu in der Mongolei und dem Expansionsdrang Chinas nach Westen. Ursprünglich hatten die Wu-sun in dieser Region ihre Herden geweidet; doch nun waren sie in den Westen verschwunden und trieben die Yüeh-chih über den Oxus. Vielleicht konnte man sie zur Heimkehr bewegen, und wieder wurde Tschang K'ien abgesandt, ermächtigt, eine chinesische Prinzessin als Gattin für ihren Stammeshäuptling zu bieten, wenn sie zu ihren alten Weiden zurückkehrten. Die Wu-sun erwiesen sich als zähe Verhandlungspartner: sie bekamen die Prinzessin, dachten jedoch nicht an Rückkehr. Abermals entschloß sich Wu-ti, allein zu marschieren, und im Jahr 108 v. Chr. drangen chinesische Truppen vor und besetzten Lop Nor und Turfan, die beiden Oasen an der Mündung des Tarim-Beckens.

Hinter dem Tarim-Becken und noch hinter dem Pamir, der seine Westgrenze bildete, lag Fergana mit seiner Hauptstadt Kokand. Hier waren die prächtigen Pferde beheimatet, die Tschang K'ien auf seiner ersten Reise kennengelernt hatte. Die Chinesen benötigten dringend Reittiere, um ihre in den Kämpfen gegen die Hiung-nu erlittenen Einbußen zu ersetzen. Ein Bündnis mit dem Herrscher von Fergana würde sie nicht nur mit den besten Pferden der Welt versorgen, sondern auch das chinesische Einflußgebiet durch das ganze Tarim-Becken bis in die Mitte des Herzlandes verlängern. Ein Gesandter nach dem anderen wurde von Tschang An nach Fergana geschickt, doch alle erhielten die gleiche Antwort: unter keinen Umständen würde man sich auch nur von einem einzigen Pferd trennen. Es kam sogar zu Handgreiflichkeiten, bei denen mehrere Chinesen ermordet wurden. Wu-ti ließ nicht von seiner Forderung ab. Vielleicht ist sein Starrsinn dadurch zu erklären, daß sich die Rosse von Fergana in seiner Vorstellung mit dem Wunsch nach Unsterblichkeit verquickten: die »himmlischen« Pferde würden einen schnellen Ritt in den Himmel gewährleisten. Jedenfalls schien ihm nun Gewalt die einzig mögliche Reaktion. Eine erste chinesische Armee, überwiegend aus straffälligen Jugendlichen zusammengesetzt und mit Gewohnheitsverbrechern verstärkt, mühte sich den erschöpfenden Weg durch die Wüsten und über die Gebirgspässe, nur um sofort von den ferganesischen Truppen vernichtend geschlagen zu werden. Eine zweite Armee von besserer Qualität belagerte Kokand, dessen Regent schließlich, als eine Rebellion der Stadtbewohner drohte, nachgab und den Chinesen Zutritt zu den Pferdeställen gewährte. Sie suchten sich über zwei Dutzend der besten Zuchttiere aus und nahmen noch einige tausend von minderer Qualität mit. Verglichen mit ihren ungeheuren Kosten lohnte die Expedition nicht; nur ein paar tausend Mann und tausend Pferde überlebten den langen beschwerlichen Rückmarsch. Doch in politischer Hinsicht war sie ein Erfolg gewesen – im ganzen Tarim-Becken sprach es sich herum, daß die Chinesen ihr Ziel erreicht hatten, was auf die Oasen-Staaten, die bisher aus Opportunitätsgründen mehr den Hiung-nu zugeneigt waren, seinen Eindruck nicht verfehlte.

Der Korridor von China zum Tarim-Becken wurde zu einer schwerbewachten Heerstraße ausgebaut. Bataillone von Zwangsarbeitern verlängerten die Große Mauer vom Ordos-Plateau weit in den Westen hinein längs der dürren Südränder der Gobi, und jenseits dieser neuen Verteidigungslinie gegen die Hiung-nu erhob sich in der Wüste eine Kette von Forts. Nachdem die Wu-sun es abgelehnt hatten, den Prellbock zu spielen, wurde die Straße in den Westen nach Norden zu durch ein Mauerwerk abgesichert, das sich halbwegs vom Hoangho bis nach Turfan erstreckte. In den Zwischenräumen, sofern dort Wasser verfügbar war, wurden militärische Außenposten angelegt, die sich selbst versorgen mußten. Für die Chinesen war es ein abstoßendes Land von grauem Schotter, gelbem Sand, schwarzem Basalt und weißen Knochen. Im Wehen des Windes schienen feindliche Geister zu flüstern, die in den Luftspiegelungen der Wüste hausten. Doch im Schutze der Befestigungsanlagen, zwischen den Baracken der Besatzung, begannen sich Handel und Wandel zu entwickeln; zuerst versuchsweise nach den Märkten in Zentralasien, dann darüber hinaus in die Welt der eurasischen Randgebiete. Im Jahr 105 v. Chr. wurde ein chinesischer Gesandter von einer imposanten Abordnung parthischer Reiterei an den Grenzen Irans empfangen und zum Thronsaal Mithridates' II. geleitet. Der König nahm feierlich die reichen Stoffe entgegen, die man ihm vorlegte, und sandte dem Kaiser als Gegengeschenke ein Straußenei und eine Truppe von Zauberkünstlern zu seiner Belustigung.

Chinas Macht wuchs, sein Einfluß dehnte sich aus. Die Strategie des Kaisers, das Herzland sozusagen mit dem rechten Arm zurückzuhalten und mit dem linken zuzustoßen, hatte einen triumphalen Sieg errungen. Jetzt fühlte er sich stark genug, das Hiung-nu-Problem endgültig zu lösen – ihnen Frieden oder Vernichtung anzubieten. Er sandte eine Botschaft in die Mongolei mit dem Vorschlag, die Feindseligkeiten einzustellen, und der Forderung, die chinesische Oberhoheit anzuerkennen; die Vereinigung mit dem Kaiserreich würde den Hiung-nu größere Vorteile bieten, als sie je mit Waffengewalt gewinnen könnten. Der Vorschlag wurde abgelehnt, und es blieb Wu-ti nichts anderes übrig, als erneut zu mobilisieren. Aber zu seiner Enttäuschung erbrachten die ersten Phasen der neuen Kampagne keine nennenswerten Ergebnisse. Und dann trug sich etwas zu, was an sich von keiner großen Bedeutung war, doch verhängnisvoll für die Zukunft.

Ein junger Offizier namens Li Ling erbat sich die Genehmigung, eine Streitkolonne gegen die Hiung-nu zu führen, während eine umfassende Invasion vorbereitet wurde. Er forderte nur fünftausend Mann Fußvolk, er brauche, meinte er, keine Reiterei. Das war sonderbar, denn Li Ling war ein kenntnisreicher Soldat, ein vorzüglicher Reiter und Bogenschütze, der aus einer bekannten Offiziersfamilie stammte. Noch eigenartiger, daß seine Bitte erfüllt wurde, nachdem man gerade den Beweis erbracht hatte, wie wichtig die Kavallerie im Steppenkrieg war. Li Ling jedoch marschierte nordwärts, der Route des Generals Wei zum Orgun folgend. Zuerst ließen sich die Dinge gut an; er schlug dreißigtausend Reiter der Hiung-nu zurück. Doch bald war er von der doppelten Anzahl umringt; sie umkreisten die chinesischen Fußsoldaten und beschossen sie unaufhörlich. Li Ling erkannte, daß er in eine Klemme geraten war, und beschloß umzukehren. Doch der Feind ließ ihm keine Ruhe und setzte den Pfeilregen, dem die Chinesen zu Hunderten und Tausenden erlagen, aus sicherer Entfernung fort. Die Katastrophe erreichte ihren Höhepunkt, als nur noch zwei Tagemärsche sie von der Großen Mauer trennten. In einer Felsschlucht zerschmetterte eine Steinlawine, was von der chinesischen Armee übriggeblieben war. Vierhundert Mann erreichten die Mauer, und Li Ling war nicht unter ihnen.

Die Episode, so geringfügig sie im größeren militärischen Zusammenhang war, gab dem gesunkenen Kampfgeist der Hiung-nu neuen Auftrieb. Noch schädlicher war die politische Wirkung in China. Unter Wu-ti war der Einfluß der kultivierten Konfuzianer stark angewachsen, die schon viele höhere Posten in der Regierung besetzt hielten. Sie neigten dazu, den Krieg grundsätzlich abzulehnen, und zögerten jetzt nicht, auf Li Lings Mißerfolg als Beweis für die Nutzlosigkeit einer aggressiven Politik gegen die Steppe hinzuweisen. Aus der gebildeten Beamtenschaft, der Wu-ti die Wege geebnet hatte, entwickelte sich die Dauereinrichtung des Mandarinats, und diese einflußreiche Kaste erhob sich im allgemeinen gegen kriegerische Aktionen. Die Grenzgebiete, so argumentierten sie wiederholt, seien für den systematischen Ackerbau ohnehin nicht rentabel, und so wäre es besser, das unergiebige Land an die Nomaden abzutreten. Dieser Rat ließ grausame Tatsachen außer acht: die unaufhörlichen, mit Mord und Plünderung verbundenen Raubzüge; die in die Sklaverei getriebenen Gefangenen; die sehr reale Drohung der totalen Eroberung des chinesischen Kernlandes. Nichtsdestoweniger waren es, während der gigantische Kampf mit der Steppe andauerte, stets die kriegerischen Niederlagen, auf welche die Mandarine hinwiesen, wenn sie Frieden um nahezu jeden Preis verlangten; und immer wieder erinnerten sie an das Desaster des Li Ling.

Zunächst jedoch genügten die Erfolge im Westen, um die pazifistischen Stimmen zum Schweigen zu bringen. Nach dem

Tode Wu-tis wurde die Durchdringung des Tarim-Beckens fortgesetzt. Von Operationsbasen im Lop-Nor-Distrikt aus fielen Kasa Shan, Kucha und Yarkand durch Gewalt, Verrat oder Diplomatie in die Hände der Chinesen. Durch die sandige Einöde, über die zerklüfteten roten Berge von Turfan, marschierten Truppen und wurde Versorgungsmaterial transportiert, wanderten Kuriere, Beamte und die unermüdlichen Händler. Das Leben derer in den Außenstationen des chinesischen weiten Westens, in dem Wechsel von sengender Hitze und beißender Kälte, war einsam und unbequem. Überall drohte Gefahr: in den Felsen und den Dünen, die grell im harten Licht standen oder von Flugsand oder Schnee verschleiert waren. In der schweigenden Einsamkeit gab es oft nichts anderes zu tun als durchreisende Wanderer zu beobachten oder der Heimat zu gedenken:

In dichten Flocken fällt der Abendschnee aufs Lagertor,
Der Wind zerrt an den Fahnen, doch sie flattern nicht,
Denn steifgefroren sind sie von dem bitteren Frost.
Zum Osttor kommen wir, Abschied von dir zu nehmen.
Und da du gehst, füllt Schnee die Straße nach Tienschan.
Der Hügel dort und jene Straßenkrümmung
Entzieht dich unserem Blick, und es bleibt nur
Die Spur im Schnee von deines Pferdes Hufen[1].

Aber etliche hundert Kilometer nordwärts hatten sich die Hiung-nu mit ernsthafteren Schwierigkeiten herumzuschlagen. Die anfänglich nicht so stark wirksam gewordenen chinesischen Offensiven machten sich nun doch bemerkbar. Der Ruf der Hiung-nu hatte schwer gelitten, und die Steppen-Föderation war wachsenden Spannungen ausgesetzt. Gewaltige Verluste an Mensch und Tier hatten ihre Kampfkraft geschwächt; ihre Rinder- und Schafherden, gehetzt und gejagt von der chinesischen Reiterei, nahmen ab. Und unter dem Druck der Schwierigkeiten wurden die Gegensätze unter den Häuptlingen schärfer. Tschang K'ien hatte sie zuerst bemerkt, seitdem waren sie bei jeder Gelegenheit durch chinesische Intrigen angefacht worden. In einem Versuch, ihre Lage zu verbessern, unternahmen die Hiung-nu

[1] »Aus dem Schneelied« von Tsen Schen (8. Jh. n. Chr.)

von neuem einen Ausfall aus der Mongolei nach Südwesten, um das Tarim-Becken herum auf die Weiden am Jaxartes zu. Dabei stießen sie mit den Wu-sun zusammen, die sofort die Chinesen zu Hilfe riefen. Endlich war die Zeit für einen Zweifronten-Angriff gekommen, und hunderttausend Mann entsandte China auf die Bitte der Wu-sun. In einer gewaltigen Zange festgehalten, fochten die Hiung-nu mit dem Mut der Verzweiflung. Nach mehreren Jahren unentschiedenen Kampfes entschlossen sie sich zum Abbruch. Auf ihrem Rückzug in die Mongolei wurde die Hauptarmee auf den Pässen des Altai-Gebirges von schrecklichen Schneestürmen heimgesucht, in denen Mann und Roß zu Tausenden umkamen. Verwehungen und Gletscherspalten wurden den übrigen zum Verhängnis. Nur ein Zehntel der Streitkräfte der Hiung-nu blieb am Leben.

Diese letzte Katastrophe ließ den Streit um die Führung der Hiung-nu erneut aufflammen. Zwei Rivalen, jeder mit einer umfangreichen Gefolgschaft, erhoben Anspruch auf den Thron des Schanju. Die Stämme im Süden, nahe der Gobi und dem Ordos, scharten sich um ihren Häuptling Kujanga; die nördlichen Stämme, zwischen dem Altai und dem Amur, um dessen Bruder Tschirtsche. Die ganze Mongolei stand vor einem Sezessionskrieg, dessen Folgen nicht abzusehen waren. Auf dem Wege der Geheimdiplomatie hatte China das seine dazu beigetragen, die Spaltung zu vertiefen. Jetzt intervenierte es öffentlich. Sein Hauptinteresse galt der Ruhe und Stabilität seiner Grenzen und des Zugangs zum Westen. Hier konnte der Frieden am ehesten erreicht werden, wenn man Kujanga und den südlichen Teil des Hiung-nu-Reiches unterstützte.

Kujanga wurde eingeladen, an der Großen Mauer mit Ehrerbietung empfangen und von der Leibwache des Kaisers nach Tschang An geleitet. Hier beugte er sich vor Hsuan-ti, dem Großenkel Wu-tis, und berührte mit der Stirn den Boden. Es war das erste Mal, daß ein Schanju der Hiung-nu vor dem Sohn des Himmels einen Kotau machte. Das geschah im Jahr 51 v. Chr., als Tausende von Kilometern westlich, am äußersten Punkt des eurasischen Küstengürtels, das Römische Reich aus der alten Republik hervorging, als Cäsar in Britannien gelandet war, Gallien erobert hatte und in zwei Jahren den Rubikon überschreiten sollte.

Tschirtsche, dem rivalisierenden Thronprätendenten, bot die nördliche Mongolei nun keine Sicherheit mehr. Früher oder später hatte er einen Angriff seines Bruders, machtvoll unterstützt von seinen neuen chinesischen Oberherren, zu gewärtigen, so daß es opportun schien, sich davonzumachen. Der alte Weg nach dem Südwesten war von den Wu-sun blockiert, die schon oft ihre Halsstarrigkeit bewiesen hatten. Deshalb suchte er sich eine nördlichere Route in den Westen und setzte eine umfassende Wanderung von Herden und Reitern über den Altai und durch die Dsungarei in Bewegung.

Zwei große Mächte drangen nun in den Kern Asiens vor. Die Chinesen verlängerten ihre »Kaiserstraße« westwärts durch das Tarim-Becken. Und weiter im Norden suchten die von der mongolischen Hochebene vertriebenen Stämme der Hiung-nu neue Weideplätze in Mittelsibirien, dem Grasteppich folgend, der über Ob und Irtysch hinweg, über den Ural und am Kaspischen Meer vorbei zum Schwarzen Meer und den Toren Europas führte. Daraus entstand im südlichen Herzland zwischen den beiden großen Imperien der Küstenzonen ein Handelsweg und zugleich eine Heerstraße für die Reiterschützen der Steppe.

Rund zweihundert Jahre hatte China mit der Steppe um seine Existenz ringen müssen. Hinter Bollwerken von Stein und Blut, mit unermeßlichen Kosten errichtet und unterhalten, hatte es sich Aufschub verschaffen können, um sein Staats- und Wirtschaftsleben zu entwickeln. Mit verlustreichen Erfolgen und schmerzlichen Rückschlägen war ein Gleichgewicht mit den Gegnern aus dem Herzland erzielt worden. Dann endlich konnte es sie in übermenschlichen Anstrengungen ganz zurücktreiben. Mit Kujangas Unterwerfung und Tschirtsches Auswanderung schien das Ende des jahrhundertelangen Streites gekommen. Doch alles, was China erreicht hatte, wurde wieder zunichte.

Im Jahr 48 v. Chr., kurz nachdem Kujanga ihm in Tschang An gehuldigt hatte, starb Kaiser Hsuan-ti. Während der nächsten fünfzig Jahre brachte die Unfähigkeit dreier aufeinanderfolgender Kaiser China an den Rand des Ruins und die Han-

Dynastie fast zum Erlöschen. Der willensschwache Yuan-ti überließ das Wohl des Staates den Intrigen der Palast-Eunuchen. Sein Nachfolger Tscheng-ti interessierte sich nur für seine Bücher und die Mädchen in den hauptstädtischen Freudenhäusern. Der dritte, Ai-ti, verbrachte seine Zeit mit Lustknaben. Der Verfall im Innern ermutigte Willkür und Eigennutz in den Randprovinzen, und die Gaufürsten sahen ihre Stunde gekommen. Um ihren Besitz zu vergrößern, enteigneten sie die kleineren Bauern, denen nichts anderes übrig blieb, als sich in die Leibeigenschaft zu verkaufen. Vieh- und Sklavenhändler zogen ihre Gewinne daraus. Aus dem Gegensatz zwischen der Armut der Massen und dem konzentrierten Reichtum der Wenigen entstand eine revolutionäre Situation, die sich ein Neffe der Königin-Witwe, Wang Mang, zunutze machte. Im Jahre 9 unserer Zeitrechnung proklamierte sich dieser politische Demagoge zum Kaiser.

Mit Wang Mang kam das System des totalitären Staatssozialismus mit einem Diktator an der Spitze zur Herrschaft. Er führte durchgreifende Reformen ein, die keine Rücksicht auf menschliche Gegebenheiten nahmen, verstaatlichte den Grundbesitz, beschränkte das Recht der Sklavenhaltung auf die Regierung und versuchte, Preise und Zinssätze zu stabilisieren. Sein starrer Dirigismus brachte ihn bald in Schwierigkeiten. Die wachsende Abneigung gegen seine drückenden Einschränkungen wurde durch Mißernten und Überschwemmungen des Hoangho verstärkt. Ganze Dörfer aßen Menschenfleisch, um sich vor dem Hungertod zu schützen. Innerhalb eines Jahrzehnts war die Gefahr der Revolution drohender als zuvor, diesmal gegen das Chaos gerichtet, das die Folge eines Dogmas war.

Jenseits der Nordwestgrenzen war Kujanga längst tot, und die Ehrfurcht vor China und chinesischen Sitten war mit ihm geschwunden. Sein Volk, zu seinen Lebzeiten in der südlichen Hälfte der Mongolei konzentriert, expandierte wieder nach Norden und füllte das Vakuum aus, das durch den Abzug Tschirtsches mit seinen Stämmen entstanden war. Nun, da ihnen die Weiden der ganzen Mongolei zur Verfügung standen, erholten sie sich schnell von den Schlägen, die zu ihrer Unterwerfung geführt hatten, begünstigt von dem Verfall Chinas, das zu schwach war, die Grenzen ausreichend zu bewachen und zu schützen. Die Regierung Wang Mangs tat ein übriges. Die Unzahl von Funktionären, die nötig war, um die Durchführung der Tausende und aber Tausende von Anordnungen zu erzwingen, bekamen Oberwasser, und stets pazifistisch gesonnen, neigten sie dazu, die Nomaden sich selbst zu überlassen. Zugleich versuchte Wang Mang, die, wie er glaubte, immer noch loyalen Hiung-nu durch Maßnahmen zu verwalten, die in ihrem Mangel an Realismus seiner Innenpolitik nicht nachstanden. Er wollte ihre ständig wechselnden Stammesweiden in feste Provinzen umwandeln und den Schanju durch einen chinesischen Strohmann ersetzen. Beide Pläne schlugen natürlich fehl, und bei den wütenden Hiung-nu, die sich neu erstarkt fühlten, entzündete sich abermals die Feindschaft gegen China. Und mit dem Wiedererwachen des alten Steppengeistes stießen ihre früheren Verbündeten in der freudigen Erwartung neuer lohnender Raubzüge wieder zu ihnen.

Die Wirkung auf die chinesischen Besitzungen im Tarim-Becken ließ nicht auf sich warten. Die neuerstarkte nomadische Kraft in der benachbarten Mongolei gegen die Ohnmacht des entfernten Chinas spürend, drehten die Oasen-Staaten ihre Fahnen nach dem Winde. Kara Shar revoltierte zuerst, und von dort verbreitete sich der Aufruhr um das ganze Becken. Aus Angst oder Ehrfurcht vor den Hiung-nu erklärte eine Stadt nach der anderen ihre Unabhängigkeit, bis nur noch Yarkand die Verbindung mit China aufrechterhielt. In wenigen Jahrzehnten brach die so sorgfältig aufgebaute chinesische Hegemonie über dem östlichen Herzland zusammen. Wieder einmal lagen die Hiung-nu als ein gewaltiger Block vor Chinas Toren und sperrten den Zugang zum Westen.

Im Innern des Reiches entlud sich die Unzufriedenheit in Rebellionen. Der Bauernaufstand der »Roten Augenbrauen« – so genannt, weil die Insurgenten ihre Brauen mit Mennige färbten – fegte den Widerstand der Regierung beiseite. Den Bauern folgten die Handwerker und Kaufleute in den Städten, und in dem Tumult wurde Wang Mang in einen Turm des kaiserlichen Palastes gejagt und dort zerstückelt. Nach weiteren Bürgerkriegen, in denen Tschang An schweren Schaden litt, wurden Ruhe und Ordnung wiederhergestellt, und 25 n. Chr. wurde ein Prinz der Han-Dynastie, der den Namen Kuang-wu-ti annahm, in Lojang, der neuen Hauptstadt, zum Kaiser proklamiert.

Wie Karl II. in der Zeit der englischen Restauration verkörperte der neue chinesische Monarch in seiner anziehenden und populären Persönlichkeit die allgemeinen Hoffnungen auf die Befreiung von einem verkommenen Regime. Die Mißwirtschaft von siebzig Jahren hatte China nicht nur im Innern ruiniert, sondern auch fast all seiner Außenbesitzungen beraubt, und seine imperiale Größe und Vormachtstellung im Osten war zerbrochen. Es dauerte an die zwanzig Jahre, bis der Schaden einigermaßen wiedergutgemacht werden konnte und der neue Kaiser im Nordwesten wieder Herr der Lage wurde.

Inzwischen übten die Nomaden erneuten Druck auf die an die Große Mauer grenzenden Gebiete aus. Die Wiedererstarkung der Hiung-nu hielt an, und als man sie aufforderte, die chinesische Souveränität anzuerkennen, lehnten sie kurzerhand ab. Dieser verhängnisvolle Schlag traf zusammen mit dem Auftauchen anderer unabhängiger kriegerischer Horden im Gebiet der Chingan-Berge in der Mandschurei. Es sah ganz so aus, als könne diese doppelte Bedrohung nur durch einen umfassenden Präventivkrieg abgewehrt werden. Leider war der erfahrenste chinesische Oberbefehlshaber, Ma Yuan, im fernen Süden, wohin ihn ein Aufstand in Indochina gerufen hatte. Nun eilte er über zweitausend Kilometer von Annam zur Großen Mauer, und bald war Nordchina in Kriegsbereitschaft.

An diesem kritischen Punkt kam die Natur dem General zur Hilfe. Das östliche Herzland wurde von einem Klimawechsel befallen: im Jahr 46 n. Chr. erlitt die mongolische Hochebene eine Dürre von ungewöhnlicher Strenge. Der Spiegel der Flüsse sank, Bäche versiegten, das Gras verwelkte. Das Unglück wurde durch Heuschreckenschwärme vermehrt, die sich auf den verdorrten Weiden breitmachten. Rinder und Pferde brachen in der Hitze verdurstend zusammen, bis die vertrocknete braune Erde mit faulenden Kadavern übersät war. Die Hälfte der Hiung-nu-Herden ging ein; eine Hungersnot war die Folge, und ganze Familien starben in ihren Zelten und neben ihren Tieren. In wenigen

Monaten war das Wachstum von Jahrzehnten dahingeschrumpft. Aber die Dürre dauerte drei Jahre und forderte schreckliche Opfer des Hungers und Elends. Über die Mittel zu ihrer Behebung zerstritten sich die Nomaden. Wie früher, spalteten sich Norden und Süden: die Zwietracht zwischen den Stämmen des besser bewässerten Weidelandes des Altai-Amur-Gürtels und denen in den Trockengebieten an der Wüste Gobi brach erneut aus, erbitterter denn je, und entlud sich in immer wiederkehrenden mörderischen Stammeskriegen. Abermals unterstützten die Chinesen die Stämme, die ihren Grenzen am nächsten waren; ungeachtet des damit verbundenen Risikos erlaubten sie den südlichen Hiung-nu, sich auf dem Ordos, gleichsam als Wächter des Reiches niederzulassen.

Die Hiung-nu im Norden wurden nun von zwei Feinden bedroht. Vom Süden her drückten ihre eigenen Stammesgenossen, hinter denen die Chinesen standen, die ihre Bundesgenossen mit Material und Lebensmitteln unterstützten. Und bald zeichnete sich eine dritte Gefahr ab. Die neue Nomadenbewegung in der Mandschurei wurde lebhafter. Erst vereinzelte, dann immer mehr Reiter aus den Chingan-Bergen wagten sich in die nördliche Mongolei vor und verdrängten allmählich die in der langen Hungersnot geschwächten Hiung-nu dieser Region, von denen einige Scharen über die Altai-Kette hinweg sich in die Dsungarei und die Steppen um den Balkaschsee ergossen. Die Fremden aus dem Osten waren die Vorfahren der Mongolen; die Chinesen nannten sie Sien-pi. Der Name wurde in verschiedenen Sprachen verändert: Sien-pi, Si-pi, Sibir, Sibirien. Schließlich zwangen sie die nördlichen Hiung-nu ganz aus der Mongolei heraus, und diese folgten den Wegen, die vorher Tschirtsche gegangen war.

In Lojang konnte man angesichts dieser Entwicklung zufrieden sein. Es schien opportun, den Vormarsch der Sien-pi in die Mongolei zu unterstützen, wenn man dabei wachsam blieb, damit sie sich nicht südwärts gegen China wandten. Inzwischen versuchte man, das Tor nach Westen wieder zu öffnen. Im Jahr 73 n. Chr. war die Mündung des Tarim-Beckens wieder in chinesischer Hand; doch dahinter zog sich noch die Kette der Oasen-Staaten hin, die unter Wang Mang das chinesische Joch abgeschüttelt hatten. Man mußte einen nach dem andern wieder durch Verhandlung oder Eroberung zurückerlangen.

Die Wiedergewinnung des weiteren Westens war großenteils das Werk von Pan Ch'ao, eines Mannes, der Wagemut mit einem erfinderischen Verstand vereinte. Er kam aus der Intelligenz Chinas; seine Geschwister hatten sich als Gelehrte ausgezeichnet, und er selber hatte sich anfänglich auf eine wissenschaftliche Laufbahn vorbereitet. Aber er wurde zwangsläufig in das harte Leben der Grenzsoldaten gezogen; und als das Heer an der Schwelle des Tarim stand, war er einer seiner kühnsten Befehlshaber.

Vor ihm lag Lop Nor, das nächstgelegene der abfallenden Fürstentümer, und er versuchte, den Herrscher nach Möglichkeit mit friedlichen Mitteln zu bewegen, in den Schoß des Reiches zurückzukehren. Er wurde mit großem Respekt bewillkommnet; aber im Verlauf der Verhandlungen bemerkte Pan Ch'ao, daß sich ein anfängliches Entgegenkommen seitens des Fürsten allmählich in zögernde Zurückhaltung verwandelte. Schließlich bekam er heraus, daß ein Gesandter der Hiung-nu unerwartet eingetroffen war und mit einem starken Aufgebot an Begleitern vor der Stadt biwakierte. Pan Ch'ao hatte nur vierzig Mann mit sich, und er war nicht bevollmächtigt, zu den Waffen zu greifen. Doch am Abend, während ein heftiger Wind wehte, ließen sich die Chinesen vom Trunk befeuern. Einige waren mit Trommeln ausgerüstet, stahlen sich hinter das Lager der Hiung-nu; andere, mit Pfeil und Bogen bewaffnet, nahmen davor Aufstellung. Plötzlich übertönten lautes Geschrei und dröhnender Trommelwirbel das Heulen des Windes und täuschten den Überraschungsangriff einer feindlichen Macht vor. Pan Ch'ao selber lief gleichzeitig mit einer brennenden Fackel von Zelt zu Zelt und setzte die Filzbespannungen in Brand. Als die Hiung-nu hinausstürzten, beschossen die Chinesen sie mit einem Hagel von Pfeilen und griffen dann zu den Schwertern. Der Gesandte und dreißig Mann seiner Begleitung wurden auf der Stelle getötet; fast alle anderen kamen im Feuer um. Am nächsten Morgen zeigte Pan Ch'ao schweigend dem Fürsten den Kopf des Hiung-nu-Gesandten; und ohne Zögern erneuerte Lop Nor seine Lehnstreue.

Das war typisch für die Art und Weise, mit der Pan Ch'ao vorging. Er verließ sich auf seine Geistesgegenwart und seine Kenntnisse der politischen Verhältnisse, und oft nur von einer Handvoll Männer begleitet, zog er von Staat zu Staat des Tarim-Beckens und stellte die chinesische Oberhoheit wieder her. Überall waren vor ihm schon die Hiung-nu gewesen oder folgten ihm unmittelbar, warnten die Fürsten vor den Konsequenzen eines Abkommens mit China oder machten seine Verträge zunichte. Häufig mußte er seine Besuche wiederholen und neue Verhandlungen führen, da mehrere bereits gewonnene Staaten nach den Einflüsterungen der Hiung-nu wieder abtrünnig wurden. Je tiefer er in das Becken eindrang, desto karger wurde die Unterstützung aus der Heimat. Die Mandarine, von seinen Erfolgen bestürzt, stellten den Wert so umfangreichen unfruchtbaren Wüstenlandes in Frage; so daß Pan Ch'ao in seinen Berichten nach Lojang den Reichtum der Oasen, ihre fruchtbaren bewässerten Felder und Gärten hervorhob, hingegen die dazwischenliegenden Einöden bagatellisierte.

Schließlich blieb von allen größeren Stadtstaaten im Tarim-Becken nur noch Kara Shar widerspenstig. Pan Ch'ao zog Truppen aus den nächsten Garnisonen zusammen, marschierte vor die Stadt und verlangte den Fürsten zu sprechen. An seiner Stelle erschien der Befehlshaber der Kara Shar-Armee, und als Pan Ch'ao ihn näher ins Auge faßte, erkannte er die typischen Gesichtszüge eines Hiung-nu. Ihm einen solchen Mann als Verhandlungspartner zu schicken, war eine absichtliche Beleidigung. In seinem Ärger bestand Pan Ch'ao darauf, daß der Fürst mit seinem ganzen Hof an einem Gastmahl im Lager der Chinesen teilnahm. Als sie von dieser gebieterischen Einladung erfuhren, flüchtete ein Teil der Höflinge eilends in die Berge der Umgebung; die übrigen, darunter der Fürst, taten, wie ihnen geheißen. Während des Banketts hielt Pan Ch'ao dem Fürsten eine Strafpredigt und rügte diejenigen, welche geflohen waren. Als er seine Rede beendigt hatte, traten seine Soldaten ein, fesselten die Gäste und führten sie hinaus. An derselben Stelle, wo sie vor einigen Jahren einen hohen chinesischen Beamten hingerichtet hatten, wurde einem nach dem anderen der Kopf abgeschlagen. Die Chinesen plünderten die Stadt Kara Shar, und die Provinz kam unter die Oberhoheit des Reiches.

Während dieser Zeit schwoll das allmähliche Einsickern der Sien-pi in die Mongolei zu einer ungestümen Flut an. Bald sahen sich die nördlichen Hiung-nu von allen Seiten umringt. Die Eindringlinge fraßen sich beharrlich vom Osten her in ihre Domänen. Als die benachbarten Verbündeten und Vasallen der Hiung-nu merkten, daß ihre Besitztümer zusammenschrumpften, wandten sie sich gegen sie, um so viel wie möglich für sich herauszuholen. Auch die südlichen Hiung-nu griffen aus der Sicherheit ihrer Weiden an den chinesischen Grenzen ihre nördlichen Stammesgenossen an, denen erneute Dürre und Hungersnot die Kraft nahmen, sich zur Wehr zu setzen. 87 n. Chr. führten die Sien-pi einen Hauptschlag gegen das den Hiung-nu noch verbliebene Territorium. In einem gnadenlosen Kampf von Mann zu Mann bemächtigten sie sich des Schanju und zogen ihm die Haut ab, die sie in wildem Triumph durch ihr Lager trugen. Zwei Jahre später marschierte eine umfangreiche chinesische Expeditionsarmee nordwärts, um sich an dem Generalangriff gegen die Hiung-nu zu beteiligen, die in immer größeren Scharen über die Altai-Berge in die Sicherheit der dahinter liegenden Ebenen flüchteten. Ihr Reich im östlichen Herzland war zusammengebrochen.

Im Jahre 102 n. Chr., als die Aussichten für China überall günstig standen, trat Pan Ch'ao in den Ruhestand. Er hatte drei Kaisern gedient und war dreißig Jahre lang im Tarim-Becken gewesen ohne seine Heimat zu sehen. Mit Ehren überhäuft und dem Titel eines Generalprotektors der Westlichen Regionen kehrte er nach Lojang zurück. In den letzten Monaten seines Lebens belehrte der weise und gefürchtete alte Statthalter die jungen Offiziere, die seine Nachfolger werden sollten: »Die meisten unserer Kolonialbeamten«, sagte er, »sind Gauner, die an die Grenzen gegangen sind, weil ihnen der Boden zu Hause zu heiß wurde. Die Eingeborenen dagegen sind wie wilde Tiere – sie sind leicht in Schrecken zu versetzen, aber es ist schwer, ihr Vertrauen zu gewinnen. Und ihr müßt das Sprichwort bedenken, daß ein Mann, der seine Augen zu weit öffnet, keine Freunde hat.«

Bevor er sich zurückzog, unternahm Pan Ch'ao einen Versuch, der bezeichnend für seine politische Klugheit war, obwohl er scheiterte. Während seiner Statthalterschaft im Tarim-Becken hatte er wiederholt Gesandte mit den Kuschan in Indien und den Parthern im Iran ausgetauscht. 97 v. Chr. schickte er einen seiner Offiziere, Kan Ying mit Namen, zu einem erneuten Besuch nach Parthien und trug ihm auf, wenn es möglich sei, weiter nach Ta-tschin vorzudringen. »Ta-tschin« war das Römische Reich, das bisher noch kein Chinese betreten hatte. Aber die Parther machten Kan Ying Schwierigkeiten. Die Reise, so meinten sie, sei lang und überaus gefahrvoll, und sie sprachen es mit einer Entschiedenheit aus, die einem Verbot gleichkam.

Hinter der ablehnenden Haltung der Parther standen zwei Erwägungen. An ihrer Westgrenze war die Macht Roms, das jenseits des Euphrats Syrien fest in der Hand hatte, unerfreulich nahe. Und nun rückte ihnen von Osten ein mächtiges China auf den Leib. Eine militärisch nutzbare Verbindung zwischen den beiden Reichen über parthischen Boden hinweg mußte unter allen Umständen vermieden und jeder Kontaktversuch, der sie fördern könnte, im Keime erstickt werden. Von gleicher Bedeutung waren Parthiens Handelsinteressen. Seit Jahrhunderten mußten die Kaufleute aus dem Mittelmeer-Raum ihr Land kreuzen, wenn sie nach Indien wollten und sich weiter nach Innerasien vortasteten. Ein ungeheuer üppiger Handel ergoß sich in beiden Richtungen über das Partherreich. Das Übergewicht Chinas im südlichen Herzland jedoch würde eine große transasiatische Handelsroute ermöglichen, einen direkten Verkehr zwischen China und Rom in die Wege leiten und die Mittlerrolle der Parther lahmlegen.

Kan Ying ist nie nach Rom gekommen. Aber die Reaktion der Parther auf sein Vorhaben bewies die neue, ernstzunehmende Rolle, die China jetzt als asiatische Großmacht spielte.

Die große transasiatische Handelsroute war die sogenannte Seidenstraße. Gegen Ende des ersten nachchristlichen Jahrhunderts gelangte der Reichtum der Länder um den südlichen Rand des Herzlandes auf einen bisher noch nicht dagewesenen Höhepunkt. Sie wurden wohlhabender, volkreicher und mächtiger, besonders die beiden Imperien an den entgegengesetzten Enden Eurasiens. Chinas Drang nach Westen war ein Teil seiner Expansionspolitik, bedingt durch sein nationales Wachstum, das auf einer blühenden städtischen und handeltreibenden Bevölkerung von über fünfzig Millionen beruhte. Sie lebte unter einem Regierungsystem, in dem der traditionelle Absolutismus in der Praxis erheblich durch Gleichheitsprinzipien gemildert wurde. Und an dem anderen äußersten Ende der Landmasse lag Rom.

Das Römische Imperium hatte seinen größten Umfang nahezu erreicht. Zu den Ländern, die sich von Britannien zur Sahara und vom Atlantik bis zum Roten Meer erstreckten, fügte Trajan die Gebiete nördlich der Donau hinzu und stieß zum Kaukasus und zum Persischen Golf vor. Unter seinem Nachfolger Hadrian trat ein Wandel ein. Die afrikanische Armee beglückwünschend, nachdem er sie beim Manöver besichtigt hatte, zeigte er sich mehr über ihre Standhaftigkeit als über ihren Elan befriedigt: »Wenn ihr es an etwas hättet fehlen lassen, hätte ich euch darauf aufmerksam gemacht. Hättet ihr etwas besonders gut gemacht, dann hätte ich es hervorgehoben. Aber es war die Gleichmäßigkeit und Gelassenheit der Leistung, die meine Anerkennung fand.« Von nun an wurde auf Festigkeit des Heeres und die Konsolidierung des Reiches besonderer Nachdruck gelegt. Der Wall durch Britannien von der Nordsee zum Solway Firth, der Limes vom Rhein zur Donau entstanden; und die Aufgabe der dreißig Legionen, von einer gleichen Zahl von kolonialen Hilfstruppen unterstützt, war nicht mehr Eroberung, sondern der Schutz der sich über Tausende und Abertausende von Kilometern erstreckenden Grenzen.

Innerhalb dieses unermeßlichen Rahmens lagen einige der reichsten und in Handwerk und Handel rührigsten Länder der damaligen Zeit, unter ihnen Kleinasien, Ägypten und Gallien. Das Mittelmeer war der ideale Transportweg für die Handelsschiffahrt; und ein Netz von Straßen – allein in Britannien annähernd zehntausend Kilometer – besorgte, wenn es nicht für Truppenbewegungen gebraucht wurde, auf dem Lande die Heranschaffung und Verteilung von Verbrauchs- und Versorgungsgütern. Eine phantastische Prunksucht war in der Oberschicht von hedonistischen Kaisern wie Caligula und Nero angefacht worden. Aber Machtsucht und Besitzgier erfaßten auch die Mittelklassen, die befreiten Sklaven, die sich für die Jahre der Entbehrung schadlos hielten, und die Soldaten im Ruhestand, die sich in den Außenprovinzen, wo sie gedient hatten, ein behagliches Leben schufen. Obwohl es für Angehörige des gehobenen Offiziers- und des Senatorenstandes nicht als schicklich galt, sich mit Handel zu befassen, häuften viele von ihnen Reichtümer durch Kaufmannsgeschäfte an; und auf den großen Märkten unter dem Schutze der »gewaltigen Majestät der Pax Romana« konnte sich ein Schwarm von kleineren Unternehmern schnell ein Vermögen durch Import- und Exportgeschäfte erwerben.

In Rom wurden Artikel aus dem Orient der letzte Schrei. Um die wachsende Nachfrage zu befriedigen, traten die Händler mit den großen Herstellungsländern des Orients in Verbindung; mit Kuschan und mit China. Das Kuschan-Reich, das sowohl ganz Nordindien als auch Baktrien umfaßte, war eins der fortgeschrittensten Länder der Erde. Es hatte sich zu einem Sammelplatz von Waren, Ideen und Einflüssen aus Griechenland und Parthien, aus Ceylon und Südostasien entwickelt. Seine Herrscher, die früheren Yüeh-chih, hatten sich der kosmopolitischen Kultur, die sie erobert hatten, anbequemt und waren selber Anhänger des Buddhismus geworden, der die Gesellschaftsstruktur des Landes zusammenhielt. In dem Kuschan-Reich, das auf einem hohen humanitären und Bildungsniveau stand, blühten Handwerk und Gewerbe. Sein bester Kunde war Rom; und ein nicht abreißender Strom von Schiffen und Karawanen verließ seine Häfen und Marktstädte, beladen mit Perlen, Gewürzen, Farben und vor allem den Baumwollstoffen, derentwegen das Indus-Tal berühmt war.

In China war die Herstellung von Seide schon so alt, daß ihre Anfänge nicht mehr zurückverfolgt werden konnten. Die Legende berichtet, man habe schon im dritten Jahrtausend v. Chr. die Seidenraupe auf einem Maulbeerbaum beobachtet und sei darauf gekommen, aus dem Faden, mit dem sich das Tier einspinnt, Stoffe zu weben. Zuerst war das Tragen seidener Gewänder ein Vorrecht der regierenden Fürsten gewesen, dann hatte es sich über die Angehörigen des kaiserlichen Hauses, die Würdenträger, Edelleute und Generäle in der Allgemeinheit verbreitet. Mit Seide wurden besondere Dienste belohnt, Auslandsschulden beglichen und manchmal sogar Steuern bezahlt. Gebrauchsartikel wurden mit Seide verarbeitet: Pfeilbogen und Musikinstrumente, Angelgeräte, Gefäße, Becher und wärmendes Kleiderfutter. In den Zeiten der Han-Dynastie bildete die Seidenweberei, damals fast ausschließlich von zarten und geduldigen Frauenhänden ausgeübt, den Maßstab für das Wirtschaftsleben Chinas. Und für die gröberen Finger der Ausländer, wenn sie die zarten, durchsichtigen Gewebe streichelten, die die Kaufleute vor ihnen ausbreiteten – Seidenstoffe in allen Tönen des Regenbogens, in Kette und Schuß verschieden, mit Blumenblättern und Schmetterlingsflügeln verziert, Seidenbrokate, Seidendamaste und Seidenstickereien – war solche vielfältige und schillernde Schönheit, die aus einer anderen, makellosen Welt zu stammen schien, unwiderstehlich.

Die Eroberung Syriens ermöglichte die Einfuhr der Seide in das Römische Reich, denn nun beherrschte es die westliche Endstation des asiatischen Handelsweges. Wenige Jahre danach, bei ihrem unglückseligen Versuch, weiter nach Osten zu stoßen, mögen die Römer zum ersten Mal Seidenstoffe erblickt haben; denn auf dem Höhepunkt der Schlacht von Karrhä entfalteten die Parther im Augenblick ihres Sieges über die keuchenden Legionen plötzlich ihre großen seidenen Fahnen. In der Folgezeit wurde die Nachfrage nach dem neuen Luxusartikel so groß, daß im Jahr 14 n. Chr. der Senat von Rom, um soziale und wirtschaftliche Verwirrung zu verhüten, Männern das Tragen von Seide untersagte – sie blieb hinfort den Frauen vorbehalten.

Zuerst war die Seideneinfuhr ungeregelt und willkürlich. Die Handelswege und Zwischenstationen in Innerasien lagen noch fest in den Händen der Nomaden oder innerhalb ihres Einflußbereichs; und an eine Seeroute war noch nicht zu denken. Aber als sich die großen Erschütterungen des Herzlandes im zweiten und ersten Jahrhundert v. Chr. beruhigt hatten und die Chinesen das Tarim-Becken erneut besetzten, wurde ein organisierter, regelmäßiger transkontinentaler Verkehr möglich. Freilich war die starrköpfige Haltung der Parther ein schweres Hindernis. Unter den Randstaaten, die sich für einen Handel durch Asien interessierten, war Parthien der einzige, dem es an liberalem Geist mangelte. Nationalistisch, militärisch und – wie Kan Ying festgestellt hatte – stets mißtrauisch, saß das Partherreich zwischen ihnen, nahm, soviel es konnte, und gab so wenig wie möglich. Man bemühte sich, Parthien zu umgehen, aber man mußte seine Existenz hinnehmen, und der Schutz vor den Steppenhorden, den es sich zu seinem eigenem Vorteil angedeihen ließ, war auch den hin und her ziehenden Händlern willkommen.

Der Sammelpunkt für die auf der Seidenstraße nach Westen ziehenden Karawanen war Tschang An. Kaufleute oder ihre Agenten überwachten das Beladen der Tiere; Treiber und Packknechte wurden engagiert und umsichtige Sicherheitsmaßnahmen getroffen; denn obwohl man die großen Steppenvölker von der Straße vertrieben hatte, waren Überfälle kleinerer Nomadenbanden, wilder tibetanischer Stämme und berufsmäßiger Straßenräuber nicht selten. Die reicheren Kaufleute heuerten sogar ganze bewaffnete Schwadronen an, zu deren Kosten die kleineren Händler, die unter ihrem Schutz mitzogen, beitrugen. Sehr kostbare Gegenstände wie Edelsteine verbargen die Besitzer in ihren Kleidern oder nähten sie in Decken und die Tücher, mit denen die Ballen verpackt waren. Dann ordnete sich allmählich die lärmende Ansammlung zu einer Karawane von bis zu tausend Kamelen, Mauleseln, Pferden und Yaks, von mehreren hundert Mann, die auf den Tieren ritten oder nebenher schritten: ein schier endloser Zug, der sich aus der Stadt wand, das Ordos-Plateau und den Hoangho überquerte und sich langsam in den weiten Steppenozean des Herzlandes vorschob.

Die ersten sechshundert Kilometer ging es im Schutz der Großen Mauer, die sich rechter Hand hinzog, soweit das Auge sehen konnte. Ihre Bastionen waren mit Wachen besetzt, die nordwärts und in die Mongolei starrten. Die Händler kamen an Kiayukuan vorbei, der letzten großen Festung der Mauer, die mit ihren Türmen und Toren zwischen den Hügeln stand, und dann endete die gigantische Verteidigungsanlage, mit der China seinen schützenden Arm in das Schweigen der innersten asiatischen Einöden streckte. Nun gab es nur noch vereinzelte Wüstenforts und Außenposten mit kleinen Garnisonen, deren Soldaten einsame Wacht hielten und ihre langweiligen Freistunden vertrödelten. Die Karawane hielt festen Kurs auf Lop Nor, häufig gegen den scharfen Sandsturm ankämpfend, den ihnen der Westwind über die kiesigen und salzigen Ebenen in die Augen trieb; und oft mußten sich Mensch und Tier an die schmalen Streifen nackten roten Lehms zu beiden Seiten ihres Weges klammern.

In Lop Nor gabelte sich die Straße; und je nach den Umständen zog man an der Nord- oder der Südseite des Tarim-Beckens weiter. Die nördliche Route führte durch die Oasenstädte Kara Shar und Kucha, zu Füßen der Tienschan-Gebirgskette; die südliche durch Nija, Chotan und Yarkand. In Kaschgar, in der Nähe des bergumschlossenen Westendes des Tarim-Beckens, vereinigten sich die Routen wieder; und dort stand der Steinturm, der die Mitte des Weges von Tschang An zur syrischen Küste bezeichnete. Hier wurde die chinesische Begleitmannschaft gegen afghanische und iranische ausgetauscht, den Tieren eine längere Rast gewährt, und sie wurden für den Treck über die Gebirgsbarrieren, die sich nun vor ihnen auftürmte, neu ausgerüstet und zusammengestellt.

Der Übergang über den Pamir war ein hartes Abenteuer. Vom Tarim mühten sich die Karawanen hinauf, zuerst in die frische Luft der Bergwiesen, dann jedoch in die beißende Kälte der Paßhöhen. Mit stockendem Atem, klopfenden Pulsen, im leuchtenden Schnee blinzelnden Augen, Hände und Füße zum Schutz gegen Frostbeulen umwickelt, ging jedermann zu Fuß, um die unter ihren Lasten keuchenden Tiere zu schonen. Auf den schmalen Felsgesimsen konnten Treiber und Tiere den Halt verlieren und in den Abgrund stürzen. Mit Schmeicheleien mußten Kamele und Pferde dazu gebracht werden, gebrechliche Brücken oder zusammengebundene Baumstämme zu betreten, die über reißende Bäche führten, oder durch wirbelnde Untiefen gezogen und gestoßen werden. Über fast fünfhundert Kilometer zog sich diese

Quälerei hin, bis man krank und erschöpft, mit Einbußen an Mensch, Tier und Ware, vom Dach der Welt abwärts taumelte. Am Oberlauf des Oxus schien man in eine andere Welt gelangt zu sein: in das Kuschan-Reich und die große Karawanenstadt Balch, wo man die Händler aus Indien traf, die durch die verhältnismäßig bequeme Talschlucht des Khaiber-Passes hinaufgekommen waren.

Nach Merw zu berührten die Karawanen die Südränder der großen Ebenen zwischen dem Pamir und dem Kaspischen Meer. Es war eins der natürlichen Ausfalltore des Herzlandes, stets für überraschende nomadische Raubzüge geöffnet. Sie zogen an den großen Backstein-Befestigungen vorbei, wo Wachsoldaten der Kuschan den staubverdunkelten Horizont in Richtung des Aralsees beobachteten. Dann erstiegen sie das Hochland von Iran und sahen die Herrensitze der Gaufürsten mit ihren Waffenkammern und Pferdeställen und den Tausenden von leibeigenen Soldaten, die Parthiens Grenzen gegen die Steppe schützten. Über uralte Saumpfade zwischen dem braunen Massiv des Elburs und den rötlich schimmernden Wüsten des Iran, vorbei an dem schneeverwehten Gipfel des Demawend, ging es nach Hekatompylos und Ekbatana, den heutigen Shahrud und Hamadan, wo die Waren unter den aufmerksamen Augen eines monopolsüchtigen Staates umgeladen wurden. Dann wand die Straße sich wieder talwärts, vorbei an der auf einem Tafelberg hingelagerten Stadt Erbil hinein in die Hitze des Tigris-Tals und der syrischen Wüste. Manchmal reiste die Karawane nachts, der Kühle wegen, mit klingenden Glöckchen unter den schimmernden Sternen, eine lange Kette von knirschenden, grunzenden und wiehernden Tieren, die ihre Schatten auf den silbernen Sand warfen, nach Hieropolis und Euphrat, dem heutigen Menbij, wo sie endlich in den schattigen, geschäftigen Siedlungen des römischen Syriens anlangten. Die Tore von Tschang An, die sie vor einem Jahr oder mehr durchschritten hatten, waren sechstausend Kilometer hinter ihnen, und vor ihnen, hinter der Biegung des schimmernden Orontes und den steilen Dächern von Antiochia lag das Mittelmeer.

Es war eine unvorstellbar lange, ständig von Beschwerden und

Gefahren bedrohte Reise. Im Winter sperrten Lawinen die Gebirgspässe; im Frühling ließ die Schneeschmelze die Flüsse anschwellen und machte sie unpassierbar; und im Sommer waren die gewohnten Wasserstellen oft ausgetrocknet. In solchen unermeßlichen Gebieten blieben auch die politischen Verhältnisse selten stabil; örtliche Unruhen, das Eindringen feindlicher Herrscher, Berichte von ungewöhnlichen nomadischen Bewegungen – all dies waren zusätzliche Schwierigkeiten, mit denen die Führer der Karawanen fertigwerden mußten. Zu gewissen Zeiten und bei der Durchwanderung unbesiedelter Regionen, wurde tagsüber keine Rast gemacht; wenn Menschen verlorengingen oder Tiere stürzten, mußten sie unbarmherzig im Stich gelassen werden. Der Zoll an Menschenleben war hoch – die Straße war mit gebleichten Knochen wie mit Meilensteinen gezeichnet. Neben den Ballen chinesischer Seide und indischer Baumwolle bestand die Fracht aus Waren, die der hohen Reisekosten wegen auch hohe Gewinne versprachen: Pelze und Ambra, Farben und Delikatessen, Elfenbein und Indigo, Edelsteine und Kunstwerke, Olivenöl und Arzneien, Perlen und Wohlgerüche, Salz und Gewürze und Sklaven. Die Bilanz dieses Handels war aktiv für den Osten. Denn trotz all seiner Macht und seines Reichtums war das Römische Reich ein Agrarland geblieben. Es hatte an Waren wenig zu bieten, was die hochentwickelten Staaten der chinesischen Han-Dynastie oder des indischen Kuschan reizen konnte, so daß es alle Importe mit Gold bezahlen mußte. Während die Fülle des orientalischen Luxus nach Antiochia und Italien floß, versickerten die römischen Goldreserven allmählich, sorgfältig auf den Rükken der langsam dahinschreitenden Kamele verpackt, durch die sandigen Einöden und Schneewüsten Mittelasiens in den Fernen Osten. Die Seidenstraße war also, in der anderen Richtung betrachtet, auch eine Goldstraße.

Rückschlag nach Westen

Sie hieben, stachen, schlugen, stießen zu,
Bis daß der letzte Mann am Boden lag.
Die hingestreckten Leichen türmten sich zuhauf;
Auf Pfähle spießten sie die Köpfe der Erschlagenen,
Die Frauen aber luden sie auf Karren.

TSAI YEN, LIED DER VERZWEIFLUNG

DAS GROSSE VAKUUM, das zwischen Orient und Okzident das Herzland bildete, wurde zwar von Kaisern, Generälen und Kaufleuten allmählich verkleinert, doch nie ganz geschlossen.

Zu Beginn des zweiten Jahrhunderts n. Chr. zeigten sich abermals Risse im Gemäuer des Chinesischen Reiches. Wieder rührten sich im Tarim-Becken die nördlichen Hiung-nu, und die latente anti-chinesische Stimmung, von den Hiung-nu geschürt, wuchs sich zu Aufständen in den Oasenstädten aus, den für die Seidenstraße so wichtigen Stationen. In der Hauptstadt Lojang hatte der Wohlstand zu einem lässigen Pazifismus geführt, und die konfuzianische Beamtenschaft, die schon immer auf die Kosten einer abenteuerlichen Außenpolitik hingewiesen hatte, benutzte die überwiegende Selbstzufriedenheit der Bevölkerung, um erneut auf die Vorteile eines »Klein-Chinas« hinzuweisen. Pan Ch'ao war tot, und sein Sohn Pan Yung, ein Mann von ähnlichen Anlagen, hatte seine Nachfolge als Statthalter des Westens angetreten, um sich mit den aufsässigen Stadtstaaten auseinanderzusetzen. Er befürwortete strenge Maßnahmen und warnte eindringlich vor den Folgen einer schlaffen Haltung in den westlichen Besitzungen. Er sagte der Regierung, ein Rückzug aus dem Tarim-Becken liefe darauf hinaus, es den Hiung-nu zu überlassen. »Der Tag wird kommen«, bemerkte er, »wo die Barbaren wiederum unsere Grenzen mißachten und die Tore unserer Städte bei hellem Tageslicht geschlossen werden müssen.« Noch war Pan Yung imstande, die Stellung im chinesischen Westen zu halten. Aber seine Prophezeiung war eine Untertreibung, gemessen an dem verheerenden Niedergang, in den China geraten sollte.

Nach ihren großen Vorgängern waren die Han-Kaiser dieser Perioden von dürftigem Format. Lethargisch und vom Überfluß verweichlicht, ließen sie die Zügel der Macht schleifen. Die Regierungsgeschäfte gingen mehr und mehr in die Hände intrigierender Hofeunuchen über, geldgieriger Kurtisanen und eines Schwarms von Schmarotzern; und diese gerieten in Widerstreit mit den konservativen Berufsbeamten, die sich bemühten, die Grundlagen des Regimes zu erhalten. Doch da es an einer sachkundigen Zentralgewalt mangelte, stiegen die Ausgaben ins Maßlose, teilweise um die sich ständig vermehrende Zahl von sogenannten »Dienstleistungen« zu finanzieren, teilweise, um die Subventionspolitik des Hofes zu stützen. Die Steuerlasten wurden drückender, Günstlingswirtschaft griff um sich, und die Verwaltung wurde nachlässig und willkürlich. Innerhalb weniger Jahrzehnte versank der natürliche Unternehmergeist und Gewerbefleiß des Volkes in einem Sumpf unfähiger und korrupter staatlicher Eingriffe. Eine erstarkende Opposition, von einer taoistischen Sekte geleitet, richtete sich besonders gegen die degenerierten Ausschreitungen des Hofes, und 184 n. Chr. brach eine Revolution aus. Doch die Generäle hinter den rivalisierenden Thronprätendanten machten die Hoffnungen der Aufständischen zuschanden; die Ansätze von Gesetz und Ordnung wurden verspielt, und abermals fiel das Land dem Chaos anheim.

Wie immer zog die Steppe aus dem Unglück Chinas Vorteil. In dem riesigen Amphitheater des östlichen Herzlandes waren zwei große Bewegungen im Gange, beide von Einfluß auf die Welt der Küstenregionen. Die Sien-pi setzten ihren westlichen Vormarsch durch die Mongolei fort. Das Becken der Selenga mit ihren Nebenflüssen, mit waldigen Hügeln und fruchtbaren Weiden, war in ihren Händen. Der Rückzug der nördlichen Hiungnu vor ihnen war zu einer Massenevakuation geworden; sie verstopften mit ihren Herden und Wagen das Tor der Dsungarei und die Pässe der Altai, als sie ihre heimischen Weiden aufgaben, um dem rücksichtslosen Druck der Sien-pi zu weichen.

Einige Stämme wanderten nach Süden und versuchten, im Tarim-Becken ansässig zu werden: daher die Tumulte, die Pan Yungs Warnungen veranlaßt hatten. Aber der Hauptstamm behielt die nördlichere Route nach Mittelsibirien bei, dem Balkaschsee zu und den Weideländern, die sich westlich anschlossen. Die Sien-pi ließen ihnen keine Ruhe. In der Mitte des zweiten Jahrhunderts n. Chr. hatten sie sich die ganze Mongolei zu eigen gemacht, und ihre Stoßtrupps hefteten sich im Altai-Gebirge dicht an die Fersen derer, die sie verdrängten. Auch andere Stämme hatten nicht mehr die Kraft, sie aufzuhalten, denn der Zusammenbruch der Hiung-nu-Föderation hatte die Nomaden über das ganze Herzland verstreut. Und darüber hinaus begannen nun einzelne Banden der Sien-pi mit Erkundungszügen an die chinesische Grenze.

Gleichzeitig fand unabhängig davon südlich der Wüste Gobi, in entgegengesetzter Richtung, eine zweite nomadische Bewegung statt.

Ungefähr ein Jahrhundert zuvor hatte China während der Sezessionskriege zwischen den Hiung-nu das Südvolk unterstützt und es anschließend auf dem Ordos-Plateau siedeln lassen, damit es die Grenzen des Reiches gegen seine nördlichen Stammesgenossen schützte. Es hatte diese Aufgabe ehrlich erfüllt, seinen großen Bundesgenossen wenig Schwierigkeiten gemacht und zur Niederlage der Nord-Hiung-nu beigetragen, wann immer sich Gelegenheit dazu bot. Nun jedoch war es eine zu große Zumutung an die Steppeninstinkte der Süd-Hiung-nu, dem Schauspiel des chinesischen Kräfteverfalls tatenlos zuzusehen. Sie begannen die Grenzländer des Reiches zu plündern, und da sie auf so gut wie keinen Widerstand stießen, gingen sie von Raubzügen zu Landeroberungen über. Im Osten des Ordos-Plateaus liegt das große Rechteck, das die heutige Provinz Schansi bildet. Von den ihnen legitim zugesprochenen Weiden im Ordos aus überquerten sie den Hoangho und nahmen das Territorium in Besitz. Dieser Vorstoß nach Osten vergrößerte ihr Land um mehr als das Doppelte, und China hatte nun ein zunehmend aggressives Nomadenvolk innerhalb der Großen Mauer und in bestürzender Nähe seiner Hauptstadt.

Wie die Süd-Hiung-nu kalkuliert hatten, konnte China gegen ihren kühnen und überraschenden Überfall nur wenig tun. Die Kriegsherren und ihre Strohmänner waren zu sehr mit ihren eigenen Intrigen beschäftigt, um von der tödlichen Gefahr, die ganz Nordchina drohte, rechtzeitig Kenntnis zu nehmen, General Ts'ao Ts'ao, der auch politische Fähigkeiten besaß, bemühte sich, das Gebiet um den Hoangho zurückzugewinnen, und wollte seine Herrschaft über das ganze Reich ausdehnen. Aber dies wurde durch die Entstehung von zwei weiteren halbmilitärischen Diktaturen zunichte gemacht: eine in den an Tibet grenzenden Binnendistrikten, die andere in der noch unterbevölkerten Region um den Unterlauf des Jangtsekiang. Im Jahr 220 n. Chr., als Ts'ao Ts'ao starb, brach die Han-Dynastie zusammen; und in den nächsten sechzig Jahren war China in drei Reiche gespalten, das nördliche, das westliche und das südliche. Das empfindliche Geflecht von handwerklicher Tätigkeit, Gewerbe und Handel, das auf eine intakte und vernünftige Verwaltung angewiesen war, löste sich auf.

Außerhalb wogten die nomadischen Wellen ungehemmt über die Steppen und machten die Landwege nach Asien hinein unpassierbar. Der schrumpfende chinesische Warenverkehr wandte sich den Seerouten zu, die für mehrere Jahrhunderte die wichtigsten Verkehrsadern wurden. In den Machtkämpfen und den tiefen Erschütterungen, die sie mit sich brachten, wurde das Land durch Bürgerkriege, Krankheiten und Hungersnöte ausgehöhlt. Die Einwohnerzahl sank von fünfzig auf dreißig Millionen. Schließlich erlangte der Norden das Übergewicht, und 280 n. Chr. schien so etwas wie eine Einheit wiederhergestellt: eine neue Dynastie kam zur Macht unter einem gewissen Ssu-ma Yen, dessen Vater Haushofmeister bei Ts'ao Ts'ao gewesen war. Aber das neue Regime erwies sich als womöglich noch schlechter als das, welches zur Revolution von 184 geführt hatte. Die Monarchie mußte die Gewalt sehr bald an einen Haufen noch raubgierigerer Untergebener abtreten; und während der Palast ein schon verarmtes Volk weiter aussaugte, brachten die aufeinanderfolgenden jeweiligen Throninhaber sich um den Schatten einer Macht willen gegenseitig um. Doch jetzt erfolgte keine Revolution aus dem Innern, sondern eine Invasion aus Schansi.

Nachdem Schansi in ihre Hände gefallen war, hatten die südlichen Hiung-nu auf ihre Gelegenheit gewartet. Ihre Ländereien litten abermals unter Trockenheit, und dies vermehrte ihren Appetit auf die Fleischtöpfe des städtischen Chinas. Sie beobachteten genau seine zunehmende innere Schwäche; doch während der Periode der drei Reiche war die Militärherrschaft von Ts'ao Ts'ao, der die Hilfsquellen des Hoangho-Beckens unter fester Kontrolle hatte, noch zu stark für einen Angriff. Aber als China unter dem Hause Ssu-ma weiter verfiel, schien ihnen die Zeit gekommen, sich an das verlockende Ziel heranzumachen, und ihr erster Schritt war nicht ohne politische Geschicklichkeit.

Im zweiten Jahrhundert v. Chr. hatte Kao-tsu, der erste Han-Kaiser, dem damaligen Schanju der Hiung-nu, Mao-tun, eine Prinzessin angeboten in der Hoffnung, daß eine Heirat zwischen den beiden Herrscherfamilien den Einfluß Chinas über seine gefährlichen nomadischen Nachbarn stärken würde. Zwar war diese Rechnung nicht aufgegangen; doch es war ein Präzedenzfall geschaffen worden, und die Hergabe von Han-Prinzessinnen an Hiung-nu-Häuptlinge hatte sich zu einer ständigen Sitte entwickelt, wann immer es ratsam schien, sich von den Raubzügen des Steppenvolkes durch eine besonders attraktive Form der Tributzahlung loszukaufen. In der zeitgenössischen chinesischen Dichtung gibt es viele Anspielungen auf diesen Zug tränenüberströmter königlicher Mädchen, die in rohen Nomadenkarren durchgerüttelt und von fremden Reitern eskortiert wurden, wenn sie eines nach dem anderen in die Weite der Steppe verschwanden:

Voll in ihrem Gesicht, der Wüstensand; voll in ihrem Haar der Wind; ihre geschminkten Brauen haben ihr Schwarz verloren, das Rot schmolz von ihren Wangen[1].

Jetzt versuchte der Herrscher der südlichen Hiung-nu, diese alte Gewohnheit zu seinem Vorteil zu nutzen. Die früheren Schanjus waren seine Vorfahren; darum, so folgerte er, war er durch die vielen Heiraten mit chinesischen Prinzessinnen auch

[1] Po Chu-I

ein Nachfolger der Han in der weiblichen Linie. Und da das derzeitige Durcheinander die Han weggeschwemmt hatte, war er der rechtmäßige Erbe des kaiserlichen Thrones. Er legte sich den Namen Liu Yuan zu – Liu war ein Familienname der Han – und erhob 308 n. Chr. von seinem Hauptquartier in Schansi aus seine Ansprüche. Wenn auch seine Logik nicht unbedingt schlüssig war, so erschien in den chaotischen Verhältnissen der damaligen Zeit seine Forderung nicht ganz so unverschämt, wie sie zunächst klingen mochte. Durch ihre vielen Kontakte mit China als Grenzwächter des Reiches hatten die Häuptlinge der Süd-Hiung-nu viel vom chinesischen Wesen angenommen; und Liu Yuan machte keine Ausnahme. Als junger Mann hatte er einige Jahre in China verbracht und kannte seine Geschichte und Verwaltungsstruktur. Jetzt stützte er sich auf diese Erfahrungen und verkündete die Geburt eines neuen Staates in Nordchina, in dem unter seiner Führung Hiung-nu und Chinesen gleichberechtigt sein würden; und um die Ernsthaftigkeit seiner Absichten zu beweisen, ging er dazu über, seine nomadische Umgebung durch eine Hierarchie von Ministern und Regierungsbeamten zu ersetzen. Zugleich jedoch, seinem Steppencharakter treu bleibend, mobilisierte er aus den Horden der Hiung-nu ein Heer von fünfzigtausend berittenen Bogenschützen, um damit den Chinesen Respekt für seine neue Ordnung beizubringen. Li Yuans Machtergreifung kam jedoch nicht zur vollen Reife, denn er starb, kurz nachdem er sie verkündet hatte.

Sein Sohn Liu Ts-ung bevorzugte eine direktere Methode. Auch er war als Jüngling in China gewesen und hatte die Klassiker studiert, aber der rohe Nomade, der er zuinnerst geblieben war, hatte keine Geduld mit seines Vaters ausgeklügelten politischen Schachzügen. Außerdem standen ihm zwei fürchtenswerte Gefolgsmänner zur Seite. Liu Yao, ein Angehöriger des herrschenden Clans, war ein Albino mit der Stärke eines Riesen; man erzählte von ihm, er könne einen hundertpfündigen Bogen spannen und einen Pfeil durch eine zollstarke Metallplatte schießen. Shih Lo, ihm an physischer Kraft unterlegen, war nichtsdestoweniger von gleicher nomadischer Wildheit. Man hatte ihn als Kind entführt und in die Sklaverei nach China verkauft;

als er heranwuchs, gelang es ihm, einige Pferde aus dem kaiserlichen Gestüt, die in der Nähe seiner Arbeitsstelle weideten, zu entwenden und damit eine Räuberbande zu gründen. Diese beiden Barbaren, inzwischen zu Oberbefehlshabern von Liu Ts'ungs Armee aufgerückt, waren begierig, auf Lojang losgelassen zu werden. Bald bewegten sich ihre Truppen südwärts auf die Hauptstadt zu, plünderten das Land ringsum und schnitten die Versorgungslinien ab.

Zu jener Zeit war Lojang trotz der unruhigen Dekaden, die es hinter sich hatte, noch immer eine der prächtigsten Städte der Welt. Es war Sitz des kaiserlichen Hofes, der Reichsregierung und der Provinzverwaltungen. In der Nähe befanden sich die Gräber der Kaiser und die am höchsten verehrten Heiligtümer. Wie eine Batterie von Heliographen warfen die Perlmutterblenden die gebündelten Sonnenstrahlen über einen großen viereckigen Platz vor dessen Toren und dann eine breite, im Schatten von Bäumen liegende Avenue entlang. Durch die Mitte der Stadt führte ein breiter Boulevard, der aus drei Fahrbahnen bestand; in den beiden äußeren verlief der Verkehr in jeweils einer Richtung, und die mittlere Straße war dem Kaiser und hohen Staatsbeamten vorbehalten. Auf drei Marktplätzen wimmelten über eine halbe Million Menschen, um zu kaufen und zu verkaufen. Ein gut Teil von Chinas Vergangenheit und Gegenwart waren in diesem stattlichen und gärenden Komplex einige Kilometer südlich des Hoangho zusammengedrängt.

Im Frühjahr 311 wurden die Lebensmittel in Lojang knapp. Die nomadische Reiterei besetzte die Gärten um die Stadt, von der aus die Märkte beschickt wurden. Dann kamen noch bestürzendere Nachrichten. Das chinesische Heer, herangeeilt, um Liu T'sungs Truppen den Weg zu versperren, war von Shih Lo aufgerieben, und der Erste Minister des Kaisers, unter dessen Oberbefehl es gestanden, gefangengenommen worden. Der siegreiche Steppengeneral ließ den hochgestellten Staatsmann nicht auf die übliche Art enthaupten, sondern ermordete ihn dadurch, daß er das Haus, in dem er untergebracht war, in Brand steckte. Es wurde offenbar, daß der Kontakt mit der chinesischen Zivilisation die Natur der Hiung-nu nicht verändert hatte, sobald ihre Lust an

Mord und Plünderung neu entfacht war. In der Stadt brach eine wilde Panik aus; es waren keine Fahrzeuge mehr aufzutreiben, und die Bewohner gruben in aller Hast Löcher, um Wertsachen und Familienerbstücke zu verstecken. Aber alles nützte nichts. Aus dem Nordosten rückten vier Reiterarmeen an, von dem hellhaarigen, rotäugigen Liu Yao befehligt. Die südlichen und östlichen Tore waren schnell bezwungen. Das Geklapper von Pferdehufen und das Geschrei der Reiter durchtönten die Stadt; Bogen wurden gespannt, Pfeile abgeschossen, und bald gingen die ersten Häuser in Flammen auf. Zwei Wochen lang mußten sich die Eindringlinge ihren Weg durch erbitterten Widerstand erkämpfen, ehe sie den Palast erreichten und das Gemetzel auf einen grauenhaften Höhepunkt trieben. Des Kaisers Leibwache wurde in einem Blutbad hingeschlachtet, der Erbe des Thrones niedergeschlagen. Die Konkubinen des Hofes wurden geschändet, wo immer man ihrer habhaft wurde, und der Kaiserin selber erging es nicht besser in den Händen Liu Yaos. Der Kaiser wurde auf einem Fluchtversuch ergriffen und Liu Ts'ung übergeben, der ihn erst zu seinem Diener machte und ihn dann in einem plötzlichen Wutanfall erschlug. Als der schwelende Trümmerhaufen, der einst der Palast gewesen, auskühlte, waren dreißigtausend Chinesen tot. Die Stadt wurde Haus für Haus geplündert, Gräber und Tempel aller Kostbarkeiten beraubt, die man wegschleppen konnte. Den Schlußstrich zog Liu Yao; denn die neuen Herren stritten sich, wo ihre neue Hauptstadt sein sollte. Einige beharrten auf Lojang, einige meinten, es sei für Gegenangriffe aus anderen Teilen Chinas zu günstig gelegen. Der Albino-General beendete den Disput dadurch, daß er zerstören und verbrennen ließ, was von der Stadt übriggeblieben war.

Die Vernichtung Lojangs war erst der Anfang von Chinas Todeskampf. In dem dreihundert Kilometer entfernten Tschang An, der früheren Hauptstadt und Ausgangsstation der Seidenstraße, hatte sich ein neuer Kaiser aus dem Hause Ssu-ma niedergelassen. Eine Zeitlang konnte sich Tschang An gegen die Reiterei der Hiung-nu verteidigen, die in der Belagerung einer Stadt unerfahren waren. Doch schließlich hungerten sie es aus, indem sie Tag und Nacht die Mauern umritten – so wie die Sarmaten sechs Jahrhunderte früher die Phalanx Alexanders umkreist hatten. Und als ihnen Einnahme und Zerstörung der Stadt gelungen war, mußte ein zweiter chinesischer Kaiser Sklavendienste verrichten, diesmal als Küchenjunge, bevor er der Wut der Hiung-nu endgültig zum Opfer fiel. Liu Ts'ung regierte bis 318 und widmete einen großen Teil seiner Zeit der Befriedigung seiner maßlosen sexuellen Gelüste. Sein womöglich noch liederlicherer Sohn wurde sofort ermordet, als er seinem Vater nachfolgte; und dann kamen die grausamen Generäle Liu Yao, Shih Lo und ihresgleichen und tranken und fochten und töteten in den Ruinen, die ihre Soldaten gelassen hatten. Man berichtet von einem Neffen Shih Los, daß er sich gern aus den chinesischen Klassikern vorlesen, aber auch bei Festlichkeiten zu Ehren seiner Gäste eine Konkubine schlachten und braten ließ, damit sie sich daran ergötzten.

Inzwischen verfiel ganz Nordchina der völligen Verwilderung. In ihrem Kampf ums Dasein griffen die Überlebenden der geplünderten Städte zu jeder Art von Verbrechen und Korruption. Die Ackerbauern verschwanden von den fruchtbaren Feldern der Flußtäler; und die Hiung-nu, ohne Interesse an der Bodenwirtschaft, ließen sie versteppen, um ihre Herden darauf zu weiden. Wilde Tiere trieben sich umher, wo vorher die Bauern gesät und geerntet hatten; Wölfe überfielen die Dorfbewohner, und als man einen Nomadenherrscher um Schutz anflehte, meinte er zynisch, die armen verhungerten Tiere würden schon von selber aufhören, sobald sie sich sattgefressen hätten. Andere Stämme von jenseits der Grenzen, denen China und seine Kultur fremd waren, drangen herein und machten sich mit ihren Herden auf den verlassenen Ländereien ansässig. Es waren in erster Linie die Sien-pi vom Norden, die sich ihren Anteil an den traurigen Resten nicht entgehen lassen wollten. Die Hiung-nu setzten sich gegen sie zur Wehr, um ihre Errungenschaften zu verteidigen; und die einst so reichen Provinzen, schon verarmt und ausgeplündert, wurden erneut zum Kriegsschauplatz, diesmal zwischen den beiden mächtigsten Völkern der östlichen Steppe.

Zerbrochen von den wiederholten Wellenstürmen der mörderischen Nomaden, zogen sich die Chinesen aus der rauhen Wirklichkeit in die Welt des Geistes zurück. Viele suchten Trost in den Religionen der Versenkung und Weltverneinung: im Taoismus mit seiner Gleichgültigkeit dem Alltagsleben gegenüber und im Buddhismus, der in der Glanzzeit der Seidenstraße von Mönchen aus Indien eingeführt worden war, mit seiner Lehre der Auslöschung der vergänglichen Persönlichkeit und einer einsiedlerischen Entrücktheit. Aber die Notzeit brachte auch eine konkretere Form der Flucht mit sich, die für die Weiterentwicklung der chinesischen Nation bedeutungsvoll werden sollte. Als der Terror im Norden wütete, ergoß sich, mit den Resten ihrer Habe, ein Strom von Auswanderern in den Süden, in die Kolonien jenseits des Jangtsekiang, die von expansionistischen Kaisern wie Shih huang-ti und seinen Nachfolgern angelegt worden waren. Die ungeheuren Gebiete, bisher nur bewohnt von »friedlichen Barbaren«, mit verstreuten chinesischen Siedlungen dazwischen, wurden nun chinesisch und sollten es für die Zukunft bleiben. Und hier, nicht weit von der Mündung des Jangtsekiang, des »Langen Flusses«, der tief ins Innere des Landes hinein und fast bis nach Tibet schiffbar war, wurde im Jahr 318 mit Nanking eine neue unabhängige Hauptstadt gegründet.

So kam es, daß die nomadischen Räubervölker aus der Steppe, die den alten Norden eroberten und die Ufergebiete des stets unruhigen Hoangho verwüsteten, zur Entstehung eines echten chinesischen Küstenstaates beitrugen. China hat den Norden nie aufgegeben; aber nun begann es, sich auch dem Meer zuzuwenden, in den Küstengewässern Handel mit anderen Ländern der asiatischen Peripherie zu treiben und schließlich zahlreiche von ihnen nicht nur mit Waren, sondern auch mit ihren tüchtigen und fleißigen Handwerkern und Händlern zu beliefern. In dieser Hinsicht trugen die Hiung-nu, die Sien-pi und andere Nomadenvölker, die ihnen folgten, zur Entstehung des eigentlichen China bei. Doch in anderer Beziehung waren sie sein Verderben. Denn als die Kultur des südchinesischen Küstenreiches Eindringlinge von der See anlockte, waren sie auf derartige Invasionen nicht eingerichtet. Ihr Denken war jahrhundertelang auf den Kampf mit den Reiterbarbaren aus der Steppe gerichtet gewesen, so daß sie die seefahrenden »roten Barbaren« aus Europa und die so ganz anders geartete Macht hinter ihren Schiffen falsch einschätzten.

Für die Millionen, die in der Gegend des Hoangho geblieben waren, hörten die Leiden noch fast hundert Jahre nach dem Fall von Lojang nicht auf. Dann endlich setzte sich in den Fehden der Nomaden, die um die chinesischen Nordprovinzen stritten, ein Stamm durch, aus dessen führendem Clan einer Herrscherlinie hervorging, die T'opa, die ihre Rivalen vertrieben, die Grenzbefestigungen ausbesserten und mit der Wiederherstellung der Ordnung begannen. Als fähige Männer gelang ihnen der Ausgleich zwischen Weideland und Ackerland, womit sie den schwer geschlagenen Chinesen ein Existenzminimum ermöglichten und einen allmählichen Prozeß der Vermischung von Eroberern und Unterdrückten in die Wege leiteten. Der erste T'opa-Herrscher schlug sein Hauptquartier im Jahr 398 in der Nähe der Großen Mauer auf. Nicht ganz zwei Jahrhunderte später wurden Norden und Süden, das alte und das neue China, unter einer einheimischen Dynastie vereinigt.

Einige Jahrzehnte nach dem Fall von Lojang begann sich ein bisher unbedeutendes Nomadenvolk, Abkömmlinge der Hiung-nu, in die Region der Wüste Gobi auszudehnen. Bei den Chinesen, die mit dem Wiederaufbau ihrer Ruinen beschäftigt waren, wurde ihre Wanderung kaum bemerkt; aber die T'opa kannten sie und betrachteten sie als gefährlich und abstoßend. Sie nannten sie Juan-juan, die »sich Windenden«. Sobald man sie aufscheuchte, glitten sie davon wie Schlangen, um plötzlich anderswo wieder aufzutauchen. Und sie waren ungewöhnlich primitiv: sie konnten kaum zählen, geschweige denn lesen. Dies waren die Awaren; und ihr meteorischer Aufstieg sollte weitreichende Folgen haben, zuerst für ihre Stammesgenossen im östlichen Herzland, und dann, durch eine Kettenreaktion über die Steppe, auf die eurasische Küstenwelt.

Seit dem zweiten Jahrhundert v. Chr. hatten sich zu verschiedenen Zeiten Hiung-nu-Stämme westwärts bewegt, manchmal freiwillig, öfter gezwungenermaßen, Klimaveränderungen, innere Kämpfe, Druck von chinesischer Seite oder von anderen Nomadenvölkern hatten dabei eine Rolle gespielt. Als diese Hiung-nu-Gruppen, meist aus dem Norden der Mongolei kommend, allmählich hinter das Altai-Gebirge gelangten, hörten die zuverlässigen Berichte über sie auf; sie verschwanden buchstäblich im Innern des Herzlandes. Aber es ist wahrscheinlich, daß das Auftauchen der Awaren um 350 noch mehr Hiung-nu in den Westen trieb und daß diese, die Nachhut der vorangegangenen Wanderzüge bedrängend, den endgültigen, entscheidenden Stoß auf ihre bereits in Mittelsibirien ansässigen verwandten Stämme ausübten.

Über das westliche Herzland und darüber hinaus nach Europa hinein waren vor dem Ausbruch der Awaren zwei große Wanderungswellen gebrandet. In den südrussischen Steppen hatten die aggressiveren und besser berittenen Sarmaten die Skythen auseinandergesprengt, sich nach Europa aufgemacht, von dem Land nördlich der Donau Besitz ergriffen und sich mit ihren Herden in den weiten Grasebenen Ungarns niedergelassen. Und in Nordeuropa waren die gewaltigen Massen der germanischen Völker in Bewegung geraten und an die Grenzen des Römischen Reiches gestoßen. Zuerst konnten ihnen die römischen Verteidigungsanlagen standhalten, so daß große Teile dieser Völkerwanderung nach Osten abgelenkt wurden. Die Gepiden, die Sueben und die Wandalen strömten nach Ungarn und machten den Sarmaten den Besitz des Landes streitig; die Goten zogen weiter, ergossen sich über Südrußland und breiteten sich in den Gebieten aus, in die früher, aus der entgegengesetzten Richtung, die Sarmaten gekommen waren. Der Kontakt mit den Sarmaten hatte zur Folge, daß die Goten, ein ursprünglich ackerbautreibendes Volk, gewisse Aspekte des Nomadenlebens übernahmen. In den Weidegebieten der Ukraine, in denen sie ihre Dörfer bauten, wandten sie sich der Pferdezucht zu und wurden sowohl Bauern als auch Reiter.

Hinter seinen Grenzwällen, die Hadrian im zweiten nachchristlichen Jahrhundert angelegt hatte, war Rom durch eine Periode des inneren Unfriedens gegangen, nicht unähnlich derjenigen, die zur Aufsplitterung Chinas in drei Reiche führte. Die relative Freiheit des frühen Imperiums hatte sich zu einer Diktatur verhärtet, die wiederum blutige Bürgerkriege herausforderte. Schließlich war in den ersten Dekaden des dritten Jahrhunderts durch die von Septimius Severus und Caracalla auferlegte Staatswirtschaft das Leben sicherer und für viele angenehmer geworden. Aber unter dieser Schicht der Prosperität im Mittelmeerraum gab es ernsthafte latente Spannungen. Infolge des komfortablen Lebens sank die Geburtenziffer, und ausbrechende Epidemien trieben den Verfall zu einem existenzgefährdenden Tiefpunkt. Die Nachfrage nach Luxusartikeln beanspruchte die Goldreserven über Gebühr, und dies rief wiederholt finanzielle Krisen hervor. Der Lebensstandard der reicheren Provinzen erhöhte sich auf Kosten der Zentralgewalt; Lokalinteressen verwässerten die Idee des Imperiums. Man hatte sich zu lange auf die Sklavenarbeit verlassen und dadurch den eigenen Willen und die eigene Tatkraft geschwächt. Dann begannen außenpolitische Ereignisse das morsche römische Staatsgebäude zu erschüttern. Im Jahr 227 wurde die Herrschaft der Parther in Persien von den dort heimischen Sassaniden gestürzt, und die neue Monarchie gebärdete sich äußert nationalistisch. Es hatte in der Vergangenheit immer wieder Kriege zwischen Rom und den Parthern gegeben; jetzt als die Sassaniden mit neuer Kraft Rom den Platz in Westasien streitig machten, flammte der alte Kampf heftiger auf als zuvor. Und die Notwendigkeit, Truppen in den Osten zu werfen, schwächte die römische Verteidigungskraft an Rhein und Donau, und gerade zu der Zeit, als die Germanen mit wachsender Gewalt dagegen anrollten.

Diese Situation war es, in der das Imperium unter seinen Spannungen zusammenbrach. Rom hatte nicht mehr die Kraft, an zwei Fronten zugleich zu kämpfen. Wo es möglich war, verglich man sich mit den barbarischen Stämmen, gestand ihnen Subsidien zu und erlaubte ihnen, in den Grenzregionen zu siedeln. Aber so wie die Politik zentrifugale Tendenzen zeigte, so verschob sich auch die militärische Gewalt von der Hauptstadt an die Peripherie. Viele Offiziere und Soldaten, in den Ländern rekrutiert, wo sie Dienst taten, verleugneten in ihrer Gesinnung nicht ihre koloniale Herkunft; und namentlich in den nördlichen Provinzen war es ihre Heimat, die sie gegen raubgierige, unzivilisierte Eindringlinge verteidigten. Im Jahr 235 brach der Groll gegen die Kompromißpolitik, mit der Alexander Severus die Barbaren behandelte, in eine offene Revolte aus, bei der er von den Soldaten ermordet wurde. Das war der Beginn einer Pöbelherrschaft durch die Soldateska. Kaiser wurden nach dem Belieben der Armee gewählt und wieder beseitigt – oft in blutigen Lageraufständen –, sobald sie sich nicht mehr den Wünschen der Truppen fügten. In dreiunddreißig Jahren erhoben sich dreiundzwanzig Militärdiktatoren unter dem Jubel des Heeres und wurden unter seinem Hohngelächter wieder gestürzt oder erschlagen. Die energischeren Kaiser versuchten in ihrer kurzen Regierungszeit einen zusammenhängenden Verteidigungsplan auszuarbeiten und verlegten ihre Residenzen aus Italien nach dem Balkan, um dem Druck der Germanen gegen die römischen Grenzen besser Widerstand leisten zu können. Im Hinterland saugte der Staat aus der Bevölkerung alles heraus, was die Truppe kampffähig erhalten konnte: die Steuern wurden erhöht, das Kapital schrumpfte, der Lebensstandard sank und das zivile Leben siechte dahin.

Gegen das Ende dieses anarchischen Jahrhunderts war dem Römischen Reich infolge der Streitigkeiten unter den vor seinen Grenzen sich häufenden fremden Stämmen eine vorübergehende Ruhepause gegönnt, die eine Reihe von tatkräftigeren Kaisern zu nutzen wußte. Aurelian stellte die Sicherheit der Rhein- und Donaulinien wieder her. Diokletian rief den öffentlichen Notstand aus und belegte das Imperium mit einem gewaltigen Verwaltungsapparat, indem er die gesamte Wirtschaft der Sicherung des Staates und der kämpfenden Truppe unterstellte. Schließlich zog Konstantin die Konsequenzen aus der geographischen Situation, in die Rom hineingeraten war. Der Umfang des Reiches und die Heftigkeit seiner inneren Konflikte machte die Regierung von Rom aus immer schwieriger. Die »Urbs« war zu weit entfernt vom persischen Kriegsschauplatz und von den kritischen Randgebieten an der Donau, die unter dem Druck der Barbaren standen. In Handel und Industrie hatten die Ostprovinzen an Bedeutung gewonnen, die westlichen verloren. Im Jahr 330 wurde die radikale Veränderung vollzogen, und Hauptstadt wurde die alte griechische Stadt Byzanz, an der Stelle gelegen, wo der Bosporus das Mittelmeer mit dem Schwarzen Meer vereint und nur ein schmaler Wasserstreifen Europa von Asien trennt. So wie China unter dem Druck nördlicher Invasoren sich einen neuen Sammelpunkt in Nanking geschaffen hatte, so versuchte das westliche Rom, von ähnlichen Feinden bedroht, von der nun Konstantinopel genannten Metropole aus, seinem Schicksal mit Hilfe des Geistes und des Reichtums des Ostens eine neue Wendung zu geben. Nahezu uneinnehmbar, doch von mächtiger Anziehungskraft, oft als antiquiert und dekadent gescholten, aber immer wieder seine Lebensfähigkeit beweisend, sollte die große Stadt über elfhundert Jahre allen aus dem Südosten kommenden Angriffen auf Europa standhalten. Doch fast von Anfang an bekam es den Druck der Steppe zu spüren.

Eines Tages, im Jahr 374, so erzählt eine Legende, durchschwamm ein berittener Hirte aus dem Herzland auf der Suche nach einer verlaufenen Jungkuh die seichte Straße von Kertsch, zwischen dem Asowschen und dem Schwarzen Meer. Zu seiner Überraschung fand er hinter der Meerenge Land, und zu seinem noch größeren Erstaunen erblickte er Dörfer und wohlbestellte, fruchtbare Felder. Er eilte zurück, um es seinen Stammesgenossen zu berichten; und nicht lange dauerte es, da bewegte sich ein langer Nomadenzug auf dieses Paradies zu. Die Siedlungen gehörten den Ostgoten. Die Nomaden waren die Hunnen.

Die Verwandtschaft zwischen den Hiung-nu der Mongolei und den Hunnen, die nun an die Tore Europas klopften, ist ungewiß. Zweifellos waren die Hunnen in den langen Jahren und auf den ungeheuren Strecken, die sie zurücklegten, vielen Veränderungen unterworfen gewesen; sie waren mit anderen Nomadenvölkern zusammengeraten, hatten einige ausgeplündert, andere absorbiert, ihre eigenen Stämme mit fremden vermischt, während es sie nach den üppigeren Weiden in dem milderen Klima des westlichen Steppenlandes zog. Sie hatten die Verbindungswege der sarmatischen Gruppe der Alanen zerstört, Nomaden wie sie selber, doch nicht nur mit Bogen, sondern auch mit Lanzen bewaffnet und auf größeren Pferden reitend, und sich größere Horden der alanischen Reiter zu Vasallen gemacht, die sie nun begleiteten. Von den Herden lebend, die sie mit sich trieben, aber auf ihren Wanderungen häufig, wenn Not am Mann war, gezwungen, auf die Jagd und das Sammeln von Wurzeln zurückzugreifen, waren sie jetzt begierig nach der Nahrungsfülle und dem Wohlleben der Küstenwelt. Es dauerte nicht lange, bis sie sich über die ostgotischen Siedlungen in der Ukraine hermachten.

Solche Geschöpfe hatten die Goten noch nicht gesehen. Sie hielten sie eher für Tiere als für Menschen, aus der Verbindung böser Geister mit Hexen hervorgegangen. Die seltsamen Gesichtszüge und die grobe Kleidung der Hunnen, ihr Verwachsensein mit den Pferden, der schwankende Gang, wenn sie abstiegen, und vor allem ihre zynische Lebensverachtung, versetzten das germanische Volk in Panik. »Ihre schwärzlichen Angesichter waren furchtbar«, schrieb Jordanis, indem er von dem allgemeinen Schrecken, den sie verbreiteten, berichtete. »Sie trugen statt eines Kopfes einen formlosen Klumpen auf den stets stolz erhobenen Nacken und hatten Schlitze statt Augen. Sie waren kurz von Gestalt, mit schnellen Bewegungen, und hurtig in der Handhabung von Pfeil und Bogen«.

Die zuerst angegriffenen Gebiete wurden rasch überwältigt, und um der Ausrottung zu entgehen, schlug eine Gruppe der Goten sich auf die Seite der Hunnen. Die Mehrzahl der Goten jedoch bildeten einen Flüchtlingsstrom, der sich nach Mitteleuropa ergoß und zunächst in dem benachbarten Territorium, dem der Westgoten, Zuflucht fand. Athanarich, der Fürst der Westgoten, wollte den Hunnen am Dnjestr Widerstand leisten, wurde aber von ihnen in die Zange genommen. Sie benutzten eine Furt, einige Kilometer flußaufwärts, und überfielen die Nachhut der Goten mit einem Wirbelsturm von Pfeilen. Widerstand war zwecklos; die überwältigte Armee floh gemeinsam mit den Massen der Bauern nach Transsilvanien und an die Donaugrenzen des Römischen Reiches. Dann tauchten eine Zeitlang keine asiatischen Reiter mehr am Horizont auf. Sie hatten schon soviel erbeutet, daß sie ihren Vormarsch verlangsamen konnten.

Im Jahr 376 standen die gotischen Flüchtlinge am Nordufer der Donau und baten um Erlaubnis, den Fluß zu überqueren.

Die Grenzbeamten holten eilends Anweisungen aus Konstantinopel ein. Endlich kam die Genehmigung, sie einzulassen, aber ihr Empfang durch die Römer war schändlich und unklug. Die Behörden waren mißtrauisch auf Grund der Geschichten, die sie von wilden Horden aus dem Osten gehört hatten, und statt die Goten – deren Streitkräfte großenteils noch einsatzfähig waren – als Bundesgenossen gegen eine schreckliche Bedrohung zu betrachten, behandelte man sie als unnützes Treibgut. Sie hatten alles verloren, viele starben vor Hunger, und ihre Lage verschlimmerte sich durch den Dünkel der Römer, die aus dem Verkauf von Lebensmitteln an die Flüchtlinge noch Gewinn schlugen. Deren Enttäuschung und Unzufriedenheit vertiefte sich, bis ein örtlich beschränkter Zank mit einigen Legionären einen offenen Aufruhr entfachte. Der Aufruhr weitete sich zu einer umfassenden Rebellion aus, und es dauerte nicht lange, da tobten die Goten in einer Orgie von Totschlag und Brandstiftung durch die Balkanprovinz des Imperiums.

Nach zwei Jahren vergeblicher Bemühungen, die Ordnung wiederherzustellen, wurde es den Römern klar, daß sie es nicht mit armseligen Flüchtlingen, sondern einer mächtigen bewaffneten Nation zu tun hatten und daß die Goten nicht nur von anderen teutonischen Truppenkontingenten, sondern sogar hunnischen und alanischen Söldnern, die auf Kampf und Plünderung begierig waren, verstärkt wurden. Kaiser Valens marschierte mit soviel Legionen, wie er mobilisieren konnte, in den Balkan, um einen vernichtenden Schlag gegen das gotische Hauptlager in Adrianopel zu führen. Er griff sofort an, ohne auf Nachschub zu warten, der aus Italien unterwegs war. Die Elite des gotischen Heeres bestand aus seinen Reitern, Nachkommen der Männer, die die Reitkunst von den Sarmaten auf den russischen Steppen gelernt hatten. Als der römische Angriff begann, waren sie mehrere Kilometer vom Kampfort entfernt. Schnell herbeigerufen, galoppierten sie heran und fielen den Feinden in die Flanken. Die Wucht ihrer gewaltigen Pferde drückte die Flügel der römischen Armee zur Mitte, und innerhalb von Minuten war die ganze Angriffsmacht ein Durcheinander von taumelnden und um sich schlagenden Soldaten, so fest zusammengepreßt, daß sie kaum ihre Waffen heben konnten. Die Lanzen der Goten, wahrscheinlich von den Pfeilen ihrer hunnischen Söldner unterstützt, taten ein übriges. Einigen Römern gelang es, lebend zu entkommen; aber der Kaiser selbst und alle seine höheren Offiziere wurden in der Schlacht getötet.

Diese Katastrophe zeitigte Folgen, die sich in den folgenden Jahren als verhängnisvoll erweisen sollten. Die römische Welt war von *gladius* und *pilum* erobert worden, dem kurzen Schwert und dem Speer der Fußvolk-Legionen; die Kavallerie hatte immer nur eine untergeordnete Rolle gespielt. Diese Welt war nun ins Wanken geraten; und die berittenen Bogenschützen und die Lanzenreiter auf den schweren Rossen – Erzeugnisse der Steppe – gehörten zu den ersten, die ihr einen Stoß versetzten. Theodosius I., dem die Aufgabe zufiel, die vernichtete Armee des Valens zu reorganisieren, begriff die Situation; und wenige Jahre nach der Niederlage von Adrianopel bestand der größte Teil des römischen Heeres aus Reiterei; die Bogenschützen zu Pferde wurden zu einem ihrer wichtigsten Kontingente und ergänzt durch Tausende von germanischen Lanzenreitern, die man unter ihren eigenen Führern als Bundesgenossen rekrutierte. So wurde die beweglichere Kriegführung des Herzlandes, die schon von den Chinesen und Parthern übernommen worden war, um die Nomaden mit ihren eigenen Waffen in Schach zu halten, auch in die westlichen Küstenregionen verpflanzt.

Nachdem sie ihre Kampfkraft vorderhand gebrochen hatten, konnten sich die Römer mit ihren europäischen Gegnern einigen. Die Westgoten erhielten Land im Donaugebiet zugewiesen, und die Ostgoten wurden, nach einigen weiteren Vorstößen auf Griechenland zu, nordwärts abgeschoben, um sich mit ihnen zu vereinen, nachdem man ihrem neuen Herzog Alarich einen einträglichen Posten im Dienste Konstantinopels gab. Diese Vorkehrungen wurden nicht einen Tag zu früh getroffen, denn schon wieder hörte man Berichte von wilden asiatischen Reiterhorden, die Schrecken in den römischen Ländern südlich des Schwarzen Meeres verbreiteten. Scharen von Hunnen hatten den Kaukasus überschritten und waren über Armenien nach Kleinasien und Syrien in Bewegung. Hier lag eine der reichsten Regionen des

Imperiums: Provinzen, deren fruchtbarer Ackerbau und blühender Gewerbefleiß für die räuberischen Nomaden den beschwerlichen Übergang über die Gebirgspässe lohnend machten. »Sie erfüllten die ganze Erde mit Mord und Schrecken«, schrieb der heilige Hieronymus, »als sie auf ihren schnellen Pferden hin und her jagten. Sie waren plötzlich da, ehe man sie erwarten konnte. Ihre Schnelligkeit übertraf alles, was man vorher von ihnen gerüchtweise gehört hatte, und sie hatten weder Achtung vor Stand oder Religion, noch Mitleid mit Greisen und Kindern. Die Neugeborenen, die nicht wußten, wie ihnen geschah, lächelten unschuldig in die gezückten Schwerter ihrer Mörder.«

Inzwischen wurden die Hunnen auf den russischen Steppen immer zahlreicher. Neue Zuwanderer stießen westwärts durch den Graskorridor zwischen dem Ural und dem Kaspischen Meer zu ihren Stammesgenossen auf den Weideflächen nördlich des Schwarzen Meeres. Bisher waren die Ebenen Südrußlands von indogermanischen Völkern bewohnt gewesen: Skythen, Sarmaten und Goten. Nun füllten sie sich mit Stämmen und Rassen aus den entferntesten Ecken Nordostasiens, mit Angehörigen der Turkvölker, der Mongolen und sogar der Tungusen. Schon hatten sie den Goten Länder weggenommen, wo sie ihre Mägen sättigen und ihre Tiere mästen konnten; und jetzt warfen sie ein Auge auf den noch märchenhafteren Überfluß, der hinter den westlichen Marken ihres heimatlichen Herzlands auf sie wartete.

Um 400 begannen sie, ins Herz Europas vorzudringen, und nahmen den Weg zwischen der Donau und den transsilvanischen Alpen. Mit den hunnischen Bogenschützen und den alanischen Lanzenreitern zogen ihre Pferde und die Rinderherden, von denen sie sich ernährten. Ihr Ziel war das große Weidereservoir der ungarischen Tiefebene, die ihnen zugleich als vorgeschobene Operationsbasis dienen sollte. Verglichen mit der Kriegsstärke des Römischen Imperiums und der Barbarenvölker an seinen nördlichen Grenzen, waren sie sicherlich nur ein verhältnismäßig kleines Häuflein, und ihre Ausrüstung war in vieler Beziehung mangelhaft. Die Ponies der Hunnen hatten weder die Größe noch die Ausdauer der stallgefütterten Pferde der Goten, die auch die Römer in ihren neuen Armeen verwandten. Die Nomaden besaßen keine Belagerungsmaschinen, um größere Städte zu berennen. Bis sie in Ungarn angelangt waren, mußten sie dauernd in Bewegung bleiben, denn die Weiden, die sie passierten, waren schnell kahlgefressen. Im Frühling waren, vom Winter ausgezehrt, die Pferde schwach und ihre Reiter anfällig. Sie konnten in Waldgebieten nicht operieren, wo es wenig Gras gab und die Bäume ihren Pfeilen im Wege waren. Doch ihre Steppentaktik machte diese Nachteile zum großen Teil wieder wett. Ohne jeden Wunsch nach Ruhm oder militärischen Ehren, allein auf Beute erpicht, stellten sie sich nur zur Schlacht, wenn die Umstände ganz zu ihren Gunsten waren. Vor überlegenen feindlichen Kräften zerstreuten sie sich und warteten, bis die Aufmerksamkeit des Gegners erlahmte. Dann konzentrierten sie sich schnell, griffen keilförmig an und zerstreuten sich wieder in der Ferne. Als Schußwaffen gebrauchen sie neben den Bogen auch Wurfspieße, im Nahkampf außer Schwertern auch Netze und Lassos. Ihnen selbst vielleicht nicht bewußt, war eine wirksame Waffe ihr psychologischer Eindruck und der Ruf, der ihnen vorausging. Ihr wildes, barbarisches Aussehen, gepaart mit den Geschichten von ihren Ausschreitungen, verschreckten die europäischen Soldaten. Wenn sie verhandelten, konnte man auf ihr Wort nichts geben, denn jeder Stamm kämpfte für sich, ohne Rücksicht darauf, was die anderen unternahmen.

Der hunnische Vorstoß traf die germanischen Völker, die sich längs der Donau ausgebreitet hatten, und als der Druck aus den russischen Steppen sich verstärkte und wiederholte, begannen sie auszuweichen. Zu Beginn des fünften Jahrhunderts setzte eine Wanderung von Konstantinopel in das westliche Imperium ein, ähnlich den Kettenreaktionen, wie sie einst die Steppenvölker Innerasiens in Bewegung gesetzt hatten. Die Goten wurden aus ihren neuen Niederlassungen nördlich der Donau wieder herausgerissen; sie stießen auf die Wandalen und die Sueben in Ungarn, und diese, mit zahlreichen Alanen, die ebenfalls ihren Weg in jene Regionen gefunden hatten, wurden über den Rhein nach Gallien getrieben. Es gelang Westrom, die Hauptflut den Grenzen Italiens fernzuhalten und nach Spanien abzulenken. Doch daraus erwuchs dem Imperium nur eine neue Bedrohung; denn die Wandalen, durch Spanien über die Straße von Gibraltar und entlang der nordafrikanischen Küste einen Kreis bis Karthago ziehend, bedrohten von dort die Versorgungswege des Mittelmeers. Die Alanen siedelten in Portugal, und von diesen aus der Steppe stammenden Reitern, Meistern im Lanzen- und schweren Kavallerie-Angriff, erbte Europa die verfeinerten Kriegstechniken, welche die Grundlage des westlichen Feudalismus im Mittelalter bildeten. Im Kielwasser dieser großen Völkerwanderung überquerten auch die Franken und Burgunder den Rhein und fanden neue Heimstätten in den geordneten Ländereien Nordgalliens.

Verglichen mit solchen ungeheuren Schlägen, die das Westreich hinnehmen mußte, war die Besetzung Roms durch Alarich eine verhältnismäßig harmlose Episode. Er hatte Transsilvanien rechtzeitig verlassen und war vermutlich mehr auf Beute als auf Sicherheit aus. Wenn er in Italien einfiel, war er von den Hunnen weit genug entfernt, so daß sie ihm nicht wegnehmen konnten, was er selber raubte. Er schien jedoch Rom in erster Linie als eine Versorgungsbasis für seine Leute betrachtet zu haben, und er brach 410 erst nach längeren, erfolglosen Verhandlungen in die Stadt ein. Die Nahrungsvorräte erwiesen sich als enttäuschend dürftig; Alarich zog weiter, und obwohl die Goten viel an tragbarer Habe mit sich schleppten, war der Schaden im großen und ganzen nicht so schlimm. Und da sie Christen waren, ließen sie den Besitz der Kirchen unangetastet. Verglichen mit der Massenvernichtung Lojangs neunundneunzig Jahre zuvor, war der »Kampf um Rom«, der den Wendepunkt in der abendländischen Geschichte symbolisierte, beinahe ein Kavaliersdelikt.

Bis jetzt hatten die Hunnen wenig direkte Berührung mit dem Römischen Reich gehabt. Abgesehen von ihren Raubzügen in Kleinasien und dem Weg, den sie sich in westlicher Richtung durch die Donauprovinzen gebahnt hatten, waren die Schläge, die Rom durch sie auf dem Balkan und in Italien empfangen, indirekter Art gewesen, von den von ihnen verdrängten Völkern ausgeübt. Und weil die Hunnen kein geschlossenes Volk bildeten, sondern sich aus verschiedenen Stämmen zusammensetzten, die nicht immer einig waren, hatte es zum Teil auch freundliche Beziehungen mit den Römern gegeben. Sie hatten einen aufsässigen römischen General enthauptet und seinen Kopf nach Konstantinopel geschickt. Sie waren hinter einem gotischen Einfall nach Norditalien her und den Römern behilflich gewesen, ihn abzuwehren. Es gab hunnische Söldner in den römischen Armeen, und sogar hunnische Leibwachen bei römischen Befehlshabern wie auch bei gotischen Stammesfürsten. Im Jahr 408 jedoch wurde die Provinz Thrazien, zwischen der Donau und Konstantinopel gelegen, von Norden her überfallen. Zwar erlitten diesmal die Angreifer, wahrscheinlich nicht mehr als ein einzelner Stamm, eine empfindliche Niederlage; aber die Episode ermahnte das Ostreich erneut, daß hinter den entwurzelten und in Bewegung geratenen Völkern noch immer mit räuberischen Nomaden zu rechnen war, die es schonungslos auf Plünderungen und Tributzahlungen abgesehen hatten, wobei ihnen die Quelle gleichgültig war. Konstantinopel richtete sich auf Abwehr ein. Die Europa zugekehrten Stadtmauern wurden gewaltig verstärkt und Pläne für eine Donauflotte von zweihundert Schiffen ausgearbeitet.

Inzwischen machten sich die Hunnen auf der ungarischen Tiefebene heimisch. Der Kern ihrer Niederlassungen lag zwischen Theiß und Donau, und von dort breiteten sie ihre Herden und Zelte über das große Grasbecken, das von den Hochebenen Osteuropas eingefaßt wird. Hier vermischte sich ihre Lebensweise als Hirten und Viehzüchter allmählich mit der ackerbautreibenden der germanischen Siedler, besonders der Ostgoten und Gepiden, die als Untertanen der Hunnen zurückgeblieben waren. Seßhaft geworden, doch noch immer nomadisch in ihrer kriegerischen Beweglichkeit, erweiterten die Hunnen, großenteils mit Hilfe von Vasallenkönigen, nach und nach ihren Herrschaftsbereich über den ganzen nordeuropäischen Halbkreis, vom Rhein zur Ostsee und den russischen Wäldern, den ihr Auftreten durcheinandergebracht hatte. In diesen Jahren der Konsolidierung überquerten sie noch einmal den Kaukasus und versuchten einen Raubüberfall auf Persien; doch einem Feind gegenüber, der in der wendigen Kriegführung zu Pferde fast ebenso geschickt und erfahren war wie sie selber, erreichten sie nichts und mußten den Rückzug antreten. Ein anderer Vorstoß nach Thrazien war erfolgreicher. Doch davon abgesehen sah der Süden des Römischen Reiches, von den ungeheuren Wanderungsmassen in Anspruch genommen, welche die Hunnen in Bewegung gesetzt hatten, fast eine Generation lang wenig von den Reiterschützen aus dem Herzland.

Während dieser Zeit gab es Veränderungen in der Führung der Hunnen. In der ersten Periode ihres Einbruchs in Europa waren die hunnischen Häuptlinge halbmythische Figuren gewesen, kaum als einzelne Persönlichkeiten identifizierbar. Um 420 jedoch zeichnet sich eine klarer umrissene Herrscherlinie ab; es waren Angehörige einer einzigen Familie, offenbar besser dazu befähigt, den auf Unabhängigkeit bedachten Stammesgeist zu einem größeren Ganzen zusammenzuschweißen. Dem ersten in dieser Reihe, Oktar, folgte sein Bruder Rua, nach dem seine beiden Neffen eine Zeitlang gemeinsam regierten. Einer von diesen war Bleda, ein lauter, gutmütiger Flegel. Der andere war Attila.

Römischen Augenzeugen zufolge war Attila klein von Gestalt. Er hatte einen großen Kopf mit einer flachen Nase, graugesprenkelten Augen, eine dunkle Gesichtsfarbe und einen dünnen, strähnigen Bart. Diese Merkmale deuten auf einen mongoloiden Typ; und er hatte auch die gewölbte Brust, die schon die Chinesen als charakteristisch für die östlichen Nomaden erkannt hatten. Er trug ein anmaßendes Gehabe zur Schau und hatte die Gewohnheit, mit den Augen zu rollen, als wolle er die Wirkung seiner Persönlichkeit auf seine Umgebung prüfen. Zugleich soll er großzügig in Gunstbezeugungen gewesen sein und treu zu vielen von denen, die er unter seinen Schutz genommen hatte. Er war maßlos eitel, oft betrunken und von einem unersättlichen sexuellen Appetit. Doch wenn er zwischen seinen Gefolgsleuten saß, die von silbernen Tellern aßen und aus goldenen Bechern tranken, begnügte er sich mit einfachen Holzgefäßen. Gegen einen solchen Partner kam der simple, ausgelassene Bleda nicht auf. Schließlich brachte Attila ihn um.

Wenn auch Attila persönlich nicht so sehr an Plünderungen

gelegen sein mochte, so beruhte doch die Macht, die seine Leidenschaft war, auf der Möglichkeit, die Gier seiner hunnischen Hierarchie am Beutemachen zu befriedigen. Er war und blieb der Führer eines raublustigen Kriegervolkes, und unter seiner Regierung wurde die ungarische Ebene das Sprungbrett für Raub- und Erpressungszüge gegen den Reichtum der europäischen Randländer. Von 440 an ließ er seine Horden in einer Reihe von Großoffensiven auf das östliche Imperium Romanum los.

Der erste Vorstoß, zeitlich geschickt abgestimmt mit der in Konstantinopel herrschenden, von der Eroberung Karthagos durch die Wandalen hervorgerufenen Verwirrung, war ein Zermürbungsangriff über die Donau hinweg. Die Verteidigungsanlagen von Belgrad und die peripheren Grenzbefestigungen wurden zerstört, und Tausende Einwohner zu Sklaven gemacht. Der Schlag hatte die gewünschte Wirkung; es war eine große Lücke in die Donaulinie geschlagen worden, und längs der Grenzen breitete sich die Angst aus. Zwei Jahre später erfolgte ein noch nachhaltigerer Einbruch. Die Hunnen fuhren die Donau ostwärts hinab; vernichteten die Häfen der römischen Flußflotte, wandten sich südwärts nach Nisch, wo ihnen ein umfangreiches Waffenlager in die Hände fiel, nahmen Sofia ein und richteten dann ihren Vormarsch durch das Tal der Mariza auf Konstantinopel selbst. Die Städte auf diesem Wege wurden entweder in Schutt und Asche gelegt oder, wenn sie schwer zu belagern waren, umgangen. Die Beutelasten wurden schwerer und schwerer, die Züge der Gefangenen länger und länger. Außerhalb der Hauptstadt leisteten die römischen Streitkräfte, obwohl sie seit Adrianopel reorganisiert worden waren, dem hunnischen Pfeilhagel keinen Widerstand. Doch gegen den weiten Halbkreis der neu errichteten Mauern konnten die Bogenschützen der Hunnen nicht an, und am Ufer des Marmara-Meeres erlahmte ihre Schwungkraft. Konstantinopel, gedeckt durch seinen Reichtum, verhandelte und vereinbarte den Rückzug der Hunnen gegen sechstausend Pfund baren Goldes und eine jährliche Tributzahlung von weiteren zweitausend. Dennoch schlug Attila im Jahr 447 ein drittes Mal los; und während er sich wieder auf Konstantinopel zu bewegte, erschütterten mehrere aufeinanderfolgende

Erdbeben die Stadt, die umfangreiche Zerstörungen anrichteten und einen größeren Teil der Mauer einrissen. In diesem Notstand wurde jeder wehr- und arbeitsfähige Mann aufgeboten, und innerhalb von drei Monaten war der Schaden wiedergutgemacht und sogar eine zweite Verteidigungsmauer errichtet worden. Aber Attila mied die Hauptstadt. Er wurde von den letzten Truppen, die Ostrom aufbieten konnte, zur Schlacht gestellt, und obwohl der Sieg auf seiner Seite war, erlitten die Hunnen entscheidende Verluste. Sie machten sich davon, verbreiteten sich im Gebiet der unteren Donau und plünderten wieder einmal den Balkan vom Schwarzen bis zum Ägäischen Meer.

Diese drei Einbrüche saugten in weniger als einem Jahrzehnt dem Ostreich das Lebensblut aus. Seine Armee war dezimiert, sein Reichtum erschöpft, die Kraft der Provinzen ausgezehrt. Es wurde unerläßlich, sich mit Attila zu verständigen; und 449 reiste eine römische Delegation nordwärts, um mit ihm zu verhandeln. Der Historiker Priscus, der die Abordnung begleitete, gab eine bemerkenswerte Schilderung des hunnischen Hauptquartiers. Es war eine sonderbare Mischung von nomadischer und seßhafter Lebensweise: ein großes, mit Palisaden umgebenes Dorf in der eintönigen Ebene, für Reiter-Abwehr ausgezeichnet geeignet. Zwischen den rohen Hütten erhoben sich die eindrucksvollen, aber nicht dazu passenden Umrisse eines steinernen Badehauses, das ein gefangener römischer Architekt gebaut hatte, der nun als Bademeister diente. Er war nicht der einzige Europäer in diesem Vorposten der Steppe: es gab Schreiber, Handwerker, Sklaven aus der ganzen griechisch-lateinischen Welt; und nicht der Geringste unter ihnen war Attilas in Italien geborener Sekretär. Als der Hunnenfürst ins Lager geritten kam, wurde er von Mädchen empfangen, die ihn singend begrüßten, ihm mit Leckerbissen und Wein aufwarteten und neben seinem Pferde einhergingen. Später wurde in der Haupthalle seiner Residenz ein Bankett gefeiert. In der Mitte des Saales, vor einer verhangenen Estrade, auf der sich sein Bett befand, lehnte sich Attila auf ein Ruhelager. Vor ihm standen, mit aufmerksam niedergeschlagenen Augen, zwei seiner Söhne. Rechts von ihm saß der Älteste der derzeitigen hunnischen Würdenträger; die übrigen

Mitglieder der Gesellschaft saßen, Römer und Hunnen gemischt, längs der Wände. Nach einigen feierlichen Begrüßungstrunken wurde die Tafel aufgetragen. Alles war im römischen Stil: die Gäste, an kleinen runden Tischen, bedienten sich von den großen Silberplatten und tranken aus den massiven Goldpokalen, die noch nicht lange vorher römisches Eigentum gewesen waren. Inmitten der geräuschvollen und schwelgenden Menge nahm Attila sein einfaches Mahl aus seinem gewohnten Holzgeschirr zu sich. Nach dem ersten Gang wiederholte sich die Zeremonie: es wurden neue Trinksprüche ausgebracht, und neue erbeutete kostbare Platten und Schüsseln mit anderen Schwelgereien gereicht. Dann traten Rhapsoden auf und besangen die Heldentaten der hunnischen Heerscharen; und in dem Dunst von Alkohol und Begeisterung wurden manche zu Tränen gerührt. Man wurde wieder aufgeheitert durch die Vorführung eines Verrückten, der den Saal durch sein Geschwätz mit schallendem Gelächter erfüllte, und von den Possen eines greulich verwachsenen Zwerges, der Bledas Hofnarr gewesen war. Die ganze Nacht hindurch flackerten die Fackeln, und in all dem Getöse und während des ganzen Gelages saß Attila, ohne eine Miene zu verziehen.

Vielleicht hat er in diesen langen Stunden die Pläne für seinen nächsten Feldzug geschmiedet. Die Hauptfrage, die ihn beschäftigte, war vermutlich die, so schnell wie möglich und mit dem geringsten Aufwand an Truppen neuer Beute habhaft zu werden. Die Zahl seiner Soldaten war ständig angewachsen, und um die Unterschiede zwischen ihnen und ihren Anführern hervorzuheben, mußte man den Oberkommandierenden und den Stammeshäuptlingen immer größere materielle Privilegien zubilligen. Wie die Häuptlinge der Hiung-nu vor ihm brauchte er zunehmende Tributzahlungen. Möglicherweise war aus dem Ostreich noch etwas herauszuholen, aber das würde schwierig und das Ergebnis unbefriedigend sein. Hingegen lag das Westreich noch unberührt da. Und so kam Attila zu folgendem Entschluß: er wollte sich mit Konstantinopel einigen und gen Westen marschieren. Vorwände waren unschwer zu finden. Da gab es eine Meinungsverschiedenheit über einige Goldgefäße aus der Kirche von Sirmium, auf die Attila Anspruch erhob; aber eine wichtigere Rolle spielte Honoria, eine eigenwillige weströmische Prinzessin. Sie sollte zur Ehe mit einem würdigen, doch langweiligen Senator gezwungen werden, hatte eine heimliche Botschaft an Attila gesandt, seine Hilfe erflehend und unmißverständlich Zeichen der Verehrung für die Hunnen, die sie nie gesehen, hinzugefügt. Diese Episode kam dem Hunnenfürsten gerade zupaß. Er verlangte Honoria zur Frau – mit der Hälfte des weströmischen Reiches als Mitgift.

Die Weströmer suchten Zeit zu gewinnen; doch Attila zögerte nicht. Sein eigentliches Ziel war nicht Italien, sondern Gallien; denn er glaubte, daß er in dieser Provinz, in der jetzt hauptsächlich germanische Völkerstämme siedelten, die von den ersten hunnischen Einbrüchen dorthin getrieben worden waren, nur auf schwachen und ungeordneten Widerstand stoßen würde. Mit allen verfügbaren hunnischen Streitkräften, ergänzt durch Reiterformationen aus den eroberten Ländern, zog er durch das schreckgelähmte Europa, überschritt bei Koblenz den Rhein und fiel in drei getrennten Heersäulen über jede Siedlung zwischen Rhein und Seine her. Köln, Trier, Metz, Cambrai, Arras, Amiens, Reims und Beauvais wurden gebrandschatzt. Dann, unter Umgehung der damals noch unbedeutenden Stadt Paris, wandte sich Attila Orléans zu.

Seine Berechnung, daß es Gallien nicht gelingen würde, sich gegen ihn zu vereinen, ging fast auf. Denn als er einen Ausfall nach Süden machte, hatte er es mit Gegnern zu tun, die miteinander politisch entzweit waren. Die Westgoten, die jetzt in Südgallien saßen, setzten sich unter der Führung ihres alternden Königs Theoderich gegen die Hunnen in Bewegung; und Italien entsandte eine weströmische Armee. Sie wurde von Aetius befehligt, der noch aus den Tagen eines nun vergangenen älteren römischen Regiments stammte. Er war ein verdienter Staatsmann, sehr reich und besaß große Güter in Gallien. Einige Jahre lang war es seine offizielle Aufgabe gewesen, die nach Gallien strömenden germanischen Flüchtlinge daran zu hindern, sich der Provinz allzusehr zu bemächtigen; dabei war er wiederholt mit den Westgoten in Konflikt geraten und hatte einmal auch hunnische Söldner gegen sie eingesetzt. Darüber hinaus waren seine Pflichten gegen den Staat unvermeidlich mit den Interessen seiner Klasse verquickt, und um diese zu schützen, hatte er abermals hunnische Soldaten benutzt, um aufsässige Leibeigene und kriegsgefangene Sklaven niederzuhalten. So war Aetius in den Augen der Westgoten ein sehr zweifelhafter Bundesgenosse; und sie machten ihm klar, daß sie gemeinsam mit den nichtrömischen Kontingenten, die bereit seien, mit ihnen zusammenzugehen, durchaus in der Lage sein würden, Attila auch ohne seine Hilfe zu schlagen. Doch nun ging es um das Schicksal von Orléans; und zur rechten Zeit wurden die alten Streitigkeiten geschlichtet. Die Vorhut der Hunnen war schon in der Stadt, als man vom Herannahen der westgotischen Fahnen und der römischen Adler hörte. Die Hunnen zogen sich sofort zurück, denn das letzte, was sie riskieren wollten, war ein Kampf von Mann zu Mann innerhalb der Mauern einer Stadt.

Attila brauchte ein offenes Schlachtfeld, und so versuchte er, seine Feinde in dem sanft hügligen Gelände der Champagne zu stellen. Hier, zwischen Troyes und Châlons, auf den sogenannten Katalaunischen Feldern, kam es zu dem berühmten Zusammenstoß zwischen dem Herzland und der westlichen Küstenregion. Doch diesmal war es eine Schlacht zwischen annähernd gleichen Gegnern; denn die Hunnen besaßen nicht mehr den ausschließlichen Vorteil ihrer beweglichen Taktik und der Art ihrer Bewaffnung. Die Westgoten hatten von den Sarmaten das schwere Schlachtroß und die Lanze übernommen, und mit ihnen kämpfte ein Troß von Alanen, deren Kampftraditionen, die sie aus Zentralasien mitgebracht hatten, auf einer ähnlichen Art der Bewaffnung beruhten. Die Römer verfügten sowohl über schwere Kavallerie als auch über Bogenschützen zu Pferde – sie hatten die Überlegenheit der Steppenkriegführung seit Adrianopel nicht vergessen. Es ging daher nicht mehr um den Gegensatz zwischen wendiger nomadischer Reiterei und schwerfälligem abendländischem Fußvolk, sondern zum ersten Mal maßen sich zwei gleichwertige berittene Streitkräfte: die Begründer des Reiterkrieges aus dem Osten, und der Westen, der von ihnen gelernt hatte; die Schnelligkeit des berittenen Bogenschützen und die Wucht des Lanzenreiters. Zwar hatte weder die eine noch die andere Waffe schon ihre höchste Wirksamkeit erreicht; denn gerade erst zu jener Zeit kam der Steigbügel, in primitiver Form in Indien erfunden, in China allgemein in Gebrauch, und er hatte sich noch nicht über Eurasien verbreitet. Die Schußweite des Bogenschützen und die Stoßkraft des Lanzers waren daher noch von der Muskelkraft abhängig, die die Schenkel des Reiters auf die Weichen des Tieres ausübten. Nichtsdestoweniger wogte den ganzen Tag eine Schlacht von grausamer Heftigkeit und mit schrecklichem Blutvergießen hin und her. Attila schien darauf versessen, den Römern ein abfallendes Gelände zu entreißen, das er für taktisch besonders wichtig hielt, und war dabei so unvorsichtig, die Flanken der hunnischen Truppen zu entblößen, eine Schwäche, die von den Westgoten erkannt und sofort zu einem Gegenangriff genutzt wurde. Theoderich wurde dabei von einem Wurfspieß zu Tode getroffen und von den donnernden Pferdehufen seiner eigenen Reiterei zermalmt; doch die Hunnen, obwohl keineswegs geschlagen, konnten sich von der Wucht dieser Attacke nicht ganz erholen. Die schwere Reiterei hatte ihre Überlegenheit bewiesen.

In der Nacht zog sich Attila in das Rund zurück, das sein Wagenpark in der Nachhut bildete. Er ließ es von seinen Bogenschützen umgeben und bereitete sich auf eine pompöse Geste vor für den Fall, daß der nächste Tag seine endgültige Niederlage bringen würde. Er befahl einen großen Scheiterhaufen aus Kriegsmaterial und Beutestücken zu errichten, auf welchem seine Frauen Platz nehmen sollten. Bei dem Versuch, ihn gefangenzunehmen, wollte er sich zu ihnen gesellen und gemeinsam mit ihnen in einem großen Brandopfer sein Ende finden. Aber der Scheiterhaufen wurde nicht entzündet. Aetius verzichtete auf einen neuen Angriff. Er war mehr Politiker als General, und er fürchtete, die völlige Auslöschung der Hunnen in Westeuropa könnte leicht zu einer Suprematie der Goten führen. Er räumte daher das Feld und beredete seine Alliierten, ein gleiches zu tun. Attilas ungehindertem Abzug stand nichts im Wege.

Die Flut der hunnischen Invasion in Europa hatte ohnehin ihren Höhepunkt überschritten. Die Wogen, zuerst in Bewegung gesetzt von Wu-ti und seinen Nachfolgern, waren sechs Jahrhunderte lang und in einer Ausdehnung von annähernd achttausend Kilometern über Eurasien gerollt. Sie hatten fast den Ärmelkanal erreicht, doch ihre Schwungkraft war am Ende. Noch einen Raubzug unternahm Attila, diesmal nach Oberitalien. Er nahm Padua und Verona und zerstörte Aquileja, die Hauptstadt des Nordostens, deren an die Adria fliehende überlebende Bevölkerung, wie die Sage geht, Venedig gegründet haben soll. Die Hunnen hatten das Gesicht Europas verändert und es nachhaltig geschröpft, doch dabei selber soviel Verluste hingenommen, daß ihre Kräfte aufgezehrt waren. Eine Hungersnot in Italien, von Krankheiten gefolgt, schwächte Attilas Mannen weiterhin. Verhandlungen mit einer von Papst Leo I. angeführten diplomatischen Mission gaben ihm die Gelegenheit, auf die er wartete. Er willigte ein, sich ganz zurückzuziehen; und daraus erwuchs der Glaube, daß ein unbewaffneter Diener Gottes den Westen von der hunnischen Geißel errettet habe.

Das Ende kam schnell und mit all der Melodramatik, mit der sich Attila schon auf den Katalaunischen Feldern zum Tode vorbereitet hatte. Während sein Reich um ihn auseinanderfiel und er schon ein alter Mann war, heiratete er ein junges germanisches Mädchen. Am nächsten Morgen fand man ihn in seinem Blut, die verstörte Braut über seinen Leib hingestreckt. Er war an einer geplatzten Ader verblutet. Die germanischen Völker, die seine Vasallen gewesen, erhoben sich bald gegen seine miteinander streitenden Nachfolger, und im Jahre 454 flohen die übriggebliebenen Hunnen durch die Karpathen gen Osten und verschwanden in dem Herzland, aus dem sie gekommen waren.

Europa war nicht die einzige Region, die von räuberischen Nomadenvölkern aus dem Herzland heimgesucht wurde. Während die Hunnen das Römische Reich ausplünderten, wurde die südliche Küstenzone Eurasiens von den Hephthaliten angegriffen, einem den Hunnen verwandten Steppenvolk.

Ihre Herkunft ist dunkel. Wahrscheinlich stammten sie aus einer Mischung von Völkern des Tarim-Beckens mit den Yüehchih, mit einer kräftigen Beimengung hunnischen Blutes. Der byzantinische Geschichtsschreiber Prokopios aus dem sechsten

Jahrhundert schilderte sie als »die einzigen Hunnen, die hellfarbige Körper und keine häßlichen Gesichtszüge haben«, und manchmal nannte man sie deshalb auch die »Weißen Hunnen«. Ihr ursprüngliches Weideland lag südwestlich der Mongolei; und so wie der Aufstand der Awaren den Hunnen den Anstoß gegeben haben mag, westwärts zu ziehen und Europa mit Krieg zu überziehen, so können aus dem gleichen Grund die Hephthaliten in die Richtung von Persien und Indien getrieben worden sein.

Die Perser hatten unter ihren expansionslüsternen sassanidischen Herrschern dem Kuschan-Reich große Teile ihrer Besitzungen im heutigen Afghanistan abgerungen, und diese wurden von den Hephthaliten überrannt. Doch die inneren Grenzen Persiens erwiesen sich als uneinnehmbar, und es setzte ein Zustand der Unentschiedenheit ein, während dem die Perser die Eindringlinge teils mit Waffengewalt, teils durch doppelzüngige Diplomatie in Schach hielten. Sie versprachen ihnen eine Prinzessin und unterschoben ihnen statt dessen eine Sklavin; und nachdem vereinbart war, eine Säule als Grenzmarkierung zu errichten und beiderseits anzuerkennen, transportierten die Perser sie im Ganzen auf einem großen, von Elefanten gezogenen Wagen zu einer für sie günstigeren Stelle. Um diese verfahrene Situation zu beenden, wanderte ein Teil der Hephthaliten nach Indien weiter.

So wie in Persien die eingeborene Dynastie der Sassaniden die Parther als fremde Usurpatoren ausgewiesen hatte, so war in Indien in dem Geschlecht der Gupta eine Bewegung des nationalen Widerstandes gegen die Kuschan entstanden, die gleich den Parthern ursprünglich ein fremdes Steppenvolk gewesen. Jetzt regierten sie glanzvoll das Ganges-Becken, während die Besitzungen der Kuschan zu einigen wenigen kleinen Staaten am Indus zusammengeschmolzen waren. Von diesen ergriffen die Hephtaliten rasch Besitz; dann zogen sie, dem Lauf des Ganges folgend, weiter, bis sie um 500, ein halbes Jahrhundert nach Attilas Tod, auch das Regime der Gupta ausgelöscht hatten. Ihre Eroberungen gingen mit außerordentlicher Grausamkeit vor sich. Fast jede bedeutsame Stadt wurde zerstört, und die edle

Hauptstadt Pataliputra zu einem armseligen Dorf reduziert. Schließlich erhob sich gegen die Schreckenstaten, die die Eindringlinge verübt hatten, ein umfassender Volksaufstand und trieb sie nach Kaschmir zurück. Doch mit der strahlenden Blütezeit Nordindiens war es gründlich zu Ende. Nur an den südlicheren Küsten des Subkontinents, die von den barbarischen Zerstörungen verschont geblieben waren und wo die Bevölkerung vom Seehandel lebte, konnte das gewohnte Leben einigermaßen weitergehen.

Endlich wurde man auch der Hephthaliten an den persischen Grenzen Herr. König Chosrau zog Truppen von seinen endlosen Kriegen mit Konstantinopel ab und verbündete sich mit einem anderen Steppenvolk, das aus Innerasien gekommen war. Nunmehr von zwei Seiten gnadenlos in die Zange genommen, wurden die Hephthaliten so vollständig zusammengeschlagen, daß nur kleine Gruppen von ihnen übrigblieben.

Ihre Auslöschung bedeutete einen Wendepunkt in der Geschichte der Steppe. Die gewaltige Bewegung, die von den Kämpfen Chinas mit den Hiung-nu ausgelöst worden war, kam zum Stillstand. Ein neues Zeitalter begann. Denn die Bundesgenossen Chosraus waren die Türken, und mit ihnen stieg eine neue Großmacht im Herzland empor.

Blauer Himmel und Grauer Wolf

Die Türken ziehen in den Krieg wie zu einer Hochzeit.
VENEZIANISCHE VOLKSMEINUNG

»Als das Blau des Himmels geschaffen wurde und das Dunkel der Erde darunter, wurden zwischen ihnen die Söhne der Menschen geschaffen. Über die Söhne der Menschen erhoben sich die Khaganen, die meine Vorfahren waren. Als sie die Herren geworden waren, regierten sie das türkische Volk und gaben ihm seine Gesetze. In allen vier Ecken der Welt hatten sie Feinde: aber sie zogen in Waffen gegen sie aus, unterwarfen sie und brachten ihnen Frieden. Sie zwangen jene, die sie erobert hatten, die Köpfe zu senken und die Knie zu beugen. Sie gaben uns zum Erbe alles, das zwischen dem Chingan-Gebirge im Osten und dem Eisernen Tor vor dem Flusse Oxus im Westen liegt. Alles innerhalb dieser Grenzen war das Reich der Blauen Türken.«

Diese Inschrift auf dem Grab eines türkischen Häuptlings in Kocho Tsaidam in der Mongolei verherrlicht die Herkunft des Volkes, das zuerst im Herzland und dann in der Küstenwelt vom 6. Jahrhundert bis zum heutigen Tag eine Macht bleiben sollte.

Die Ursprünge der Türken werden noch diskutiert. Man glaubt, daß die Hiung-nu ein türkisches Volk gewesen sind, und türkische Stämme in Zentralasien gehörten zu der Hiung-nu-Konföderation unter Mao-tun. Iranische Stämme lebten damals im westlichen Herzland und die Vorfahren der Mongolen an seinen östlicheren Grenzen. Es ist vermutet worden, daß die frühen Türken eine örtlich unterschiedlich zusammengesetzte Mischung aus arischen und mongolischen Stämmen darstellten. Aber es ist auch behauptet worden, daß der Begriff »Türken« keine ethnische Bedeutung hat und daß die Verbundenheit zwischen ihnen sich auf die Sprache beschränkt. Die Türken verteilten sich weit über das Herzland, und Unterschiede in ihrer Erscheinung wie auch in ihrer Zivilisation wurden deutlich. Später fand man sie nicht nur in den Steppenzonen, sondern auch in so entfernten Gebieten wie an der nordöstlichen Küste des arktischen Sibiriens. Einige waren blond und blauäugig, andere schwarz und dunkelhäutig. Einige waren Ackerbauer, andere weidende Nomaden und noch wieder andere Jäger im Wald. Die frühen Türken, mit denen die Chinesen in Berührung gerieten, wurden von ihnen nach einem türkischen Wort, das »stark« bedeutet, T'u-chüeh genannt.

Die Gruppe, durch welche die Türken auf die Straße der Macht gelangten, war ein Clan mit Namen Assena. Im 5. Jahrhundert befanden sie sich in einer nach ihrem Geschmack zu engen Nachbarschaft mit den autokratischen T'opa-Herrschern in Nordchina und suchten Schutz bei den Juan-juan oder Awaren, die damals die Mongolei beherrschten. Um sich dem Zugriff der T'opa zu entziehen, wanderten sie in die Nähe eines Berges im Gebiet der Juan-juan. Wegen seines Umrisses hieß dieser Berg Durko, ein Wort, das in einigen türkischen Dialekten noch immer »Helm« bedeutet. Seine Lage ist ungewiß. Einige glaubten ihn nahe der Nordwestgrenze Chinas, andere hielten ihn für einen Teil der Altai-Kette ganz im Westen der Mongolei.

Unter der Herrschaft der Juan-juan setzten diese Türken ihre herkömmliche Lebensform fort, die ähnlich war wie die der Hiung-nu. Sie waren in Zelten lebende Viehzüchter, Reiternomaden und berittene Bogenschützen. Sie waren Anhänger des Schamanismus, und der Verweis auf die »Blauen« Türken in der Inschrift von Kocho Tsaidam deutet auf ihren Anspruch, das erwählte Volk des Höchsten Himmels zu sein. Sie glaubten, sie seien Abkömmlinge eines grauen Wolfs, und die Fahnenstangen ihrer Kriegsbanner trugen an der Spitze einen aus Gold modellierten Wolfskopf. Von den Juan-juan übernahmen sie für ihre Führer die Titel »Khan« und »Khagan« – der erste bedeutet Häuptling oder König, der zweite König der Könige oder Kaiser –, und diese Bezeichnungen wurden später in weiten Teilen des Herzlandes verwendet. Die Türken vom Berg Durko jedoch besaßen eine Fähigkeit, die unter den Völkern des Herzlandes selten war: sie waren geschickte Metallarbeiter, und das mögen sie von den Handwerkern aus Minussinsk gelernt haben, von denen man glaubt, daß sie den Chinesen die Kunst der Bronzebearbeitung vermittelt haben. Dies mag darauf hindeuten, daß Durko wahrscheinlich eher in der Altai-Kette als nahe bei China lag, denn Minussinsk am Oberlauf des Jenissej liegt an den sibirischen Abhängen des Altai, und die Umgebung ist reich an Mineralien.

Als Schmiede waren die Türken vom Durko den Juan-juan ohne Zweifel nützlich, und die Vorteile, die sich für sie aus ihrem besonderen Können ergaben, ließen ihren Wohlstand ständig wachsen. Gesteigerte Macht stachelte ihren Ehrgeiz an, und ungefähr ein Jahrhundert nach ihrer Wanderung waren sie stark genug, ihre Juan-juan-Herren in der Mongolei herauszufordern. Sie hatten den Juan-juan Militärhilfe geleistet, um Rebellionen anderer Vasallen niederzuschlagen, waren aber bitter enttäuscht von den Belohnungen, die sie für ihre Treue erhalten hatten. Daher kam ihr Khagan T'ou-man, der den gleichen Namen trug wie jener gefürchtete Schanju der Hiung-nu in früheren Zeiten, zu einer Übereinkunft mit den T'opa in China, welche die Juan-juan schon immer verachtet hatten. Daraufhin wurden die Juan-juan von zwei Seiten zugleich angegriffen und so vollständig besiegt, daß fast ihre ganze Horde Hals über Kopf von ihren Weidegründen vertrieben wurde. Das war das Ende der Awaren in der Mongolei. Ihr Aufstieg war explosiv gewesen, und ihr Sturz wurde entsprechend katastrophal.

Die Türken nahmen ihre Gebiete in Besitz, und um 522 errichtete T'ou-man sein Hauptquartier am Fluß Orchon in der nördlichen Mongolei. Kurz danach starb er, und die sehr großen Gebiete, die er schnell unter seine Herrschaft gebracht hatte, wurden unter seinen beiden Söhnen geteilt. Der ältere wurde Häuptling der Türken in der Mongolei und übernahm die Zelt-Hauptstadt seines Vaters am Orchon. Der jüngere zog mit seiner Horde nach Südwesten über den Altai hinweg in das zentrale Herzland und setzte sich am Fluß Ili fest, in dem Gebiet des heutigen Kasachstan der UdSSR. So wurde das Reich der Türken nach

T'ou-mans Tod durch zwei Khanate gefährdet, einem östlichen und einem westlichen, deren Mittelpunkt jeweils nicht weit von einem großen See des Herzlandes entfernt lag, denn der Orchon mündet nach dem Zusammenfluß mit der Selenga in den Baikalsee und die Ili direkt in den Balkaschsee.

Die westlichen Türken vereinigten sich mit dem persischen König Chosrau gegen die Hephthaliten im nordöstlichen Grenzgebiet des Iran. Als die Hephthaliten zwischen den beiden Armeen aufgerieben worden waren, teilten die siegreichen Verbündeten deren Land unter sich auf, und dadurch verdoppelte sich das Territorium, das die westlichen Türken in Zentralasien beherrschten. Ihre Herden zogen jetzt aus der Nähe des Balkaschsees herunter in das riesige Gebiet von Weiden und Wüsten westlich des Pamir-Gebirges und begannen in das Land zwischen Oxus und Jaxartes einzudringen, das man als Transoxanien bezeichnet.

Zusammengenommen beherrschten die östlichen und westlichen Türken jetzt tatsächlich die ganze östliche Hälfte Innerasiens von der Mandschurei bis zur persischen Grenze, und ihr ständig sich steigerndes Ansehen zog verwandte Steppenvölker in Gebieten außerhalb ihres direkten Einflusses in ihren Machtbereich. Der unbekannte Autor von Kocho Tsaidam konnte durchaus die ersten schnellen Triumphe ihrer Führer feiern: innerhalb weniger Jahrzehnte nach dem Sieg über die Juan-juan standen sie an der Spitze der größten Konföderation, die das Herzland bisher erlebt hatte.

Um 555 erschien eine neue Horde kriegerischer Nomaden in Südrußland zwischen dem Kaspischen und dem Asowschen Meer. Es gibt einigen Zweifel daran, daß sie Überbleibsel der Awaren oder der Hephthaliten waren. Aber es scheint gewiß, daß sie von der türkischen Explosion weit im Osten über die Steppe geschleudert wurden, und wahrscheinlich befanden sich unter ihren Führern Stammeshäupter der Juan-juan. Auf jeden Fall wurden sie in Europa als Awaren bekannt. Wenige Jahre nach ihrem Eintreffen nahmen sie mit Kaiser Justinian Kontakt auf, der darum kämpfte, das römische Imperium nach den Katastrophen wiederaufzubauen, in welche die Hunnen es gestürzt hatten.

Es ergab sich, daß Justinian für die Awaren eine Aufgabe hatte. Da er vollauf mit den Problemen beschäftigt war, seine Autorität in Europa wieder durchzusetzen, würde die Anwesenheit eines kriegerischen Volks, das bereit war, sich als Hüter der Grenzen zur Steppe einsetzen zu lassen, Kampfkraft sparen, die dringend woanders benötigt wurde. Und die östlichen Grenzen von Byzanz wurden zu jener Zeit von den Bulgaren bedroht. Diese waren ein weiteres Nomadenvolk, Verwandte der Hunnen, das im Kielwasser der hunnischen Horden im 4. Jahrhundert nach Westen getrieben war. Einige von ihnen waren in den russischen Ebenen zwischen Wolga und Don zur Ruhe gekommen und dort geblieben. Aber andere waren in den Balkan eingedrungen und hatten kurz zuvor die Mauern Konstantinopels belagert. In der Stadt war eine Panik ausgebrochen, und obgleich die Bulgaren vertrieben worden waren, hielten sie sich immer noch unbequem nahe der Zufahrtswege auf. Justinian versicherte sich der Dienste der Awaren, um die beiden Konzentrationen der Bulgaren zu brechen. Den Awaren bot sich die doppelte Aussicht sowohl auf das Land der Bulgaren als auf die Bezahlung von Byzanz, und sie erfüllten genau ihre Verpflichtung. Vom Fuß des Kaukasus zogen sie nach Norden und unterwarfen die Bulgaren in Rußland ihrer Botmäßigkeit. Dann schwenkten sie quer durch die untere Donauebene und fielen über die anderen in Europa her, ermordeten eine große Zahl von ihnen und nahmen den Rest in ihre eigene Horde auf.

Diese Operationen schienen Justinians Zwecke zu erfüllen. Aber schließlich war die Besetzung des Don-Wolga-Gebiets durch die Awaren nur kurzlebig, und ein Jahrhundert später sollte Konstantinopel die Bulgaren wiedersehen. Und – noch unmittelbarer – die Ermutigung der Awaren durch den Kaiser rief eine tiefere Krise hervor. Denn, wie so oft erlebt, erwies es sich als eine gefährliche Politik, wenn ein Küstenstaat ein Volk aus dem Herzland verpflichtete, um ein anderes zurückzuschlagen. Der Erfolg gegen die Bulgaren regte den Appetit der Awaren nach weiterer Eroberung an – und sie hatten bereits in Europa Fuß gefaßt. Darüber hinaus hatte Justinian kurz vor seinem Tod 565 seine Zahlungen an sie eingestellt. Bald zogen die Awaren entlang der Graskorridore nach Westen, und 568 befand sich ihr Hauptquartier nicht weit von Attilas ehemaliger Hauptstadt entfernt. Die vorgeschobene Weidefläche Ungarn war wieder in der Hand des Herzlands.

Wie zuvor verbreitete sich in Europa die Angst. Denn als sie vorrückten, stießen die Awaren auf zwei germanische Völker, die Gepiden und die Langobarden. Die Kampfkraft der Gepiden wurde gebrochen, und die Langobarden wurden nach Norditalien abgedrängt, sie waren durch den Zerfall der römischen Ordnung dem Hunger und der Gesetzlosigkeit ausgeliefert und stahlen und plünderten. »Überall sehen wir Krieg«, klagte Papst Gregor der Große. »Unsere Städte werden zerstört, die Festungen dem Boden gleichgemacht. Die Schläge der göttlichen Gerechtigkeit nehmen kein Ende. Viele sind in die Sklaverei verschleppt worden, andere verkrüppelt oder tot. Was bleibt uns noch an Freude?« Und der Zug der Awaren hatte noch eine zweite Auswirkung. Seit einiger Zeit waren die Slawen von ihren früheren Wohnsitzen nördlich der Karpathen in den Balkan eingesickert, aber diese Bewegung war ungeordnet und in gewisser Weise durch die großen germanischen Wanderungen gehemmt worden. Als jetzt die Awaren vordrangen, vertrieben sie die byzantinische Bevölkerung der Donauprovinzen, die in den Bergen und entlang den Küsten Schutz suchte. Auf dem Balkan entstand ein Vakuum, in das die slawische Flut zu strömen begann.

Während sie Südrußland fest im Griff hatten, streckten die Awaren von Ungarn ihre Fühler zu den Alpen, der Elbe und der Ostsee aus. 582 jedoch begann ihr Khagan Bayan eine Reihe von Vorstößen in Richtung auf Konstantinopel. Von diesem Zeitpunkt an standen sie wie die Hunnen vor ihnen einem Verteidigungswillen gegenüber, der ebenso hartnäckig war wie ihre Entschlossenheit. Asiatische Reiter zerstörten Belgrad ein zweites Mal, aber fünf Jahre später wurden sie bei Adrianopel zurückgeworfen. Sie fielen nach Thrazien ein, doch wurde ihre ungarische Basis durch einen byzantinischen Gegenangriff fast vernichtet. Sie plünderten die Außenbezirke von Konstantinopel, machten eine Viertelmillion Gefangene, aber in die Mauern und Türme der Stadt vermochten sie keine Bresche zu schlagen. Der

Höhepunkt kam 626, als sie sich mit den Persern, den alten Feinden von Byzanz, verbündeten, um aufs Ganze zu gehen. Die Perser standen am asiatischen Ufer des Bosporus, die Awaren sammelten sich auf der europäischen Seite. Angriff folgte auf Angriff, und die Perser bemühten sich, die Meerenge zu überqueren. Doch die byzantinische Flotte verhinderte einen Zusammenschluß der beiden Belagerungsarmeen und rettete die Situation. Mit schweren Verlusten zogen sich die Awaren langsam nach Ungarn zurück, und ihre Kampfkraft wurde ständig geschwächt.

Ohne noch weiterhin Terror zu verbreiten, hielten sie sich bis 791, als sie durch Karl den Großen und seinen Sohn Pippin für immer vertrieben wurden. Aber auch dann benötigten die Franken drei Feldzüge, um sie zu zähmen, ihnen ihre Beute abzujagen und ihre Häuptlinge nach Aachen zu schicken, wo sie symbolisch getauft wurden. Sie waren als das übriggebliebene Treibgut eines einst mächtigen Steppenreiches in den Westen gekommen und hatten vor dem plötzlichen Aufwallen der noch stärkeren türkischen Macht im Herzland fliehen müssen, und doch waren sie in Europa zwei Generationen lang die am meisten Gefürchteten gewesen. Bisher sind von ihnen nur wenige Spuren gefunden worden, aber es scheint möglich, daß sie der westlichen Welt ein wichtiges militärisches Erbe hinterlassen haben.

Der Sattel, an dem Knopf und Hinterpausche hervorstehen, um das Vor- und Zurückrutschen auf dem Pferderücken zu verhindern und so dem Soldaten einen festeren Sitz zu verschaffen, war in Europa schon in Gebrauch, bevor die Awaren kamen. Aber manche glauben, daß sie aus dem Orient die Idee des Steigbügels mitbrachten. Wenn es stimmt, dann haben sie dem Westen den letzten größeren Durchbruch der Reitkunst vermittelt. Durch den Steigbügel erhielt der Reiter seitlichen Halt und Beherrschung, wurde die Beweglichkeit des Bogenschützen wesentlich gesteigert, sein Schuß im vollen Galopp tödlicher, und der Lanzenreiter konnte sich mit dem vollen Gewicht seines Tieres hinter seine Waffe stemmen. Das war die lange benötigte Erfindung, um beide Gattungen der Kavallerie zur Vollendung zu bringen[1].

[1] Vergleiche René Grousset »L'Empire des Steppes«, S. 232, und mit Hinsicht auf eine gründliche Diskussion der Entwicklung des berittenen

Während dieser Ereignisse in Europa gerieten die beiden türkischen Khanate, die so rasch in der Mongolei und in Zentralasien entstanden waren, in Schwierigkeiten. Zwischen ihnen war ein Streit von tödlicher Bitterkeit ausgebrochen. Das war eine Schwäche, für die die türkischen Völker noch anfälliger waren als die meisten anderen Steppenbewohner: die Zeit und immer wieder stolze innere Streitigkeiten sollten ihre ganze Macht nicht zur Entfaltung kommen lassen. Die Ursache der ersten ihrer vielen Spaltungen lag in einer Auseinandersetzung um Herrschaftsansprüche, aber sie wurde noch verschärft durch die Eifersucht der östlichen Türken auf das riesige Land, das ihren westlichen Verwandten nach deren Sieg über die Hephthaliten zugefallen war. Und 582 wurde der Bruch noch endgültiger, weil die westlichen Türken versuchten, das östliche Khanat zu übernehmen. Die beiden Verbündeten zerfielen zu ständiger Feindschaft. Darauf spielt der Autor von Kocho Tsaidam dunkel an: »Die jüngeren Brüder waren nicht wie die älteren, und keiner war wie ihre Väter vor ihnen. Khagane ohne Weisheit bestiegen den Thron, und das Reich der Türken wurde auseinandergerissen.«

Der Streit der Türken ließ im östlichen Herzland eine kurze Periode der Ruhe eintreten. Und dieses wiederum war einer der Faktoren, die in Asien ein Ereignis von höchster Bedeutung möglich werden ließen: die Wiedergeburt Chinas als vereinte Nation unter einem einheimischen Kaiser. Fast drei Jahrhunderte lang hatte Nordchina unter der Herrschaft des Herzlandes gestanden. Aber es besaß eine gewaltige Assimilationskraft. Unaufhörlich hatte es seine Eroberer absorbiert und deren Ziellosigkeit die Willensstärke seiner Intelligenz und die passive Gegenwart seiner großen Zahl entgegengesetzt. Die eisernen Fesseln der T'opa-Regierung waren schließlich zersprungen, und der Norden war in zwei Königreiche geteilt worden. 581 war es Yang Chien, einem entschlossenen chinesischen Diener der T'opa, gelungen, sie unter sich zu vereinigen, und ein paar Jahre später brachte seine Armee den südlichen Staat Nanking, der durch Flüchtlinge der Nomadeninvasionen dicht besiedelt war, unter seinen Macht-

Angriffs siehe Lynn White Jnr. »Medieval Technology and Social Change«, Oxford University Press 1962, S. 1—38.

bereich. 589 erwachte China mit frischen Kräften aus seinem langen Schlaf, und zu dem gewaltigen Potential des Jangste-Beckens kam der Süden noch hinzu. Yang Chien wurde der erste der beiden Sui-Kaiser, die einen Staat von der ursprünglichen Größe eines wiedererstandenen Tschang An beherrschten.

Gegenüber den Türken, und besonders den östlichen Türken vor seiner Türschwelle in der Mongolei, ging der neue Kaiser kein Risiko ein. Er ließ die Mauer gründlich wiederaufbauen, und seine Agenten, die unter den zerstrittenen Clans verkehrten, taten ihr Äußerstes, um den bestehenden Bruch zwischen dem östlichen und dem westlichen Khanat auszuweiten. Aber erst sein Sohn, Yang-ti, stand dem Khagan der östlichen Türken persönlich gegenüber und stellte dabei fest, wie eindrucksvoll – trotz der Trennung zwischen Orchon und Ili – die türkische Macht immer noch war. Ihrerseits hatten die mongolischen Türken, sosehr sie auch darauf bedacht waren, die Eroberungen ihrer Hiung-nu-Vorfahren zu wiederholen, doch gespürt, daß die neue Lebenskraft Chinas Vorsicht gebot. Sie erkannten, daß ihren unmittelbaren Interessen am besten durch einen Akt förmlicher Ehrerbietung gedient sei. Daher trafen sich der Sohn des Himmels und der Vizekönig des Höchsten Himmels am Rand des offenen Steppenmeers inmitten ihrer beiden Hofstaaten. Der türkische Häuptling brachte ordnungsgemäß seine Huldigung vor, aber es ging eher darum, dem anderen von Auge zu Auge seine Macht zu demonstrieren. Jeder versuchte den anderen einzuschüchtern. Yang-ti, der seiner Leidenschaft für das Theatralische die Zügel freigab, ließ rund um sein riesiges Hauptquartier eine gigantische Leinwand aufstellen. auf der die eindrucksvolle Silhouette der chinesischen Hauptstadt abgebildet war. Der Khagan brachte seine gesamte Armee mit und stellte sie mit ihren schwankenden Wolfskopfbannern auf, soweit der Blick reichte. Und wie Chinas Magie die Illusion von Tschang An in der Wildnis zu schaffen vermochte, so war es ebenfalls klar, daß die Türken nur auf einen Wandel der chinesischen Geschicke warteten, um sich des Modells zu bemächtigen.

Die Chance kam oder schien zu kommen, als Yang-ti 618 gestürzt wurde. Seine Prunksucht und dazu die Kosten seiner ausländischen Feldzüge und seiner grandiosen öffentlichen Arbeiten in der Heimat erwiesen sich als zuviel für sein Volk. Die kaiserliche Garde setzte alles auf die Karte eines Aufstands, griff den Kaiser an, erdolchte in seiner Gegenwart seinen Sohn und erwürgte ihn dann. In den darauffolgenden Unruhen sahen die östlichen Türken das Signal, auf das sie gewartet hatten. Auf den Spuren der Hiung-nu brachen sie in Schansi ein und näherten sich 624 Tschang An.

Aber die Türken hatten in ihrer Rechnung einen schweren Fehler gemacht. Im 4. Jahrhundert, als die Hiung-nu Schansi eroberten und Lojang verwüsteten, war China lange schwach und verfallen gewesen. Jetzt stand es in der ersten Blüte erneuerter Kraft. Das plötzliche Ende der kurzlebigen Sui-Dynastie bedeutete keinen Wandel des nationalen Bewußtseins, sondern lediglich einen Regierungswechsel. Und der junge Prinz, der seinen Weg zur Thronfolge erkämpfte, war seinen Gegnern aus der Steppe mehr als gleichwertig. Es war T'ai-tsung, der erste der T'ang-Kaiser, und wie er in den frühen Jahren seiner Regierung mit der Notlage von Tschang An fertig wurde, das bewies seine Fähigkeit. Der unerwartete Anblick vorrückender Truppen alarmierte die Invasionsstreitkräfte der Türken, und der Khagan gab den Befehl zum Rückzug. T'ai-tsung jedoch machte sich nicht sofort auf die Verfolgung. Da er selbst aus Schansi stammte, war er sich darüber im klaren, daß die Kavallerie der Nomaden, indem sie auswich und sich neu formierte, oft den Spieß gegen ihre Verfolger umdrehen konnte. So hielt er sich hinter der türkischen Nachhut und wartete. Gegen Abend gerieten die Armeen in ein wolkenbruchartiges Unwetter. T'ai-tsung erkannte die Chance, schloß auf und griff an. In dem Platzregen und der Dunkelheit waren die türkischen Bogen unbrauchbar, und die chinesischen Säbel machten aus dem Rückzug schnell eine wilde Flucht.

626 – als die Awaren vergeblich Konstantinopel angriffen – versuchten die Türken es von neuem. Sie belagerten Tschang An mit einem gewaltigen Heer von Bogenschützen und drohten, die Stadt zu zerstören, wenn nicht Tribut gezahlt würde. T'ai-tsung war im Nachteil, denn zu der Zeit befanden sich nur wenige

Truppen in der Stadt. Als der junge Kaiser erkannte, daß der Ausgang von seinem persönlichen Verhalten abhing, befahl er seiner kleinen Garnison, langsam durch verschiedene Tore hinauszuziehen, um den Eindruck einer großen Anzahl herzurufen, während er selbst vor ihnen her allein auf die türkischen Reihen zuritt. Auf Rufweite zügelte er sein Pferd. In dem gespannten Schweigen wandte er sich in ihrer eigenen Sprache an die Masse feindlicher Nomaden und schlug einen Zweikampf vor. Er hatte ihre Reaktion richtig eingeschätzt. Die Krieger erkannten den Krieger. Die türkischen Führer stiegen vom Pferd und huldigten seinem Mut. Als sie dann neben ihren Pferden standen und die spärlichen chinesischen Bataillone sich hinter ihm aufstellten, hielt T'ai-tsung den Nomaden einen Vortrag über ehrenvolle Koexistenz. Es wurde Friede geschlossen, und die Türken zogen sich zurück.

Vier Jahre später unternahmen sie einen letzten Versuch. Aber inzwischen hatten die Chinesen nicht geruht, die Zwietracht unter ihnen zu schüren, und jetzt warf T'ai-tsung seine ganze Macht mitten in ihre mongolische Heimat. Durch einen aufrührerischen Stamm wurde ihm der Khagan ausgeliefert, und dieser unterwarf sich um seiner selbst und seines Volkes willen. »Die türkischen Herren verzichteten auf ihre herkömmliche Anrede und nahmen chinesische Titel an. Fünfzig Jahre lang widmeten sie dem chinesischen Kaiser im Frieden ihre Energie und im Krieg ihre Tapferkeit. Ihm übereigneten sie ihr Reich und die Fundamente, auf denen es stand[1].«

In anderen Worten, den mongolischen Türken war der Weg aus dem Herzland zur asiatischen Küste versperrt. Die ruhelose türkische Energie würde also ein Ventil nach Westen suchen müssen.

Die Macht der westlichen Türken erlitt anfänglich wie die ihrer östlichen Nachbarn trotz des Streites zwischen ihnen nur wenig Einbußen. Von ihrem Hauptquartier in der Nähe des Balkaschsees aus hatten sie ein riesiges Gebiet Zentralasiens fest im Griff. Ein chinesischer Buddhist, der 630 nach Indien pilgerte

[1] Thomsen, a. a. O., S. 99.

und hier vorüberkam, hinterließ eine lebendige Beschreibung ihres Khagans und seiner mächtigen militärischen Umgebung. Die Filzbahnen des großen Zelts, in dem er saß, trugen Ornamente aus schimmerndem Gold, die das Auge blendeten. Die grüne Robe des Khagans war mit einer drei Meter langen seidenen Schärpe umwickelt. Zu beiden Seiten von ihm standen seine Edlen, deren Zöpfe auf lange Mäntel aus reichem Brokat fielen. Hinter ihnen hatten sich die Bogenschützen der Leibwache aufgestellt. Überall rund um das Lager des Khagans sah man Reiter, deren Banner zwischen unzählbaren Pferdeherden sich bis an den Horizont erstreckten. Und doch war diese beherrschende Gestalt wenige Monate danach tot und sein Gefolge zerstreut. Die Karluken, einer der ihm untergeordneten Stämme, rebellierte und ermordete ihn. Sofort zerfiel das westliche türkische Khanat in eine Reihe einander feindlicher Gruppen.

Aber wenn die Türken auch wiederholt ihren eigenen endlosen Rivalitäten zum Opfer fielen, so verfügten sie doch über ein außergewöhnliches Regenerationsvermögen. Das Feuer erlosch hier und flackerte woanders wieder auf. Wenn ihre Stärke durch Stammeskriege in einem Teil der Steppen gebrochen wurde, kam sie in einem anderen mit der Expansion verwandter Stämme wieder zum Vorschein. Und als die Macht des westlichen türkischen Khanats in Bruchteile zerfiel, begann sie in Form von kleineren, aber immer noch eindrucksvollen Konzentrationen auf den südrussischen Ebenen wieder zu wachsen.

Die bedeutendsten dieser Ausläufer-Konföderationen waren die Chasaren und die Bulgaren, beides Völker türkischen Ursprungs. Einige Jahrhunderte lang hatten die Chasaren sich in Südrußland nördlich des Kaukasus festgesetzt. Hier, auf der direkten Marschlinie der nach Westen wandernden Horden, waren sie von den Wellen hin und her geworfen worden, die zuerst der Durchzug der Hunnen und dann der der Awaren hervorgerufen hatten. Aber als diese Wellen abebbten, erlaubten ihnen die ruhigeren Lebensbedingungen auf den Steppen am Schwarzen Meer, zu einer Blütezeit zu gelangen, und zu der Zeit, als das westliche Khanat am Balkaschsee zerbrach, expandierten die

Chasaren nach Norden bis zu einer Linie, an der das Grasland in die europäischen Wälder Rußlands übergeht.

Diese Wanderung nach Norden brachte sie mit ihren entfernten Verwandten, den Bulgaren, in Kontakt, die auf Justinians Betreiben von den Awaren erobert worden waren. Aber die Macht der Awaren in Europa war jetzt im Sinken, und die Bulgaren gewannen ihre Unabhängigkeit wieder. Durch die Expansion der Chasaren trafen die beiden Völker um 640 in dem Gebiet der konvergierenden Flußläufe der Wolga und des Dons aufeinander, dort, wo jetzt Stalingrad liegt. Masse und Wucht der Chasaren trieben einen Keil zwischen die bulgarischen Stämme, wie ein Schiff das Eis durchbricht.

Ein Teil der verdrängten bulgarischen Horde wanderte nach Westen und überquerte die Donau. Wieder standen die Bulgaren im Bannkreis Konstantinopels. Ihre Ankunft traf zufällig mit der Entmachtung des Kaisers Konstantin IV. zusammen, der einen Gichtanfall erlitt. Das war ein Unglück, denn sein Sohn, Justinian II., nahm sie offiziell in das Reich auf, und für mehr als drei Jahrhunderte plünderten sie zusammen mit den Balkanslawen von Zeit zu Zeit die byzantinische Hauptstadt; einmal töteten sie den Kaiser, Nikephoros I., im Kampf und machten aus seinem Schädel eine Trinkschale. Schließlich wurden sie slawisiert, zum Christentum bekehrt und in die Gemeinschaft Europas absorbiert. Der Rest der Bulgaren, der vor den Chasaren ausgewichen war, zog nach Osten zur Wolga und gründete dort das großbulgarische Khanat. Mit einer Langlebigkeit, die unter Steppenstaaten selten war, überstand es bis zum 13. Jahrhundert.

Als sie die Bulgaren gespalten und zur Seite geschoben hatten, besetzten die Chasaren den größeren Teil Südrußlands. Sie hatten sich Konstantinopel schon verpflichtet, indem sie ihm vierzigtausend Mann für die unaufhörlichen byzantinischen Kriege gegen Persien liehen. Ihre Beziehungen zu Byzanz wurden fest und zuverlässig, und dadurch wurden sie nach und nach zivilisiert. Sie nutzten ihre günstige Position an den Wasserwegen und wurden Mittelsmänner in dem lukrativen Handel zwischen Europa und dem nördlichen Asien. Enger Kontakt mit jüdischen Kaufleuten ließ ihre führenden Clans, die ursprünglich den Himmel verehrt hatten, die jüdische Religion annehmen. Doch wenn die Chasaren auch relativ aufgeklärt und fortschrittlich wurden, sollte sich ihr Reich doch als weniger dauerhaft erweisen als das ihrer bulgarischen Nachbarn.

Die Chinesen hatten die Stoßkraft der östlichen Türken in ihr Territorium wirkungsvoll zum Stillstand gebracht. Aber sie gaben sich jetzt nicht damit zufrieden, auf ihren Lorbeeren auszuruhen. Der lange Alptraum nomadischer Besatzung war nicht ohne stimulierende Auswirkungen geblieben. Als China seine Besatzer aus der Steppe absorbierte, hatte es selbst einiges von deren Aggressivität, Kühnheit und Ausdauer übernommen. Diese Eigenschaften kamen nun zu den eigenen traditionellen Tugenden hinzu, und nicht zuletzt zu dem angeborenen Sinn für Ordnung, der die Erhebung vernünftiger Steuern für öffentliche Zwecke möglich machte. Darüber hinaus lagen von 618 an die alten und die neuen Vorzüge in den Händen entschlossener Kriegerkaiser. T'ai-tsungs zwingende Persönlichkeit hatte durch sein kühnes Verhalten vor Tschang An viel an öffentlicher Achtung gewonnen, und seit jener Notlage hatte er unter seinem Befehl eine erstklassige Armee aufgebaut. Außer einem Elitekorps, vornehmlich berittener Bogenschützen, das immer in der Hauptstadt bereitstand, zählten die chinesischen Streitkräfte jetzt mehr als sechshunderttausend Reguläre und Reservisten, deren Verantwortlichkeit für Ausbildung und Dienst vom Vater auf den Sohn überging. Aus diesem gewaltigen Reservoir an Kampfkraft konnte der Kaiser jederzeit eine Armee von annähernd einer Viertelmillion mobilisieren. Seine Entscheidung, dieses Instrument zu benutzen, um das türkische Lager selbst anzugreifen, entsprach durchaus der neuen Stimmung nationalen Wiederauflebens.

Die östlichen Türken in der Mongolei bedeuteten kein Problem. T'ai-tsung hatte ihnen bereits die Zähne gezeigt, und sie waren durch Vertrag gebunden, sich ruhig zu verhalten. Jetzt war es sein Ziel, die entfernteren Türken im Gebiet der Ili und des Balkaschsees, die Nachfolgeparteien des früheren westlichen türkischen Khanats, zu bändigen. Als die chinesischen Streitkräfte aus der Ordos-Schleife und dem Schutz der Großen Mauer in das Herzland hinauszogen:

Rumpelten Wagenräder, wieherten Pferde schrill,
Jeder Mann trug Pfeil und Bogen an der Hüfte ...[1]

da schienen sie wieder vom Geist eines Wu-ti beseelt zu sein. Denn im Gebiet der dsungarischen Pforte trafen sie auf eine der abgespaltenen türkischen Horden, und der Ausgang war weniger ein Sieg als ein Massaker. Die Nachricht von dem chinesischen Triumph verbreitete sich unter den anderen türkischen Stämmen in Zentralasien, und ihre Wirkung war die gleiche, die T'ai-tsungs Angebot eines Zweikampfs bei Tschang An hervorgerufen hatte. Ungeschlagen, aber voller Achtung vor kriegerischem Willen, akzeptierten viele den Zutritt chinesischer Befehlshaber und ihrer Forderungen, sich dem Kaiser zu unterwerfen.

Es blieb noch die strategisch entscheidende Zone des Tarim-Beckens, das zwischen dem eigentlichen China und seinen kürzlich befriedeten nomadischen Untertanen in den Steppen am Balkaschsee lag. Seit dem Zusammenbruch der chinesischen Vorherrschaft im 4. Jahrhundert und obgleich sie in jüngerer Zeit türkischen Überfällen ausgesetzt waren, hatten die Oasen-Städte viel von ihrem früheren Wohlstand wiedergewonnen. Der Karawanenhandel hatte ihnen etwas vom byzantinischen Reichtum und von der Bildung des sassanidischen Persiens gebracht. Sie standen jetzt auf der Höhe ihrer Kultur, eine übriggebliebene, fast heimwehkranke Insel altiranischen Ursprungs, entschlossen, glänzend, elegant, inmitten eines türkischen Ozeans. Aber ihre Herrscher mußten dem sie umgebenden nomadischen Druck Rechnung tragen, und ihre Zuverlässigkeit war lebenswichtig für Chinas militärische Versorgungswege und seine wiedererstandene Wirtschaft. Wie früher Pan Ch'ao öffneten Kaschgar, Yarkand, Khotan, Kucha eine nach der anderen T'ai-tsung ihre Tore. Schließlich bedeutete die Wiedereinsetzung der chinesischen Herrschaft im Tarim-Becken das Ende jeder unabhängigen iranischen Anwesenheit im Herzland.

Um 648 schien die Herrschaft Chinas unanfechtbar. Die Macht der mongolischen Türken hatte es schon gebrochen, jetzt be-

[1] Tu Fu »Gesang der Streitwagen«.

herrschte es Innerasien vom Gelben Fluß bis zum Pamir. Darüber hinaus verschaffte ihm der indirekte Einfluß auf die türkischen Vasallenstämme weiter im Westen die Kontrolle über die Steppen und Wüsten vom Fergana-Tal bis zum Aralsee. Die Chinesen hatten eine gigantische Pfeilspitze, deren zusammenlaufende Seiten im Norden durch das Altai-Gebirge und im Süden durch die tibetanische Hochebene begrenzt wurden, in das Herzland getrieben, und die Spitze zeigte auf Persien und das Kaspische Meer. Auch über dieses riesige Dreieck hinaus wirkte die chinesische Autorität bis nach Afghanistan und Kaschmir.

Doch während T'ai-tsung immer noch weiter nach Westen vordrang, breitete sich von der südlichen Grenze Eurasiens her ein neuer Machtfaktor aus. Und dieser, dessen plötzlicher und heftiger Aufschwung den Schauplatz der Küste schon verwandelte, sollte die türkische Flamme in Zentralasien wieder anfachen.

Das 7. Jahrhundert hatte bisher im Zeichen Chinas gestanden. In Krieg und Frieden hatten Ausmaß und Glanz seiner Wiedergeburt den Rest der Welt in den Schatten gestellt. Kein anderer eurasischer Staat, weder an der Küste noch auf dem Kontinent, konnte sich mit seiner neuen Größe und Energie vergleichen. Der größere Teil Indiens lag immer noch unter den Ruinen der Eroberung durch die Hephthaliten. Im europäischen Westen klammerten sich immer noch viele an die Strohhalme der römischen Institutionen, aber in Wirklichkeit war die römische Macht seit langem ausgelöscht, untergegangen in den großen germanischen Wanderungen und den ständigen Invasionen aus der Steppe. Fürsten und Päpste bereiteten sich auf den Kampf um sein Erbe vor. In Verwirrung und Gefahr wurden kleinere Geister von der Hoffnung auf die Sicherheit geblendet, die Land und sein Besitz anboten: die Feudalordnung nahm Gestalt an. Armut und Stagnation erreichten ihre dunkelste Phase. In vieler Hinsicht waren manche der nomadischen Völker Innerasiens besser dran. Auf den westlichen Steppen stellten die Konföderationen der Chasaren und Bulgaren mehr dar als bloße Polarisationen primitiver Horden. Unter relativ stabilen Regierungen lebten sie sowohl von friedlichem Handel wie von Tribut und Plünderungen. Sogar die ruhelosen und raffgierigen Türken Zentralasiens kamen mit den materiellen Wohltaten der chinesischen wie auch der persischen Zivilisation in Berührung. Wahrscheinlich zu keiner früheren Zeit hatte das Herzland engeren Kontakt mit den Völkern an der Küste gehabt, und wie dieser den Blick für die Schwächen der Küste geschärft hatte, so verschaffte er vielen Steppenbewohnern einen höheren Lebensstandard.

Für die Küstenwelt war keine Rivalität schädlicher als der unaufhörliche Streit zwischen Persien und Byzanz. Dieser fortgesetzte Konflikt hatte ihre Finanzen erschöpft, ihre Anstrengungen ganz in Anspruch genommen und viel von ihrem wirtschaftlichen Leben lahmgelegt. Dadurch waren auch die Gebiete der Levante und Mesopotamiens, die zwischen ihnen ein Niemandsland bildeten, ständiger Spannung und Zerstörung unterworfen. 627 erzielte Kaiser Heraklios durch eine überwältigende Niederlage der persischen Armee am Tigris eine endgültige Lösung. Damit waren die tödlichen Kriege zwischen Mittelmeer und Vorderem Orient vorüber. Aber kaum hatten die beiden Armeen ihre Toten begraben, als der byzantinische Kaiser und der persische König beide eine gleichlautende Botschaft erhielten. In dem Triumph und der Katastrophe des Augenblicks erschien sie beiden nichtssagend und belanglos, denn sie war in einer wenig bekannten Wüstensprache hingekritzelt und verlangte von ihnen, den einzig wahren Gott anzuerkennen. Die Botschaft war in Arabisch und ihr Absender Mohammed.

Wie bei einigen der großen Ausbrüche aus dem Herzland war das auslösende Moment der arabischen Explosion wahrscheinlich die wachsende Trockenheit der arabischen Halbinsel, verbunden mit dem Bevölkerungszuwachs. Ihre treibenden Kräfte waren ebenso politisch und wirtschaftlich wie religiös, denn der Glaube, den Mohammed entwickelt hatte und der in seinem sozialen Zusammenhang ursprünglich heimatlich orientiert war, wurde in den Händen größerer Kaufleute in den Städten am Roten Meer schnell zu einem Instrument imperialistischer Expansion. Als sie über die Grenzen ihrer Heimat hinausdrangen, war das erste Ziel der arabischen Armeen die Inbesitznahme und Kontrolle der Handelswege an der Levante.

Dieses war das Gebiet, über das hinweg sich Byzanz und Persien so lange bekämpft hatten. Seine Bevölkerung war voller Unzufriedenheit. Viele waren geneigt, die Araber als Befreier willkommen zu heißen. Und keines der beiden Reiche hatte noch die Kraft, diese abgelegenen Territorien zu verteidigen, die sie abwechselnd besessen und zerstört hatten. Erst vor ein paar Jahren hatte ja Byzanz endgültig über Persien triumphiert, und beide waren erschöpft. Mühsam sammelte Heraklios eine Armee, aber sie wurde 634 in einem Unwetter auf dem Fluß Yarmouk nahe dem Toten Meer vernichtet. Bald standen die Araber an den Grenzen Kleinasiens und drangen in das Vorland des Taurus-Gebirges ein. Beinahe gleichzeitig wandten sie sich nach rechts gegen Persien. Zunächst boten die Perser hartnäckigen Widerstand. Angesichts der Verluste, die sie durch Byzanz erlitten hatten, trat ihr Oberbefehlshaber Rustan für eine hinhaltende Taktik ein. Aber ein neuer König, der jugendliche Jesdegerd, hatte erst kürzlich den Thron bestiegen, und voller Eifer auf einen ruhmreichen persischen Sieg verwarf er die Vorsicht des alten Marschalls. Bei Kadasiya in der Nähe des Euphrats stellte sich Rustans Armee hinter einer massierten Front von Elefanten auf spektakuläre Weise den Arabern. Drei Tage und Nächte hielten die Perser den Eindringlingen stand, aber nach einem wütenden Nachtangriff der Araber schlugen diese sie am vierten Morgen in die Flucht, und Rustam wurde getötet. Innerhalb weniger Jahre hatten die Perser das Sagros-Gebiet erobert, und eine zweite persische Niederlage bei Nehawend in der Nähe von Hamadan öffnete ihrem siegreichen Vorstoß die gesamte iranische Hochebene. 651 befanden sie sich in Herat am Fuß des Hindukusch, und Jesdegerd, der letzte Sassaniden-Herrscher, der von Versteck zu Versteck durch das Königreich gejagt worden war, wurde in den immer größeren Wirren ermordet. Die Araber besetzten die Karawansereien von Balch, und bald darauf sicherten sich ihre Vorausabteilungen die Fähren entlang dem Ufer des Oxus. Als sie hier unter Weiden und Tamarisken standen, konnten sie jenseits des Wassers, das ruhig zum Aralsee floß, Transoxanien liegen sehen. Sie waren am südlichen Tor des Herzlands eingetroffen. Und zwei der mächtigsten Nationen der Zeit, die Araber und die Chinesen, mußten aufeinandertreffen – und zwischen ihnen in Zentralasien die Türken.

Inzwischen schob sich der Kern des plötzlich entstandenen arabischen Reichs von den Wüsten des Roten Meers nordwärts nach Syrien. Streitigkeiten zwischen den Anhängern von Mohammeds Schwiegersöhnen, Ali und Othman, zwischen der rein geistigen Konzeption des Islams und seiner mehr imperialistischen Form, waren schließlich zugunsten des letzteren gelöst worden. Für die Expansionisten wurden die eroberten Territorien jetzt wichtiger als Arabien, und nach Alis Ermordung 661 wurde Muawija, der Gouverneur von Syrien, der erste Kalif der Omaijaden. Das Zentrum der Macht verlagerte sich von Mekka in Muawijas Hauptstadt, die große Handelsstadt Damaskus.

Dem Sieg der Partei, die für eine nach außen gerichtete arabische Politik eintrat, folgte bald eine erneute militärische Aktion. Die erste Invasion nach Ägypten war 639 erfolgt und drei Jahre später Alexandrien erobert worden. Jetzt begann der Vorstoß durch die byzantinischen Besitzungen an der nordafrikanischen Küste in Richtung auf die Straße von Gibraltar und Spanien. Zugleich wurde eine arabische Flotte aufgebaut, um die Seemacht Konstantinopels im östlichen Mittelmeer herauszufordern. 673 befand sie sich im Marmara-Meer, und bis 677 wurde die Hauptstadt alljährlich von arabischen Schiffen im Bosporus angegriffen.

Aber in jenem Jahr erfolgte ein Rückschlag, denn mit der kürzlichen syrischen Erfindung des griechischen Feuers verfügte die byzantinische Flotte über eine neue und furchtbare Waffe. Töpfe mit Rohöl, gemischt mit Salpeter, die sich beim Aufschlag sofort entzündeten, regneten auf die arabischen Schiffe. Ihre Takelagen zerfielen im flüssigen Feuer, ihre Mannschaften wurden entsetzlich verbrannt, und die arabischen Schiffe zogen sich zurück.

Dieser Rückschlag auf ihrem zentralen Kriegsschauplatz gegen Byzanz hatte die Auswirkung, den arabischen Druck westwärts nach Spanien und ostwärts durch den Iran zum Herzland wieder zu verstärken. Im nordöstlichen Iran, in dem riesigen Gebiet Chorassan, waren schon etwa fünfzigtausend arabische Familien angesiedelt worden, und von hier unternahmen arabische Truppen in den ersten Jahren des 8. Jahrhunderts einen neuen Vorstoß über den Oxus hinweg. Buchara öffnete ihnen seine Tore, und bald drangen sie durch Samarkand in das Gebiet von Taschkent. Sie befanden sich jetzt jenseits des Jaxartes und in direktem Kontakt mit den zentralasiatischen türkischen Stämmen, die unter dem Schutz Chinas standen. Die Türken wehrten sich gegen die Invasion ihrer Weideflächen und zogen sich kämpfend zurück. Gleichzeitig wandten sie sich an ihre chinesischen Herren um militärische Hilfe.

Zu dieser Zeit machte den Chinesen das östliche Herzland wieder einmal viel zu schaffen. Die mongolischen Türken, die 630 durch T'ai-tsung unterworfen worden waren, hatten sich wieder erholt. Gegen Ende des 7. Jahrhunderts zogen sie plündernd durch Schansi in das Becken des Gelben Flusses, und 706 rieben sie am Rande der Wüste Gobi unter ihrem wilden Führer Khapaghan eine chinesische Armee auf. Der mutige T'ai-tsung war tot, und die Nachfolge war in schwächere Hände übergegangen. Ein Einfall nach dem anderen kam aus der Mongolei herunter, und auf dem Rückzug schwankten sie unter dem Gewicht von erbeuteten Reichtümern der T'ang. »Sklaven wurden Sklavenhalter, Leibeigene die Herren von Leibeigenen. Wir, die Türken, hatten unsere Pläne reifen lassen und brachten jetzt die Ernte ein[1].« Khapaghan rächte sich an den Chinesen, zwang abgelegene türkische Stämme unter seine Herrschaft, half stoßweise seinen Landsleuten, die Araber abzuwehren, und fast wäre es ihm gelungen, die türkischen Völker wieder zu vereinigen. Aber seine Methoden waren selbst für seinen eigenen Menschenschlag zu grausam: 716 geriet er in den Hinterhalt einer feindlichen türkischen Bande und wurde ermordet. Nach seinem Tod geriet das ganze türkische Herzland in ein Chaos, und in einem Aufstand gegen die ihn beherrschenden östlichen Türken riß der Stamm der Uiguren Land und Führung an sich und errichtete seinen Mittelpunkt nahe dem Karakorum am Ufer des Orchon, nicht weit entfernt von der ursprünglichen osttürkischen

[1] Thomsen a. a. O., S. 105.

Hauptstadt. Im Besitz anderer Nomaden sollte dieser Ort später in ganz Eurasien bekannt und gefürchtet werden.

Solange sie dauerte, sollte sich die Hegemonie der Uiguren für China als günstig erweisen, denn sie waren das intelligenteste und friedlichste der türkischen Völker im östlichen Herzland. Aber ihre Herrschaft am Orchon setzte sich erst 744 durch, und in der Zwischenzeit hatten die Chinesen, die mit dem Aufstieg und Sturz Khapaghans voll beschäftigt waren, eine Konfrontation mit den nach Zentralasien vorrückenden Arabern möglichst vermieden. Statt dessen ermutigten sie den Widerstand ihrer an Ort und Stelle ansässigen türkischen Vasallenstämme.

Dennoch kam es zum Zusammenstoß. Er entstand aus einem relativ geringfügigen Anlaß, als die Türken durch die Chinesen diskreditiert wurden. Die Auswirkungen standen in keinem Verhältnis zu dessen Bedeutung. Der chinesische Vizekönig in Zentralasien war Kao Hsien-chih, ein General von einigem Ruhm, der dabei war, als die Chinesen ihre Besetzung bis zu den westlichsten Grenzen ausdehnten. Zu der Zeit bildete der Distrikt Taschkent ein Grenzbollwerk gegen die Araber und wurde von einem türkischen Stamm gehalten, der den Chinesen treu ergeben war. Kao Hsien-chih warf dem Khan von Taschkent plötzlich die Vernachlässigung seiner militärischen Pflichten vor. Die Anklage erfolgte ohne jeden Grund aus persönlichen Motiven. Obgleich der Khan entschieden widersprach, marschierte Kao mit einem chinesischen Heer nach Taschkent, richtete ihn hin und stahl den Inhalt seiner Schatzkammer. Dies rief unter den benachbarten Türken natürlich einen Sturm der Entrüstung hervor. Die Familie des ermordeten Khan forderte sie auf, die Ungerechtigkeit zu rächen, und wandte sich zugleich auch an den nächsten arabischen Befehlshaber. Beide reagierten. Türkische Kompanien kamen aus dem Norden herunter, und arabische Garnisonen machten sich von Buchara und Samarkand aus auf den Weg. Zum Höhepunkt der Affäre kam es 751 im Tal der Talas, einem kleinen Fluß im Herzen Zentralasiens auf halbem Weg zwischen dem Balkaschsee und dem Jaxartes. Von den türkischen und arabischen Streitkräften umzingelt, befahl Kao einen nächtlichen Rückzug, aber in der Dunkelheit verloren seine Truppen den Zusammenhalt, und der chinesische Rückzug wurde zur Flucht. Aus Kaos Nachzüglern und chinesischen Siedlern des Distrikts machten die Araber eine Menge Gefangener, unter ihnen eine Reihe von Seiden- und Papierarbeitern. Diese Männer erwiesen sich als sehr wichtig, denn die Anwesenheit von Seidenhandwerkern mit ihren Kenntnissen von den neuesten Methoden der Seidenzucht in Persien verschaffte dem Land einen Vorsprung im Handel mit Europa, während die Papiermacher genau zu dem Zeitpunkt ihre Geheimnisse vermittelten, als verbessertes Schreibmaterial unbedingt notwendig war, um die arabische Kultur zu verbreiten.

Aber die wirtschaftlichen Konsequenzen des Gefechts an der Talas waren im Vergleich zu den politischen Auswirkungen unbedeutend. Zufällig war dies nur eine von drei militärischen Schlappen, die China innerhalb weniger Monate hinnehmen mußte. Gleichzeitig wurden seine Grenzen sowohl in Yünnan wie entlang des Flusses Liao im Norden von Barbaren angegriffen, und der Fehlschlag der Versuche, diesem Druck standzuhalten, dazu die unwürdige Balgerei mit den Arabern riefen einen Umschwung der öffentlichen Meinung gegen das koloniale Abenteuer hervor. Die Leidenschaft des Aufschwungs unter den Sui und den frühen T'ang war erloschen. Jetzt hatte der Durchschnittsmann wenig andere Aussicht als Steuern und Zwangsrekrutierung, um die riesige Ausdehnung des Reiches zu verteidigen.

Über der Wüste sah ich die Sonne aufgehen,
Ich sah die Sonne unter der Wüste versinken:
Und dreißigtausend Meilen weit war der Weg bis hier.
Was soll der Ruhm, wenn wir ihn mit solchen Märschen kaufen?

Ts'en Shen

Wieder folgte auf die Expansion der alte Zyklus der Kontraktion. Alle Machtbereiche in Zentralasien, die T'ai-tsung mit soviel Anstrengung erworben hatte, wurden evakuiert. Daheim wurde das T'ang-Regime weniger durch Freunde innerhalb Chinas als – ausgerechnet unter allen Völkern – durch die uigurischen Türken der Mongolei gestützt. Da er mit der Verpflichtung rechnete, die ihm seine Unterstützung in der Krise einbringen würde, führte der Khagan ein Heer seiner berittenen Bogenschützen nach Tschang An hinunter. Fast hundert Jahre lang, bis ihr eigenes Land von rivalisierenden türkischen Horden besetzt wurde, hielten die Uiguren die Macht der T'ang aufrecht.

Obgleich sie im letzten nicht in der Lage waren, den Abfall Chinas in eine weitere Periode der Zersetzung aufzuhalten, verschaffte ihre zeitweilige Intervention den Uiguren große Vorteile. Sie wurden mit chinesischen Prinzessinnen und materiellen Geschenken jeder Art überhäuft. Und die Anwesenheit ihres Khagans in Tschang An zeitigte auch ein seltsames religiöses Ergebnis. Er traf dort einen Missionar manichäischen Glaubens – jener seltsamen Mischung aus Mazdaismus und Christentum, der vor fünf Jahrhunderten in Persien entstanden war. Der Khagan bekehrte sich zu diesem Glauben, und bei seiner Rückkehr in die Mongolei machte er ihn zur offiziellen Religion seines Volkes. Zu seiner Lehre gehörte das Verbot, Milch und Butter zu verzehren, zwei der Grundnahrungsmittel viehzüchtender Nomaden. Daher stellte sich eine erhebliche Anzahl von Uiguren von der Weidewirtschaft auf den Ackerbau um. Das ruhigere Leben steigerte ihren angeborenen Intelligenzgrad. Die Bildung folgte, und die Uiguren wurden die Gelehrten, Schreiber und Lehrer des Herzlands, die Begründer der türkischen Literatur und die geheimen Ratgeber der Steppenregierungen.

Nach dem Gefecht an der Talas verlor das arabische Vordringen in Zentralasien seine Schwungkraft. An allen Fronten hatte ihre militärische Leistung den Zenith überschritten. 717 unternahmen sie einen weiteren und noch entschlosseneren Versuch, Konstantinopel einzunehmen, und wieder wurden sie abgeschlagen, dieses Mal durch die standhafte Verteidigung, die Leo III., der Syrer, der größte byzantinische Soldatenkaiser, organisiert hatte. Und 733 wurde ihrem westlichen Vorstoß, der sich über die Pyrenäen nach Frankreich vortastete, bei Tours durch Karl Martell Einhalt geboten. Ihr Konzept eines riesigen Handelsreichs, das die Seewege des Mittelmeeres und die Landwege Asiens in ein einziges System einfügte, verblaßte. Doch wenn das Mittelmeer sich als widerspenstig erwies, wollten sie sich wenigstens die Beherrschung des asiatischen Handels sichern, indem sie ihre Position in Persien festigten. Diese Interessenverschiebung nach dem Osten spiegelte sich in einer weiteren Veränderung der arabischen Führung und der Lage ihres Hauptquartiers wider. Etwa um die Zeit des Talas-Gefechts wurde das Regime der Omaijaden gestürzt. Das Kalifat ging an eine neue Dynastie über, an die Abbassiden, und die Hauptstadt wurde von Damaskus nach Bagdad verlegt. Bagdad lag nahe bei Persien, und die Abbassiden hatten enge Verbindungen mit Chorassan. Als Folge dieser Ereignisse konzentrierte sich das militärische und politische ebenso wie das kulturelle Denken der Araber auf die iranische Hochebene. Im Interesse ihrer landeinwärts gerichteten wirtschaftlichen Ziele schoben sich ihre Handelsniederlassungen jetzt an das Schwarze Meer und in den Kaukasus vor. Schon unter den Omaijaden hatten sie sich jenseits des Oxus festgesetzt; unter der Regierung des Abbassiden Harun al-Raschid, 786–804, erreichten sie Kabul und Peschawar und drangen in größerer Stärke durch Transoxanien zum Jaxartes vor. Bald wurden ihre schon bestehenden Garnisonen vor den Toren des türkischen Herzlands durch beständigere Handelsgesellschaften verstärkt.

Zu dieser Zeit, unter dem prunkvoll nach persischem Vorbild geschaffenen Abbassiden-Hof in Bagdad, erreichten die Araber den Höhepunkt ihrer geistigen Wirksamkeit. Aber an den weit entfernten Grenzen des Reiches schritt der Prozeß der Rezession unerbittlich voran. Die Konsolidierung im Osten führte lediglich dazu, ihre Stellung im Westen noch weiter zu unterminieren. Da Konstantinopel an der nördlichen Flanke unbesiegt war, konnten ihre Kolonien an der Küste des Mittelmeers vom kontinentalen Bagdad aus nicht hinreichend kontrolliert werden. Eine nach der anderen verloren sie Spanien, Nordafrika und Ägypten. Dann wurden auch in Persien selbst Symptome der Schwäche offensichtlich. Im Nordosten, an der Grenze des Herzlands, übernahm 875 die mächtige einheimische Familie der Samaniden die Stadt Buchara, und während sie sorgfältig darauf bedacht waren, Bagdad gegenüber eine respektvolle Haltung zu bewahren, beanspruchten sie die Souveränität über das gesamte Gebiet zwischen dem Kaspischen Meer und dem Jaxartes – das größtenteils von türkischen Stämmen bewohnt wurde. Dann riß eine andere persische Familie, die Bujiden, den westlichen Iran an sich. Während sie an dem mosleminischen Glauben festhielt, den die arabischen Eroberer eingeführt hatten, verschaffte sich die iranische Hochebene wieder ihre Unabhängigkeit. Bis dahin war der Kalif von Bagdad sowohl Führer des Islam wie Herrscher des arabischen Reichs gewesen. Jetzt wurde er geographisch durch das Regime der Bujiden eingeschlossen, und obgleich seine geistige Macht vermutlich uneingeschränkt blieb, hatten seine weltlichen Anordnungen von nun an über die unmittelbare Nachbarschaft seiner Hauptstadt hinaus wenig Gewicht. Entlang der ganzen nördlichen Grenze, vom Schwarzen Meer bis zum Pamir, verloren die Regierungserlasse aus Bagdad ihre Verbindlichkeit. Die arabische Macht schwand dahin. Die Voraussetzung für eine türkische Lawine nach Westen war gegeben.

Die ersten Erschütterungen einer nahenden Eruption waren im westlichen Herzland zu spüren, wo seit mehr als zwei Jahrhunderten die Chasaren das Gebiet von der unteren Wolga bis zum Kaukasus besetzt hielten.

Während ihres ersten Ausbruchs waren die Araber in das Territorium der Chasaren eingedrungen und hatten deren Hauptstadt zerstört, die zu der Zeit westlich des Kaspischen Meers am Fluß Terek lag. Aber in einer Allianz mit den Byzantinern hatten die Chasaren die Araber zurückgeworfen und sie jenseits des Kaukasus in Schach gehalten. Danach hatte das Verhältnis von Chasaren und Arabern zwischen Freundschaft und Feindseligkeit geschwankt. Beide waren Handelsvölker, und während der Perioden des Friedens hatte der Handel zwischen ihnen fast ebensoviel zum Wohlstand des Chasaren beigetragen wie deren traditionell gutes Verhältnis mit Konstantinopel. Im frühen 9. Jahrhundert, als das Reich von Bagdad seinen kurzlebigen Höhepunkt erreichte, waren sie zur beherrschenden Macht der westlichen Steppen geworden. Der militärische Verfall Bagdads schuf im Gebiet des Schwarzen und des Kaspischen Meers ein Vakuum, und wenn die Chasaren auch meist friedlich gesinnt waren, konnten sie der Versuchung, es auszufüllen, doch nicht widerstehen. Überfallkommandos bahnten sich ihren Weg über die Kaukasuspässe nach Armenien, und größere Streitkräfte sammelten sich in den weitläufigeren Teilen der Chasaren-Konföderation auf der russischen Steppe. Aber diese expansiven Abenteuer mußten bald aufgegeben werden, denn am östlichen Horizont erschien eine Bedrohung des Chasaren-Staats selbst.

Gerade damals wurden im türkischen Zentralasien Bewegungen von ungewöhnlichem Umfang bemerkbar. Die nomadische Bevölkerung wuchs und überstieg die Kapazität der trockenen Weiden, um die größeren Stämme und Herden zu erhalten. Zu anderer Zeit hätten diese Bewegungen für die Küstengebiete vielleicht keine wesentliche Bedrohung bedeutet, denn sie entstanden nicht als bewußt angelegter Einfall. Wie am Anfang der früheren Wellen aus dem Herzland waren sie zunächst eher Wanderungen der Völker, die sich von dem Gespür leiten ließen, daß weiter im Süden und Westen die »Gefilde der Seligen« lagen – wärmere, angenehmere und lohnendere Ländereien. Aber die anfängliche türkische Wanderung traf in eine Periode, als die Kette der Festungen und Wachposten, die einen festen Ring gegen die Steppen bildete, nur dünn besetzt war. China war zusammengebrochen, Bagdad zur militärischen Machtlosigkeit abgesunken. Überall rund um das südliche Herzland war die Aufmerksamkeit der Küste auf innere Wandlungen und Wirren gerichtet.

Die Karluken, die beim Zusammenbruch der alten westtürkischen Konföderation eine führende Rolle gespielt hatten, gehörten zu den ersten, die ihre Zelte abbrachen. Als sie von den Steppen am Balkaschsee nach Westen zogen, trieben sie die Petschenegen, einen weiteren Stamm, der einst Untertan des westtürkischen Khagans gewesen war, vor sich her. Ihrerseits trafen die Petschenegen auf die Ghusen, eine machtvolle Gruppe von Stämmen rund um den Aralsee, und nachdem die Ghusen den unwillkommenen Eindringlingen einen weiteren Stoß nach Westen versetzt hatten, folgten sie in deren Kielwasser. Bald umrundeten die Petschenegen auf ihrer Wanderung das nördliche Ufer des Kaspischen Meers, überquerten die Wolga und drangen in das Gebiet der Chasaren ein. Die Chasaren sammelten ihre Kräfte, taten sich mit den Ghusen zusammen und jagten die Petschenegen aus dem Wolgagebiet auf die Ebenen am Schwarzen Meer. Und hier, nördlich des Asowschen Meers, trafen die umhergestoßenen Petschenegen auf die Magyaren.

Die Magyaren waren ein untergeordnetes Mitglied der Chasaren-Konföderation, aber erst relativ neu in das Gebiet gekommen. Sie waren ein Zweig der finnischen Gruppe von Stämmen, die, obgleich türkischer Herkunft, die nördlicheren Waldzonen bewohnten, und sie waren von ihren ursprünglichen Wohnsitzen in der Nähe des Ural in die westlichen Steppen gewandert. Früher, als sie im Grenzland der bewaldeten Taiga Nordwestsibiriens und den eigentlichen Steppen lebten, hatten sie sich zum Teil von der Jagd und dem Fischfang ernährt und zum Teil von der Rinderzucht, aber auf den Weiden der südrussischen Ebenen waren sie im Gegensatz zu den meisten ihrer finnischen Verwandten zu kriegerischen Reiternomaden geworden. Jetzt jedoch standen sie einem der aggressivsten Stämme Zentralasiens gegenüber. Sie wichen aus und flohen dann vor dem Druck der Petschenegen nach Westen. 890 zogen sie unter ihrem Khazar genannten türkischen Khan Arpad über die Donau.

Es ergaben sich Umstände, die sie noch weiter nach Europa hineintreiben sollten. Wieder einmal verwendete Byzanz ein Steppenvolk, um ein anderes zu unterdrücken: sie setzten die Magyaren gegen jene bulgarischen Stämme an, die Justinian II. auf dem Balkan aufgenommen hatte und die seither Konstantinopel von Zeit zu Zeit Ärger bereitet hatten. Als sie hart angegriffen wurden, wandten sich die Bulgaren an die Petschenegen um Hilfe; diese kamen von ihrem neuen Weideland am Schwarzen Meer und trieben die Magyaren in die transsilvanischen Berge. Hier fanden die Magyaren einen weiteren Schutzherrn in dem germanischen König Arnulf, der zu der Zeit in Streit mit den Slawen verwickelt war, und die Wucht ihres Angriffs gegen die Slawen trieb diese in jene Zuflucht westwärts ziehender Horden aus dem Herzland, in die ungarische Ebene.

Für Europa waren die furchtbaren Jahre des Hunnen Attila und des Awaren Bayan zurückgekehrt.

Während der ersten Jahrzehnte des 10. Jahrhunderts zogen die Magyaren durch Süddeutschland und plünderten Italien. Hier wurden sie 933 schwer geschlagen, aber der Rückschlag erreichte nur, daß sie ihre Suche nach Beute woanders fortsetzten. 934 und nochmals 942 standen sie unter den Mauern Konstantinopels, das sich mit Tribut freikaufen mußte. Dann zogen sie in einem großen Bogen von der Küste des Marmara-Meers durch die Donautäler um die Alpen herum und drangen mit ihrer ganzen Stärke in Westeuropa ein. Sie verwüsteten Lothringen, Burgund und die Champagne. Aber sie hatten ihre Kräfte überanstrengt, und 955 wurden sie in der Schlacht auf dem Lechfeld in der Nähe von Augsburg von den Deutschen unter Otto dem Großen entscheidend geschlagen.

Aber das große Weidebecken im Herzen des europäischen Donaulandes wurde zur ständigen Heimat der Magyaren. Sowohl kriegerisch wie friedlich hatten sie viel Kontakt mit einem Zweig der Bulgaren gehabt, den Onuguren, und aus dieser Verbindung erhielt Ungarn seinen Namen. Für einige Zeit noch blieben sie der »böse Wolf«, aber innerhalb von fünfzig Jahren nach dem Lechfeld nahmen sie das Christentum an. Einer ihrer getauften Häuptlinge, der später heiliggesprochen wurde, St. Stephan, brachte sie auf den Weg der abendländischen Zivilisation, und von da an wurden die Ungarn wie andere Völker aus dem Herzland, die sich am Rand der Küstenwelt angesiedelt hatten, zu einem Bollwerk gegen die Steppe.

Bisher war der steigende Druck aus dem türkischen Herzland auf die geschwächten Grenzen des Reichs von Bagdad nur in den Steppen westlich des Kaspischen Meers spürbar gewesen. Die Reihe von Zusammenstößen, welche die Petschenegen nach Südrußland gedrängt und die Magyaren vor ihnen her nach Europa getrieben hatten, waren ein Vorspiel der Erschütterungen. Aber inzwischen entstand östlich des Kaspischen Meers, wo das Herz Zentralasiens an die iranische Hochebene grenzt, der Schauplatz eines größeren Erdbebens. In diesem Gebiet hatten die Araber, als sie auf dem Höhepunkt ihrer expansiven Phase jenseits des Oxus die Schwelle des Herzlandes überschritten, zuerst den Türken von Angesicht zu Angesicht gegenübergestanden. Anfänglich war die Konfrontation feindselig gewesen, aber im Lauf der Jahrzehnte wurden die Kontakte verstärkt, und die Türken fanden in der Art der Araber viel Sympathisches. Beide Völker hatten einen gemeinsamen Hintergrund, beide waren Nomaden, Reiter, Krieger. Die ursprünglich christliche, aber vom arabischen Ethos übernommene Auffassung des Heiligen Kriegs war der türkischen Weltanschauung durchaus verständlich. Darüber hinaus entdeckten die Türken in der arabischen Gewohnheit, Sklaven als Soldaten zu verwenden, ein Handelsobjekt: Gefangene, die man bei internen Stammeskämpfen der Türken machte, konnten mit Gewinn an die arabischen Gouverneure verkauft werden. Und als es ersichtlich wurde, daß Soldatensklaven in arabischen Diensten oft in bedeutende und mächtige Positionen aufrückten, wurde der Gedanke, selbst in einen solchen Dienst einzutreten, für die Türken von Stand attraktiv. Männer, die enttäuscht waren, ehrgeizige Häuptlinge, ganze Banden gieriger Freibeuter sickerten auf der Suche nach dem Kriegsglück in die arabische Welt. Und da der arabische Kavallerist zwar mit Lanze und Säbel umgehen konnte, aber keine Erfahrungen in der Kunst des berittenen Bogenschützen hatte, waren die türkischen Reiter sehr gefragt.

Die weltliche Verschwägerung wurde durch religiöse Bindungen noch untermauert. Obgleich sie traditionell den Himmel verehrten, waren die Türken wie andere Steppenvölker selten religiöse Fanatiker. Von Natur aus unabhängig, waren sie meist offen gegenüber missionarischem Einfluß von außen – obgleich gerade ihre Unabhängigkeit sie manchmal zu unerwarteten Religionen verführte, wie es der Judaismus der Chasaren und der Manichäismus der Uiguren zeigten. In der iranischen Pforte zum Herzland hatten die Araber, als ihre Siedlungen sich entwickelten, für ihre eigenen Gemeinden Moscheen gebaut, und auf diese Weise wurden die wandernden Türken des Gebiets mit den äußeren Einrichtungen des mosleminischen Glaubens vertraut. Darüber hinaus hatte Persien unter arabischer Herrschaft den

Islam angenommen, und als im 9. Jahrhundert die Samaniden aus Buchara ihre einheimische persische Souveränität über das Land südlich des Aralsees beanspruchten, begannen sie mit der aktiven Bekehrung der türkischen Stämme, die dort lebten. Dies verursachte bei einer wachsenden Zahl von Türken ein Gefühl geistiger Einheit mit Persien und – über Persien hinaus – mit der großen islamischen Welt. Gleichzeitig und auf der niedrigeren Ebene der auf den Steppen herrschenden Gewinnsucht verschärfte es ihren Blick für den üppigen Wohlstand Mesopotamiens und des östlichen Mittelmeers. Wozu die nomadischen Türken gehörten, das gehörte ihnen.

So hatte die arabische Flut über die iranische Hochebene bis an den Rand Zentralasiens im 7. Jahrhundert, der im 9. die Ebbe folgte, die Wirkung eines Magneten, der in einen Haufen Eisenspäne geworfen und dann zurückgezogen wird. Die Araber an der Schwelle ihres Herzlandes hatten die Türken angezogen, und als jetzt die Macht Bagdads schwand und den Rückzug antrat, begann diese militärische, religiöse und wirtschaftliche Anziehungskraft sie in ihrem Kielwasser mitzuziehen. Andere Faktoren begünstigten den Prozeß. Zum Teil als Folge des Gefechts an der Talas hatten die Türken des Gebiets die festigende Herrschaft Chinas abgeschüttelt. Die schwer berittenen persischen Barone parthischer Tradition mit ihren Gefolgen bäuerlicher Bogenschützen waren gegenüber der Steppe keine wirkungsvolle Abschreckung mehr; einige hatten ihre Besitzungen wegen der Bequemlichkeiten der Handelsstädte in Chorassan und Transoxanien verlassen, andere waren in Lehnsstreitigkeiten mit den herrschenden Samaniden verwickelt. Zugleich vergeudeten die Samaniden ihre Kraft in einer bewaffneten Auseinandersetzung mit den Bujiden des westlichen Irans. Die Grenzen brachen zusammen.

Vom Kaspischen Meer bis zum Pamir waren die Wege in das Innere der Küstenwelt offen.

955 ereignete sich am Hof des regierenden Samaniden-Monarchen ein beunruhigender Vorfall. Alptigin, ein türkisch-mosleminischer Soldat, der als Befehlshaber der königlichen Garde in persischen Diensten stand, versuchte einen Staatsstreich. Er

sammelte seine Familie und Anhänger um sich und ernannte sich plötzlich zum Gouverneur von Chorassan. Auf diese Unverschämtheit reagierte der persische König mit aller Energie. Alptigin wurde vertrieben und durch Balch hindurch bis an den südlichen Rand des Samaniden-Reichs scharf verfolgt. In der Stadt Ghasna in den afghanischen Bergen nicht weit von Kabul entfernt kamen er und seine Abenteurer zur Ruhe. Und hier errichteten sie ihr Hauptquartier – ein Tumor auf der Haut der Samaniden, der sich von den durch Zentralasien ziehenden Karawanen ernährte. Aber es war ein bösartiger Tumor, denn das Räuberlager der ghasnawidischen Türken schlug Wurzeln und wuchs. Ein türkischer Staat hatte auf iranischem Boden Fuß gefaßt.

Nicht viel später erfolgte eine noch unheilvollere Entwicklung. Eine Junta persischer Barone, die ihren eigenen Machtkampf gegen die Samaniden-Herrschaft ausfocht, rief eine türkische Horde von den Steppen am Balkaschsee, die Kara-khaniden, zur Hilfe. Diese erkannten ihre Chance und begannen, durch Transoxanien in Richtung auf Buchara zu ziehen. In der Verzweiflung über die Stadt ihrer Herkunft überwand die Samaniden-Familie ihren Stolz und sandte eine dringende Bitte um Hilfe an die Ghasnawiden. Das Ergebnis dieser unglückseligen persischen Maßnahme war, daß sich eine türkische Zange um den östlichen Iran schloß. Die Kara-khaniden schwärmten vom Nordosten herein, und die Ghasnawiden kamen vom Süden, um Chorassan zu »schützen«. Dann schnappte die Zange zu. Die Ghasnawiden besetzten Chorassan, die Kara-khaniden überrannten Transoxanien und nahmen auf ihrem Vormarsch den letzten der Samaniden-Könige gefangen. Um 999 war der gesamte östliche Iran in türkischen Händen.

Zu dieser Zeit waren die Türken in Ghasna keine kleine vertriebene Partei mehr. Die Eroberung Chorassans hatte sie stärker werden lassen. Und in der gefürchteten Gestalt Mahmuds hatten sie jetzt einen ehrgeizigen und unbarmherzigen Häuptling[1]. Entschlossen, seine wachsende Stärke zu weiterem Macht-

[1] Für ihn, behauptet Gibbon in seinem berühmten Kapitel LVII, wurde durch den Botschafter des Kalifs von Bagdad der Titel Sultan

zuwachs zu nutzen, zog Mahmud nach Indien hinunter, nahm 1004 Pandschab, drang zum Arabischen Meer vor, und verbreitete gewaltsam den Islam, wo immer seine Reiter marschierten. Von dieser Zeit her datiert der Einfluß des mosleminischen Glaubens in Nordwestindien. Doch der Ausbruch der Ghasnawiden setzte ihre Besitzungen in Chorassan den gierigen Blicken der Kara-khaniden im benachbarten Transoxanien aus. Es war nicht Art der Türken, ein so großes und verführerisches Gebiet ununterworfen zu lassen. Die Kara-khaniden drangen in Chorassan ein. Mahmud eilte nach Norden, um sie hinauszutreiben, und um die Vorherrschaft im östlichen Iran setzte ein langer und bitterer Streit zwischen den führenden Clans der beiden Horden ein. Keiner von beiden trug den Sieg davon, denn jetzt erschien ein weit furchtbarerer türkischer Feind, der die beiden Rivalen von der Bühne fegen sollte. Die Neuankömmlinge waren die Seldschuken.

Die Seldschuken waren ein Zweig der ghusischen Stammesgruppe. Ursprünglich waren ihre Weidegründe die zentralsibirischen Ebenen im Gebiet des oberen Ob und seines Nebenflusses Irtysch gewesen. Nach ihrer zum Teil realen, zum Teil legendären Überlieferung war ihr Gründer ein gewisser Tukuk mit dem Beinamen Timuryalik oder »Eiserner Bogen« gewesen, der seine besten Jahre als Reiter in der Armee der Chasaren verbracht hatte. In diesem Dienst war Tukuk zu hohem Rang aufgestiegen und hatte während der Zeit einen Sohn, dessen Name Seldschuk war. Die Tapferkeit seines Vaters hatte die Aufmerksamkeit des Chasaren-Khans auf sich gezogen, und unter dessen mächtigem Schutz war Seldschuk herangewachsen. Als Mann vereinigte er seine Verwandten auf den zentralen Steppen, und unter ihm begannen sie und ihre Anhänger eine Wanderung nach Süden, die sie bis zum Ufer des Jaxartes an der nördlichen Grenze Transoxaniens führte. Unter arabisch-persischem Einfluß gaben sie hier wie andere Türken ihre schamanistische Religion auf und wurden überzeugte Moslems.

erfunden. Dieser »habe ein arabisches oder chaldäisches Wort verwendet, das ›Herr‹ und ›Meister‹ bedeutet«. Mahmud war daher der erste türkische Sultan.

Bisher waren die Seldschuken eher ein Clan als ein Stamm gewesen, ein kleinerer Ausläufer der unzählbaren Ghusen. Aber Seldschuks Enkel, Togrulbeg und Chagri, sollten sich als Nomadenkrieger von großer Anziehungskraft erweisen. Ihre und ihrer unmittelbaren Verwandten Geschicklichkeit vermochte die Krieger der ruhelos wachsenden Stämme um sie herum zu faszinieren und zu befehligen und aus einer kleinen Gruppe von Häuptlingen eine Anzahl großer und aggressiver Horden zu formen, die manchmal aufeinander eifersüchtig waren, aber in der Lage, gemeinsam zu handeln, wenn ihre Führer sich auf ein Ziel einigten. So waren die seldschukischen Türken anfänglich weniger eine gesonderte Ganzheit als das Zusammenspiel ungleichartiger türkischer Kräfte unter einer einzigen Familie.

Das Ende der Samaniden-Herrschaft war für die Seldschuken das Zeichen, von neuem nach Süden zu ziehen, dieses Mal vom Jaxartes in die Nähe von Buchara und Samarkand im Herzen Transoxaniens. Dadurch gelangten sie in das Sturmzentrum des Kampfes zwischen Ghasnawiden und Kara-khaniden um den östlichen Iran. Da sie noch nicht in der Lage waren, der wachsenden Macht Mahmuds von Ghasna zu widerstehen, akzeptierten sie ihn als Oberherrn. Aber ihre Absichten waren nur dünn verschleiert, denn als Mahmud fragte, wie viele Männer sie aufbringen könnten, um unter seiner Fahne zu dienen, erhielt er die alarmierende Antwort, daß sie nicht weniger als zweihunderttausend stellen könnten. Woraufhin die Idee erwägt wurde, allen Seldschuken in militärfähigem Alter den rechten Daumen abzuhacken, um sie, bevor es zu spät sei, unfähig zu machen, einen Bogen zu spannen.

Aber der Zeitpunkt für Präventivmaßnahmen war schon verpaßt. Vom Format der Führer und der Aussicht auf Belohnung angezogen, strömten den Seldschuken immer mehr Menschen zu. Für ihre Herden wurde Land benötigt, und die Ghasnawiden wurden gebeten, ihnen einen Teil des großen Gebiets von Chorassan zur Verfügung zu stellen, das sie den Kara-khaniden kürzlich wieder abgenommen hatten. Die Bitte wurde abgelehnt. Die Seldschuken griffen zu den Waffen, um mit Gewalt zu nehmen, was die Ghasnawiden ihnen nicht geben wollten, und bald kämpften wieder einmal Türken gegen Türken um das reiche Chorassan. Als Mahmud starb und sein unbeugsamer Wille sie nicht mehr zusammenhielt, begannen seine Truppen zu versagen. 1040 wurden sie bei Dandarkan in der Nähe von Merw vernichtend geschlagen. Die Macht der Ghasnawiden in Zentralasien war gebrochen, und die Überlebenden flohen nach Süden zu ihren Besitzungen in Indien.

Nach diesem überwältigendem Sieg wurde Togrulbeg – der Falke – als oberster Führer der Seldschuken bestätigt. Es wird behauptet, er sei auf altehrwürdige Weise gewählt worden, indem ein Kind einen Pfeil aus einem Bündel herauszog, deren jeder den Namen eines Kandidaten trug. Aber er war die konsequente Wahl: als älterer Enkel Seldschuks hatte er während eines langen und erfolgreichen Steppenkriegs eine Familie stolzer Prinzen zusammengehalten, die wie alle türkischen Häuptlinge bis zu tödlicher Heftigkeit streitsüchtig waren.

Nach Dandarkan hätten die Aussichten für ihn kaum besser sein können. Von den zentralasiatischen Steppen, durch die anderen Türken hindurch, die sich um den samanidischen Leichnam stritten, hatten die Seldschuken einen Keil bis in das Herz der iranischen Hochebene getrieben. Ganz Chorassan war jetzt in ihrer Hand, und durch Chorassan führte die fast ungeschützte Straße südlich rund um das Kaspische Meer zum islamischen Vorderen Orient und zum christlichen Mittelmeer. Gewiß hielten die Truppen der Bujiden noch den westlichen Iran, aber jenseits von ihnen gab es wenig Widerstand gegen einen Vorstoß nach Westen, bis dieser an das große Netz von Festungen und Straßen gelangte, welche die byzantinischen Provinzen Kleinasiens und die Zugänge nach Konstantinopel selbst schützten.

Banden türkischer Freibeuter, meist ghusischer Stämme, drangen bereits durch den Iran nach Westen vor. Aber bevor die Seldschuken mit ihrer Hauptarmee in ihrem Kielwasser folgten, festigten sie ihre Ausgangsbasis durch einen weiteren Eroberungszug entlang dem Oxus. Mit dem Mittelpunkt rund um das Delta des Oxus vor dem Aralsee lag das Gebiet, das damals den Namen Khwarezm trug. 1042 eroberten es seldschukische Streitkräfte. Die Besetzung führte Chagri auf eigene Initiative und wahrscheinlich ohne Abstimmung mit seinem Bruder Togrulbeg durch. Aber sie erreichte, daß im Augenblick der Rücken der Seldschuken gesichert und die Passage von den Steppen zum östlichen Iran blockiert war. Ein türkischer Sklavensoldat, Balkatigin mit Namen, wurde als Statthalter des Gebiets eingesetzt und so der erste der Herrscher, die später als Khwarezm-Schahs bekannt wurden. Diese Herrscher und ihr Gebiet sollten später eine entscheidende Rolle in der Geschichte des Herzlandes spielen.

Das Vordringen der Seldschuken unter Togrulbeg durch den Iran begann als ein Überfall größten Ausmaßes, und das Ziel war der Wohlstand der etablierten Welt. Aber als die nomadischen Reiter mit ihren Herden von Ersatzpferden an den grün bewaldeten Sturzbächen des Elburs-Gebirges entlangzogen und über die rötlich glühenden Weiten der Wüste Kewir, nahm ihre Expedition einen ganz anderen Charakter an. Die Aristokratie der Seldschuken bildeten rauhe und harte Befehlshaber der Steppe. Aber ihr ganzes Leben lang waren sie dem mäßigendem Einfluß des arabisch-persischen Beispiels an der Grenze des Herzlands ausgesetzt gewesen. Und jetzt, mitten in einer Kultur und politischen Ordnung, als deren Teil sie sich, wenn auch nur am Rande, betrachtet hatten, gingen sie nach und nach auf ihre neue Umgebung ein. Abgesehen von einem plötzlichen Ausbruch von Brutalität während der Einnahme Reys in der Nähe des heutigen Teheran wurde das übermäßige Wüten, das frühere Invasionen von der Steppe in die Küstenwelt charakterisiert hatte, weitgehend in Schach gehalten.

Togrulbegs Persönlichkeit wurde niemals so evident wie auf dem überaus wichtigen Gebiet der Religionspolitik. Er und seine Armee rückten nach Mesopotamien vor. Dort, inmitten der verblassenden arabischen Herrlichkeit Bagdads, war der Sitz des geistigen Oberhaupts des Islam, des Abbassiden-Kalifs Al Ka'im, der jetzt eine Puppe in den Händen des persischen Bujiden-Regimes war. Der Bujiden-Staat war auf Togrulbegs Weg möglicherweise ein weltlicher Gegner von beträchtlicher Stärke, der Kalif, auch wenn er machtlos war, ein potentieller Verbündeter, der die Schlüssel zu einer unendlich größeren Welt besaß. Wie die meisten Moslem-Herrscher jener Zeit gehörte die Familie der Bujiden zu der abgespaltenen Sekte der Schiiten, während die Kalifen wie die Mehrheit der gewöhnlichen Moslems im gesamten arabischen Einflußgebiet immer orthodoxe Sunniten gewesen waren. In der Vergangenheit waren türkische Führer bei ihrer Bekehrung zum Islam in der Regel Sunniten geworden – zum Teil um ihre Unabhängigkeit von anderen Fürsten geltend zu machen und zum Teil um an die großen Tage der Araber anzuknüpfen. Togrulbeg, selbst ein Sunnit, hatte sich schon immer um gute Beziehungen mit dem Kalifat bemüht. Als er seinen Kampf gegen die Ghasnawiden begann, hatte er nach Bagdad geschrieben, um seine Sache darzulegen und den Segen für seine Waffen zu erbitten. Als er jetzt in den westlichen Iran zog, nutzte er seine früheren Bemühungen. Er ernannte sich zum Protektor des Kalifen. Schon durch diesen Schritt verlieh er der Autorität des Kalifen neuen Glanz und unterminierte alle jene – einschließlich der Bujiden –, die versucht hatten, sein Ansehen zu schmälern, und weit darüber hinaus suggerierte er allen sunnitischen Moslems, daß die Macht der Seldschuken den Ruhm der Araber wiederaufleben lassen würde.

Togrulbegs politische Geschicklichkeit kam ihm gut zustatten, denn in dem von den Bujiden beherrschten Gebiet des westlichen Irans blieb der Vorstoß der Seldschuken zeitweilig stecken. Es ergab sich die übliche Schwierigkeit. In einer Region von Städten versagten die nomadischen Armeen aus Mangel an Belagerungsinstrumenten, gegen Mauern waren ihre Pfeile machtlos. Besonders Isfahan hielt gegen die berittenen Bogenschützen ein Jahr lang stand und kapitulierte erst, als auch der letzte Brocken Nahrung verbraucht war. Hier, in der staubigen Hitze, die durch die schimmernden Stromschnellen des Flusses Zaindeh gemäßigt wurde, richtete Togrulbeg sein vorgeschobenes Hauptquartier ein und nahm eine Bestandsaufnahme seiner Position vor. Bagdad hatte auf seine Annäherungsversuche bereits reagiert: in dem offiziellen Gebet, das wöchentlich in der Großen Moschee gesprochen wurde, rangierte sein Name jetzt vor dem des Bujiden-Herrschers. Darüber hinaus erschienen die persischen Edlen der Umgebung mit ihrem Gefolge, um ihm ihre

Lehnspflicht anzubieten. Die Vorzeichen standen günstig: er würde inzwischen weiter nach Westen vorstoßen. Er schickte Chagri nach Tigris und seinen Neffen, Ibrahim Inal, nach Hamadan und in die Hügellandschaft im Nordwesten des Iran.

Von 1045 an, in Folge von Ibrahims Vorstoß, gerieten seldschukische Reiter in erste vorsichtige Berührungen mit dem äußeren Verteidigungsgürtel des byzantinischen Reichs. Der Frontstaat Armenien sollte als erster ihre bewegliche, tastende Infiltration zu spüren bekommen. Hinter dem Urmia-See zogen sie hinauf, begingen eine Reihe sorgfältig organisierter Überfälle in dem Gebiet westlich des Bergs Ararat, trennten sich in rasch fliehende Kolonnen, durchstreiften das Land, sammelten sich wieder und zogen sich ebenso schnell zurück. Sie plünderten die Städte Kars, Ani, Erzerum und Melitene im östlichen Kleinasien, erreichten die Küste des Schwarzen Meers bei Trapezunt, und sie unternahmen einen kurzen Vorstoß nach Sebastea, tief in kaiserlichem Gebiet. Es kam zu keiner ständigen Besetzung, und sie war auch nicht beabsichtigt, aber die schnell aufeinander folgenden Dolchstöße reichten aus, um Schwächen in der byzantinischen Verteidigung aufzudecken. Sie zogen auch Togrulbeg selbst zu einem kurzen Feldzug in das Gebiet, zum Teil aus Eifersucht auf Ibrahim. Er verwüstete das Land rund um den See Wan, aber erlitt in der Nähe bei der Festungsstadt Mantzikert einen ärgerlichen Rückschlag. Er hatte eine riesige byzantinische Belagerungsmaschine erobert, und vierhundert seiner Männer hatten sie in Position geschleppt, um die Mauern zu zerschlagen. In diesem Augenblick meldete sich freiwillig ein fränkischer Söldner, der bei dem Gouverneur von Mantzikert in Diensten stand, er würde die Bedrohung abwenden. Mit einem Dokument an seiner Lanze kam er aus der Stadt, wandte sich zur Seite und ritt wie zufällig auf die Maschine zu, als ob er einen flüchtigen Blick darauf werfen wollte. Die Seldschuken, die annahmen, er sei ein einzelner Depeschenreiter, kümmerten sich kaum darum. Plötzlich zog er unter seinem Rock drei Behälter mit griechischem Feuer hervor, schleuderte sie gegen die Maschine und ritt in vollem Galopp in die Stadt zurück. Die Belagerungsmaschine brach in den Flammen zusammen. Ohne andere Angriffsmittel mußte Togrulbeg sich zurückziehen, und für den Augenblick blieb Mantzikert ein kaiserliches Bollwerk. Aber das spielte keine große Rolle, denn Togrulbeg ging es nicht in erster Linie um Byzanz. Ein anderes Reich fiel ihm in die Hände.

1055 rief der Vormarsch der Seldschuken im westlichen Iran in Bagdad eine Krise hervor. Schon seit einiger Zeit hatte Al Ka'im in Togrulbeg einen potentiellen Befreier von den Zwängen des Bujiden-Regimes gesehen, aber seine Hoffnungen waren bisher durch einen türkischen Offizier mit Namen Bashasiri zunichte gemacht worden. Dieser war als Befehlshaber seiner Leibwache angestellt, aber in Wirklichkeit am Hof des Kalifen ein Agent des Bujiden-Herrschers. Als er sich über den wahrscheinlichen Ausgang der Auseinandersetzung zwischen Seldschuken und Bujiden klar wurde, wechselte er die Seite und deutete dem Kalif an, daß auch er glaube, die Zeit sei gekommen, die Bujiden abzuschütteln. In Übereinstimmung forderten sie Togrulbeg gemeinsam auf, nach Bagdad zu kommen und die Unabhängigkeit des Kalifen wiederherzustellen.

Als Antwort auf diesen entscheidenden Ruf erschien Togrulbeg mit seiner ganzen Streitmacht vor Bagdad. Seinem Einzug wurde nur wenig Widerstand geboten, und eine seiner ersten Handlungen in der Stadt war, daß er den Bujiden-Herrscher für abgesetzt erklärte. Die militärische Reaktion war geringfügig. Die Familie der Bujiden war nicht mehr stark genug, und angesichts der massiven Drohung durch die seldschukischen Bogenschützen verschwand sie von der Bildfläche. Weit bedeutender war dann die Teilung der Macht, die zwischen Al Ka'im und Togrulbeg erfolgte – während dieselben Bogenschützen in Rufweite standen. Der Kalif wurde als höchstes geistliches Oberhaupt des Islams wiedereingesetzt, der Führer der Seldschuken aus der Steppe wurde sein weltlicher Stellvertreter und erhielt alle Machtbefugnisse, mit denen die Kalifen als Herrscher einst das arabische Reich regiert hatten.

Gibbon beschreibt lebendig die »feierliche Komödie«, die in Bagdad inszeniert wurde, um diesen gewichtigen Pakt zu besiegeln. »Der türkische Sultan hatte sich auf dem Tigris eingeschifft, ging am Rakka-Tor an Land und hielt seinen öffentlichen Einzug zu Pferd. Am Tor des Palastes stieg er ehrerbietig ab und ging zu Fuß weiter, seine Emire ohne Waffen schritten ihm voran. Der Kalif saß hinter seinem schwarzen Schleier, das schwarze Gewand der Abbassiden über den Schultern, und in der Hand hielt er den Stab des göttlichen Apostels. Der Eroberer des Ostens küßte den Boden, stand einige Zeit in bescheidener Haltung da und wurde von dem Wesir und Dolmetscher zum Thron geführt. Anschließend wurden ihm sieben Ehrenroben angelegt, und er erhielt sieben Sklaven zum Geschenk, Eingeborene der sieben Himmelsstriche des arabischen Reichs. Sein mystischer Schleier wurde mit Moschus parfümiert, zwei Kronen wurden ihm auf das Haupt gesetzt, und als Symbol der doppelten Herrschaft über Ost und West wurde er mit zwei Krummsäbeln gegürtet.«

Innerhalb weniger Wochen wurde die Auswirkung dieser prächtigen Schaustellung durch eine typisch türkische Episode gestört. Ibrahim Inal war nicht in der Lage, die Herausforderung seines Stolzes zu verkraften, die der Erfolg seines Vetters verursacht hatte. Als er aus Armenien zurückkehrte, zettelte er einen Aufstand gegen Togrulbeg an. Und in Bagdad ließ sich Bashasiri von Hintergedanken verleiten und unterstützte die Rebellion. Er kratzte an Truppen zusammen, was er in der Stadt finden konnte, ernannte sich zum Schia und setzte Al Ka'im als für das Kalifenamt zu pro-türkisch hinter Schloß und Riegel. Kühl und gefühllos trieb Togrulbeg zuerst Ibrahims Männer bei Rey auseinander und tötete ihn, dann wandte er sich und schlug Bashasiri. Als das geschehen war, wurde die Farce der Ehrerbietung wiederholt: der Herr von Ost und West befreite seinen geistlichen Kollegen aus dem Gefängnis in Bagdad und führte persönlich das Maultier, auf dem dieser in seinen Palast zurückritt. Um doppelt sicher zu gehen, wurde die politische Union dieses Mal durch eine familiäre Bindung vollendet. Al Ka'im heiratete Togrulbegs Nichte, und nachdem er sich einige Monate geziert hatte, um seine Unabhängigkeit zu unterstreichen, stimmte er zu, seine Tochter dem Sultan der Seldschuken zu geben. Die zweite Hochzeit sollte gerade stattfinden, als Togrulbeg 1063 an einem Blutsturz starb.

Als Mitglied eines obskuren Clans zentralasiatischer Nomaden hatte er angefangen, hatte sich seinen Weg durch verwandte Türken, die am Rand des Herzlands kämpften, freigeschossen und war durch den Iran nach Bagdad und darüber hinaus gezogen. Auf iranischem Boden hatte er kaum den Bogen gespannt. Doch endete er als der alleinige Erbe aller irdischen Hinterlassenschaft der Araber, in jedem Land des orthodoxen Islam anerkannt.

Bagdad hatte den Schutz der Steppe gesucht, und als ein Ergebnis ging die hohe Zivilisation, für die es gestanden hatte, in die Hände der Steppe über. Togrulbegs Handel mit dem unglücklichen Al Ka'im hatte Konsequenzen von größter Bedeutung. Durch ihn wurde der wilde, gesetzlose Kodex der Herzlands auf das Gefüge losgelassen, das der arabische Intellekt vom Indus bis zum Atlantik geschaffen hatte, denn der erste Vorstoß der Seldschuken grub von den Steppen herunter einen Kanal für primitivere und barbarischere türkische Horden. Durch sie wurde der suchende, aufbauende, tolerante arabische Geist ohne Möglichkeit, sich wieder zu erholen, zerstört, und der riesige Sektor der eurasischen Küstenwelt, den er erleuchtet hatte, wurde in eine Zone der Plünderungen verwandelt. Doch blieb die Ankunft der Türken auch nicht ohne nachfolgende Vorteile für die mosleminische Welt. Ebenso wie die Anarchie des innerasiatischen Graslands brachte sie jener Welt dessen Kraft, und indem sie im Heiligen Krieg – einer unbarmherzigen Waffe, auf welche die Araber nur gelegentlich zurückgegriffen hatten – die Sache der Moslems systematisch ausbauten, fachten sie die Verbreitung von Mohammeds Glauben zu neuer, wenn auch grausamer Glut an. Darüber hinaus hatte die türkisch-mosleminische Verbindung auch geographische Auswirkungen: sie lenkte die stärkere türkische Jagd nach Beute vom islamischen Boden ab zu den Küstenländern im Westen und Osten, wo Ungläubige in allen Ehren geplündert werden konnten. Und schließlich sollte sich ein mosleminisches Charakteristikum in gleichem Maße wie irgendein anderer Faktor für die türkische

Hegemonie als schicksalhaft erweisen: denn das passive, konservative Element in der islamischen Weltanschauung, welche die Ordnung der menschlichen Angelegenheiten dem Willen Gottes unterwarf, sollte am Ende die Kraft der Türken auslaugen und ihnen die militärische und politische Wendigkeit nehmen. Alles das aber lag noch in der Zukunft. Bei Togrulbegs Tod standen die zentralasiatischen Seldschuken, nachdem sie das arabische Erbe an sich gerissen hatten, vor den byzantinischen Grenzen Kleinasiens.

Die Seldschuken waren nicht die einzige Bedrohung, die Byzanz erwuchs. Etwa zweihundert Jahre vor Togrulbegs Zug in den Iran hatte der größere Umbruch unter den Türken ganz Innerasien in weitverbreitete Bewegung gebracht. Schon 844 waren die Kirgisen aus Zentralsibirien in die Mongolei eingefallen, jagten die Uiguren von ihrem Land entlang dem Orchon und drängten sie nach Süden in das Gebiet Turfan, wo sie der alten iranischen Zivilisation in den Oasen des Tarim-Beckens den Gnadenstoß versetzten. Fünfzig Jahre später waren am anderen Ende des Herzlands die Magyaren nach Europa getrieben worden, als die Petschenegen und Ghusen durch das Gebiet der Chasaren nach Westen aufbrachen.

Von jener Zeit an hatte die Eruption an Stärke gewonnen, bis ein Großteil Innerasiens sich in Aufruhr befand. Von den Vorgängen lokaler Explosionen, die ihn auszulösen halfen, und von der nachfolgenden Kettenreaktion von Stamm zu Stamm, die ihm seine ständige Bewegung verschafften, ist bis jetzt wenig bekannt. Ohne Zweifel versandeten einige der türkischen Wellen, bevor sie den Rand des Herzlands erreichten, und blieben historisch unbekannt. Aber einige waren tiefere Strömungen räuberischer Wanderung, die hauptsächlich in Richtung der Verheißungen des Westens flossen. Der Aufbruch der Seldschuken war einer davon, und sie zogen auf dem Weg südlich des Kaspischen Meers nach Westen. Aber bevor die Seldschuken Zentralasien verließen, waren bereits andere türkische Horden auf anderen Wegen in die gleiche Richtung gewandert und drangen entlang dem breiten Graskorridor zwischen dem Ural und der

Nordküste des Kaspischen Meers nach Westen auf die russischen Ebenen vor.

Während dieses Überströmen berittener Türken sich über die Steppen zur westlichen Küstenwelt ergoß, gewann eine weitere Bewegung anderer Art, die weniger massiv, aber zielbewußter war, in den nördlichen Breiten Europas an Intensität. Dies war der Aufbruch der Nordländer auf dem Seeweg. Zu Anfang handelte es sich um Seepiraten, die aus den Fjorden und Buchten Skandinaviens in die Flüsse Europas und rund um seine Ozeanküsten vordrangen.

Im 9. Jahrhundert tasteten sich die Nordländer in ihren Schiffen mit wenig Tiefgang in den russischen Flüssen nach Süden und entdeckten einen Wasserweg von der Ostsee zum Schwarzen Meer. Nach und nach gaben diese Skandinavier, die als die Rus bekannt wurden, die Piraterie zugunsten des Handels auf und machten bald gute Geschäfte mit Konstantinopel. Um ihre wachsenden Interessen zu schützen, organisierten ihre Häuptlinge, halb Seesoldaten, halb Handelsfürsten, die Verteidigung des Flußgebiets, das sie besetzt hatten, und aus dieser Mischung nordischer Führungsschicht mit slawischer Bevölkerung entstanden die Fürstentümer von Nowgorod bis Kiew, und der Bund dieser Flußhandelsstädte war die Keimzelle des russischen Staats, riesig in seinen Ausmaßen, und seine südöstlichen Grenzen gingen in die Steppen über.

Inzwischen drangen andere Nordländer in den Atlantik und über die Nordsee vor, und die Riemen glänzten unter den schwarzen und gelben Schilden an den Borden ihrer Langschiffe, und ihr Drachenbug bahnte sich seinen Weg durch fliegende Gischt. Sie sicherten sich einen ständigen Stützpunkt im England Alfred des Großen, und später gehörte das ganze Land zeitweilig zum dänischen Reich Knut des Großen. Eine weitere Welle errichtete in Nordfrankreich das Herzogtum Normandie, nahm neben der angeborenen ungestümen Energie französische Ordnung und Lebensart an, und von diesem Ausgangspunkt expandierten die Normannen wiederum zu Land und zu Wasser. Einen Großteil ihrer Anstrengungen widmeten sie der Invasion und Besetzung Englands, aber bevor Wilhelm der Eroberer den

Ärmelkanal überquerte, führten normannische Freibeuter schon Expeditionen in die mediterrane Welt durch. Hier hatten sie 1071 einen großen Teil der westlichen Provinzen des byzantinischen Reichs in Italien an sich gerissen.

Diese beiden Bewegungen – der türkische Ansturm aus dem Herzland und der nordische Aufbruch aus Nordwesteuropa – waren aufeinander zugerückt, und zwischen ihnen lagen Konstantinopel und das byzantinische Reich. Byzanz' militärische Aufmerksamkeit war bereits auf die Bedrohung aus der Steppe gerichtet. Am Beginn des 11. Jahrhunderts, als die Normannen noch ihre Stellung an der französischen Kanalküste festigten, erreichte der Zuzug türkischer Stämme auf die Ebenen am Schwarzen Meer bedrohliche Ausmaße. Er lastete schwer auf dem Kiew-Nowgorod-Staat, den die frühere nordische Expansion geschaffen hatte. Die Byzantiner kamen ihren Nachbarn von Kiew bis Nowgorod zu Hilfe, und 1016 griffen die beiden Verbündeten die Chasaren an. Ihr Ziel war, das Land der Chasaren zu einer äußeren Bastion gegen den allgemeinen türkischen Druck zu machen.

In der Notlage war die Schwächung der Chasaren ein äußerst grober Fehler. Er entstand aus der Tatsache, daß sich seit langem hin und wieder, hauptsächlich aus Gründen der Handelsrivalität, zwischen den Chasaren und den Fürsten von Kiew-Nowgorod Feindseligkeiten ergeben hatten. Diese Konflikte hatten die Chasaren geschwächt, und ihre Macht hatte weitere Einbußen erlitten, als die Petschenegen und Ghusen einen Teil ihres Landes überrannten. Aber ihre Freundschaft mit Byzanz hatte standgehalten; sie waren immer noch der zuverlässigste und zivilisierteste Partner auf den westlichen Steppen, und es lag in ihrem Interesse, das drohende Chaos zurückzudrängen zu helfen. Der neue Angriff gegen sie vernichtete im wesentlichen ihre Kampfkraft. Daher konnten sie den Vormarsch der türkischen Horden, die weit primitiver waren als sie, nicht mehr aufhalten.

Um 1050 verließen die mächtigen Kiptschak-Türken ihre Heimat am Irtysch in Zentralsibirien und schlossen sich dem Zug nach Westen an. Sie kamen durch die Pforte zwischen Ural und Kaspischem Meer und vertrieben die Ghusen von ihrem Weideland auf früher chasarischem Gebiet an der unteren Wolga. Die Ghusen zogen sich zurück und eroberten 1054 von den Petschenegen einen Teil der russischen Steppe. Die Petschenegen ihrerseits wichen aus, überquerten die Donau und gelangten unter die Mauern Konstantinopels. Mit unvermindertem Druck erschienen die Kiptschaken jetzt auf den Steppen am Schwarzen Meer, schoben die Ghusen auf den Fersen der Petschenegen zum Balkan zurück und nahmen den größten Teil des südrussischen Graslands in Besitz. Byzantiner, Bulgaren und Petschenegen wandten sich gegen die Ghusen und brachten sie 1065 mit großer Schwierigkeit teilweise unter Kontrolle. Diese heftige Kettenreaktion, die weitgehend durch den schlecht überlegten Angriff gegen die Chasaren möglich gemacht wurde, lenkte den überkochenden Aufbruch im Herzland in das byzantinische Territorium. Große Massen der wildesten Türken standen jetzt auf dem Balkan, plünderten und mordeten, wo immer sie konnten.

So kamen zu der Zeit, als Wilhelm der Eroberer in Pevensey landete, drei voneinander getrennte Bedrohungen aus verschiedenen Richtungen auf Byzanz zu. Türkische Stämme, die rund um die Nordküste des Schwarzen Meers vorwärtsdrängten, hatten die Grenzen des Kaiserreichs überschritten. Landhungrige Abenteurer hatten im wesentlichen das byzantinische Italien besetzt und bereiteten sich auf eine Offensive über die Adria auf den Balkan vor. Und die Seldschuken, die zu dieser Zeit durch den Iran vorgestoßen waren, standen an der Schwelle Kleinasiens. In seiner ganzen geplagten Geschichte war Konstantinopel selten so bedrohlich bedrängt worden.

Togrulbeg hatte die Führung der Seldschuken seinem Lieblingsneffen Alp Arslan vermacht. Wie sein Onkel war Alp Arslan mehr ein finsterer Tyrann aus der Steppe, den die Wildheit seiner berittenen Bogenschützen nach oben gespült hatte. Seine Gestalt war eindrucksvoll. Groß und beherrschend, strich er seine Größe noch heraus, indem er eine Kopfbedeckung von ungewöhnlicher Höhe trug. Er war selbst nach seldschukischem Maßstab ein tödlicher Scharfschütze, und sein Schnurrbart war von solcher Länge, daß er ihn hinter dem Kopf zusammenknoten konnte, bevor er den Bogen hob. Aber obgleich er seine Launen manchmal nicht beherrschen konnte, trat er schlicht auf, hatte als Herrscher eine offene Hand, war aufgeschlossen und als Krieger furchtlos und ehrenwert. Wie andere seldschukische Aristokraten seiner Generation verfiel er in jungen Jahren dem Bann Persiens, und dies vertiefte seine natürliche Intelligenz und Charakterstärke. Die altpersischen Helden, von deren ritterlichen Taten er gerne erzählen hörte, waren seine Vorbilder. Und in seinem Nisam al-Muk, dem fähigen und kultivierten persischen Wesir, fand er einen Lehrer, dessen Feinfühligkeit er in sein rauheres Äußeres zu übernehmen sich bemühte.

Es waren riesige Gebiete, welche die Seldschuken jetzt besetzt hielten. Sie erstreckten sich von Afghanistan bis nach Mesopotamien, vom Kaspischen Meer bis an den Golf von Oman. Der neue Sultan unternahm rasch Maßnahmen, um seine Herrschaft entlang den östlichen Grenzen zu festigen, aber im Westen, jenseits des Euphrat, war seine Stellung weniger gesichert. Am nordöstlichen Ende des Mittelmeers erhob sich Byzanz, in zunehmendem Maße angegriffen, aber immer noch das schreckenerregendste Küstenreich der Zeit. Und weiter im Süden lag das Ägypten der Fatimiden. Diese arabische Dynastie, Anhänger der Schiiten, hielt sich für den rechtmäßigen Herrn des ganzen Islam und gründete ihren Anspruch auf ihre angebliche Herkunft von der Tochter des Propheten, Fatima, und ihrem Ehemann Ali. Sie war schon immer Rivale des Abbassiden-Kalifats von Bagdad gewesen, und die Übergabe des weltlichen Geschicks der Sunniten an Togrulbeg hatte sie alarmiert und aufgerüttelt. Zu jener Zeit erstreckte sich die Herrschaft der Fatimiden von Ägypten nordwärts bis nach Syrien hinein, und die Möglichkeit einer anti-seldschukischen Allianz zwischen ihr und Byzanz richtete Alp Arslans strategische Aufmerksamkeit auf seine westlichen Grenzen. Nach seiner Meinung war der gefährlichere potentielle Feind Ägypten. Aber bevor er eine größere Offensive gegen Kairo begann, hielt er es für notwendig, sich gegen eine Einmischung durch Konstantinopel abzusichern. Togrulbeg und Ibrahim hatten bereits Beutezüge in die östlichen byzantinischen Provinzen unternommen, jetzt würde er ihnen eine eindrucksvollere Demonstration seldschukischer Stärke vorführen. Doch was als eine begrenzte Warnkampagne beabsichtigt war, sollte schließlich den Weg für eine Umwälzung ebnen, durch welche die moderne Geschichte Osteuropas geprägt wurde.

Die große rechteckige Hochebene der Halbinsel Kleinasien wird an drei Seiten von Natur aus durch das Meer geschützt und an ihrer nordöstlichen Ecke durch den Wall des Kaukasus-Gebirges. Die südöstlichen Grenzen sind durch einen Landangriff aus dem Tigris-Euphrat-Gebiet und aus dem nordwestlichen Iran verwundbar, aber im 11. Jahrhundert stand ein Feind, der aus diesen Richtungen kam, vor einem gefürchteten byzantinischen Verteidigungssystem, das in die Tiefe gestaffelt war. In den Tälern zwischen den Bergen der Hochebene lag eine Folge von Festungsstädten mit Mauern und Garnisonen, und diese waren mit dem Mittelpunkt des Reichs in Konstantinopel durch eine Kette hervorragender Schnellstraßen verbunden, über die Verstärkungen schnell in jede bedrohte Zone gebracht werden konnten.

Der schwache Punkt des Systems war die Nordostecke des Rechtecks, wo der kleine Staat Armenien in der zerklüfteten Hügellandschaft zwischen dem Kaukasus und dem See Wan lag. Bis 1022 war Armien unabhängig gewesen, obgleich das Verhältnis seiner Herrscher zu dem großen Nachbarn im Westen wegen religiöser Spannungen niemals freundlich gewesen war. In jenem Jahr hatte Byzanz schrittweise die Besetzung Armeniens begonnen, die Stück um Stück vorangeschritten war, bis Byzanz fast den ganzen Staat annektiert hatte. Der vorgebliche Grund war der wachsende türkische Druck aus dem Herzland und der leichte Zugang nach Kleinasien, den die armenischen Täler boten. Aber das Land war reich, und allgemein verbreitete sich die Ansicht, daß Byzanz materielle Gründe hätte. Auf jeden Fall löste die Besetzung bei den Armeniern heftige Empörung aus, und die Politik, die einen fragwürdigen Sektor des äußeren Verteidigungsgürtels von Byzanz sicherer zu machen beabsichtigte, erreichte nur, daß seine Unzuverlässigkeit gesteigert wurde.

Alp Arslan stieß gegen Armenien vor. Er rechnete sich aus,

daß es unter den gegebenen politischen Umständen nicht schwierig zu erobern sein würde, und durch seine Besetzung würde Konstantinopel gewarnt werden, sich in seine ägyptischen Pläne einzumischen. 1064 griff er die armenische Hauptstadt an und zerstörte sie, und ihr Herrscher wurde für seinen mangelhaften Widerstand angemessen entschädigt. Damit waren die Talstraßen zu den östlichen Festungsstädten auf byzantinischem Boden offen. Diejenigen, die nicht zu nehmen waren, wurden umgangen, aber bei Melitene und Sebastea – wo man schon einmal das Schwirren von Ibrahims Pfeilen und die schrecklichen Kriegsschreie seiner Reiter gehört hatte – wurden die byzantinischen Streitkräfte in die Flucht geschlagen. Dann wurde 1067 Caesarea (das heutige Kayseri) angegriffen.

Durch diese schnellen Schläge, die sich über drei Jahre hinzogen, wurde Armenien durch die Seldschuken vollständig abgeriegelt. Darüber hinaus hatte der Angriff auf Caesarea sie genau in die Mitte des kleinasiatischen Rechtecks geführt. Mit seinem Erfolg zufrieden, ließ Alp Arslan seine Bogenschützen weiter vorrücken.

1069 umschwärmten schon sie die Mauern von Konya, und im nächsten Jahr waren sie fast auf Bogenschußweite an das Agäische Meer vorgedrungen.

Diese letzten Vorstöße waren eher Beutezüge, als daß es um Eroberungen ging. Das kaiserliche Verteidigungssystem im westlichen Kleinasien wurde durch sie nicht in Mitleidenschaft gezogen. Und der Sultan selbst, zufrieden, daß er seinen Zweck erreicht hatte, zog sich jetzt mit seiner Hauptarmee nach Süden zurück, um seinen Feldzug nach Ägypten zu beginnen. Trotzdem blieb ein Großteil des östlichen Kleinasiens, ebenso wie Armenien, in seldschukischer Hand, und überall trieben sich türkische Banden herum, unterbrachen Verbindungswege und ließen um Leben und Eigentum bangen. Unter den Städten, die sie eingenommen hatten, war auch Mantzikert – wo wenige Jahre zuvor Togrulbegs Belagerung durch den Mut eines fränkischen Söldners vereitelt worden war.

Trotz Alp Arslans teilweisem Rückzug war die Situation vom Standpunkt Konstantinopels aus kritisch. Die Provinzen Kleinasiens waren für das Reich lebenswichtig. Sie bildeten den strategischen Schild gegen den Osten. Von ihren Ernten und ihrer Fleischproduktion ernährte sich die Hauptstadt. Vor allem waren sie immer die wichtigste Rekrutierungsquelle der byzantinischen Armee gewesen. Es war wesentlich, die Seldschuken hinauszutreiben und die kaiserliche Oberhoheit wiederherzustellen. Deren Einfluß aber war nicht nur in Kleinasien auf den Nullpunkt geraten. Auch in der Hauptstadt selbst befand sie sich in einem vorgerückten Verfallsstadium.

Während die Bedrohung aus dem Herzland und aus Italien wuchs, war das Reich gut fünfzig Jahre lang schlecht regiert worden. Unter Kaiser Basileios II. war eine nie vorher dagewesene Höhe an Ansehen und Wohlstand erreicht worden, aber mit seinem Tod 1025 hatte der Verfall eingesetzt. Seither hatte Konstantinopel eine Reihe schwacher und intriganter Herrscher erlebt, Männer und Frauen wechselten einander schnell auf dem Thron ab, und in ihrem Schatten kamen und gingen die vielen Eunuchen, Höflinge, Gauner und gelegentlich Giftmischer. Es war die Periode der »lautlosen Auflösung des römischen Systems«. Als die Gefahren von außen drückender wurden, steigerten sich Extravaganz und Kosten der Schauspiele und Zerstreuungen, die der Hof der Öffentlichkeit bot, als ob man den Abgrund, der immer weiter aufriß, verdecken wollte. Schließlich versuchte Konstantin X. Dukas, der 1059 den Thron bestieg, den Lauf der Dinge durch eine Reihe entschiedener Sparmaßnahmen aufzuhalten. Unglücklicherweise betrafen seine aufsehenerregendsten Ausgabenbeschränkungen die Streitkräfte. Bei seinem Tod 1067 – als Alp Arslan bereits auf halbem Wege durch Kleinasien vorgedrungen war – heiratete seine Mutter, die Kaiserin Eudoxia, von neuem, einerseits weil sie verliebt war, andererseits weil die Situation zu ernst war, um ihrem heranwachsenden Erben die Nachfolge zu überlassen. Ihr neuer Mann war Romanos IV. Diogenes, ein General von Rang und Angehöriger einer bekannten Familie aus Kappadokien – eine der Provinzen, welche die Seldschuken zu der Zeit plünderten. Romanos war ein tapferer Soldat und – wie sein späteres Verhalten bewies – ein Mann von Ehre, und die Notlage des Reichs empfand er sehr stark. Er war jedoch weit davon entfernt, die außergewöhnliche Figur zu sein, die das Ausmaß der Krise verlangte. Er war nicht frei von Verwicklungen in die Hofintrigen. Die Armee mochte ihn nicht. Als Stratege war er bis zur Sorglosigkeit ungestüm. In den ersten Monaten des Jahres 1071 entschloß er sich, mit der größten Armee, die er aufstellen konnte, ins Feld zu ziehen.

Über Romanos' Marsch zu seiner schicksalhaften Begegnung mit den Seldschuken hing die Aura der Unausweichlichkeit einer griechischen Tragödie. Fünfzig Jahre früher hätte der Ausgang kaum in Frage gestanden, denn bis dahin war die byzantinische Armee eines der wirkungsvollsten militärischen Instrumente der Welt. Die Lage des Reichs im Brennpunkt zwischen Europa und Asien hatte Konstantinopel gezwungen, eine Kampfmaschine zu entwickeln, die ihrer Zeit weit voraus war. Sie verließ sich nicht auf den Mut des einzelnen Soldaten oder auf die Brillanz eines hervorragenden Generals, sondern basierte auf einer ausgearbeiteten, logisch entwickelten Kriegslehre. Es war im wesentlichen eine Verteidigungslehre, denn Byzanz zog im Grunde die Diplomatie dem Kräftemessen vor, aber innerhalb dieser Funktion errang sie ihre Siege mit fast automatischer Regelmäßigkeit. Alles war auf das grundsätzliche Ziel ausgerichtet, überlegene Kräfte gegen einen Eindringling einzusetzen, wo immer er die Grenzen verletzen könnte. Zu diesem Zweck befanden sich die Kampfeinheiten der leichten und schweren Infanterie, der Kavallerie und der Artillerie auf einem hohen Ausbildungsstand und waren sorgfältig gegeneinander abgewogen, und ihre Schlagkraft wurde noch durch eine große Anzahl von unterstützenden Belagerungstruppen, Ingenieuren, Versorgungs- und Verwundetenpersonal erhöht. Der Stolz der Armee war ihre schwere Kavallerie, die *cataphracti*, die nach parthischem Vorbild entstanden war. »Der Befehlshaber«, versicherte Nikephoros II. Phokas, »der sechstausend Mann unserer schweren Kavallerie und Gottes Hilfe besitzt, braucht sonst nichts mehr.« Als der Druck von der Steppe sich steigerte, war die Rolle dieser Gattung zunehmend wichtiger geworden. In den Feldzügen gegen Invasoren aus dem Herzland waren die mit Kettenpanzern ausgerüsteten Kataphrakten, die Schwert und Dolch, Bogen und Lanze auf dem Rücken ihrer schweren Pferde handhabten, zur Hauptstreitmacht geworden, während die Infanterie, wenn sie nicht überhaupt zurückblieb, nur eine untergeordnete Rolle spielte. Ihre Aufgabe war wie die einer jeden Waffengattung bis ins einzelne festgelegt. Sobald sie einen Feind von der Steppe entdeckten, sollten sie ihn sofort stellen und ihn überreiten, bevor er seine Pfeilwolken abschießen und bevor er seine übliche Taktik einer simulierten Flucht anwenden konnte. Gegen einen Feind wie Alp Arslan war die byzantinische Armee so vollkommen organisiert, ausgerüstet und ausgebildet, wie Planung und Voraussicht es vermochten. Es gab sogar Anweisungen für die Operationen in einer bestimmten Topographie und unter den Wetterbedingungen der verschiedenen Regionen des Reichs, einschließlich Kleinasiens.

Romanos marschierte mit etwa sechzigtausend Mann, hauptsächlich Kavallerie, gegen vierzigtausend berittene Bogenschützen, die die Seldschuken und ihre Hilfsstämme aufbringen konnten. Theoretisch war das byzantinische System noch so gesund und lebensfähig wie je. Aber das vergangene halbe Jahrhundert schlechter Verwaltung und Rückschläge hatte an seiner Substanz gezehrt. Es war ein Skelett ohne Fleisch und Geist. Viele der Eliteregimenter hatten sich aufgelöst, andere waren weit unterbesetzt. Die Lücken hatte man mit fremden Söldnern zweifelhafter Loyalität aufgefüllt: mit normannischen und fränkischen schweren Reitern, die widerspenstig waren und keine Erfahrungen mit Steppenkriegern hatten, mit Slawen und Bulgaren und großen Kontingenten höchst unzuverlässiger Türken, Petschenegen, Ghusen und Kiptschaken, die durch den Geruch von Blut und Beute angelockt worden waren. Wahrscheinlich waren nicht mehr als dreißigtausend Mann einheimische Byzantiner, Unterhalt und Hilfe, einst so hervorragend organisiert, waren gleichfalls fragwürdig: Garnisonen der Städte hatten zu wenig Männer, Lager waren nicht genügend verproviantiert, Waffenarsenale nur unvollständig aufgestockt. Aber unter allen Problemen, die Romanos verwirrten, als er auf der großen kaiserlichen Schnellstraße nach Osten zog, war das unberechenbarste vielleicht der Mann, der an seiner Seite ritt. Es war Andronikos Dukas, ein Neffe Konstantins X. Die Familie Dukas verabscheute Romanos, denn seine Heirat mit der Kaisermutter und sein Aufstieg zu kaiserlichem Purpur hatte sie zurückgesetzt. Andronikos teilte die bitteren Gefühle seiner Familie, und Romanos hatte sich gezwungen gesehen, ihn mitzunehmen, damit er nicht hinter seinem Rücken in Konstantinopel ein Komplott anzettelte. Der Oberbefehlshaber hatte die beunruhigende Gewißheit, daß sein höchster General sein unversöhnlicher persönlicher Feind sei.

Romanos' Absicht war es, quer durch Kleinasien vorzustoßen und die Seldschuken aus dem Land entlang seiner Marschroute zu vertreiben. Dann wollte er nach Armenien ziehen, die von Türken besetzten Festungen dort erobern und die byzantinische Vorherrschaft wieder festigen, solange Alp Arslan woanders beschäftigt war. Trotz vieler Schwierigkeiten hatten seine Operationen im zentralen Kleinasien beträchtlichen Erfolg. Er brachte das Gebiet um Sebastea wieder unter Kontrolle und zog dann nach Osten zu den Quellen des Euphrat.

Zwei Flüsse, die in den armenischen Bergen entspringen, laufen parallel und dann zusammen und bilden die Hauptzuflüsse des Euphrats. Auf der Karte sieht ihr Verlauf wie eine Stimmgabel aus. Beide Flüsse waren von Natur aus Militärstraßen von Armenien nach Kleinasien, und daher war der Besitz der Festungen an ihren Oberläufen wichtig. Am nördlichen Fluß lag Erzerum, die Romanos einnahm. Dann wandte er sich zu dem südlichen Fluß. Die Festung dort war Mantzikert.

Mantzikert – das manchmal auch Malazgerd heißt – war eine kleine Stadt aus schwarzen Steinen, mit Gärten durchsetzt. Sie wurde von Wällen und Befestigungsbauten beherrscht, auf denen jetzt seldschukische Posten patrouillierten. Sie lag ungefähr fünfzig Kilometer nördlich des Sees Wan, und am Ufer jenes Sees befand sich eine weitere Festung. Achlat, die ebenfalls von den Seldschuken gehalten wurde. Es war Romanos' Ziel, sowohl Mantzikert wie Achlat wiederzuerobern. Damit wäre der südliche Zufluß des Euphrat doppelt gesichert. Und es ergäbe sich noch eine weitere Möglichkeit. Er glaubte, daß Alp Arslan sich mit der Hauptarmee der Seldschuken im Iran befände, und wenn die ganze Zone Mantzikert-Achlat in byzantinischer Hand wäre, konnte sie ein Sprungbrett zum Angriff nach Iran sein, nachdem Armenien gesäubert war.

Romanos' Information war falsch. Alp Arslan und seine Armee befanden sich überhaupt nicht im Iran, sondern nahe Aleppo in Syrien. Und im Gegensatz zu dem mangelhaften byzantinischen Geheimdienst hielten seine Kundschafter ihn über den Vormarsch des Gegners genauestens auf dem laufenden. Als ihm klar wurde, welche Bedrohung seiner ganzen Stellung im Norden entstand, traf der Sultan seine Entscheidung. Er übergab das Kommando in Syrien einem Untergebenen, nahm so viele Männer, wie er nur wagte, und marschierte mit ihnen nach Kleinasien.

Als Romanos sich den Festungen näherte, teilte er seine Armee in zwei Stoßkeile. Seine fränkische Kavallerie unter ihrem Hauptmann Roussel de Bailleul schickte er zusammen mit einem Kontingent Kiptschak-Türken nach Achlat. Dann belagerte er selbst mit dem Kern der byzantinischen Armee Mantzikert. Auch hier erreichte er wieder sein Ziel. Nach kurzer Belagerung nahm er die Flußfestung und trieb die seldschukische Garnison in die Flucht. Als das geschehen war und er keinerlei Nachricht erhielt, die darauf hätte schließen lassen, daß Alp Arslan reagierte, schickte er einen Teil seiner besten schweren Infanterie nach Achlat, um Roussel zu unterstützen.

In Wirklichkeit kam Alp Arslan so schnell, wie er seine Reiter vorantreiben konnte. Bei Menbij überquerte er den Euphrat und zog um die syrische Wüste herum nach Mosul am Tigris. Hier nahm er die örtliche Garnison mit und fing einige von Romanos aus Kleinasien vertriebene türkische Gruppen auf, darunter auch die Überlebenden aus Mantzikert. Mit seiner Kampfkraft noch nicht zufrieden, ließ er aus dem Iran Verstärkungen kommen, die ihn bei Choi, gut hundertfünfzig Kilometer östlich des Sees Wan, treffen sollten.

Romanos hielt sich noch bei Mantzikert auf und wußte immer noch nichts von dem Vormarsch des Sultans. Während er darauf wartete, was Roussel in Achlat erreichte, kümmerte er sich um den Nachschub. Seine Vorräte gingen zu Ende, und das

Land ringsherum gab nichts her. Deswegen nutzte er die Ruhepause, um große Stoßtrupps, die einen bedeutenden Teil seiner ihm verbliebenen Streitkräfte ausmachten, auf weit entfernte Suche nach Nahrung und Futter zu schicken.

Inzwischen hatten die Franken die Seefestung Achlat belagert. Plötzlich erhielt Roussel Nachrichten, daß sich eine riesige Armee seinen Stellungen näherte. Es war Alp Arslan mit der Kerntruppe der Seldschuken. Als er Choi erreichte, hatte er erfahren, in welch gefährlich geteilter Situation sich die byzantinische Armee jetzt befand. In dem Augenblick, als seine Verstärkungen eingetroffen waren, marschierte er schnell zum See Wan und zog südlich um ihn herum nach Achlat. Völlig überrascht, gaben die Franken die Belagerung auf und begannen sich zurückzuziehen. Und jetzt brachen die latenten Spannungen in der byzantinischen Armee hervor und bestimmten ihr Verhalten. Statt sich zu Romanos nach Mantzikert zurückzuziehen, setzten sie sich nach Westen ab – und damit überhaupt aus dem Operationsgebiet.

Zu diesem verspäteten Zeitpunkt erfuhr Romanos, daß der Sultan selbst sich in dem Gebiet aufhielt. Diese Nachricht war beunruhigend, aber nicht notwendig katastrophal. Bisher hatte ihm das Glück beigestanden, und vorausgesetzt, er konnte seine Armee mit der Roussels wieder vereinigen, dann hatte er gute Aussicht auf weiteren Erfolg. Er verließ sofort Mantzikert, eilte in Richtung Achlat und schickte eine Botschaft voraus an Roussel, er solle ihm entgegenkommen. Romanos wußte nicht, daß diese Botschaft, von der alles abhing, nicht überbracht werden konnte. Denn entweder aus Vergeßlichkeit oder aus böser Absicht hatte Roussel es unterlassen, ihn über den Abzug der Franken zu unterrichten. Auch scheint er sich nicht darüber im klaren gewesen zu sein, daß Alp Arslan so nahe war. Als die byzantinischen Regimenter die Straße von Achlat nach Mantzikert entlangzogen, wurden keine Kundschafter vorausgeschickt. Romanos marschierte unvorbereitet und ohne Sicherung.

Die Überraschung war ebenso vollständig wie jene, der Roussel gegenübergestanden hatte. Ohne Warnung stießen die führenden byzantinischen Staffeln auf die dichten Massen der türkischen berittenen Bogenschützen. Bevor sie ihre Front entfalten konnten, war die Luft voller Pfeile. Ohne jede Ordnung drängten sie zum Hauptkader der Armee zurück, und ihr Durcheinander verursachte beinahe eine allgemeine Flucht. Für Romanos drängten sich die unklaren Vorstellungen der vergangenen Wochen in einem einzigen Augenblick zusammen, um ihm die nackte Wirklichkeit zu enthüllen. Alp Arslan fiel über ihn her. Er hatte seine Armee geteilt, sie dann noch einmal geteilt, um die Franken zu verstärken, und sie schließlich noch ein drittes Mal geteilt, um wertvolle Trupps zum Furagieren auszuschicken. Wo immer die Franken sein mochten, sie waren nicht dort, wo sie gebraucht wurden. Und die Furagier-Schwadronen befanden sich weit außer Notrufweite.

Auch mitten in der Gefahr beherrschte Romanos seine Befürchtungen hinter einer Haltung zuversichtlicher Würde. Durch die Lücke zwischen den Armeen galoppierte ein Trupp Seldschuken heran. Der Sultan bot Verhandlungen an, denn seine Männer hatten immer noch einen gesunden Respekt vor ihren byzantinischen Feinden. Der Kaiser antwortete, daß er den Frieden nur dann in Erwägung ziehen würde, wenn sie sich sofort aus dem Territorium des Reichs zurückzögen und sich verpflichteten, nie wieder in es einzudringen. Diese Bedingungen waren eine Herausforderung des türkischen Stolzes. Wieder einmal war der Streit zwischen Steppe und Küste auf einen Höhepunkt gelangt. Die vorherrschenden Gestalten der beiden Welten standen einander gegenüber.

Die Schlacht bei Mantzikert fand am 19. August 1071 statt. Als der strahlende Alp Arslan sich von seinem Gebet erhoben hatte, legte er ein schlichtes weißes Gewand an, parfümierte sich mit Moschus und ließ den Schweif seines Pferdes sorgfältig flechten. Es wird berichtet, daß er sich mit einem Krummsäbel statt des üblichen Bogens bewaffnet habe. Er sah zu, wie sein Marschall, ein Eunuch mit Namen Taraug, die seldschukische Armee in einer riesigen halbmondförmigen Anordnung aufstellte, deren Hörner auf beiden Seiten über die relativ kompakte byzantinische Schlachtordnung weit hinausreichten.

Im Zentrum und unter seinem Kommando zog Romanos die

Kataphrakten zusammen, und sie wurden von der restlichen schweren Infanterie unterstützt, deren große Bogen über die Köpfe der gepanzerten Kavallerie vor ihnen hinweg ein Sperrfeuer von Pfeilen errichten konnten. Diese hervorragenden Einheiten, die Schlag- und Schußkraft in sich vereinten, bildeten den wichtigsten Stoßkeil gegen die leichte Reiterei des Sultans. Und als Byzantiner waren sie die zuverlässigste Truppe. Um sich gegen das Überflügeln der Flanken zu sichern, stellte er rechts und links die türkischen leichten Reiter auf. Nach dem erprobten byzantinischen Rezept, daß der siegt, der als letzter angreift, standen in seinem Rücken große Reserven schwerer Kavallerie, die sich vor allem aus normannischen und germanischen Söldnern zusammensetzten. Das Kommando über diese mächtige Streitmacht, die vielleicht von entscheidender Bedeutung war, hatte Andronikos Dukas inne.

Als die Seldschuken vorrückten, ereignete sich ein unheilvoller Vorfall. Romanos' türkische Kontingente brachen eines nach dem anderen aus den Reihen aus und zogen ihnen entgegen. Bald war fast der gesamte türkische Teil der byzantinischen Armee zum Feind übergelaufen. Das kam nicht ganz unerwartet; ihre Treue war als fragwürdig bekannt. Aber es bedeutete, daß Romanos bei Eröffnung der Schlacht nur zwei Formationen übrigblieben, sein eigenes Zentrum und die Reserve des Andronikos.

Die Seldschuken behielten ihre halbmondförmige Aufstellung bei und rückten dann mit ihren locker geordneten Massen vor. Im vollen Galopp kamen sie auf Schußweite heran, ließen ihre Pfeilhagel los, drehten darauf schnell um und zogen sich zurück. Wiederholt griffen die Kataphrakten in diesem mörderischen Sturm an und bemühten sich, an den Gegner heranzukommen. Wenn der byzantinische Angriff seinen Schwung verlor, flossen die seldschukischen Wellen zurück. Während die Kataphrakten sich neu ordneten, schoß die Infanterie hinter ihnen ihr Sperrfeuer ab, so daß ein Gewölbe fliegender Pfeile entstand. Immer wieder luden die schwitzenden Männer auf den blutverschmierten Pferden, schossen ab und luden von neuem. Jedes Mal schwenkten die Seldschuken ab und drehten sich in ihren Sätteln herum, um eine letzte Salve abzufeuern, wenn sie davonjagten.

Stunde um Stunde wurden die quälenden, erschöpfenden Versuche fortgesetzt, den Feind zu stellen, und bei jedem Versuch wuchsen die byzantinischen Verluste.

Nachmittags erlahmte die byzantinische Kavallerie. Entschlossen, vor Sonnenuntergang eine Entscheidung zu erzwingen, befahl Romanos seinem ganzen Kommando den Vormarsch. Zuerst trieb seine Wucht die Seldschuken zurück. Das Blatt schien sich zu wenden. Aber das Manöver führte – im größeren Zeitraum – nur zu einer Wiederholung der Enttäuschungen des Tages. Die Seldschuken wichen immer weiter zurück, zogen ihre Feinde hinter sich her und warteten auf den Augenblick des Gegenangriffs. Unter den Byzantinern wirkte sich die Hitze des langen Augusttages auf die schwer gerüsteten Männer und Pferde aus, die der Erschöpfung nahe waren. Es würde wichtig sein, vor Einbruch der Nacht an größere Wasservorräte heranzukommen, aber in diesem Gebiet waren jede Quelle und jeder Bach in der Hand der Seldschuken. Die einzig sichere Deckung des Bedarfs befand sich hinter ihnen, im byzantinischen Lager. Es gab keine Wahl. Romanos befahl den Rückzug.

Kaltblütig und in aller Ruhe begannen seine Regimenter den Befehl auszuführen. Aber es war immer noch hell genug, daß die Seldschuken die Bewegung erkennen konnten. Ihr großer Halbmond hielt inne, drehte sich herum und folgte. Dann wurden sie wie große schwarze Wolken in der Dämmerung schneller und griffen an. Dieses Mal schwenkten sie nicht wieder ab. Als die byzantinische Nachhut sich zum Kampf stellte, gellten die Schlachtrufe über sie hinweg.

Alles hing jetzt von den Reserven der schweren Kavallerie ab. Romanos befahl ihnen einzugreifen. Aber auf seinen Befehl erfolgte in ihren Reihen keine Reaktion. Sie rührten sich nicht, dann wandten sie sich ab und eilten zu den Hügeln im Westen. Das war übelster Verrat. Andronikos Dukas rächte sich. Er glaubte, daß auf dem Schlachtfeld bereits alles verloren sei, aber daß er in Konstantinopel noch einen Thron erringen könne. Die lebenswichtigen Schwadronen verschwanden in der Dämmerung.

Als das Zentrum des seldschukischen Halbmonds auf Romanos' Zentrum traf, umklammerten die Hörner seine ganze Armee in einer Zangenbewegung. Dann folgte ein furchtbarer Kampf Mann gegen Mann. Romanos selbst wurde verwundet, sein Pferd brach unter ihm zusammen, aber er kämpfte bis zum Ende. Als es noch dunkler wurde, brach schließlich Panik aus. Gebrochen und verzweifelt flohen die Überlebenden, und die kaiserliche Leibwache folgte ihnen über die Leichen ihrer Kameraden.

Am nächsten Morgen erschien geschwächt, heruntergekommen und kaum noch zu erkennen der byzantinische Kaiser vor Alp Arslan, der ihn gefangengenommen hatte.

Mehr als fünf Jahrhunderte lang hatte sich die Macht der Türken jetzt im Herzland behauptet. Ihre Zyklen – Wachstum, Verfall und Wiedergeburt durch die Zeiten und über große Räume hinweg – waren unzusammenhängend und äußerst komplex gewesen. Aber ihren Angriff auf die Grenzen an der Küste des Kontinents hatte ein in seinen groben Umrissen bereits vertrautes Muster bestimmt. Als ihr Versuch fehlschlug, in China ständig Fuß zu fassen, hatten die Türken im Westen und Süden ein Ventil gesucht, jenseits der russischen Steppen und durch den Iran hindurch. An den Grenzen des Irans waren sie durch die Gegenströmung der brechenden arabischen Welle aus Innerasien hinausgesogen worden.

Bei Mantzikert stießen sie das Tor zum Mittelmeer und nach Europa auf. Die Seldschuken hatten als Sturmblock gedient, und innerhalb von zwei Jahren nach der Schlacht begannen sie ernsthaft, Kleinasien zu besetzen. Aber auch dann war ihr Interesse an dem Gebiet noch begrenzt. Anderen Türken, die mit ihnen verwandt, aber wilder und undisziplinierter waren als sie, erschienen die östlichen Provinzen des byzantinischen Reichs eher als ein Paradies, zunächst für Plünderer, dann für ihre Herden. Verbündete und Schlachtenbummler anderer Clans und Stämme breiteten sich im Kielwasser der Eroberer aus, mordeten und stahlen, wohin sie auch kamen. Und hinter den Räuberbanden folgte die langsamere, größere Einwanderung mit ihren Wagen und Zelten, Frauen und Herden. Wie die ungarische Ebene früheren Horden als Erweiterung der Steppe gedient hatte, so bot die anatolische Hochebene den türkischen Nomaden eine Vergrößerung des zentralen Hochlands. Höhe und Pflanzenbewuchs waren nicht viel anders als in ihrer früheren Heimat, aber das Klima war weniger hart, und die Wasservorräte waren ein wenig reichhaltiger. Verglichen mit den Halbwüsten, die sie hinter sich gelassen hatten, war es das verheißene Land. Die Seldschuken bemühten sich, Ordnung durchzusetzen, als die Einwanderer die byzantinische Landbevölkerung vertrieben, und durch wirtschaftliche und sogar Wohlfahrtsmaßnahmen die Grundlage eines organisierten Staats zu schaffen – aus dem später das Sultanat Rum hervorgehen sollte.

Aber indessen ergoß sich die türkische Flut nach Süden über die Levante, und ihre Führer gerieten wegen der Aufteilung von Land und Beute in Streit. In jeder Stadt und manchmal rund um die Dörfer setzte sich irgendein Kriegsherr durch und machte seinen persönlichen Machtbereich geltend. Zweimal griff ein türkischer Vasallenhäuptling Jerusalem an, und als er die Stadt schließlich den Fatimiden entrissen hatte, wurde er von einem türkischen Rivalen abgesetzt und ermordet. Die Banden vermehrten sich, wo immer Handel und Reisende sich bewegten: entlang der Meeresküsten, unterhalb der Schneefelder des Hermon und auf den Kamelstraßen der syrischen Wüste. Schließlich begann weiter im Osten das alte Bewässerungssystem Mesopotamiens durch den Streit der Invasoren zu verfallen, und viele seiner ausgeklügelten Anlagen, die durch Jahrhunderte erhalten und erneuert worden waren, verschwanden in Salz und Sumpf, bis sie in unserer Zeit wiederhergestellt wurden.

Mantzikert brachte Konstantinopel dem Abgrund noch näher. Eine einzige Schlacht hätte sich kaum als so bedeutsam erweisen können, wenn nicht das byzantinische Imperium bereits durch andere Faktoren unterminiert worden wäre. Der Tod des Romanos war bezeichnend für den ständigen Verfall des Zentrums. Von Alp Arslan großzügig freigelassen, kehrte er in die Hauptstadt zurück, und auf Betreiben von Andronikos und seiner Partei wurden ihm dort auf so abscheuliche Weise die Augen ausgestochen, daß er an seinen Verletzungen starb. Der normannische Vorstoß durch Durazzo auf den Bosporus wurde aufgehalten und lief sich schließlich tot, aber Byzanz' Position in Italien war unwiederbringlich verloren. Die Petschenegen nutzten die allgemeine Verwirrung und schoben sich über den Balkan bis nach Adrianopel vor. In Kleinasien war ein fast unentwirrbares Durcheinander entstanden, als Türken, Flüchtlinge und Nachzügler der Armee – einschließlich Roussel – auf eigene Rechnung hin und her zogen. Lediglich die geschickte Regierung des Alexios Kommenos, die 1081 begann, verhinderte, daß der Kern des Reichs sich sofort auflöste.

Europa war durch die Araber nach Norden gedrängt worden. Jetzt zwangen es die Türken nach Westen. Und das jüngere, aufstrebende Europa hatte den Eindruck, daß Byzanz nicht mehr in der Lage sei, das Christentum zu verteidigen. Es meinte, eingreifen zu müssen, und die neue Welt des Nordens und Westens, die nach byzantinischer Meinung roh und ketzerisch war, fühlte sich berufen, das Gleichgewicht der alten Welt wiederherzustellen. Vierundzwanzig Jahre nach Mantzikert wurde der erste Kreuzzug eröffnet, und einen Großteil seiner Kampfkraft stellten die Normannen. So trafen die beiden Bewegungen, die aus dem Westen und Osten über See und auf dem Lande kamen und deren Waffen auf der Steppe entwickelt worden waren, an der Levante in einer Schlag- und Schlußkriegführung aufeinander. Auf ihren großen Schlachtrössern und bis an die Zähne bewaffnet, stürmten die christlichen Nachkommen der Nordländer durch Straßen Jerusalems, in denen, wie berichtet wird, knöcheltief mosleminisches Blut floß. Aber in der Schlacht bei Hattin hielten Saladins berittene Bogenschützen dem Westen stand, und hinter den Mauern und Brustwehren der großen Kreuzfahrerfestungen, starren Ungeheuern aus Stein, die sich vom Taurus bis zum Golf von Aqaba hinzogen, setzten sich die Franken aus dem Osten für zermürbende Jahrzehnte fest. Die langen Anstrengungen der Kreuzzüge mit ihrer seltsamen Mischung aus hohem Glauben und niedrigstem Verrat brachten den Byzantinern keine Erleichterung. Sie hatten Söldner gewünscht, um ihnen die lebenswichtige Verteidigung Kleinasiens wiederaufbauen zu helfen, statt dessen gerieten sie zuerst in die Rolle unwilliger Verbündeter in einer Strategie, die eng mit den levantinischen Handelsinteressen der neuen italienischen Stadtstaaten zusammenhing, und dann wurden sie unmittelbar Opfer der westlichen Habgier. Die Zerstörung Konstantinopels im vierten Kreuzzug, welche die Raffgier Venedigs angezettelt hatte, brachte das Reich in eine Lage, von der es sich nicht wieder erholen konnte. Danach bedurfte es nur noch eines weiteren Ansturms, um die große Bastion auf immer zu Fall zu bringen, die so lange gegen Asien und die Steppen ausgehalten hatte.

Nach Mantzikert vergingen fast vier Jahrhunderte, bevor der letzte Angriff erfolgte, und zwar durch die Türken, nicht durch die Seldschuken. Für sie war Byzanz eine potentielle Bedrohung, und sie hatten nur deswegen in Kleinasien losgeschlagen, um zu verhindern, daß es als Angriffsbasis gegen sie benutzt wurde. Von allen Gebieten, welche die Seldschuken überrannten, war Persien das Land, das sie liebten. Hier stiegen sie von ihren Pferden und schlugen Wurzeln. Von Persien aus und weitgehend durch persische Administratoren herrschte Alp Arslans Sohn, Schah Malik, über ein Reich, das sich von der eurasischen Küste des Mittelmeers bis nach Tibet erstreckte. Aber die Seldschuken waren Türken: nach Maliks Tod kam es zum unvermeidlichen Nachfolgestreit, und um 1100 spaltete sich das riesige Gebiet in unabhängige Lehnsherrschaften.

Darüber hinaus wurden die Seldschuken von einer Problematik zerschlagen, mit der sie nicht fertigwerden konnten. Als sie anfänglich in Persien eindrangen, hatten sie die Tore von Zentralasien auf die iranische Hochebene notgedrungen offengelassen. Es war ihnen nicht gelungen, sie in ihrem Rücken sicher zu schließen – obgleich sie aus diesem Grunde Khwarezm erobert hatten, bevor sie nach Westen zogen. Trotz wiederholter Versuche, sie zurückzuschlagen, kämpften andere Horden jetzt um den Zugang. Sogar während der kurzen Periode seldschukischer Größe gaben die Tore vor dem Druck neuer Kräfte aus dem Herzland nach.

Mandschurisches Zwischenspiel

Aber der majestätische Fluß strömte fort,
Heraus aus Nebel und Eintönigkeit jenes flachen Landes
In das frostklare Sternenlicht und zog weiter,
Freudig durch die stumme choresmische Wüste,
Über ihm ein einsamer Mond.

MATTHEW ARNOLD, SOHRAB AND RUSTAM

ALS EINZIGER UNTER DEN GRÖSSEREN STAATEN an der Peripherie der eurasischen Landmasse war China während des türkischen Aufbruchs im 10. und 11. Jahrhundert im wesentlichen unversehrt geblieben. Es hatte seine Riesenkraft mobilisiert, um die aggressiveren Türken vor seinen Toren in den Westen zurückzutreiben. Und dann war es durch diese Anstrengung erschöpft in sich zusammengesunken.

Das Jahr 751 hatte für die Geschicke des großen zentralasiatischen Reichs, das die frühen T'ang-Kaiser aufgebaut hatten, einen plötzlichen Wendepunkt bedeutet. In jenem Jahr war China, das noch nach Westen expandierte, von den Arabern am Fluß Talas abgeschlagen worden, und fast gleichzeitig hatten seine Armeen an zwei anderen Punkten entlang seinen Grenzen Rückschläge erlitten. Seiner imperialistischen Belastungen müde, hatte es beinahe über Nacht seinen riesigen Einflußbereich im Herzland geräumt und sich in ein immer stärker werdendes Netz heimischer Zwietracht verstrickt. 755 war ein Aufstand ausgebrochen. Die uigurischen Türken waren über die Grenze nach Tschang An gekommen und hatten das T'ang-Regime unterstützt; aber weder die Uiguren-Reiter als Polizisten noch ihre T'ang-Herren, die sie beschäftigten, hatten dem wachsenden bürgerlichen Chaos Einhalt gebieten können. Während der folgenden Jahrzehnte hatte sich das Elend immer tiefer in das chinesische Leben hineingefressen. Die Rebellion hatte den Wohlstand vernichtet und die kaiserliche Kasse geleert. Um die Aufrechterhaltung der gefährdeten Ordnung zu finanzieren, war eine erdrückende Steuerbelastung notwendig geworden. Der Handel war zusammengeschrumpft. Bauern hatten zu Tausenden ihre Höfe verlassen. Die Bevölkerung war um etwa zwanzig Millionen gesunken.

874 brach eine weitere Revolution aus. Für Leben und Eigentum noch zerstörerischer, verbreitete sie sich aus dem Gebiet des Gelben Flusses bis in die südchinesischen Provinzen. Noch einmal suchten die T'ang, die jetzt in den letzten Zügen lagen, Hilfe von außen. Und dieses Mal schickte ein türkischer Stamm, der als die Horde von den Sanddünen bekannt war, aus der Wüste Gobi eine Armee, um sie zu unterstützen. Aber der Aufruhr war schon zu weit fortgeschritten, um noch der Situation Herr zu werden. Die Armeeführer griffen ein und setzten den letzten T'ang-Kaiser ab, der noch ein Junge war. Dann folgte der vertraute Vorgang nationaler Auflösung. Im Süden errichteten Vizekönige der Provinzen und Armeekommandeure in ihren Standorten autonome Regierungen. Am Gelben Fluß schufen die Türken von den Sanddünen, die treu im Geist der erloschenen T'ang-Dynastie handelten, eine Art Treuhandregime. 936 geriet ein chinesischer General, der entschlossen war, sie hinauszutreiben und selbst die Macht an sich zu reißen, wieder einmal in die Versuchung, Hilfe aus dem Herzland hereinzuholen. Zweimal hatten die T'ang loyale Hilfe von Türken aus der Mongolei und aus der Wüste Gobi erhalten. Aber der ehrgeizige General beschloß, sich woanders umzusehen. Er wandte sich nach Norden, an die Mandschurei.

Hier, jenseits der Großen Mauer, zwischen dem Fluß Liao und den südlichen Ausläufern des Chingan-Gebirges, lebte ein Volk mit Namen Khitai. Ihr Territorium entsprach im großen und ganzen der heutigen Provinz Jehol im Nordosten Pekings. Sie waren ein Grasland-Volk, das Pferde züchtete und von seinen Herden und Überfällen lebte. Seit Jahrhunderten waren sie von Zeit zu Zeit in den chinesischen Chroniken aufgetaucht und hatten manchmal die Verteidigungslinie der Mauer überschritten, um die Städte an der nordchinesischen Grenze zu plündern. Ihre Kavallerie hatte 751 eine der Niederlagen verursacht, die zum

Zusammenbruch des T'ang-Reiches führten. Seither war aus ihrem führenden Clan, den Ye-Liu, ein Häuptling von außergewöhnlichem Format hervorgegangen, und unter seiner Leitung hatten die Khitanen sowohl nach Osten wie nach Westen expandiert. Sie waren in die Mongolei eingedrungen, hatten die kirgisischen Türken nach Sibirien zurückgetrieben und dann ungewöhnlicherweise die Uiguren eingeladen, wieder in das Land entlang dem Orchon zurückzukommen, das die Kirgisen ihnen weggenommen hatten – auch wenn die Uiguren, die sich im Gebiet Turfan niedergelassen hatten, das Angebot ablehnten. Im Osten hatten die Khitanen das Königreich Nordkorea überrannt und ihren Herrschaftsbereich von der zentralen Mandschurei bis an die Küste des Japanischen Meers ausgedehnt, wo jetzt Wladiwostok liegt. Während dieser Eroberung hatten sie ein Volk unterworfen, das – zwar noch rückständig und isoliert – furchtbarer werden sollte als seine Eroberer.

In den ersten Jahrzehnten des 10. Jahrhunderts waren die Khitanen ein energisches und raffgieriges Volk – und für einen chinesischen Abenteurer höchst gefährliche Verbündete. Ein Ergebnis seiner Unbesonnenheit zeigt sich in der Tatsache, daß von dem Wort *Khitai,* der türkischen Form von Khitan, der Begriff *Cathai* – China stammt. Aber die Khitanen selbst waren keine Türken. Sie war Abkömmlinge der Sien-pi und mongolischer Herkunft. Und mit ihrem Erscheinen begann der Name der Mongolen wie ein entfernter Donner durch das mittelalterliche Herzland zu grollen.

Auf den Appell des Generals kamen aus der Mandschurei fünfzigtausend khitanische Reiter, die hervorragend in Divisionen und Schwadronen organisiert waren, zogen durch die Mauer, schwärmten in Nordchina aus und vertrieben die Türken der Sanddünen. Sie belohnten ihren chinesischen Verbündeten, indem sie ihn als Schattenkaiser einsetzten, aber verlangten gleich darauf von ihm den Lohn ihrer Dienste. Der Preis war der größte Teil des nordchinesischen Gebiets, das sie besetzt hatten, einschließlich einer Grenzstadt, die bis dahin wenig Bedeutung hatte, Yen Ching. Ihr hilfloser Kunde konnte sich nur fügen, und obgleich die Khitanen einige Jahre lang Schwierigkeiten durch Guerillawiderstand und rivalisierende Anführer hatten, war die Durchsetzung ihrer Herrschaft über den chinesischen Norden nur eine Frage der Zeit.

Während die Khitanen ihre Position im Gebiet Yen Ching festigten, fanden weiter im Süden bedeutsame Ereignisse statt. Die chinesische Armee, die der langen Zerrissenheit des Landes müde war, ernannte einen neuen Kaiser. Die Wahl war glücklich, denn Chao K'uang-yin, der erste Kaiser der Sung-Dynastie, erwies sich nicht nur als ein starker, sondern auch weitsichtiger und menschlicher Herrscher. Geduldig und ebenso durch Überredung wie durch Gewalt fügte er die Stücke seines zerbrochenen Reichs in einer erneuerten Nation zusammen, bis am Ende seiner fünfzig Jahre dauernden Regierung der größte Teil Zentralchinas wieder vereint war.

Für seine Nachfolger, die jetzt ein Volk mit neuem Selbstvertrauen regierten, war die Anwesenheit der Khitanen im Norden eher eine Herausforderung als eine Bedrohung. Sie griffen zu militärischen Aktionen, um die verlorenen Gebiete zurückzuerobern. Es war ein gewagtes Vorgehen, denn wenn die Khitanen auch rasch chinesische Lebensart annahmen, verfügten sie doch noch über die ganze kriegerische Kühnheit ihres Steppenursprungs. Die chinesischen Kolonnen wurden in die Flucht geschlagen. Und die Khitanen jagten sie zur Vergeltung nach Süden bis an das Ufer des Gelben Flusses gegenüber der Stadt Ka'i-feng, der Hauptstadt der Sung. Dort wurden die Verfolger durch eine mutige Tat aufgehalten, die an T'ai-tsungs unerschrockenes Auftreten gegenüber den Osttürken vor Tschang An erinnerte. Gegen den Rat seiner Offiziere weigerte sich der dritte Sung-Kaiser, die Garnison Ka'i-feng ihrem Schicksal zu überlassen, und stellte sich persönlich an die Spitze einer Streitmacht, um eine außenliegende Stadt zu entsetzen. Durch diese unerschütterliche Geste wurden die Khitanen ebenso wie die Türken vor ihnen tief beeindruckt. Sie zogen sich zu ihren Besitzungen rund um Yen Ching zurück und begannen die lange Umwandlung der reinen Reiterstadt zu jener lebensvollen Mischung von Chinesen und Nomaden, von Verwurzeltem und Unruhigen, aus der schließlich Peking hervorgehen sollte. Der Versuch, die Khitanen in die Mandschurei zurückzutreiben, war fehlgeschlagen, aber um 1004 hatten die Kämpfe aufgehört, und es wurde ein Vertrag abgeschlossen, der ihnen das Recht auf Nordchina zubilligte.

Während der Kämpfte gegen die Khitanen war jedoch ein weiterer Schlag gegen die Grenze zwischen China und dem Herzland erfolgt. Das waren die Tanguten, ein Volk, das aus Tibet kam. Ursprünglich lebten die Tanguten in dem Gebiet rund um den See Kukku-Nor an der nordöstlichen Grenze Tibets. Aber im 7. Jahrhundert waren sie durch feindliche Stämme gezwungen worden, um Aufnahme in China zu ersuchen. Diese war ihnen gewährt worden, und man hatte ihnen im südlichen Teil der Ordos-Schleife Land zugeteilt, in dem Gebiet, das in China ihrer Heimat am nächsten lag, aus der sie geflohen waren. Hier hatten die Tanguten eine Mischform zwischen Weidewirtschaft und Gewerbe entwickelt und einen Großteil ihres Lebensunterhalts durch den Handel zwischen China und Innerasien bezogen. China hatte sie vor der wahrscheinlichen Vernichtung bewahrt, und sie zahlten es ihm zurück, indem sie ihre Lehnspflicht in dem Augenblick abschüttelten, als die Sung in schwere Kämpfe mit den Khitanen verwickelt waren. Sie erklärten sich für unabhängig und rissen das gesamte Ordos-Plateau an sich und einen erheblichen Teil des Landes im Westen, das die heutige Provinz Kansu bildet. Ihr neues Reich nannten sie Hsi-hsia. Für die Sung war dieser Streich doppelt alarmierend: er bedeutete nicht nur, daß ein weiteres großes Stück von China sich jetzt in fremder Hand befand, sondern auch, daß das kritische Ordos-Gebiet, das die ganze Geschichte hindurch zur Verteidigung gegen Nomaden aus dem Inneren lebenswichtig gewesen war, nicht mehr von ihnen kontrolliert wurde. Da sie jedoch mit ihren Schwierigkeiten im Norden zu kämpfen hatten, konnten sie nicht verhindern, daß der neue Staat sich durchsetzte.

Für die Schwäche, die den Khitanen und den Tanguten erlaubte, sich innerhalb ihrer Grenzen zu etablieren, sollte China teuer bezahlen müssen. Bis jetzt waren die Eindringlinge aus dem Herzland immer von der mongolischen Hochebene durch die

Wüste Gobi gekommen. Der Einbruch der Khitanen eröffnete für die Invasion von Bogenreitern eine neue Route, die über die mandschurischen Prärien. Und quer vor der alten Route aus der Wüste Gobi und dem Nordwesten lag jetzt das keineswegs sehr freundliche Tanguten-Königreich Hsi-Hsia.

Das neue Gleichgewicht von Gefahren sollte sich jedoch für hundert Jahre nicht ändern. Das 11. Jahrhundert hindurch genossen die freien Provinzen Chinas eine Periode der Ruhe vor weiteren Bedrohungen aus dem Herzland. Es war eine Zeit, sich wieder der Kunst und der Gelehrsamkeit zuzuwenden; sich auf der Basis relativer Stabilität den Luxus politischer Debatten zu leisten; die Verdienste von Konservatismus und Reformen als Wege zu einer guten Gesellschaft zu diskutieren. Es war ein Jahrhundert des Experiments und der Ideologie, das von einer Folge von Sung-Kaisern geprägt wurde, die selbst intellektuelle Neigungen hatten.

Dann kam im Jahr 1100 Hui-tsung auf den Thron. Als Philosoph, Theologe und Maler war er in vieler Hinsicht ein hervorstechendes Mitglied einer Dynastie, die sich durch ihr Patronat der Kultur auszeichnete. Aber auf dem Gebiet der Staatskunst wurde sein Denken durch die alte Wunde der khitanischen Besetzung des Nordens beherrscht. Obgleich diese Frage seit langem im wesentlichen ruhte, griff er sie wieder auf. Unter den Khitanen hatte sich Yen Ching zu einer ansehnlichen Stadt entwickelt, und mit leidenschaftlicher Überzeugung drang der Kaiser darauf, daß der Zeitpunkt gekommen wäre, ihre Rückkehr nach China einzuleiten. Die pazifistischeren unter seinen Ratgebern verhielten sich lauwarm, und in seiner Besessenheit sah er sich nach anderer Hilfe um. Mit offener Begeisterung, aber wenig Voraussicht beschloß er, die Ju-chen anzuwerben.

Diese waren das Volk, das wie andere auch während der ersten expansiven Phase der Khitanen unterworfen worden war. Sie waren ein tungusisches Volk aus der nördlicheren Mandschurei, und ihr Sitz war das Gebiet aus Grasland und bewaldeter Taiga, das zwischen den Flüssen Sungari und Ussuri liegt, bevor sie in den Amur münden. Manche waren Viehzüchter, andere Jäger in den Wäldern. Während ihre Häuptlinge auf Fellen saßen und zusahen, veranstalteten sie wilde Rundtänze, die ihre Waffentaten feierten und das Spiel des Feuers mit blitzenden Spiegeln darstellten. Für die Chinesen waren sie unsagbar barbarisch, wilder noch als die Wölfe, die heulend um ihre Lager schlichen. Aber sie hatten von der Steppe viel militärisches Geschick übernommen, und dies und ihre wachsende Anzahl hatte sie an die Schwelle eines aggressiven Abenteurertums auf eigene Rechnung gebracht. Sie sehnten sich nach einem großen Angriff gegen ihre khitanischen Oberherren.

Mit den Ju-chen kam Hui-tsung zu einem Genleman's Agreement. Wenn sie die Khitanen von hinten angriffen, das besetzte Nordchina überrannten und Yen Ching einnahmen, würden seine Truppen sich ihnen nicht widersetzen. Als Gegenleistung sollten sie die Stadt und die umliegenden Gebiete China zurückgeben. Das war der Vorschlag eines unsicheren Amateurs. Die Ju-chen waren zu dem Zeitpunkt ihrer Entwicklung weit davon entfernt, Gentlemen zu sein. Und die jetzt friedlichen und weitgehend zu Chinesen gewordenen Khitanen waren gerade gegen derartig wilde Invasoren zu einer Pufferzone geworden.

Aguda, der Khaghan der Ju-chen, erfüllte rasch die erste Hälfte des Handels. 1114 drang er nach Nordchina mit einem Heer ein, dessen Schlachtordnung – ledergepanzerte Lanzenreiter in Front, berittene Bogenschützen zur Unterstützung dahinter – den byzantinischen Formationen nicht unähnlich war. Er riß den khitanischen Staat auseinander, schlug die Streikräfte in die Flucht und eroberte die Hauptstadt. Er war weniger leicht zu überreden, sich an den zweiten Teil der Vereinbarung zu halten, aber nach einiger Verzögerung verließ er widerwillig Yen Ching Die Chinesen jedoch, durch diesen Erfolg ermutigt, stellten weitere Forderungen, und es wurde Aguda klar, daß sie nicht nur auf eine Wiedereinnahme des ganzen Gebiets südlich der Großen Mauer hinarbeiteten, sondern daß sie ihre Sache insgeheim auch dadurch unterstützten, daß sie vertriebene Khitanen zum Guerillakrieg aufstachelten.

Diese äußerst riskante Politik gab den Ju-chen den Vorwand, sofort zu reagieren. Sie besetzten Yen Ching von neuem und stießen nach Ka'i-feng vor. Hier kannten sie keine solchen Skrupel wie die Khitanen, als sie sich von der Stadt zurückzogen. Sie stürmten in die Straßen, ergriffen Hui-tsung und deportierten ihn mit Sack und Pack in ihre mandschurischen Festungen, wo dieser verfeinerte kaiserliche Ästhet inmitten kalter, dunkler Wälder starb. Als sie dann den Norden fest im Griff hatten, zogen ihre Armeen nach Zentralchina. Sie schossen und mordeten, beraubten den reichen Wohlstand, den sie überall entdeckten, und stürmten bis zum Jangtse hinunter und darüber hinaus. Hier schließlich kam ihr Vormarsch ins Stocken, weniger wegen der erbärmlich unzureichenden Sung-Miliz als wegen der Topographie, die sie jetzt umgab. Im Kreuz und Quer der zahllosen Ströme und Kanäle verloren die Einheiten der Ju-chen den Zusammenhalt. Ihre Pferde versanken in den sumpfigen Reisfeldern, und die Ersatztiere wurden knapp. Die ländliche Bevölkerung, verwirrend in ihrer großen Zahl, verfolgte sie. Ihr Schwung erschöpfte sich, sie drehten ab, und mit Mühe schafften sie den Rückzug zum Gelben Fluß.

Dankbar, das Ende der Raserei zu erleben, die sein Vater in seiner Torheit entfesselt hatte, ließ Hui-tsungs Sohn sie ziehen. Aber die Auswirkung des furchtbaren Überfalls der Ju-chen war ähnlich wie die des Hereinbrechens der Hiung-nu im 4. Jahrhundert: eine weitere große Welle chinesischer Energie wurde in den Süden abgedrängt. Hauptstadt der Sung, Mittelpunkt Chinas und Kern seiner Zuneigungen wurde von nun an die schöne Stadt Hangchow, die an der großen Bucht unterhalb von Schanghai viel sicherer liegt und von Natur aus durch Berge, Wasserwege und das Meer geschützt ist. Alles nördlich des Flusses Huai-ho, auf halbem Weg zwischen dem Jangtse und dem Gelben Fluß, wurde den Ju-chen überlassen.

Nachdem sie sich an Zentralchina die Finger verbrannt hatten, beschränkten sich die Ju-chen auf ihre nördlichen Gebiete. Wie die Khitanen, die sie vertrieben hatten, machten sie 1153 Yen Ching zu ihrer Hauptstadt, tauften sie um auf Chung Tu und begannen sie auszubauen. Sie übernahmen die chinesischen Methoden der Administration und organisierten von dort aus einen mächtigen Staat, der sich von ihrer Grenze zu den Sung bis zum Amur und an den Rand der mongolischen Hochebene erstreckte.

Ihren Khaghanen, die dieses Reich Nordostasiens regierten, gaben sie den dynastischen Namen Chin, was Gold heißt – die goldenen Könige.

In Nordchina hatte ein mandschurischer Eindringling den anderen abgelöst.

Der Aufstieg der Ju-chen hatte Rückwirkungen quer durch das asiatische Innere in das zentrale Herzland und von dort bis an den fernen Rand der iranischen Hochebene.

Kurz nach ihrem Eintreffen in Nordchina und während sie noch dabei waren, das Regime der Khitanen zu zerbrechen, hatten die Ju-chen eine Reihe von bemerkenswerten Gefangenen gemacht. Unter ihnen befand sich ein gewisser Yeliu Tu-shih, ein Mitglied der Königsfamilie der Khitanen. Der Prinz entkam seinen Ju-chen-Wächtern, und da er sich darüber im klaren war, daß die Sache der Khitanen verloren war, sammelte er Freunde und Gefolgsleute um sich und machte sich auf in den Westen, um woanders sein Glück zu suchen. Als er durch die Mongolei zog, schlossen sich ihm Banden bewaffneter Hirten an, die immer zu einem möglicherweise gewinnbringenden Abenteuer bereit waren. Bald drang er mit einer ansehnlichen Streitmacht durch die dsungarische Pforte und setzte sich in der Nähe des Balkaschsees fest.

Hier mischte er sich in die Politik der türkischen Stämme des Gebiets, die wie üblich zerstritten waren. Er spielte sie einen gegen den anderen aus, und bald war es ihm auf Grund seines überlegenen Kopfes und seiner willigen Armee gelungen, seine Herrschaft über die meisten Türken vom Altai-Gebirge bis zum Jaxartes auszudehnen. Diesem großen Reich, tief im kontinentalen Asien, gaben seine Untertanen den Namen Kara-(Schwarz-) Kithai, und Yeliu Tu-shih verlieh sich selbst den eindrucksvollen Titel Gur-Khan – Herr von Allen.

Das Reich der Kara-Khitanen war mehr als das flüchtige Geschöpf einer wagemutigen Gruppe von Vertriebenen. Der Gur-Khan war ein tüchtiger, schlauer Mann, ein Produkt chinesischer Erziehung, und sein Staat spiegelte seine Fähigkeiten wider. Er verstärkte seine Armee durch kriegerische türkische Vasallen, und seine aufgeklärte Regierung nach chinesischem Vorbild gewährte den einzelnen Stämmen – zu denen auch die gebildeten Uiguren im Tarim-Becken gehörten – ein beträchtliches Maß an Autonomie. Von Anfang an bestand jedoch eine Schwierigkeit. Die Khitanen waren mongolischen Ursprungs, und viele von ihnen hatten durch ihre früheren Kontakte mit China den Buddhismus angenommen. So stand also sowohl eine rassische wie eine religiöse Kluft zwischen Herrschern und Beherrschten, denn die meisten Türken Zentralasiens waren überzeugte Moslems. Obgleich die Kara-Khitanen die Gefühle ihrer Untertanen zu besänftigen suchten, indem sie die Freiheit aller Religionen unterstützten, sollten sich diese Unterschiede zuletzt gegen sie wenden.

1137 – ungefähr zu der Zeit, als die Ju-chen sich aus dem Jangtse-Gebiet zurückzogen – beschlossen die Kara-Khitanen, noch weiter nach Westen vorzudringen, über den Jaxartes hinweg. Ihre Streitkräfte schlugen die Türken in der Umgebung des Flusses in die Flucht und folgten den Besiegten nach Transoxanien hinüber. Hier stießen sie auf einen Gegner von weit größerem Format, denn jetzt gelangten sie zu den östlichen Vorposten des seldschukischen Reichs.

Zu dieser Zeit hatten die Seldschuken den Höhepunkt ihrer Macht überschritten. Der Kern ihres Reichs im Iran wurde durch eifersüchtige Herrscher zerrissen. Auf seinem Zenit waren sich sowohl Alp Arslan wie sein Nachfolger Melikschah darüber im klaren, wie lebenswichtig es war, östlich des Kaspischen Meers über starke Kräfte zu verfügen, damit andere Horden von der Steppe nicht über es hereinbrachen. 1072, kurz nach Mantzikert, war Alp Arslan selbst an der Steppengrenze getötet worden, als er dem Druck türkischer Stämme standhielt, die auf den seldschukischen Besitz neidisch waren. Und bei Melikschahs Tod, zwanzig Jahre später, wurde ein Soldat von beachtlicher Fähigkeit und großem Mut mit der Aufgabe betraut, das Tor zur Steppe weiterhin zu sichern. Dies war der berühmte und romantische Sultan Sandschar, Melikschahs jüngster Sohn. Er war eine Gestalt, die mit Saladin vergleichbar ist. Unter Freunden und Feinden wurde er gleichermaßen gefeiert wegen seiner Tapferkeit, seiner Ritterlichkeit und seines Glaubens. Und wie Saladin später der Inbegriff der Verteidigung des Islams gegen die levantinischen Kreuzzüge wurde, so war Sandschar als Wächter an den Grenzen des Herzlands der Schutzwall der persischen Zivilisation, welche die Seldschuken geerbt hatten.

Als die Kara-Khitanen den Jaxartes überquerten, war Sandschar Gouverneur von Chorassan. Von seinem Hauptquartier in Merw aus setzte er in allen seldschukischen Territorien des östlichen Irans Vizekönige ein. Darunter auch in Khwarezm, dem Gebiet im nördlichen Transoxanien an der Mündung des Oxus, das die Seldschuken eingenommen hatten, bevor sie den Iran eroberten. Seit der Zeit waren die Khwarezm-Schahs von den Seldschuken ernannt worden. Während der Blütezeit des Reichs hatten sie sich ziemlich loyal verhalten, aber mit dem beginnenden Verfall begannen sie Ehrgeiz auf Unabhängigkeit zu entwickeln. Sandschar war bereits gezwungen gewesen, den Khwarezm-Schah Atsiz gewaltsam daran zu erinnern, wem er Lehnspflicht schuldete.

Als Sandschar von dem Eindringen der Kara-Khitanen nach Transoxanien hörte, mobilisierte er und rückte vor, um ihnen entgegenzutreten. Er war an diese Art Alarm gewöhnt. Bei vielen früheren Gelegenheiten hatte er Überfälle aus der Steppe zurückgeschlagen. Aber dieses Mal traf der Verteidiger der Grenzen auf einen Gleichwertigen. Beim Zusammenstoß mit den Kara-Khitanen, 1141 nahe Samarkand, wurde seiner Armee so schwer zugesetzt, daß er sich nach Chorassan zurückziehen mußte. Diese Niederlage wurde von den Kara-Khitanen schnell ausgenutzt, und sie nahmen Transoxanien in Besitz. Bald überrannten sie Khwarezm und forderten von Atsiz die Unterwerfung. Dem Khwarezm-Schah blieb keine realistische Alternative, und er begriff, daß er seinem Ziel der Unabhängigkeit von den Seldschuken näherkommen könnte, wenn er das Unvermeidliche akzeptierte. Mehr oder weniger freiwillig erkannte er die Oberhoheit der Kara-Khitanen an.

Durch den Abfall von Khwarezm wurde Sandschars Position ernstlich geschwächt, aber er war jetzt nicht stark genug, die Wiedereroberung zu versuchen. Und da der seldschukische Iran hinter ihm zerstritten und gespalten war, hatte er wenig Chancen, Verstärkung zu bekommen. Deswegen wollte er Zeit gewinnen. Aber die Zeit arbeitete gegen ihn, denn wenige Jahre später erfolgte ein weiterer Schlag. Die Invasion der Kara-Khitanen in Transoxanien hatte eine Horde ghusischer Türken entwurzelt, die in diesem Gebiet ihre Weideplätze hatten. Und diese große Gruppe von Nomaden hatte den Oxus überquert und in Chorassan Schutz gesucht, das heißt im Herzen des Territoriums, für das Sandschar verantwortlich war. Der Sultan wußte sehr gut, wie ungebärdig diese unwillkommenen Vertriebenen sein konnten: sie waren Verwandte seines eigenen seldschukischen Volks. Aber da er keine Möglichkeit hatte, sie zu vertreiben, hatte er ihnen erlaubt, sich in der Nähe von Balch anzusiedeln, sie streng zu gutem Verhalten verpflichtet und ihnen eine Steuer von jährlich vierundzwanzigtausend Schafen auferlegt. Als 1150 Sandschars Beauftragter seinen jährlichen Besuch machte, um den Tribut einzuholen, sah er sich gezwungen, sich über die dürftige Qualität der angebotenen Herden zu beklagen. Voller Wut ermordeten ihn die Ghusen. Und dann jagten sie eine Strafexpedition davon, die der Gouverneur von Balch geschickt hatte.

Eine so gefährliche Beleidigung seiner Autorität konnte Sandschar nicht übersehen. So musterte er jeden nur irgend verfügbaren Mann und übernahm selbst das Kommando gegen die Ghusen. Der Ausgang war eine Katastrophe. Die Nomaden vernichteten seine gesamte Streitmacht, nahmen Sandschar selbst gefangen und machten einen Vorstoß auf sein Hauptquartier in Merw. Beim Anblick der stattlichen Paläste und des Wohlstands, den sie dort entdeckten, wurden sie zu Berserkern. Die Überlieferung berichtet, sie hätten Merw so gründlich geplündert, daß jeder Tag dem Fortschaffen anderer Kategorien von Gütern gewidmet war: kostbaren Steinen und Edelmetallen, Kunstwerken, Möbeln usw. Und als sie nichts Wertvolles mehr finden konnten, folterten sie die Bürger, bis sie herausgaben, was vergraben worden war. Vier Jahre später gelang Sandschar die Flucht, und als er in den Trümmern von Merw die Vernichtung seines Lebenswerks sah, starb er als ein gebrochener Mann. Vom Erfolg angefeuert und gierig auf weitere Beute, marschierten die Ghusen in der Zwischenzeit tiefer in den Iran.

Als die Kara-Khitanen die Ghusen über den Oxus verdrängten, hatten sie unwissentlich eine primitive Steppenhorde auf das brüchige, aber immer noch glänzende Seldschuken-Reich losgelassen. Jetzt sollten sie, wiederum unbeabsichtigt, eine noch größere barbarische Flut durch die gebrochenen Dämme schwemmen. Diese entstand in Folge von Ereignissen in ihrem kleinen Vasallenstaat Khwarezm. 1156 starb Atsiz, und mit Billigung der Kara-Khitanen nahm ein anderer Khwarezm-Schah seinen Platz ein. Aber 1172 war der Thron von neuem vakant, und dieses Mal brach zwischen zwei rivalisierenden Anwärtern ein übler Streit aus. Als Oberherren wurden die Kara-Khitanen mit hineingezogen, und nach einigem Zögern zwischen den beiden liehen sie dem Bewerber ihrer Wahl eine Armee, um seinen Anspruch durchzusetzen. Nachdem dieser wagemutige Mann seine Position in Khwarezm gesichert hatte, fand er noch weitere Verwendung für seine kara-khitanische Streitmacht. Er benutzte sie, um Chorassan zu erobern und so seinen Herrschaftsbereich auf Kosten der Seldschuken zu vergrößern. Als er dann starb, festigte sein früherer Rivale, der sein Nachfolger wurde, nicht nur die Stellung in Chorassan, sondern stieß mit seiner eigenen Armee darüber hinaus bis in das Herz des seldschukischen Irans vor. Unter diesem sprunghaften Angriff aus Khwarezm, der Verrat auslöste und mit äußerster Grausamkeit durchgeführt wurde, brach das Regime der Seldschuken endgültig zusammen. Der Widerstand des letzten seldschukischen Sultans, Togrulbegs III., wurde 1194 in der Nähe von Rey gebrochen. Alp Arslans Tod, Melikschahs Vorsicht, Sandschars Ritterlichkeit, das alles hatte nichts geholfen. Durch das Tor zur Steppe drangen die Türkenstämme aus Zentralasien herein und überschwemmten gleicherweise die Seldschuken wie die persische Zivilisation, die sie weitgehend angesiedelt und gemäßigt hatte. Nur das Sultanat Rum in Kleinasien blieb in seldschukischer Hand. Die abgelegene Vorpostenkolonie Khwarezm hatte nicht nur ihre Unabhängigkeit erlangt, sondern auch ihren Herrn als führende Macht vom Aralsee bis nach Mesopotamien verdrängt.

Diese ungestüme Expansion der Khwarezm-Türken hatten die Kara-Khitanen ausgelöst, ohne es zu wollen. Jetzt trugen sie zu ihrer weiteren Aufblähung bei, und das zu ihrem eigenen Verderben. 1200 wurde Ala ed-Din Mohammed, der Sohn einer der Rivalen, welche die Seldschuken überrannt hatten, als Khwarezm-Schah eingesetzt. Mit seinem angeschwollenem Herrschaftsbereich noch nicht zufrieden, versuchte Mohammed ihn nach Süden auszuweiten und Afghanistan zu erobern. Sein Feldzug scheiterte, die Afghanen trieben ihn zurück und begannen zur Vergeltung mit Raubüberfällen innerhalb seiner Grenzen. In seiner gefährdeten Lage wandte sich Mohammed an die Kara-Khitanen, die immer noch ihre Stellung als Oberherren von Khwarezm innehatten. Weil sie nicht wollten, daß ihr Untertan besiegt wurde, schickten sie eine starke Streitmacht zu seiner Hilfe. Durch sie konnte Mohammed das Blatt rasch wenden. Er vertrieb die Afghanen aus Khwarezm und verfolgte sie in ihr eigenes Land. Innerhalb weniger Jahre gehörte wie die seldschukischen Gebiete im Iran auch das ganze Afghanistan zum Khwarezm-Reich.

Mohammeds Art, seine Retter zu belohnen, war ebenso typisch wie die Methoden seiner Vorgänger. Seit einiger Zeit hatten sich die Kara-Khitanen mit ihren unterworfenen Völkern in den Haaren gelegen. Der alte religiöse Hader zwischen den moslemischen Türken und ihren buddhistischen Herren flackerte auf. Die Türken in Khwarezm hatten diese latente Feindseligkeit immer geteilt. Als sie plötzlich Macht und Besitz erlangten, schien die Abhängigkeit von Ungläubigen eine Schande, und durch ihre Schuld gegenüber den Kara-Khitanen wurde der Schimpf noch verschärft. Mit dem doppelten Ziel, einen heiligen Krieg zu führen und gleichzeitig die Kara-Khitanen aus Transoxanien zu vertreiben, stieß Mohammed in das Innerste ihres Territoriums zwischen Jaxartes und Balkaschsee vor. Dort versetzte er ihnen, denen er weit mehr als Lehnspflicht schuldete, eine schwere Niederlage, nahm ihren Oberbefelshaber gefangen und brachte ihren zentralen Herzland-Staat auf den Weg der Auflösung. Und 1217, als ihm Tranoxanien, Afghanistan und der Iran zu Füßen lagen, unternahm der Khwarezm-Schah auf der Höhe seines zweifelhaft erworbenen Ruhms eine triumphale Rundreise durch sein Herrschaftsgebiet und nahm die Huldigung seiner Sultane und Beis, ihrer Vasallen und der Vasallen von deren Vasallen entgegen.

Hier sollte man noch einmal zusammenfassen, denn die Ereignisse, die gerade beschrieben wurden, setzten im Drama des nomadischen Herzland den entscheidenden Akt in Szene.

Im 10. Jahrhundert drangen die Khitanen, ein Volk mongolischer Herkunft aus der Mandschurei, in Nordchina ein. Die neue Sung-Dynastie erwies sich als unfähig, sie zu vertreiben, und die Tanguten aus dem tibetanischen Grenzland nutzten die Krise, um im Nordwesten Chinas einen unabhängigen Staat zu errichten.

Dann eroberten die Ju-chen, eine andere Horde aus der Mandschurei, Nordchina von den Khitanen. Dieser zweite Angriff trieb die chinesischen Grenzen weiter nach Süden und vertiefte die Teilung des Landes. Er veranlaßte auch einen Rest der Khitanen, nach Zentralasien zu wandern, wo er die Vorherrschaft über dort ansässige türkische Stämme gewann und den Staat Kara-Khitai schuf.

Als die Kara-Khitanen expandierten, unterwarfen sie das Gebiet Khwarezm, einen türkischen Vorposten des Seldschuken-Reichs am iranischen Tor zum Herzland. Ihre Intervention in Khwarezm steigerte erheblich die Macht der einheimischen Herrscher und versetzte sie in die Lage, gegen die Seldschuken aufzubegehren.

Der plötzliche Aufstieg von Khwarezm schwemmte eine Flut von primitiven Türken aus den zentralasiatischen Steppen in die Länder der südlichen eurasischen Küste. Das Seldschuken-Reich wurde bis auf seine Besitzungen in Kleinasien überwältigt, ebenso Afghanistan und die Territorien der Kara-Khitanen in Transoxanien.

So waren am Anfang des 13. Jahrhunderts weitgehend in Folge der Einfälle aus der Mandschurei im östlichen Teil Innerasiens fünf Staaten entstanden. Im Nordosten befand sich das Reich der Chin oder goldenen Könige, wo die Ju-chen, zum Teil zu Chinesen geworden, zum Teil aber immer noch Hirten und Jäger aus der Wildnis, Seite an Seite mit den unterworfenen Khitanen und der ursprünglichen chinesischen Bevölkerung lebten. Südlich davon, auf das Becken des Jangtse beschränkt, lag jetzt das eigentliche China der Sung-Kaiser. In der Grenzregion des Ordos-Plateaus und am Tor zur mongolischen Steppe behauptete sich der Tanguten-Staat Hsi-hsia mit seiner Hauptstadt an den oberen Ausläufern des Gelben Flusses in der Nähe der heutigen Stadt Ninghsien. Kara-Khitai, im Herzen Zentralasiens, war durch inneren Aufruhr und Angriff von außen geschwächt. Und vom Jaxartes bis fast zum Euphrat erstreckte sich das neue Reich Khwarezm, ein schlecht regierter, schlecht organisierter Tummelplatz nomadischer Türken aus dem Inneren, die auf der Welle ihres Glücks durch die anmutige persisch-seldschukische Stadtkultur trieben, die sie überrannt hatten.

Keiner dieser Staaten sollte überdauern. Denn das Grollen des fernen Donners auf den Steppen wurde lauter. Im inneren Herzland sollte ein Sturm von nie dagewesener Heftigkeit ausbrechen, den fast jeder Winkel der bekannten Welt zu spüren bekommen würde. In den Königreichen Hsi-hsia und Chin hatte der Blitz schon eingeschlagen.

Gottes allmächtiger Sturm

Der große Vogel steigt auf den Wind. Er blickt von dort oben herunter, galoppieren diese Pferde, die er sieht? Ist es uranfänglich so, in einem Staub von Atomen zu fliegen? Ist das Blau der Himmel selbst oder nur die Farbe der unendlichen Ferne?

DAS BUCH CHUANG-TSE

DAS HOHE BINNENPLATEAU, das zwischen Sibirien und Tibet liegt, war schon das Sturmzentrum gewesen, von dem einander folgende nomadische Wellen – die Hiung-nu, die Hunnen, die Türken – quer durch das Herzland zu den besiedelten Rändern Eurasiens geschwemmt waren. In den ersten Jahren des 13. Jahrhunderts kam noch ein weiteres Volk von dieser Hochebene, das, von ärmlich verborgener Herkunft, sich in wenigen Jahrzehnten das größte territoriale Reich verschaffte, das es je gegeben hat. Von den großen nomadischen Eruptionen war die ihre die furchtbarste, aber in vieler Hinsicht auch die bedeutendste. Von Indochina bis nach Österreich zerstörten sie mit einer bewußten universalen Gründlichkeit, wie sie noch nie dagewesen war. Aber mit dem außerordentlichen Grad der Machtausübung über die riesigen Räume, die sie eroberten, enthüllten sie dem schmalspurigen Denken des abendländischen Mittelalters die latente Kraft von Einsamkeit und Größe. Und obgleich ihr monolithischer Staat – wie jene ihrer Vorgänger von der Steppe – rasch zerfiel, trug die Vision, die sie hinterließen, viel dazu bei, den Weg für das moderne Konzept der Welt zu ebnen. Dieses Volk waren die Mongolen.

Wie das Herzland, dessen inneren Kern es bildet, ist die gewaltige Hochebene, die heute als Mongolei bezeichnet wird, halbmondförmig. An ihrem westlichen Rand stehen die Gipfel des Altai-Gebirges vor dem Abstieg in die Ebenen, die sich bis zum Ural erstrecken. Fast zweieinhalbtausend Kilometer östlich trennt das Chingan-Gebirge sie von der Mandschurei und der Küste des Pazifik. Im Süden wird das Gebiet durch den großen Halbkreis begrenzt, den das Tienschan-Gebirge und die Wüste Gobi bilden. Weitere Gebirgsketten – das Sajan-, das Kentey- und das Jablonoj-Gebirge – drängen sich zwischen die nördlichen Hörner des Halbmonds und trennen die Mongolei vom zentralsibirischen Bergland, und zwischen sie schiebt sich der lange Finger des Baikalsees mit seinen schroffen Klippen, die aus trügerischen, unergründlichen Tiefen aufragen. In diesen Gebirgsketten entspringen drei der großen innerasiatischen Flußsysteme. Von den östlichen Bergen fließen Kerulen, Chailar und Kan hinunter in den Argun; Onon und Ingoda in die Schilka, und Argun und Schilka ihrerseits gehören zu den vielen Zuflüssen des Amur auf seiner weiten Wanderung zum Ochotskischen Meer. Von den zentralen Höhen kommen Tola, Orchon und Eder in der Selenga zusammen, die sich nach Norden zum Baikalsee windet. Und in den westlichen Ketten entspringen die Flüsse, welche die mächtigen sibirischen Ströme zur Arktis speisen, Jenissej, Ob und Irtysch.

Das dunkle Gewand der Taiga bedeckt diese nördlichen Berge. In den Wäldern von Fichten und Lärchen, Birken und Espen erheben sich Gipfel aus nacktem, platten Granit. Hier war die Heimat der jagenden Stämme, die ihre Beute über Teppiche aus Moos und Flechten verfolgten und vor den eisigen Stürmen aus der Tundra, die in den Wipfeln über ihnen heulten, in rohen Hütten aus Ästen und Borke Schutz suchten. Rund um die Berge tritt aus dem düsteren Gehölz Weideland hervor, dessen flache Hügel und Senkungen in der kurzen angenehmen Zeit des Jahres voller Butterblumen, Thymian und Iris sind. Nach Süden ändert sich die Landschaft. Die Wiesen gehen in die flache Ferne der Steppe über, die während langer Wintermonate unter dem Schnee liegt, im Hochsommer zu einem bräunlichen Grasmeer verbrannt wird, über das plötzliche Mittagsstürme hinweggehen. Auch hier gelangen die harten klimatischen Bedingungen nur in den flüchtigen Frühlingswochen zu einer freundlichen Ausgeglichenheit, und ein Nomade der mongolischen Prärien, der nach seinem Alter gefragt worden wäre, hätte meistens zur Antwort gegeben, wie oft die Steppe geblüht hätte, seit er geboren wurde. Noch weiter im Süden weicht das Gras dann der Wüste, hartem Lehmboden und grobem Sand von verwitterten Felsen und den Dünen, die der Wind davonträgt, ein ausdörrender, staubgefüllter Wind, gegen den Treiber und Karawanenherren die Augen zusammenkneifen und die Köpfe senken, wenn sie sich zu den Tümpeln und dürftigen Grasflächen vorankämpfen, die sich durch die ockerfarbene Wüste Gobi reihen.

Von diesem riesigen und unbarmherzigen Land bewohnte das Volk, das man später, als es mächtig wurde, die Mongolen nannte, nur einen Teil. Während Nordchina von den Khitanen aus der Mandschurei beherrscht wurde, spielten die eigentlichen Mongolen in der Mongolei kaum eine Rolle und außerhalb überhaupt keine. Auf der Hochebene befanden sich damals viele Stämme türkischer, tungusischer, ebenso wie mongolischer Herkunft. Die bedeutendsten von ihnen waren die Naimanen an den Abhängen des Altai-Gebirges im Westen, die Kereiten im mittleren Gebiet und die Tataren zu Füßen der Chingan-Kette im Osten. Weiter im Norden und näher am Baikalsee hatte sich noch eine weitere große Gemeinschaft angesiedelt, die Merkiten. Die zivilisiertesten – wenn man dieses Wort auf Völker anwenden darf, die in einem Zustand ständiger kriegerischer Auseinandersetzungen leben – waren die Naimanen und die Kereiten. Viele von ihnen waren Nestorianer, Anhänger der Lehre von der menschlichen Geburt Christi, die seit ihren Anfängen in Syrien auf die Steppen vorgedrungen war. Zugleich hatten die Kereiten und die Tataren trotz ihrer Nachbarschaft mit China eine ganze Reihe von Kontakten zu der großen Welt jenseits der Wüste Gobi.

Eingezwängt zwischen den größeren Stämmen lebten weniger bedeutende Gruppen, und eine von diesen waren die Mongolen. Ihre Heimat beschränkte sich auf den ziemlich schmalen Landstrich zwischen den Flüssen Onon und Kerulen im östlichen Teil der Mongolei. Hier lebten sie in einem kleineren Haufen von Clans und Stämmen, von drei Nachbarn umgeben – Kereiten,

Tataren, Merkiten –, und alle waren mächtiger als sie. Sie sprachen verschiedene Dialekte derselben Sprache, aber sie fühlten sich nicht zusammengehörig und richteten sich nicht aufeinander aus. Sie hatten noch nicht einmal ihren Namen, und sie wurden geringschätzig angesehen, weil sie über keinen herrschenden Khan verfügten. Dennoch erzählten sie eine lebendige legendäre Geschichte ihrer Herkunft. In den Wäldern des Nordens strich ein großer graublauer Wolf herum. Am Ufer des Baikalsees nahm er eine gelbbraune Hirschkuh zur Gefährtin. Das Paar wanderte gemeinsam nach Süden und ließ sich in der Nähe der Kentey-Kette nieder, wo der Onon entspringt, am Fuße eines Berges, der Burhan Khaldun hieß. Aus ihrer Vereinigung gingen die Mongolen hervor, das Volk des Blauen oder Himmlischen Wolfs, wie die Türken vor ihnen das Volk des Grauen Wolfs und des Blauen Himmels gewesen waren. Wo der Burhan Khaldun lag, ist vergessen worden, aber die Geschichte läßt vermuten, daß ihre Erzähler ursprünglich Leute von der Taiga waren, die nach und nach aus den Wäldern auf die Ebene hinauskamen. In den frühen Tagen ihrer historischen Zeit waren sie tatsächlich noch ein Staat »auf halbem Wege«, ziemlich primitiv und Halbwilde, die sich ihren Lebensunterhalt zum Teil aus den Wäldern, zum Teil von der Steppe holten. Während einige noch von der Jagd lebten, waren die meisten schon berittene, sehr bewegliche Hirten und Bogenschützen auf den Weiden und Prärien, die als Umherstreifende auf dem freien Grasland für ihre an den Wald gebundenen Verwandten eine gewisse Verachtung hegten.

Zu dieser Zeit war der Wettstreit um Macht und Besitz unter den Stämmen auf der Steppe außergewöhnlich scharf. Herrschende Hirtenclans versuchten durch Intrigen oder Bündnisse, ihre Gruppen zu vergrößern oder die besseren Weidegründe ihrer Nachbarn durch Mord oder Versklavung an sich zu reißen. In dem harten Kampf um das Überleben hatte das Volk des Onon-Kerulen-Gebiets wenig Chancen, sein Los durch die Vereinigung aller Kräfte zu verbessern, und nur dadurch hätte es sich Respekt verschaffen können. Schon nach Steppenmaßstäben arm, wurde ihre Armut durch die Launen des rauhen Klimas noch größer, und durch die allgemeine Anarchie zwischen ihren Zelten ebenso wie bei den größeren Stämmen um sie herum blieben sie gespalten. Niemand konnte sagen, ob das plötzliche Dröhnen von Hufen und das Schwirren von Pfeilen einen Überfall ankündigte, der ihn Minuten später – wenn er noch am Leben war – seiner Frauen, Pferde und Rinder beraubt hatte. Unter derartig turbulenten Umständen richtete sich die Loyalität danach, wo immer man einen augenblicklichen Vorteil vermutete. Entsprechend den Gefahren des Tages war die Unterwerfung ein Tauschobjekt. Für ein beständiges, zielbewußtes Bündnis gab es wenig Spielraum.

In Folge der Militärpolitik des Khitanen-Regimes in Nordchina wendete sich ihr Geschick jedoch in gewisser Hinsicht zum Besseren. Denn als die Khitanen die Gebiete, die sie erobert hatten, gegen Einfälle von der Steppe absicherten, verließen sie sich nicht auf die statische Verteidigungslinie der Großen Mauer. Statt dessen patrouillierten sie regelmäßig durch das mongolische Tafelland und führten, wenn nötig, Präventivfeldzüge, um bedrohliche Konzentrationen von Stammesmacht von ihren Grenzen fernzuhalten. Zu diesem Zweck verstärkten sie ihre eigene Streitmacht durch nomadische Hilfskräfte, und die Hirtenkrieger des Onon-Kerulen-Gebiets, die in günstiger Entfernung zur chinesischen Grenze lebten, gehörten zu denen, die häufig angeworben wurden. Diesen mittellosen Reitern war die Bezahlung der Khitanen willkommen, aber wertvoller war die ihnen so gebotene Chance, in die wohlhabenderen Stämme der zentralen und westlichen Mongolei einzusickern und ihnen sogar unter khitanischer Fahne Teile ihres Weidelands abzunehmen.

Die zweite Invasion des chinesischen Nordens aus der Mandschurei – jene der Ju-chen im frühen 12. Jahrhundert – versetzte den Mongolen einen weiteren Stoß nach vorn. Denn als die Ju-chen nach Süden zogen, um die Khitanen zu vertreiben, stießen sie auf eine Reihe kleinerer nomadischer Horden, die am östlichen Rand der Mongolei lebten. Eine von diesen überquerte auf der Flucht den Kerulen und griff die Lager der Mongolen an. Seit einiger Zeit hatte sich einer von deren Clans bemüht, »die Pfeile zu bündeln« und die Mongolen unter seiner Herrschaft zu vereinen. Diese ehrgeizige Gruppe waren die Bordschigin, die beanspruchten, direkt von dem Wolf und der Hirschkuh des alten Mythos abzustammen. Die Notlage verschaffte ihnen ihre Gelegenheit. Nach wilden Kämpfen gelang es einem Bordschigin-Häuptling, die schwindenden Kräfte seiner Krieger zu vereinigen, und er schlug die Eindringlinge zurück. Sein Heldentum und das erneute Bewußtsein vom mystischen Ursprung seines Clans wirkten wie ein Magnet. Bald hatten die Bordschigin ein bisher ohnmächtiges und zerstrittenes Volk zu einem einigen, disziplinierten Ganzen zusammengeschweißt. Zu der Zeit, als die Ju-chen die Khitanen vertrieben hatten und sich anschickten, an deren Stelle Nordchina zu regieren, hatten die Mongolen in ihren Tälern und Ebenen jenseits der Wüste Gobi bereits eine Erbfolge zäher und entschlossener Bordschigin-Khans anerkannt. Sie hatten sich auch ihren Namen zugelegt, denn einer dieser Khane erinnerte an eine weitere der uralten Legenden der Hochebene. Es war die Sage von einer mächtigen Horde früherer Zeiten, die in einem Epos überliefert wurde und deren Namen von dem Wort *mong,* das heißt tapfer, abgeleitet worden war. Um sein neu vereintes Volk anzufeuern, nannte er sie »Die Tapferen« nach ihren seit langem untergegangenen Vorfahren.

1129 unternahmen die Ju-chen von ihren Festungen rund um das entstehende Peking aus ihre verheerende Expedition in das Jangtse-Becken und nach Zentralchina. Da dieses Abenteuer einen gewaltigen Einsatz seiner Armeen erforderte, wollte der Goldene König vermeiden, daß die Steppe ihm währenddessen Ärger bereitete. Doch ständig erreichten ihn Berichte über die wachsende Stärke der Mongolen, und um schließlich ihre Absichten herauszubekommen, entschloß er sich, ihren Häuptling an seinen Hof einzuladen. Grousset[1] beschreibt anschaulich das Treffen zwischen Khabul, dem ungepflegten Mongolen-Khan, und dem König, dessen rasch angenommene chinesische Lebensart kaum seine eigene barbarische Herkunft zu verbergen vermochte. Der Mongole aß mit einem Appetit, der sogar die Ju-chen erstaunte,

[1] René Grousset »Conqueror of the World«, S. 15–16

und zog sich häufiger aus der königlichen Gegenwart zurück, um sich zu übergeben. Als er sich auf die Weise schließlich überzeugt hatte, daß die unbekannten, seltsam schmeckenden Gerichte, die ihm vorgesetzt wurden, nicht vergiftet waren, ließ sich Khabul zu gemütlicherem Genuß verleiten, und in einem Anfall von Kameraderie beging er schließlich den entsetzlichen Fauxpas, sich vorzubeugen und mit einem scharfen Ruck am Bart seines Gastgebers zu ziehen. Eine tödlich gespannte Stille trat ein, bis der Ju-chen-Herrscher am Ende mit einem Auflachen die Situation rettete. Aber die Begegnung hinterließ bei dem Goldenen König ein unbehagliches Gefühl. Die neue mongolische Horde in seiner entblößten Flanke war beunruhigend. Für den Augenblick konnte man sich noch mit Geschenken freikaufen, aber später würde man sie irgendwie in ihre Grenzen verweisen müssen, und möglichst mit einem Minimum von Truppen der Ju-chen.

Zum Unglück für die Mongolen wurde dieses Irgendwie von ihnen selbst geschaffen. Denn wenige Jahre später gerieten sie in einen heftigen Streit mit den Tataren, der sich zu einem Krieg ausweitete. Der Name der Tataren ist irreführend verwendet worden. Für die Chinesen bedeutete *ta-ta* einfach »Nomaden«, und die Europäer zogen daraus die Verbindung zu *Tartarus*, der Unterwelt. Aus diesem Grund wurden die Tataren mit den Nomaden des östlichen Herzlandes insgesamt gleichgesetzt, einschließlich – und das zu ihrem Widerwillen – der Mongolen. Tatsächlich waren die Tataren die östlichen Nachbarn der Mongolen, ein Stamm türkischer Herkunft und mächtig genug, kleinere angrenzende Gruppen, die aus Prestigegründen ihren Namen angenommen hatten, in ihren Machtbereich hineinzuziehen. Den Ju-chen kam der Streit zwischen den beiden Horden sehr gelegen. Nach ihrer Ansicht wurden die Mongolen immer gefährlicher, und daher unterstützten sie mit allen Kräften die Tataren. Auf dem Höhepunkt der Auseinandersetzung nahmen die Tataren den Mongolen-Khan Ambakhai, Khabuls Nachfolger, gefangen und lieferten ihn den Ju-chen aus. Auf Befehl des Goldenen Königs erlitt Ambakhai einen qualvollen Tod, als er auf einer mit Messern bestückten

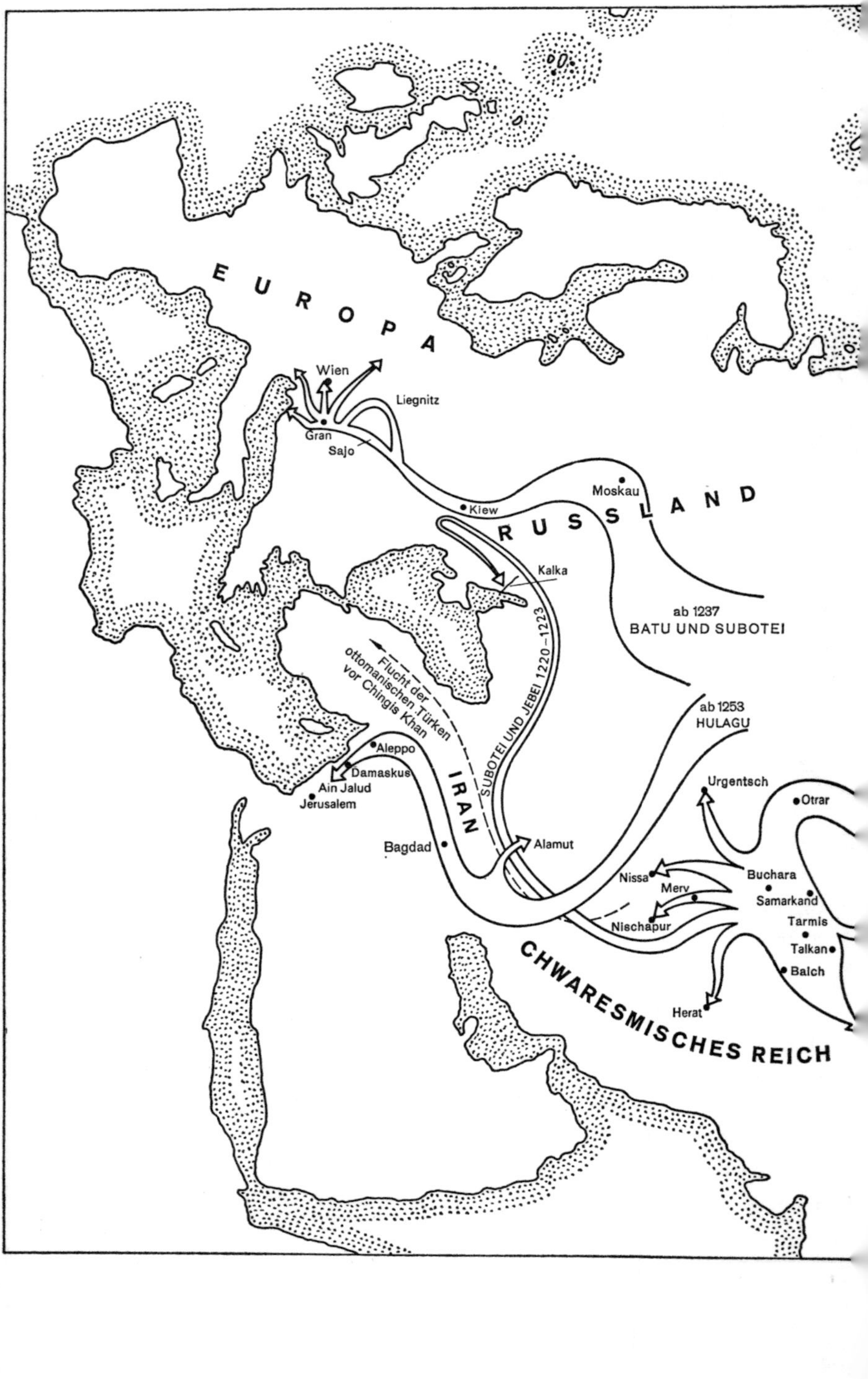

EUROPA
Wien
Liegnitz
Gran
Sajo
Moskau
Kiew
RUSSLAND
Kalka
ab 1237
BATU UND SUBOTEI
SUBOTEI UND JEBEI 1220–1223
Flucht der ottomanischen Türken vor Chingis Khan
ab 1253
HULAGU
Aleppo
Damaskus
Ain Jalud
Jerusalem
IRAN
Bagdad
Alamut
Urgentsch
Otrar
Buchara
Nissa
Merv
Samarkand
Tarmis
Nischapur
Talkan
Balch
Herat
CHWARESMISCHES REICH

Wunderlich's Auswahl

Rainer Wunderlich Verlag Hermann Leins
Tübingen · Stuttgart

Königin Friederike
Erfahrungen

Ca. 336 Seiten, mit 12 Bildern
Leinen DM 28.—

Das ehrliche und offenherzige Erinnerungsbuch einer Königin im 20. Jahrhundert, der Bericht über ein bewegtes Schicksal, gemeistert durch Intelligenz, Humor und Lebensklugheit.

Friederike von Griechenland wurde 1917 als deutsche Prinzessin geboren, als Ur-Ur-Enkelin der Königin Viktoria von England und Enkelin Kaiser Wilhelms II. — Sie erzählt von ihrer Kindheit auf den Schlössern Blankenburg im Harz und Gmunden am Traunsee, von ihrer Heirat mit König Paul und von seiner Regierungszeit, sie berichtet von ihrer Flucht über Kreta und Kairo nach Kapstadt, als deutsche Truppen im Zweiten Weltkrieg Griechenland besetzten, von der Heimkehr nach Athen, als Griechenland einen grausamen Bürgerkrieg erlebte.

Friederikes Aktivität in jenen Jahren ist bereits Legende. Sie sammelte für Wohlfahrtsfonds, betreute Waisenkinder, umsorgte Verwundete und half den Flüchtlingen. Unermüdlich setzte sie sich ein, um die Not ihres Volkes zu lindern.

1964 stirbt König Paul, und sein Sohn Konstantin tritt die Nachfolge an. Seit dem Putsch der Obristen 1967 lebt Königin Friederike in Rom im Exil.

Unser Bild: Königin Friederike mit ihren Enkelkindern Kronprinz Paul und Prinzessin Alexia

Historische Biographien

Friedrich II. von Hohenstaufen
Das Staunen der Welt
Von Georgina Masson
388 Seiten, 9 Bildtafeln,
Leinen DM 14.80
Band 206 „Bücher der Neunzehn"
im Februar 1972

Christina Königin von Schweden. Von Georgina Masson
416 Seiten mit 20 Abbildungen, Leinen DM 24.80

Elisabeth I. von England Gloriana. Von Elizabeth Jenkins
400 Seiten, 6 Bildtafeln, Leinen DM 24.80

Eugenie Kaiserin der Franzosen. 1826—1920. Von Harald Kurtz
484 Seiten, 16 Bildtafeln, Leinen DM 26.50

Friedrich der Grosse Das Werden eines Königs
Von Edith Simon. 356 S., 3 Karten, 22 Abb., Leinen DM 12.80

Giuseppe Garibaldi Der gerechte Rebell. Von Christopher Hibbert. 380 Seiten, 14 Karten, 1 Bildtafel, Leinen DM 28.50

Ivan der Schreckliche Von Ian Grey
340 S., 2 Bildt., Ln. DM 12.80

Katharina die Grosse Von Ian Grey
376 Seiten, 8 Kunstdrucktafeln, Leinen DM 24.80

Karl V. Von Michael de Ferdinandy. 368 Seiten mit 7 Bildtafeln, Leinen DM 29.50

Letizia Madame Mère, Mutter Napoleons. Von Monica Stirling
312 Seiten, 8 Kunstdrucktafeln, Leinen DM 12.80

Ludwig XIV. Halbgott und Mensch. Von H. W. Lewis
316 Seiten, Leinen DM 22.80

Moritz von Sachsen Maréchal de France. Lorbeer und Rosen
Von Jon Manchip White. 416 S., 5 Tafeln, 8 Karten, Ln. DM 26.50
Leinen DM 26.50

Otto III. und seine Ahnen Der heilige Kaiser. Von Michael de Ferdinandy. 516 Seiten mit 8 Abbildungen, Leinen DM 32.—

Humbert Fink
Stadtgeschichten

Auf den Spuren europäischer Geschichte

256 Seiten, Leinen DM 25.–

Stätten, die Geschichte machten; die meisten von ihnen liegen heute am Rande des Geschehens oder in der politischen Provinz. Humbert Fink nimmt sie als Beispiel der Verflechtung europäischer Kultur; dabei geht er von Impressionen aus, von Details, von Anekdoten oder alltäglichen Erlebnissen, wie sie jeder Reisende hat.

Er fängt die Atmosphäre eines Ortes ein, einen Abend auf einer süditalienischen Piazza oder ein Gespräch mit Studenten auf der Treppe der Universität in Budapest. Daraus entwickelt sich dann ein Netzwerk von historischen Erinnerungen.

E. R. Chamberlin
Unheilige Päpste

352 Seiten, 6 Bilder, Leinen DM 28.50

Auf dem Stuhl Petri gab es neben den großen, lauteren Gestalten andere, die sich, unheilig in ihrem Wandel, den sittlichen Anforderungen des Evangeliums nicht gewachsen zeigten. Am Beispiel von sieben Päpsten, die vom Zeitraum des hohen Mittelalters bis in die Neuzeit regierten, wird in diesem Buch gezeigt, wie verhängnisvoll sich menschliches Versagen auf die Statthalterschaft Christi auswirken mußte. Dieses Buch ist kein Pamphlet gegen das Papsttum, sondern, sine ira et studio, mit gründlicher Kenntnis der Quellen geschrieben, ein Beitrag zum zeitlosen Thema des Menschlichen in der Kirche.

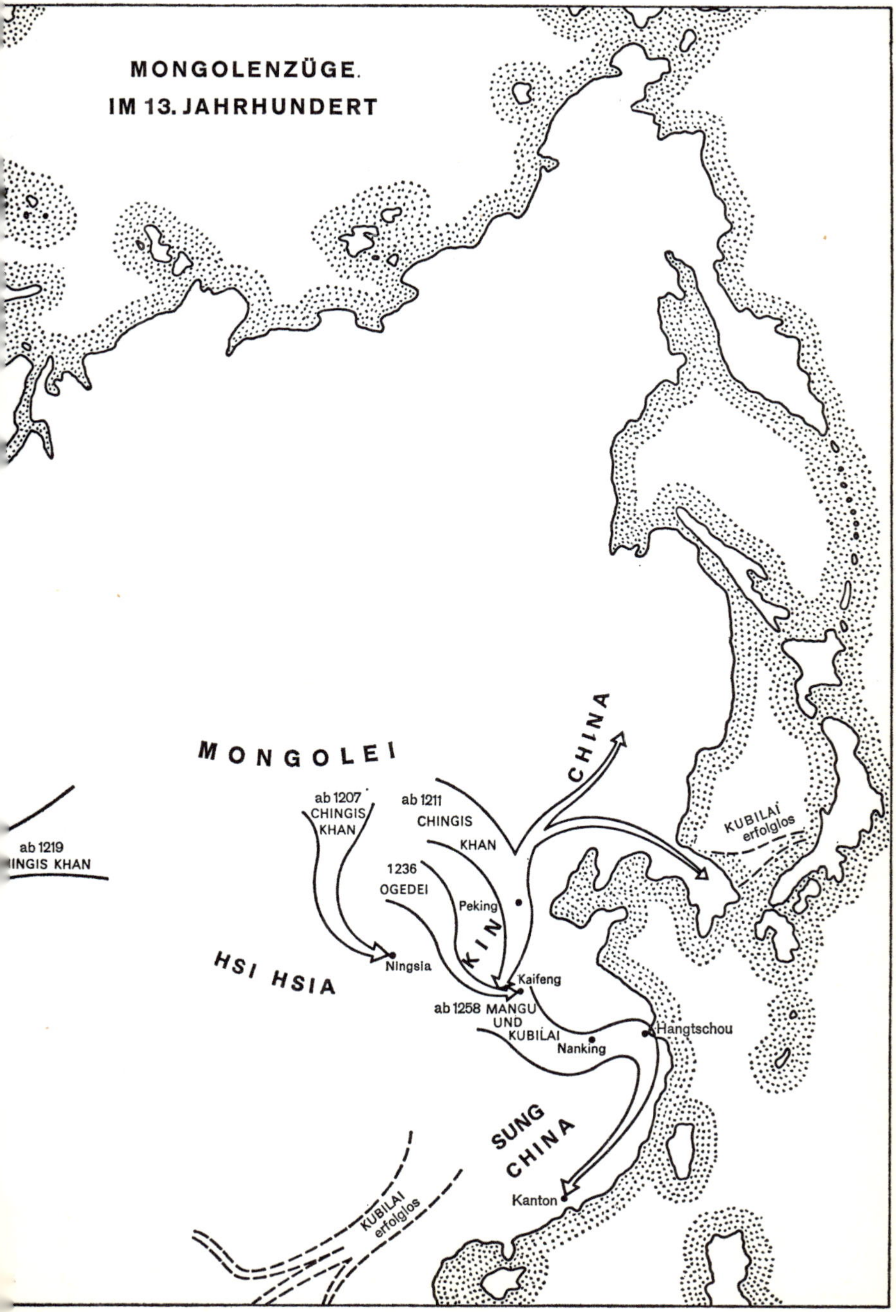
MONGOLENZÜGE
IM 13. JAHRHUNDERT
MONGOLEI
CHINA
ab 1207 CHINGIS KHAN
ab 1211 CHINGIS KHAN
1236 OGEDEI
Peking
KIN
Ningsia
HSI HSIA
Kaifeng
ab 1219
INGIS KHAN
KUBILAI erfolglos
ab 1258 MANGU UND KUBILAI
Nanking
Hangtschou
SUNG CHINA
Kanton
KUBILAI erfolglos

Attrappe eines Esels aufgespießt wurde. Als er starb, schwor er seinen Feinden Rache, und voller Wut wegen der Schmach seines Endes bemühten sich seine Krieger, sie zu verwirklichen. Sie verdoppelten ihre Angriffe gegen die Tataren und drangen sogar in das Gebiet der Ju-chen in Nordchina ein. Aber ihre Hingabe war vergeblich, und 1161, in der Nähe des Sees Bur Nor zwischen dem Kerulen und dem Chingan, wurden ihre Bogenreiter gestellt und durch die vereinigten Armeen der Tataren und der Ju-chen dezimiert. Die Niederlage war so vernichtend, daß viel von den langen Einigkeitsbemühungen des Bordschigin-Clans verlorenging. Ihre unversöhnlichen Feinde zerschlugen und plünderten sie, so daß die Mongolen im wesentlichen in ihren früheren Zustand gesetzloser Zersplitterung zurückfielen. Und weil sie einen Vorgeschmack auf Macht und Überfluß bekommen hatten, war ihre erneute Anarchie um so verbitterter. Raub, Mord, Vergewaltigung und Verrat herrschten von neuem unter ihnen.

Doch sie gaben nicht auf. Verbissen setzten sie ihren Kampf gegen die Tataren fort, plünderten ihre Lager und trieben ihr Vieh davon, wo immer sich eine Gelegenheit bot. Bei einem dieser blitzartigen Überfälle hatte der Führer der mongolischen Bande Glück: er nahm zwei Tataren von Stand gefangen, Unterhäuptlinge wie er selbst. Der Name des Mongolen war Yesugej. Er war eine angesehene Persönlichkeit und gehörte zu einem Nebenzweig des Bordschigin-Clans, und in seinen Adern floß das Blut früherer Khane. Angesichts der Not, die damals sein Volk heimsuchte, ging es ihm einigermaßen gut. Er hatte Weiden, Gefolgsleute, Sklaven und eine junge Frau, Hoelun, eine Frau aus dem Stamm der Merkiten, die er kurz nach ihrer Hochzeit mit einem anderen Mann entführt hatte. Als er zu seinen Zelten am Onon zurückkahm, erfuhr Yesugej, daß Hoelun während seiner Abwesenheit einen Sohn geboren hatte. Ein männliches Kind wurde oft nach dem Namen eines berühmten Feindes benannt, den man gefangengenommen hatte, und dementsprechend wurde Yesugejs Kind nach dem älteren seiner beiden tatarischen Gefangenen Temudschin genannt. Der Name war von einem Wort abgeleitet, das »Eisen« hieß; es konnte als Metallarbeiter,

Schmied oder in übertragener Bedeutung sogar als Mann von Eisen ausgelegt werden. Und es wurde berichtet, das Baby habe bei der Geburt »in seiner rechten Hand einen Klumpen Blut in Form eines Knöchels gehalten«[1].

Neunddreißig Jahre nach Temudschins Geburt fand am Ufer des Onon eine große Versammlung des mongolischen Volkes statt. Das war im Jahr 1206. In Nordchina waren die Goldenen Könige allmächtig. In Indien waren die Nachkommen der Ghasnawiden von der türkischen Flut aus Zentralasien immer weiter in den Subkontinent abgedrängt worden, setzten sich in Delhi fest und gründeten dort ein Sultanat. Weiter im Westen, in Afghanistan und im Iran, ergoß sich dieselbe Flut in das neue Khwarezm-Reich Mohammeds. Aber bisher hatten die Mongolen noch keinen Blick für diese größere Welt. Kürzliche Veränderungen in ihrer eigenen waren wunderbar genug, ihre ganze Aufmerksamkeit zu beanspruchen.

Vor noch nicht langer Zeit waren sie eine von ihren Feinden besiegte, zerrissene, mutlose Handvoll von Stämmen gewesen. In weniger als einer Generation hatten sich ihre Aussichten von Grund auf verändert. Schnell, fast plötzlich waren sie im östlichen Herzland die Mächtigsten geworden. Als sie sich auf dem Tiefpunkt ihres Geschicks glaubten, hatte ein neuer Khan ihre Verbitterung überwunden, sie enger als je vereinigt und sie zur Eroberung der gesamten mongolischen Hochebene geführt. Unter seinem Kommando versammelten sie sich jetzt dort, wo er geboren worden war, um ihn als Oberherrn zu bestätigen und bei einem Fest mit Getränken und Tanz seine Triumphe zu feiern. Entlang den Niederungen des Onon drängten sich Menschen und Herden, Zelte und Wagen. Auf Karren standen riesige Kessel voll Pferdefleisch und wurden zum Kochen gebracht. Gegorene Stutenmilch schäumte in Batterien von Häuten und Krügen. Eine lange Reihe stattlicher Zelte, die streng nach dem Vorrang angeordnet waren, ließen das Quartier der Verwandten des Khans erkennen, seiner Edlen, Offiziere und ihrer Frauen,

[1] »Geheime Geschichte der Mongolen«, übertragen von Arthur Waley, S. 223

und um jeden Hausstand gruppierte sich gesondert das Gefolge dienender Männer und Frauen. Im Zentrum dieser wohlgeordneten Metropolis aus Filz wurde alles von einem gigantischen weißen Offizierszelt überragt, und vor seinem Eingang stand das Enblem der neuen mongolischen Macht: eine große weiße, von einem Falken gekrönte Standarte, an der die Schweife von neun braunen Pferden hingen, die Taten und Persönlichkeiten der neun Hauptmarschälle in der Armee des Khans symbolisierten. Die unsichtbaren Kräfte, die von dieser Standarte ausgingen, waren so mächtig, daß man glaubte, Vögel, die darüber hinwegflögen, müßten tot herunterfallen.

Die Feier begann auf dem weiten Grasplatz vor dem zentralen Offizierszelt. Neben seinem Oberschamanen stand hier der Mann, den die Tausende seiner Krieger ehrten, der die Mongolen über alle Stämme im Wald, auf dem Weideland und in der Steppe erhoben hatte. Feierlich erklärte der Hohepriester ihn zum Khan nach dem Willen des Ewigen Himmels, und der Name, den er schon während der Jahre seiner wachsenden Macht erhalten hatte, wurde bestätigt. Dieser Name war Tschingis, und in ungefähr bedeutete er »alles, was der weltumgürtende Ozean umschließt«. Tschingis Khan nutzte den feierlichen Augenblick, um sich an seine versammelten Untertanen zu wenden. Als Voraussetzung seiner Amtsübernahme verlangte er ihren bedingungslosen Gehorsam, selbst wenn er irgend jemanden von ihnen zum sofortigen Tod aufrufen würde. Dann trat er auf ein Viereck aus schwarzem Zeltfilz, das auf dem Boden ausgebreitet war. Die vier Ecken wurden ehrerbietig angehoben, und unter Beifallsausbrüchen tumultuarischer Rufe, vorbei an der Menge, die auf die Knie fiel, und den wehenden Schweifen der Standarte wurde er schulterhoch in das große Zelt getragen.

Auf einem Thron aus Fellen reiner Schimmel, die den Mongolen wie anderen Steppenvölkern heilig waren, nahm er dort Platz. An seiner Seite befand sich Borte, die erste und immer am meisten geachtete seiner Frauen. Um ihn herum das massive, goldgeschmückte Holzgestänge des Zelts, die schweren Brokatteppiche an den Wänden, die sich im trüben Halbdämmer hinaufzogen. Vor ihm, im Schatten glänzend, lag ein riesiger Haufen von Wertsachen, die einem Nomaden am teuersten sind: Schätze kostbarer Metalle, Felle von seltener Qualität, verzierte Waffen, Gewänder und Seidenballen. Einer nach dem anderen, Gruppe nach Gruppe kamen diejenigen herein und standen vor ihm, deren Treue seine Dankbarkeit verdient hatte. Sie hörten die langen Aufzählungen ihrer tapferen Taten an, vernahmen seinen uneingeschränkten Dank und empfingen ihre wertvollen Belohnungen. Einige waren schon von Kindheit an seine engen Gefährten gewesen, andere hatten ihn vielleicht noch niemals vorher von Angesicht gesehen, obgleich sie in seinen Reihen von einem Ende der Mongolei zum anderen gekämpft hatten.

Sie sahen in ihm einen Mann auf der Höhe seines Lebens, an die Vierzig, von kräftiger Gestalt und eindrucksvoller Größe. Seine Stirn war hoch und sein Bart für einen Mongolen von ungewöhnlicher Länge. Es schien, als ob von seinem Gesicht ein seltsames Glühen ausging und daß in seinen Augen ein feuriger Schimmer lag. Die Farbe dieser stechenden Augen ist nicht überliefert, aber manche, die ihn sahen, berichteten, sie hätten sie an das nicht blinzelnde, rätselhafte Starren einer Katze erinnert.

Dieser Mann, Tschingis Khan, Herr der ganzen Mongolei, war einst das Kind Temudschin gewesen, das Yesugej von seiner gestohlenen Frau Hoelun geboren wurde, als die Mongolen ohne jede Hoffnung waren.

Der Bericht über den Aufstieg des jungen Temudschin zur Oberherrschaft über alle mongolischen Stämme wird in der »Geheimen Geschichte der Mongolen« unvergeßlich erzählt. Dieses Buch ist ein herrlich poetisches Dokument, das einige Jahre nach seinem Tod niedergeschrieben wurde und nur unter den Mongolen selbst zirkulieren sollte. Der Erzählstil ist eher heroisch als historisch. Aber selbst wenn man ihn seiner imaginativen Qualitäten entblößt und neben die bekannten Fakten stellt, geht eine Geschichte von fast phantastischem Abenteuer daraus hervor: ein Wirbelwind von Angriffen bei Tag und Nacht über die Flüsse und durch die Schluchten des riesigen Tafellandes, von wilden Verfolgungen durch Schnee und Sand, von Versklavung und kaltblütiger Vernichtung, aber auch von tiefer Ergebenheit gegenüber den Männern, die später zu den größten der mongolischen Generäle gehörten. Hier müssen wir uns auf den nackten Umriß der Geschichte beschränken.

Temudschin stammte aus einer edlen Familie, aber es war eine Familie in zerrütteten Verhältnissen und umgeben von Gefahren. Im Alter von zehn Jahren wurde er ein Opfer des ständigen Streits zwischen Mongolen und Tataren, denn sein Vater nahm am Rand eines Wegs bei einer Bande von Tataren arglos eine Mahlzeit ein und glaubte, sie würden ihn nicht kennen, aber sie wußten, wer er war, und vergifteten ihn. Daraufhin verließen Yesugejs Gefolgsleute das Lager seiner Witwe Hoelun, und da sie in seinem Sohn eine Bedrohung ihrer Ambitionen sahen, taten sie alles, ihn zu ermorden. Er wurde gejagt und mußte sich verstecken, entging mehrfach nur um Haaresbreite dem Tod und überlebte nur, indem er Mäuse in ihren Löchern fing und Wasser trank, das er aus dem Schlamm preßte. Schließlich fand er seinen Weg nach Hause, die Gefahr war nicht mehr so drohend, und die Ernährung wurde besser. Aber jetzt war für den erniedrigten jungen Aristokraten das Eigentum zu einer Zwangsvorstellung geworden. Eines Tages auf der Jagd beanspruchte sein Halbbruder mehr als seinen gerechten Anteil des Wildes. Während er mit seinem Messer hantierte, erschoß ihn Temudschin von hinten. Wegen dieses, seines wahrscheinlich ersten Mordes, schalt ihn seine Mutter.

Doch bei aller selbstsüchtigen Eifersucht vermochte er eine außergewöhnliche persönliche Anziehungskraft auszustrahlen. Er war gerade ein Jüngling, als eine Anzahl von Pferden, der kostbarste Besitz seiner Familie, bei einem plötzlichen Überfall davongetrieben wurde. Nur ein Tier blieb übrig, und auf diesem nahm Temudschin die Verfolgung auf. Als er an einem fremden Lagerplatz vorbeiritt, hielt er an und fragte einen jungen Mann seines Alters, ob er die Diebe gesehen habe. Dieser Jüngling, Bortschu mit Namen, sattelte auf der Stelle ein Pferd, und obgleich er Temudschin nie vorher gesehen hatte, schloß er sich ihm an. Nach einer atemberaubenden Schlägerei mit den

Räubern wurden die Pferde zurückerobert, und zwischen den beiden Gefährten entstand eine lebenslange Kameradschaft. Der Vorfall war bezeichnend, denn durch ihn wurde Temudschin zuerst klar, daß in dieser Zeit, als auf der Steppe das gesetzlose Chaos herrschte, die schwankenden Bündnisse zwischen Menschen weitgehend von ihren Ängsten beherrscht wurden und es daher keine stärkere Bindung gab als das zerbrechliche, traditionelle Zusammengehörigkeitsgefühl innerhalb eines Stammes.

Vor seinem Tod durch die Tataren und als Temudschin noch ein Kind war, hatte sein Vater ihn mit Borte verlobt, der Tochter eines anderen Stammeshäuptlings in der östlichen Mongolei. Im Alter von etwa achtzehn Jahren erhob Temudschin Anspruch auf seine Braut und heiratete seine erste Frau. Er war jetzt ein junger Häuptling von hohem Ansehen, der aber mit Eintritt in das Mannesalter in dieser gnadenlosen Umwelt über wenig Mittel verfügte. Doch entdeckte er, daß diese Umwelt, die Terror und Tod hervorbrachte, auch durch den Wagemut, den Witz und die Treue erprobter Freunde zu formen war. Auf diesen Eigenschaften begann er ein Gefolge aufzubauen. Noch nicht zwanzig, vermochte er Krieger um sich zu sammeln, Männer, die durch seine Persönlichkeit angezogen wurden und durch das Versprechen, das er zu verkörpern schien: um sich herum einen Wall schützender und sogar aggressiver Stärke bilden zu können. Bis jetzt war er mit dem Problem des Überlebens vollauf beschäftigt gewesen. Mit seiner Heirat erfolgte eine Ausweitung seiner Ambitionen auf das größere Gebiet der Steppenpolitik. Eines seiner Hochzeitsgeschenke, das er von Bortes Familie erhielt, war ein Mantel aus herrlichem schwarzen Zobelpelz. Mit diesem fürstlichen Geschenk ritt Temudschin davon, legte es dem Khan der benachbarten Kereiten zu Füßen, erinnerte ihn an gewisse Dienste, die Yesugej ihm erwiesen hatte, und erklärte sich zu seinem Vasallen. Das war ein Schachzug von weitsichtiger Klugheit, der erste von sehr vielen, denn die Kereiten beherrschten die Zentralmongolei und gehörten zu den mächtigsten Völkern der Hochebene.

Fast unmittelbar darauf zahlte sich seine Berechnung aus. Als junger Mann hatte Yesugej seine Braut Hoelun von den Merkiten entführt. Die Episode war nicht vergessen worden, und jetzt schickten die Merkiten ein Überfallkommando, um zur Rache Borte zu entführen. Sie fielen in großer Stärke zu einem Zeitpunkt über das Lager her, als nur wenige Männer und Pferde bei Temudschins Zelten verfügbar waren. Sie mußten sofort fliehen. Temudschin sprang in den Sattel, entkam mit seiner Begleitung und ließ Borte ohne ein Tier zurück. Es gibt wenig Zweifel, daß er in diesem kritischen Augenblick, als er seine Frau im Stich ließ, berechnend und bewußt handelte. Der Versuch, sie zu verteidigen, würde für ihn und seine Männer den sicheren Tod bedeutet haben. Aber er wußte, daß die Merkiten Borte als eine wertvolle Beute am Leben lassen würden. Und dank des Zobelpelzes konnte Hilfe beschafft werden, um sie zurückzuholen. Das Verhältnis zwischen Kereiten und Merkiten war sowieso schon schlecht, und so ritt der Khan der Kereiten zusammen mit seinem Vasallen Temudschin gegen Bortes Entführer, und ihre gemeinsame Streitmacht bestand aus etwa vierzigtausend Reitern. Herden und Heimat der Merkiten wurden übel zugerichtet, und Borte wurde gerettet. Der Feldzug bedeutete Temudschins Durchbruch in seinem eigenen Volk. Denn der mongolische Adel, der in ihm einen Führer von echtem Format der Bordschigin erkannte, wählte ihn zu seinem Khan und verlieh ihm den Namen Tschingis. Es war ein Vorgeschmack der kommenden Macht, der Macht, die er zu begreifen und zu manipulieren lernte.

So wurde aus Temudschin, der erst Mitte Zwanzig war, Tschingis, Khan der Mongolen. Aber in der Machtkonstellation des östlichen Herzlands war er noch ein kleinerer Stern. Sein weiterer Aufstieg wurde jetzt jedoch unwissentlich von den Ju-chen in Nordchina unterstützt. Bisher hatte der Goldene König, um in der Mongolei das Gleichgewicht aufrechtzuerhalten, die Tataren begünstigt, aber auf ihren Weidegründen an seiner nordwestlichen Grenze waren sie unangenehm stark geworden. Daher änderte er 1194 seine Politik und übertrug seine Unterstützung den Kereiten. Für Tschingis waren die Tataren die Wurzel allen Übels. Sie hatten seinen Vorfahren Ambakhai den Ju-chen ausgeliefert und waren für sein furchtbares Ende verantwortlich, sie hatten seinem Vater den qualvollen Gifttod bereitet. Auf Veranlassung der Ju-chen führte der Khan der Kereiten jetzt einen Feldzug gegen sie. Mit jedem Bogenreiter, den er aufbringen konnte, schloß Tschingis sich ihm an. Das Ergebnis war entscheidend, aber nicht endgültig. Der Khan der Tataren wurde erschlagen und sein Schatz geraubt. Aber zu Tschingis Kummer wurden die Tataren nicht ausgelöscht. Im Gegenteil, als andere Stämme, die sein Erfolg alarmiert hatte, ein Heer aufstellten, leisteten sie ihren Beitrag. In zwei wütenden Schlachten am Fluß Kerulen – in einer verlor Tschingis fast sein Leben, als ihn ein Pfeil am Hals verwundete – gelang es den Mongolen, diese gefährliche Koalition zu brechen. Die Auswirkung dieser Siege sollte die Tataren zuletzt Tschingis' Gnade ausliefern. Und er fühlte sich jetzt stark genug, ihnen allein ohne die Hilfe der Kereiten den Gnadenstoß zu versetzen. 1202 drang er in das Land der Tataren ein, besiegte ihre Armee, trieb ihr Volk zu Haufen zusammen und ließ jedes männliche Wesen, das die Nabe eines Wagenrads überragte, erschlagen. Auf die Weise befreite er sich von der langen Feindschaft der erwachsenen Bevölkerung, aber erhielt sich für seine Dienste die zukünftige Manneskraft.

Die Merkiten waren bereits ernstlich geschwächt worden, und die Tataren verschwanden jetzt auf Jahre hinaus von der Bildfläche. Die gesamte östliche Mongolei war in Tschingis' Hand. Von den großen Gemeinschaften der Steppe blieben nur die Kereiten im zentralen Hochland und die Naimanen am Altai im Westen.

Trotz der engen Bindungen zwischen ihnen ließen die unmittelbare Nähe der Mongolen und Tschingis' Alleingang bei der Vernichtung der Tataren den Khan der Kereiten hinsichtlich der weiteren Pläne unausweichlich argwöhnisch werden. Innerhalb eines Jahres kam es zum Bruch. Die Kereiten schlugen zuerst los, und wenn der kurze Krieg, der dann folgte, wegen vergangener Gemeinsamkeiten auch in einer Atmosphäre des Bedauerns eröffnet wurde, steigerte er sich doch zu furchtsamer Heftigkeit, und der Ausgang war ziemlich ungewiß. Der Höhepunkt war jedoch ein Überraschungsangriff durch Tschingis' gesamte Armee, nachdem er den Feind glauben gemacht hatte, daß der Friede in Sicht sei. Drei Tage lang tobte die entscheidende Schlacht. Dann ergaben sich die erschöpften Kereiten, und obgleich Tschingis' Sieg den Beigeschmack von Verrat hatte, verhielt er sich großzügig gegenüber dem geschlagenen Volk, dem er soviel verdankte. Der Niederlage der Kereiten folgte kein Massaker. Sie wurden als Vasallen akzeptiert und in die mongolischen Stämme eingegliedert.

Die Unterwerfung der Naimanen im Westen erwies sich als eine leichtere Aufgabe. Sie waren ein stolzes türkisches Volk, das die Mongolen als übelriechende Barbaren verachtete. Dennoch erkannten sie die Gefahr, in der sie sich jetzt befanden, und schickten ihre Bogenschützen von den Ausläufern des Altai nach Osten, um Tschingis entgegenzutreten, bevor er in ihre Weidegründe eindringen und sie plündern konnte. Dieser Vormarsch zwang sie zu einem Feldzug in unbekannter Landschaft. Darüber hinaus war ihr Khan ein ältlicher Mann, dessen Entschlossenheit durch die Unsicherheit seines Throns unterhöhlt wurde. Die Feinde trafen in den Bergen der zentralen Mongolei aufeinander. Als er die mongolischen Massen vorrücken sah, schien es dem Khan der Naimanen, daß ihre Generäle, umgeben von den Rüstungen der Leibwachen und Banner, wütenden Hunden glichen mit »Stirnen aus Bronze und Fangzähnen wie Meißel. Ihre Zungen sind Pfriemen und ihre Herzen aus Eisen. Ihre Schwerter benutzen sie als Pferdepeitschen. Sie trinken Tau und reiten auf dem Wind, aber im Krieg essen sie Menschenfleisch«[1]. Am Fuß eines Berges ließ er seine Männer eine Verteidigungsstellung einnehmen.

Aber als Tschingis wilde Formationen schließlich immer näher kamen, wichen die Naimanen ständig zurück und suchten an den höheren Hängen Zuflucht. Während der Nacht vor der jetzt unausweichlichen Schlacht ergriffen sie von dort die Flucht. In dem unbekannten Gelände verloren die Pferde den Halt, jagten gegen verborgene Felsen und stürzten mit ihnen in die schwarzen Schlünde der Felsspalten. Der Angriff der Mongolen am nächsten Morgen vervollständigte das Schlachtfest. In

[1] »Geheime Geschichte der Mongolen«

einem letzten Widerstandszentrum fiel der Khan der Naimanen zu Tode getroffen, und sein Sohn, ein gewisser Kuchluk, floh nach Südwesten, um unter den Kara-Khitanen auf der Steppe am Balkaschsee Schutz zu suchen. Aber wie sich später zeigen sollte, gab es auch dort für ihn keine Möglichkeit, die Verfolgung der Mongolen abzuschütteln.

Den Rest riß Tschingis schnell an sich. Im Frühling 1205 beherrschte er bis auf ein paar Widerstandsnester die ganze mongolische Hochebene.

Die Versammlung, die 1206 abgehalten wurde, um diese Triumphe zu feiern, bedeutet das Hervortreten einer weiteren großen Konföderation im östlichen Herzland, die denen vergleichbar war, die Mao-tun im 2. Jahrhundert v. Chr. und T'ou-man im 6. Jahrhundert geschaffen hatten. Während der wütenden Kämpfe ihres Zustandekommens hatte fast jeder Stamm gelitten; einige hatten die Hälfte oder noch mehr ihrer Angehörigen verloren. Das Gleichgewicht der Kräfte – Merkiten, Kereiten, Naimanen und der überlebenden Tataren – wurde jetzt mit ihren Eroberern in eine einzige Gemeinschaft »aller Zeltbewohner« verschmolzen, die von nun an die Blauen Mongolen genannt wurden. Von den Mongolen selbst, dem herrschenden Kern des neuen Reichs, hatten die Jahre der Erniedrigung und Unterdrückung eine ständige militärische Anstrengung von einer Intensität verlangt, die sie selten zu wiederholen gezwungen sein würden. Obgleich sie von Natur aus Krieger waren und in den kommenden Jahrzehnten zusammen mit ihren Vasallenverbündeten Staaten überwinden sollten, die an Ausdehnung und Kräften weit größer waren, würden sie selten wieder so verzweifelt zu kämpfen haben. Sie nannten sich selbst »die Tapferen«, aber auf der Hochebene, die sie unterworfen hatten, war von einem Ende zum anderen der Mut ebenso allgemein, wie das Leben wenig galt.

Tschingis Khans Vorfahren, die Bordschigin, hatten versucht, die mongolischen Stämme zur Einheit zu zwingen, ihr Nachkomme hatte die ganze Mongolei dazu gebracht. Gewiß, er verdankte seinen Erfolg zum Teil seinem stählernen Charakter, aber viele andere unter seinen Gefolgsleuten und Feinden besaßen die gleichen Eigenschaften, Mut, List und Willen. Seine außergewöhnliche Fähigkeit war die Einsicht, aus persönlicher Erfahrung politische Erkenntnisse ableiten und Wahrnehmung in Berechnung umsetzen zu können. Er erschien zum richtigen Zeitpunkt, in der richtigen Verknüpfung der Umstände, und so lag in seinem Aufstieg vielleicht ein Element des Unausweichlichen. Die Steppen waren reif für eine neue Konföderation, aber von anderer Art als die früherer Zeiten mit ihrem unsicheren Bündnis der Stämme, das jetzt standhielt und bald zerbröckelte. Im 12. Jahrhundert brach das Stammessystem selbst auseinander. Die Anarchie hatte einen Punkt erreicht, an dem dieses Maß an öffentlicher Wohlfahrt und Schutz der Schwachen nicht mehr zu bieten vermochte. Tschingis allein hatte diese untergründige Wirklichkeit erkannt, und ihm war es gelungen, der erzkonservativen Gesellschaft der Nomaden einen Ersatz für das Stammestum zu injizieren.

Seine eigene Herkunft trug erheblich zu diesem Prozeß bei. In der Kindheit hatte die Stammesordnung ihn seiner Erwartungen beraubt. Und während all der Jahre seines Kampfes hatte ihm ein Rivale zugesetzt, ein Häuptling seines Alters mit Namen Dschamouka, mit dem er in der Jugend nach Stammessitte auf ein Bündnis eingeschworen worden war. Die vorgesehene Bindung hatte, wie es oft geschieht, ihre widersprüchlichen Ambitionen nur verschärft. Dschamouka hatte sich wiederholt auf die Seite von Tschingis' Feinden geschlagen, und erst nach der Niederlage der Naimanen war es Tschingis gelungen, ihn auszuschalten. Im Gegensatz dazu war sein Verhältnis zu Bortschu echt und kam von Herzen seit dem Tag, als die beiden gemeinsam die Pferdediebe verfolgt hatten, und diese natürliche Verschwägerung zwischen Kameraden bei einem bewaffneten Abenteuer wurde das Vorbild, nach dem er sein erstes Gefolge aufbaute und dann auch die Führung seiner Armee und seine Herrschaft. Die ganze Zeit hindurch war er darauf bedacht, nicht die Aspekte des Stammeslebens herauszufordern, die für eine sofortige Auflösung zu stark waren, aber als sein Ruhm wuchs, holte er nach und nach Männer und sogar ganze Stammesgruppen aus ihren geschwächten Umgebungen heraus und verpflichtete sie statt dessen zu einer neuen und lebendigen Treue zu sich selbst. In dieser Hinsicht war er ein Revolutionär. Er führte Innerasien vom Stammessystem zum organisierten Feudalismus und schuf aus dem ständigen Schmelzofen der Fusionen auf den östlichen Steppen etwas, das einer kaiserlichen mongolischen Nation näherkam.

In den bitteren Kriegen, die notwendig waren, um diese Umwandlung durchzuführen, war er weitsichtiger gewesen als seine Gegner. Gewiß, auf seinen Feldzügen quer durch die Mongolei hatte er sich als ein unübertroffener Führer der leichten Kavallerie erwiesen. Dabei hatte er Angriff und Beweglichkeit des berittenen Bogenschützen zu einem neuen Höhepunkt seiner Wirkung geführt, aber die Kette seiner Siege war weniger aus seiner taktischen Brillanz als aus der Vorsicht seiner strategischen Planung hervorgegangen.

Erst nach sorgfältiger Erwägung der Konsequenzen hatte er Verbündete und Feinde gesucht, und er hatte niemals mehr als einen größeren Gegner gleichzeitig angegriffen. Jeder seiner aufeinander folgenden Steppenkriege war auf ein begrenztes Ziel ausgerichtet und hielt sich immer, soweit die Berechnung sichergehen konnte, im Rahmen des Möglichen. Er brachte dem Herzland die Qualitäten eines wahren Oberbefehlshabers, und ein solcher hatte ihm trotz seiner ganzen langen Kriegsgeschichte meistens gefehlt.

Als das Fest am Fluß Onon fortschritt, wurde die Struktur, die das neue mongolische Reich annehmen würde, schon an den Geschenken offensichtlich, mit denen Tschingis sich bei denen bedankte, die ihm geholfen hatten, es zu schaffen. Er formte es nach seiner eigenen aristokratischen Vorstellung. Und er anerkannte eine Verpflichtung gegenüber seinem Volk als Ganzem. »Meine Bogenschützen stehen wie ein dichter Wald, ihre Frauen und Mädchen schimmern wie rote Flammen. Meine Aufgabe ist es, ihnen den Mund mit Geschenken aus Zucker zu versüßen, ihre Brüste, Schultern und Rücken mit Gewändern aus Brokat zu verhüllen, sie auf einen guten Wallach zu setzen, ihnen aus reinen Flüssen zu trinken zu geben und ihren Tieren reiche Weide zu verschaffen[1].«

Aber solche Segnungen gelangten nur durch eine streng geordnete Hierarchie hindurch nach unten. Das neue Reich war nur in dem Sinne »demokratisch«, als Rang und Ehren jedem Mann von Verdienst offenstanden, und eine wesentliche Komponente des Verdienstes war die erwiesene Treue gegenüber dem Khan selbst. Viele aus seiner unmittelbaren Umgebung, und besonders die Marschälle seiner Armee, waren auf diese Weise nach oben gekommen. Einige von ihnen waren Mongolen, andere kamen aus jetzt unterworfenen Stämmen. Unter ihnen Bortschu und Dschebe, »der Pfeil«, ein früherer Feind, der in der Schlacht Tschingis' liebstes Streitroß erschossen hatte, und als er sich nach der Niederlage ergab, hatte er den Mut, es einzugestehen. Unter ihnen Mukali, den sein Vater zum Zeichen seiner Ergebenheit Tschingis als Jungen geschenkt hatte und der seither ein Soldat von dynamischem Temperament geworden war. Unter ihnen Dschelme, ein Angehöriger eines Waldstammes, der eine einsame, gefahrvolle Nacht auf dem Schlachtfeld verbracht hatte, um aus Tschingis Halswunde das Blut herauszusaugen, damit das Pfeilgift nicht in ihn eindringen konnte. Und ernst und schweigsam unter diesen jetzt glänzenden Gestalten stand ein rätselhafter General mit Namen Subutaj. Während aller Steppenfeldzüge galt seine Meinung für Tschingis mehr als die aller anderen, und später, an der Spitze von Armeen, die durch die halbe Welt zogen, sollte Subutaj sich als ein Stratege von vergleichbarem Format erweisen wie sein Herr. Diese Männer, deren Namen bereits mit den Pferdeschweifen der Standarte gefeiert wurden, überhäufte ihr Khan mit Gütern und Ehren als Gegenleistung für ihre Ergebenheit gegenüber seiner Sache und seiner Person.

Aber wenn er in seiner Großzügigkeit auch freigiebig war, so gab es für diese doch entschiedene Grenzen. Die wertvollste Beute wurde für seine eigene Familie reserviert. Seine Mutter

[1] Aus dem »Bilik« oder den Sprüchen von Tschingis Khan. H. Desmond Martin »Chingis Khan and His Conquest of North China«, S. 98

Hoelun war noch am Leben. Er hatte vier Söhne: Dschötschi, Tschagataj, Ügetej und Tuluj, dazu einen Bruder, Khasar, die Belohnung verdienten. Entsprechend ihrem Stand verteilte er unter sie die Familien der eroberten Völker zusammen mit ihren Herden und Weidegründen. Hoelun erhielt zehntausend »Zelte«, dann bekam jeder Sohn eine geringere Anzahl und schließlich sein Bruder viertausend. Zugleich sorgte er für seinen eigenen Haushalt, denn außer Borte hatte er jetzt mehrere Frauen, und einige von ihnen stammten aus dem Adel der aufgenommenen Stämme. Jede von ihnen erhielt eine »Horde« – einen lebendigen Haushalt –, die ihrem Rang entsprach. Er selbst war höchster Gebieter der Mongolen, Oberbefehlshaber und Gesetzgeber. Aber regiert wurde das Reich von den Prinzen seines eigenen Hauses, und jeder war in seinem Gebiet für die Ordnung und den Kriegsbeitrag verantwortlich. Der Grundbesitz des Reiches sollte seinen Verwandten gehören und niemandem darüber hinaus, und als es immer weiter wuchs, war dies die Grundlage seines Gefüges.

Als die große Versammlung sich ihrem Ende näherte, war immer noch viel zu tun, denn es scheint klar, daß Tschingis zu diesem Zeitpunkt die Mongolei als Sprungbrett für weitere Expansionen betrachtete. Er erteilte jetzt Anordnungen, aus denen sich ergab, daß die Wirtschaft der Nomaden im ganzen Herrschaftsbereich auf ständigen Kriegszustand auszurichten sei. Höhere Armeeoffiziere sollten durch die Weidegründe reisen und auf Grund der Zelte eine Volkszählung vornehmen, wobei alle Männer in militärfähigem Alter zu erfassen waren. Sie sollten sich vergewissern, daß große Konzentrationen von Nicht-Mongolen zweifelhafter Zuverlässigkeit durch Umsiedlung geschwächt worden waren. Sie sollten darauf achten, daß die Waffen gut gepflegt wurden und daß genügend große Herden von Ersatzpferden bereitstanden. Sie sollten die Vorbereitungen zur Mobilmachung aufeinander abstimmen und darauf bestehen, daß alle körperlich tüchtigen Männer regelmäßig ihre heimischen Pflichten verließen, um an den großen periodischen Übungsfeldzügen teilzunehmen, die in Friedenszeiten als Manöver dienten. ten. »Sie sollen ihre Söhne lehren, wilde Tiere zu jagen, damit sie Kraft erwerben und die Stärke, Müdigkeit zu überwinden, und fähig sind, im Kampf den Feinden gegenüberzutreten wie den wilden Tieren[1].« Die Frauen wurden ermahnt, auf Ansehen und Bereitschaft ihrer Männer stolz zu sein, dafür zu sorgen, daß sie gut ausgerüstet und verproviantiert waren und daß sie als Frauen sofort ihren Platz bei den Herden übernehmen könnten. Sie sollten tun, was sie konnten, um die althergebrachte nomadische Schwäche für das Trinken einschränken zu helfen. Kein guter Mongole, setzte Tschingis fest, sollte häufiger als dreimal im Monat betrunken sein. Der vollkommene Mann würde ständig nüchtern bleiben. Aber weil er seine Männer kannte, gab er zu, daß das kaum zu erwarten sein konnte.

Wie er die Familienaristokratie über das Volk gestellt hatte, so setzte er eine Militäraristokratie als Kern des Heers ein. Bisher war eine kleine Leibwache von hundertfünfzig Mann für seine persönliche Sicherheit verantwortlich gewesen. Jetzt vergrößerte er sie zu einer Elitedivision von zehntausend jungen Bogenschützen. Theoretisch standen ihre Reihen allen offen, die hinreichend geschickt und aufgeweckt waren, in der Praxis jedoch rekrutierte sie sich weitgehend unter den Söhnen von Häuptlingen und vertrauenswürdigen Offizieren. Die Gemeinen dieser Division wurden der härtesten Disziplin unterworfen, genossen dafür aber beispiellose Privilegien. Sie unterstanden nicht dem Kommando der regulären Armee und erhielten einen Status, der dem eines Regimentskommandeurs vergleichbar war. Die Garde griff nie in den Kampf ein, außer wenn der Khan selbst es tat, und diente zugleich als Schule für höhere Offiziere und bei Notlagen in der Schlacht als eine erstklassige Reserve der hintersten Reihe. Gleichzeitig und offensichtlich im Hinblick auf weit entfernte Feldzüge formte er in der Armee eine Spezialeinheit von »Pfeil«-Meldereitern. Als Analphabeten wie die meisten Generale, die sie verwenden sollten – und wie der Oberbefehlshaber selbst –, behielten diese Männer ihre oft langen und detaillierten Botschaften im Kopf, oft in Form von Knittel-

[1] Aus dem »Dschaschach« oder den Gesetzen Tschingis Khans. Vernadsky »The Mongols and Russia«, S. 104

versen, um sie sich besser einprägen zu können. In Lederbandagen eingeschnürt, um den Körper gegen die schnelle Bewegung des Pferdes zu stützen, galoppierten sie Tag und Nacht, aßen und schliefen sogar im Sattel. Nichts durfte sie aufhalten, und wenn ihre Pferde unter ihnen zusammenbrachen, mußten ihnen die besten Ersatztiere gestellt werden.

Auf was führten diese Vorbereitungen hinaus? Als Realist mit beiden Beinen auf der Erde war Tschingis sich durchaus darüber im klaren, daß die Wirkung der vielen Geschenke, die er verteilt hatte, sich bald abnützen würde. Wie großzügig diese kürzliche Aktion auch gewesen sein mochte, so wußte er doch, daß Ergebenheit in regelmäßigen Abständen Belohnung erforderte, und damit die Treue erhalten blieb, mußte diese immer größer werden. Mit diesem Problem hatten sich seine Vorgänger der von Stämmen getragenen Throne auf den Steppen herumschlagen müssen. Aber in seinem Fall wurde es besonders schwerwiegend, denn in dem strenger gefügten Feudalreich, das er aufbaute, war er selbst der Angelpunkt aller Macht und daher aller Verantwortlichkeit. Jeder unter seinem Zepter, von den herrschenden Prinzen seines Hauses bis zum Niedrigsten unter den abhängigen Völkern, sah in ihm den Versorger, nicht nur für die »Zuckergeschenke« der historischen Quelle, sondern auch für Nahrung in mageren Jahren und für alle dringlichen lichen Dinge – Waffen, Nägel, Werkzeuge, mit welchen sich die nomadischen Gemeinschaften auf längere Sicht nicht selbst versorgen konnten. Die Mongolei konnte diese wachsenden Erwartungen nicht erfüllen. Man würde sie durch die wohlhabenderen, vielseitiger produktiven Reservoire der äußeren Welt decken müssen, sei es durch Handel oder Gewalt. Das etablierte eurasische Randgebiet mußte in Tschingis' Denken und in die Kontakte der Mongolen einbezogen werden.

Aber Tschingis war durch und durch ein Nomade des Herzlands. Von Kaufleuten und Gesandten hatte er allerlei über China erfahren, den seinen Grenzen nächsten Küstenstaat, und das meiste, was er hörte, war ihm verdächtig. Der Gedanke einer Gesellschaft, die auf dem Ertrag ständiger Gehöfte basierte, auf genau abgetrenntem, immer wieder umgegrabenen

Land, das von riesigen menschlichen Ameisenhaufen durchsetzt war, erschien ihm fremd und verabscheuenswürdig. Bei seinen Verhandlungen mit Nomadenstämmen entlang der chinesischen Grenze hatte er ohne Zweifel beobachtet, was er als die verweichlichenden Auswirkungen der mahlenden, ränkevollen Überfülle auf ihre angeborene Kühnheit bezeichnete. Die Befürchtung, daß die Blauen Mongolen, die Auserwählten des Steppenhimmels, davon beeinflußt werden könnten, war nicht nur widerwärtig: die Ansteckung könnte zur Absorbierung führen und diese wiederum zum Aussterben. Sein Instinkt riet ihm, die natürliche Kluft zwischen dem inneren Grasland und der Peripherie aufrechtzuerhalten. Sein Reich war das der Steppen. Tribut sollte hereinfließen, der Handel kommen und gehen, und seine Armeen, deren disziplinierte Reinheit durch die Belohnungen für ihre Anstrengungen gestärkt werden würde, könnten beide Quellen erschließen und die Straßen bewachen, auf denen sie in das Zentrum gelangten. Hier, weit entfernt von der Seuche, würden die Weiden, Herden und Frauen die selbsterhaltende Kraft seines Volkes als Ganzem bewahren.

Es war notwendig, sich den Wohlstand der Welt draußen zu erschließen, und wünschenswert, es durch begrenzte, kontrollierte Kontakte zu tun. Aber wie sollte dieser Kontakt zunächst aufgenommen werden: durch Invasion und Eroberung oder durch Versuche, einen friedlichen Handel aufzubauen? Schließlich entschied man sich für die Unterwerfung als erstem Schritt, und von ihm aus entfaltete sich ein furchtbares und schreckenerregendes Kapitel der Weltgeschichte. Aber die Entscheidung ist vielleicht nicht so unausweichlich gewesen, wie es manchmal angenommen wurde. Noch für das Jahr 1218, als die mongolischen Armeen ihre ersten Feldzüge ins Ausland lange hinter sich hatten, gibt es einen Beweis, daß Tschingis ebenso am Handel wie am Plündern interessiert war, und es ist auch nicht einzusehen, warum er nicht die ganze Zeit durchaus auf seinen Vorteil hätte bedacht sein sollen. Er hatte, das ist richtig, außerhalb der Mongolei ein paar alte Rechnungen zu begleichen; aber daß er sich anfänglich für die Gewalt entschied, um sein Reich zu vergrößern, mag eher auf die bestehende Situation in Nordostasien zurückzuführen sein als auf eine angeborene Gier auf Blut und Kampf.

Zu der Zeit seiner Bestätigung als höchster Khan im Jahr 1206 waren die Aussichten für einen friedlichen Handel mit Staaten jenseits seines Herrschaftsbereichs auf der Steppe keineswegs günstig. China im Osten war gespalten. Die ganze nördliche Hälfte war von den Ju-chen besetzt, deren barbarische Herkunft immer noch durch den Zivilisationsmantel hindurchschimmerte, den sie sich von ihren chinesischen Untertanen angeeignet hatten, und ihre frühere Haltung gegenüber den Mongolen ließ kaum darauf schließen, daß sie mit Begeisterung auf Vorschläge einer freundschaftlichen Verbindung durch Handelsaustausch eingehen würden. Das eigentliche China des Sung-Regimes, das sich jetzt weiter im Süden auf das Jangtse-Becken beschränkte, hätte in normalen Zeiten vielleicht bessere Aussichten geboten, aber seine Wirtschaft war durch die Verwüstungen der Ju-chen heruntergekommen und der Außenhandel stark reduziert. Darüber hinaus mußte ein solcher stetiger Handel mit China die drei Staaten durchqueren, die im Süden und Westen von Tschingis' Mongolei lagen: das Tanguten-Königreich Hsi-hsia, das zerfallende Reich der Kara-Khitanen und das aufstrebende Khwarezm. Alle diese Staaten waren entschieden daran interessiert, die Karawanenwege in ihrem Gebiet unter Kontrolle zu behalten, und es war durchaus möglich, daß der ehrgeizige Khwarezm-Schah Mohammed, der immer stärker wurde, versuchen würde, allen Handel zwischen dem Osten und seiner reichen Domäne Iran zu monopolisieren. Es war nicht nur unwahrscheinlich, daß eine Handelsbeziehung mit den umliegenden Staaten entwickelt werden könnte, sondern es war sogar wahrscheinlich, daß die stärkeren unter ihnen früher oder später die neue Steppenmacht in der Mongolei herausfordern würden. Unter diesen Umständen würde ein erfolgreicher Präventivschlag die Steigerung des Wohlstands durch Tribut sichern und zugleich eine mögliche Bedrohung neutralisieren.

Die Frage war, in welche Richtung Tschingis losschlagen sollte. Trotz all ihrer Macht beunruhigten die Ju-chen im Osten ihn nicht sonderlich. In der Vergangenheit hatten sie gewöhnlich eine defensive Haltung eingenommen, sich auf Ziegel und Mörtel verlassen und darauf, die mongolischen Stämme zu schwächen, indem sie sie gegeneinander hetzten. Wenige Eroberer aus der Steppe hatten die Große Mauer je als unüberwindlich betrachtet, und alle Stämme waren jetzt unter mongolischer Flagge vereint. Im Westen sah es jedoch anders aus. Kara-Khitai war ein im wesentlichen von Türken bevölkerter Staat. Mohammeds Khwarezm war aus einer türkischen Überschwemmung hervorgegangen und wurde jetzt von Türken unterdrückt. Große Gebiete des zentralen Herzlands und der größte Teil seiner Regionen weit im Westen bis über die Steppen am Schwarzen Meer hinaus befanden sich in türkischer Hand. Und nach Maßstäben der Kriegführung auf der Steppe waren die Türken furchtbar. Sie waren die einzige Macht, die Tschingis mit Armeen berittener Bogenschützen gegenübertreten konnte, die strategisch ebenso beweglich und taktisch ebenso geschickt und listig waren wie seine eigenen. In dieser Hinsicht waren sie weitaus bedrohlicher als irgend etwas, das die seßhaften Staaten mit ihren unbeweglichen Schutzwällen und oft schlecht geführten Massen gegen ihn aufbringen konnten. Die Türken im Westen waren die eigentliche Bedrohung, und gegen sie müßte er seine größere Anstrengung konzentrieren.

Aber Vorsicht war geboten. Wenn er nach Westen marschierte, um die Türken anzugreifen, öffnete er seine mongolische Basis den Ju-chen. Während seine Armeen abwesend waren, kostete es sie nur eine Expedition auf die Hochebene, und sie konnten sein Mutterland in aller Ruhe so verwüsten, daß es in Zukunft militärisch wertlos war. Noch bei Lebzeiten Gedenken hatten sie vor den Mongolen, die damals eine ziemlich kleine Steppenmacht waren, genügend Angst gehabt, um gegen sie die Hilfe der Tataren in Anspruch zu nehmen. Eine so große Chance, sich von jeder Bedrohung durch das jetzt unendlich stärkere Mongolenreich zu befreien, könnte sich durchaus als unwiderstehlich erweisen. Also mußte ein vorhergehender Feldzug gegen den Goldenen König in Nordchina geführt werden. Das Ziel würde nicht notwendig die totale Eroberung und Besetzung sein, sondern eher, die Angriffskapazität der

Ju-chen lahmzulegen. Und es würde auch anderen Gewinn mit sich bringen. Man könnte eine erste schnelle Ernte an Beute und Tribut einholen, sich für den alten Groll wegen des Bündnisses zwischen den Ju-chen und den Tataren rächen und besonders wegen des Mordes an Ambakhai. Und man würde die Aura von Macht, die den Goldenen König umgab, zerstören. Alles das könnte Tschingis' Stellung im Clan der Bordschigin, in seiner Armee und unter den neu aufgenommenen Völkern seines Reichs stärken. Und wenn sein Rücken gesichert war, würde er frei sein, sich gegen die Türken zu wenden.

Auf Grund derartiger Überlegungen kam Tschingis zu seiner schicksalhaften Entscheidung. Zufällig traf gerade damals eine Gesandtschaft vom Hof der Ju-chen ein, um ihn vom Tod des herrschenden Goldenen Königs zu unterrichten. Auf die Frage, wer der Nachfolger wäre, wurde ihm gesagt, daß Wei-shao, ein Prinz aus dem Hause Chin, den Thron bestiegen habe. Zum Erstaunen des Gesandten ließ Tschingis plötzlich seine höfliche Maske fallen und rief, der Mann wäre ein Idiot. Und um seine Meinung zu unterstreichen, spie er in Richtung Nordchina.

Dennoch stürzte sich Tschingis Khan nicht sofort in den Krieg gegen die Ju-chen. Mit seiner angeborenen Vorsicht beschloß er, zuerst gegen Hsi-hsia zu ziehen, das Königreich, das die Tanguten im 10. Jahrhundert aus China herausgerissen hatten. Da dieses Königreich sich an die westliche Grenze der Ju-chen anschloß, würde seine Eroberung die Flanke der Ju-chen bloßlegen und aufweichen. Darüber hinaus war seine militärische Rüstung der Art nach chinesisch; sie glich jener der Ju-chen, aber in einem kleineren Maße. Das Heer der Hsi-hsia war dem der Mongolen zahlenmäßig überlegen, und durch seine Halbwüste führten die transasiatischen Handelswege, an denen eine Reihe befestigter Städte lagen. Der Anblick massiver Streitkräfte des Feindes, die rund um drohende Mauern manövrierten, würde die Standfestigkeit der mongolischen Bogenschützen erproben, die nur an ebenso wendige Gegner wie sie selbst gewöhnt waren. Der Angriff auf Hsi-hsia würde sie auf eine ähnliche, aber weit schwerere Aufgabe in Nordchina vorbereiten.

1207 machte sich ein relativ kleines chinesisches Expeditionskorps, das Tschingis selbst führte, auf den Weg, um die Verteidigung der Tanguten auf die Probe zu stellen. Ohne Schwierigkeiten durchquerten die Mongolen die Wüste Gobi, gruben unterwegs nach Wasser und standen bald vor den Bastionen von Volohai, der ersten befestigten Stadt auf ihrem Marsch nach Hsi-hsia hinein. Tschingis befahl seinen Männern die Aufstellung zu einer organisierten Belagerung. Aber den mongolischen Reitern, die ihren Mut zeigen wollten und auf Beute erpicht waren, wurde das Warten unerträglich. Erst stürmte die eine dann die nächste Einheit vor und versuchte, die Wälle zu erklettern. Jeder Angriff wurde unter schweren Verlusten abgeschlagen. Mit Mühe stellte Tschingis die Disziplin wieder her. Aber als der Tag verging, wurden zaghaftes Gemurmel und Fragen laut. Die Moral sank, und die schnelle Einnahme von Volohai wurde lebenswichtig, um sie wiederherzustellen. Da er keine Belagerungsmaschinen hatte, griff Tschingis auf seinen Witz zurück. Er teilte dem Stadtkommandanten mit, die Belagerung würde abgebrochen werden, wenn tausend Katzen und zehntausend Schwalben über die Mauern in das mongolische Lager heruntergelassen würden. Der verblüffte Offizier ging auf die Forderung ein und ließ alle Katzen und Schwalben einsammeln, deren er habhaft werden konnte. Im Schutz ihrer Zelte banden die Mongolen an den Schwanz eines jeden Tiers ein Stück brennbares Material. Auf ein Signal wurden diese Fackeln angezündet und ihre Träger freigelassen. Die erschreckten Kreaturen flohen in und über die Stadt zurück und verursachten eine Vielzahl von Bränden. In der darauffolgenden Verwirrung erklommen die Mongolen die Mauern und nahmen Volohai ein.

Durch einen solch genialen Einfall erschreckt, versuchte der Tanguten-König Zeit zu gewinnen, um die Verteidigung seines Landes zu überprüfen. Er machte ein Angebot, und als Gegenleistung für Tributversprechen zog Tschingis sich zurück. Ihr erstes Wagnis auf fremdem Boden hatte seinen Soldaten eine Lektion erteilt, und um es zu bestehen, war im Schutz ihrer mongolischen Basis eine weitere Ausbildungszeit notwendig. Der Tribut traf jedoch nicht ein, und 1209, als er seine Truppen reorganisiert und ihnen neuen Mut eingeflößt hatte, drang Tschingis wieder in Hsi-hsia ein – dieses Mal in großer Stärke. Die Armee der Tanguten verteidigte hartnäckig den Boden, wich aber trotzdem vor den mongolischen Pfeilstürmen auf die Stadt Ningsia zurück. Immer noch ohne Artillerie standen die Eindringlinge hier vor dem gleichen Problem wie bei Volohai, aber in noch schärferer Form. Ningsia war die Hauptstadt der Tanguten am Ufer des Gelben Flusses, der dort nach Norden in die Ordos-Schleife fließt. Es war ein großes, volkreiches Zentrum, umgeben von bedrohlichen Mauern, die von Verteidigern wimmelten. Und jetzt drängte Tschingis die Zeit, denn sein zweiter Angriff auf Hsi-hsia hatte seine Absichten den beobachtenden Ju-chen ohne Zweifel klargemacht, und er mußte mit ihrer Reaktion rechnen. Ein weiterer Gewaltstreich war unbedingt notwendig, um in den Besitz von Ningsia zu gelangen.

Tschingis wußte, daß chinesische Militäringenieure manchmal belagerte Städte zur Übergabe zwangen, indem sie die Flüsse ableiteten, von denen diese wegen der Wasserversorgung abhingen. Er beschloß, es ihnen nachzumachen. Langsam begann ein riesiger Damm quer über den großen Strom zu wachsen, und auf seiner Kuppe krabbelten die Ameisenfiguren tangutischer Gefangener, die zur Sklavenarbeit gezwungen wurden. Aber wie die mongolischen Generäle in diesem Stadium ihrer Kriegführung keine Ausbildung in der Belagerungstechnik hatten, so wußten ihre Zuchtmeister nichts von den Prinzipien der Pionierarbeit. Halb vollendet, brach der Damm. Der Fluß, der nicht mehr zu beherrschen war, überschwemmte die Ebenen rund um die Stadt. Die Ponies kämpften in dem steigenden Wasser, und die Belagerer mußten einen hastigen Rückzug zu weiter entferntem, höheren Boden antreten. Es war ein Glück für sie, daß die Verteidiger von Ningsia keinen Mut zum Kampf hatten, ein Glück auch, daß mongolische Kommandos, die durch die Wüste streiften, die Karawanenwege bereits abgeschnitten hatten. Da sich das wirtschaftliche Leben der Lähmung näherte, baten die Tanguten um einen dauerhaften Frieden. Die Bedingungen waren hart, aber realistisch. Sie mußten eine große Menge von Tüchern, leichten Geschützen und weißen Kamelen ausliefern, für die Hsi-hsia berühmt war. Von nun an mußten sie Hilfstruppen stellen. Und da die Frauen der Tanguten nach mongolischem Geschmack schön waren, wurde die Tochter des Königs eine von Tschingis' Frauen.

So gelang Tschingis seine erste Eroberung auf fremdem Boden. Sie hatte mit einem Erfolg geendet, obgleich die Demütigung mehr als einmal nur knapp abgewendet worden war. Aber der Feldzug hatte seinen Zweck erfüllt, die Männer für das China der Ju-chen zu stählen. Und Tschingis hatte sich jetzt unwiderruflich festgelegt, gegen die Ju-chen zu marschieren. Um seine Truppen für die wichtige Auseinandersetzung neu aufzubauen, befahl er ihre rasche Rückkehr in die Mongolei. Es war kein Tag zu verlieren.

Das nördliche China der Chin oder die Goldene Dynastie war einer der mächtigsten Staaten in der eurasischen Küstenwelt. Seine Herren, die Ju-chen, waren Eroberer der Eroberer. Die Khitanen hatten die Herrschaft über das Land den Chinesen abgenommen und die Ju-chen die Khitanen-Herrscher vertrieben. Alle drei Völker lebten jetzt in seinen Grenzen, und jedes trug zu seiner Stärke bei. Abermillionen von Chinesen, die auf zahllosen landwirtschaftlichen Gehöften und in zusammengepferchten Werkstätten am Straßenrand der von Menschen wimmelnden Städte arbeiteten, bildeten die wirtschaftliche Grundlage der Macht. Zugleich lieferten Grasland und Wälder der Mandschurei, woher sowohl die Khitanen wie die Ju-chen gekommen waren, weitere Rohstoffe und die kriegerische Manneskraft der Stämme, aus der sich das Militär rekrutierte. Die Hauptstadt dieses mächtigen Reichs war Chung Tu, jetzt Peking, und sein Kern die weite Ebene, die sich fast fünfhundert Kilometer von Peking bis an den Gelben Fluß und darüber hinaus nach Süden erstreckt. Um diesen fruchtbaren, arbeitsamen Mittelteil von dem turbulenten Herzland abzugrenzen, hatten die Ju-chen die Verteidigungslinien erheblich verstärkt, die von früheren chinesischen Dynastien geschaffen worden waren. Sie hatten die Große Mauer wiederaufgebaut, die gefährdeten Punkte durch eine zweite Linie ergänzt und sie durch eine Reihe von Festungsstädten mit großen Garnisonen gesichert, bis ein riesiger Steinbogen, der sich in die mongolische Steppe hinausschob, Peking und sein Wohlstand schaffendes Hinterland vor gerade solchen ehrgeizigen Räubern wie Tschingis Khan schützte.

Trotz allem gab es in der monolithischen Fassade der Ju-chen Risse. Zwischen den zusammengewürfelten Völkern ihres Reiches verliefen unterschwellige Strömungen gegenseitiger Feindschaft. Die Chinesen brachten keinem ihrer einander folgenden Eroberer viel Sympathie entgegen, und die unterworfenen Khitanen empfanden gegenüber den Ju-chen die Bitterkeit einer abgesetzten Herrscherkaste. Auch war das Land nicht mehr so blühend wie einst, denn der Einbruch der Ju-chen hatte eine chinesische Fluchtwelle nach Süden ausgelöst, und ihr Abzug hatte dem Norden viel Unternehmergeist und Begabung genommen. 1194 hatte der Gelbe Fluß eine Katastrophe von nationalem Ausmaß verursacht. Er war über die Ufer getreten, hatte weite Gebiete kultiviertes Land überschwemmt und unter erschreckenden Verlusten an Leben und Ernten zwischen Ka'ifeng und dem Meer einen neuen Lauf eingeschlagen – einen Lauf, den er bis 1853 beibehalten sollte. Mit Beginn des 13. Jahrhunderts hatten die Chin in Folge dieser inneren Spannungen ihren Zenit überschritten. Aber die Goldenen Könige verfügten immer noch über eine riesige stehende Armee. Ihre dicht aufgefüllten Reihen von dreihundertfünfzigtausend Mann Infanterie wurden durch Spezialisten im Festungskrieg unterstützt, durch schwere Maschinen, die Felsbrocken, brennendes Erdöl und mit Schießpulver geladene primitive Bomben schleuderten, und schließlich durch hundertfünfzigtausend berittene Bogenschützen der mandschurischen Stämme. Auch wenn seine Macht dahinschwand, war das Reich der Chin und seiner Ju-chen-Krieger eines der schreckenerregendsten der Welt.

Tschingis Khan griff es im Frühling 1211 an. Er hatte seine gesamte militärische Stärke, wahrscheinlich um hunderttausend Reiter, am Fluß Kerulen in der östlichen Mongolei konzentriert. Als seine Vorbereitungen sich dem Ende näherten, verließ er den Tumult von Lager und Rat und zog sich zu einer Stelle nahe dem heiligen Berg Burhan Khaldun zurück. Als Zeichen der Erniedrigung vor dem Ewigen Himmel legte er Kappe und

Gürtel ab und erbat die Hilfe der Geister und den Erfolg für die Blauen Mongolen. Dann zog er in Begleitung seiner vier Söhne und aller seiner erfahrensten Marschälle von neuem durch die Wüste Gobi, dieses Mal nach Südosten.

Im Staub, den die Herden der Ersatzpferde aufwirbelten, teilten sich die Marschsäulen der Bogenschützen in zwei Armeen in der Hoffnung, die Verteidigung der Chin aufzuspalten. Sie zogen auf getrennten Wegen durch die Wüste, und diese waren von Vorausabteilungen sorgfältig markiert worden. Plötzlich, so wird erzählt, sprangen alle ungesicherten metallischen Gegenstände – Waffen, Helme, Ersatzrüstungen und Nägel – von ihren Plätzen und jagten holpernd und klirrend über den Boden zu einem nahegelegenen Hügel. Später berichteten die Mongolen davon als einem stürmisch gefeierten Witz, aber dann tauchte die Meinung auf, daß ihre Ausrüstung von einem »magnetischen Berg« angezogen worden sein könnte, an dem sie vorüberzogen. Aber im Augenblick war es für die abergläubischen Männer, die einer entscheidenden Kraftprobe entgegenzogen, alles andere als ein Spaß. Okkulte Kräfte waren am Werk, und es wird behauptet, daß ihre strenge Disziplin sich vorübergehend in Panik auflöste.

Die Reaktion der Chin auf das Herannahen der Mongolen erfolgte sofort und massiv. Korps nach Korps strömte in das offene Grenzland, um sie zu stellen, bevor sie die Hauptlinie der befestigten Verteidigung erreichten. Aber diese Formationen, die ihre Stützpunkte zu verschiedenen Zeiten verließen, erschienen eine nach der anderen auf dem Schlachtfeld. Gegen solche unkoordinierten Angriffe waren die galoppierenden, jagenden, wendigen mongolischen Bogenreiter in ihrem Element. Sie stürzten sich zuerst auf den einen, dann auf den anderen Feind, legten die Entfernungen zwischen ihnen mit einer für die Chin-Generäle verwirrenden Geschwindigkeit zurück und versetzten ihnen in schneller Folge drei vernichtende Niederlagen. Das Grenzgebiet war von jedem bedeutsamen Widerstand entblößt. Vor ihnen lag jetzt der Wall von Mauern, den die Goldenen Könige um ihr inneres Reich gezogen hatten und dessen Brustwehren voller Truppen waren.

Spähtrupps rekognoszierten die Mauern der Festungsstädte, die vorgeschobene Bastionen der Großen Mauer bildeten, mächtige Inseln feindlicher Stärke, welche die Eindringlinge nicht unbezwungen in ihrem Rücken liegenzulassen wagten. Sie berichteten, daß zwischen den großen eisenbeschlagenen Toren kein Spalt zu entdecken sei. Als die Wochen der Sondierung zu Monaten wurden, suchte Tschingis die erzwungene Pause zu nutzen. Er eroberte die königlichen Gestüte und beraubte die Ju-chen ihrer besten Pferde. Er erfuhr, daß seine Präsenz in Nordchina eine Reihe von Bauernaufständen ausgelöst hatte und, was wichtiger war, daß die Khitanen in der südlichen Mandschurei, die sich auf ihre mongolischen Vorfahren besannen, gegen ihre Ju-chen-Herren revoltiert hatten. Er unterstützte diese Zwiespälte im Lager des Feindes, so gut er konnte. Aber die Monate des Wartens zogen sich zu Jahren hin. Der große Ring der Chin-Verteidigung hielt immer noch, und ein Durchbruch war nicht zu schaffen.

Schließlich gelang es dem General Dschebe, dem »Pfeil«, dessen Geschoß einst Tschingis' Lieblingspferd getötet hatte, den Nullpunkt zu überwinden. Mit einer gewaltigen Anstrengung schaffte er es im Sommer 1213, mehr als zwei Jahre nachdem sie die Mongolei verlassen hatten, eine der äußeren Festungen zu stürmen. Sofort warf Dschebe alles nach vorn und kämpfte sich zur Mauer selbst vor. Hier, am Nan-kau-Paß, in den Bergen nördlich von Peking, fand er die schwache Stelle, nach der die Mongolen so lange gesucht hatten. Der Paß selbst ist ein dunkler, schreckenerregender Hohlweg, mehrere Kilometer lang. Die Mauer krönte die Berge oberhalb von ihm, und seine Abhänge waren schwer verschanzt. Am südlichen Ende wartete der Feind. Die Stelle hätte eine Todesfalle sein können, aber Dschebe war ein Meister der Täuschung. Seine Männer rückten in dem Hohlweg vor, hielten dann inne und zogen sich, als ob sie Angst hätten, in wilder Flucht zurück. Die Chin-Truppen glaubten, was sie sahen, und stürmten zur Verfolgung vor. Am anderen Ende wendete Dschebe, formierte sich und fiel über sie her. Hinter ihm kam Tschingis mit seiner ganzen Macht. Sie füllten die Schlucht mit Wolken von Pfeilen, und ihre Pferde stolperten über die Leichen der Gefallenen, als sie sich durch den Paß hindurchschlugen – und hinaus ins offene Land. Die Mauer lag hinter ihnen, vor ihnen erstreckten sich die weiten, freundlichen Ebenen, die das Herz des Chin-Reiches bildeten. Kaum dreißig Kilometer vor sich sahen sie die Dächer Pekings.

Die Ju-chen hielten die Verteidigung von Peking im großen und ganzen für uneinnehmbar. Aber als man sich mit Schrecken darüber klar wurde, daß die Mongolen die Mauer überwunden hatten, kam es im Palast zu einem Staatsstreich. Der Chin-König Wei-shao, dessen Thronbesteigung Tschingis vor Verachtung hatte ausspucken lassen, wurde von einer Partei der Armee ermordet und ein anderer Prinz seines Hauses an seinen Platz gesetzt. Durch diese Tat wurde die allgemeine Beunruhigung außerhalb der Hauptstadt gesteigert, und das bestimmte Tschingis' nächsten Schritt. Auch er glaubte, daß die Einnahme Pekings die Leistungsfähigkeit der Mongolen überschritt – zumindest für den Augenblick. Er würde es daher umgehen und die Panik im Lande nutzen. Zwei weitere Korps der Mongolen eilten zu ihm, das eine durch Dschehol im Norden, das andere aus dem Westen. Als sie eintrafen, nahm er eine neue Aufstellung vor und befahl einen allgemeinen Vormarsch nach Süden.

Er selbst führte eine Armee in die heutige Küstenprovinz Schantung. Eine andere unter seinem ältesten Sohn Dschötschi schlug weiter im Inland einen parallelen Weg ein. Für beide war es ein Marsch voller Wunder durch eines der reichsten Gebiete der besiedelten Welt. Die Mongolen konnten kaum glauben, daß ein solcher Wohlstand wirklich war, geschweige denn, ihrem Zugriff ausgeliefert. Wie Kinder staunten sie über die unabsehbaren Felder mit Reis, Mais und Hirse, über die Ballen, Bündel und Kisten der Lagerhäuser, über Webstühle, Schmiedeherde und Töpferscheiben. Wie schon im Fall Pekings umgingen sie die größeren befestigten Städte, als sie plündernd durch das ehrwürdige, wohlgeordnete Land des chinesischen Nordens zogen. Überall in diesem Luxus der Ebenen hinterließen sie ihre Spuren der Verwüstung, bis sie den Gelben Fluß erreichten. Dann luden sie ihre Beute auf Pferde und Kamele, auf Karren und

Wagen und zogen sich nach Norden zur Mauer zurück. Indessen war eine dritte Armee unter Tschingis' Bruder in die Mandschurei eingedrungen, hatte sich mit den rebellischen Khitanen verbündet und die Ju-chen-Stämme unterworfen. Weder die Hiung-nu noch die Türken waren je so tief oder methodisch nach China hinein vorgestoßen.

Nichts konnte die stolzen und übermütigen Reiter jetzt von einem Großangriff auf Peking abhalten. Tschingis' Meinung war unverändert, er hielt die Einnahme für undurchführbar. Bogen und Schwert standen hier vor drei Grabenlinien, dann folgte die drohende Masse mit Brustwehren versehener Mauern, fünfzehn Meter hoch und zehn Meter dick, die dreißig Kilometer Umfang von Hunderten von Türmen überragt. Und bevor man den ersten Graben nehmen könnte, würde es wichtig sein, sich der vier vorgelagerten Festungsstädte zu bemächtigen, die je anderthalb Kilometer im Quadrat groß waren und von deren Kasernen und Arsenalen ein Netzwerk unterirdischer Gänge in die Stadt führte. Aber die Euphorie um ihn herum war so groß, daß Tschingis einem Versuch zustimmte. Hinter einem zischenden Sturm von Pfeilen, inmitten des Lärms von Schlachtrufen trugen die Mongolen zwei Angriffe vor. Sie gelangten in eine der vorgeschobenen Städte und wurden unter furchtbaren Verlusten wieder hinausgetrieben. In ihrer Wut wandten sie sich gegen die Stadt selbst. Die vier Festungen schickten ihre Garnisonen in ihren Rücken.

In den Nachwirkungen dieses Scheiterns setzte Tschingis seine Autorität wieder durch. Wieder einmal hatte sein Realismus die Truppen aus der Sackgasse herausgeführt, in die sie sich in ihrer unwissenden Tollkühnheit hatten locken lassen. Abgesehen von Peking und ein paar anderen großen Städten waren die Chin am Boden zerstört – zumindest für den Augenblick. Zwar war ihre Kampfkraft bei weitem nicht vernichtet, aber doch empfindlich angeschlagen. Innerhalb weniger Monate hatten die mongolischen Stoßsäulen die fast zweitausend Kilometer zwischen Gelbem Fluß und Amur durchquert und eine verarmte Landschaft zurückgelassen. In der Folge zeigten sich überall die politischen Schwächen des Reiches: nicht nur Khitanen und

Chinesen, sondern sogar hochgestellte Ju-chen liefen zu den Invasoren über. Tschingis holte aus der augenblicklichen Situation das Beste heraus. Er ließ den Chin-Herrscher wissen, er würde sich aus Nordchina zurückziehen, wenn man ihm einen angemessenen Ausgleich gewährte. Er verlangte alles, was seine Männer in den geplünderten Gebieten mitgenommen hatten. Für sich persönlich wollte er eine Prinzessin mit einem Hofstaat von tausend Jungen und Mädchen haben. Er forderte dreitausend der besten Pferde und eine große Anzahl von Handwerkern, die in der Mongolei ihr dort unbekanntes Gewerbe ausüben sollten. Und, was sich fast von selbst verstand, diese Voraussetzungen mußten durch eine entsprechende Menge von Schätzen in der üblichen Form von Seide und kostbaren Metallen ergänzt werden. Der Goldene König nahm an.

Durch die Mauer, deren Wälle und Brustwehren jetzt schweigend dalagen und verlassen waren, zogen die Kolonnen menschlicher Beute und die Tiere mit ihren übervollen Ladungen in die Heimat. Tschingis ließ sie nah an sich vorbeiziehen. Alles war sein. Keiner, vom untersten Bogenschützen bis zum höchsten Marschall, würde ohne Zustimmung des Khans das Gelenk eines einzigen Sklaven oder auch nur eine Unze Silber anrühren. Die Belohnung war sein Vorrecht und wurde nach sorgfältigem Ermessen vorgenommen. Doch als er die Beute verteilte, traf aus Peking ein Pfeil-Reiter ein. Sein Spruch besagte, der Goldene König hätte mit einer zahlreichen Eskorte die Stadt verlassen. Der größte Teil seiner Garde hätte das für Feigheit des Königs gehalten und wäre voller Abscheu desertiert und zu den Mongolen übergelaufen. Aber der König selbst hätte sich nach Ka'i-feng durchgeschlagen und richtete jetzt dort seinen Hof ein.

Die Nachricht war zweideutig. Die Reise konnte wegen der größeren Sicherheit aus Mißtrauen erfolgt sein. Es war aber auch möglich, daß sie eine Änderung in der gesamten strategischen Position des Ostens bedeutete. Ka'i-feng lag auf dem Südufer des Gelben Flusses, jenseits der Gebiete, die Tschingis und Dschötschi überrannt hatten. Sie hatten am Fluß halt gemacht, und zwar aus dem einfachen Grund, weil er für Armeen ohne technische Hilfsmittel eine fast unüberwindliche Barriere war. Hinter ihm konnten die Chin ihre angeschlagenen Kräfte wieder sammeln, Zeit gewinnen und den Krieg endlos hinausziehen. Das war für die Mongolen der erste Hinweis auf Chinas Fähigkeit eines verbissenen Widerstands, auf den zeitlosen, zermürbenden Willen durchzuhalten, der es am Ende immer von den Horden Innerasiens befreit hatte.

Tschingis würde seine Armeen zurückschicken müssen, und für den Fall, daß die Abreise des Chin-Herrschers tatsächlich die Moral der Hauptstadt unterminiert hätte, sollte das erste Ziel Peking sein. Er selbst zog nicht mit; seine Überlegungen begannen sich anderen Dingen zuzuwenden. Statt dessen schickte er Mukali, den ehemaligen Dienstjungen, der einer seiner farbigsten Generäle geworden war. Dschebe mit seiner genauen Kenntnis des Terrains sicherte von neuem die Mauer und die angrenzenden Befestigungen. Mukali marschierte durch die südliche Mandschurei und blockierte die Nachschubwege aus dem Norden. Wieder wurden die zwölf Tore Pekings geschlossen. Von außen war der Anblick so schreckenerregend wie je, aber von dem Geist darin war wenig übriggeblieben. Der kommandierende General beging Selbstmord. Sein Nachfolger floh nach Ka'i-feng. Im riesigen Umkreis der Stadt bildete ein ungeheures Heer von Mongolen, Khitanen, Chinesen und überlaufenden Ju-chen einen ununterbrochenen Blockadekordon. Tschingis' Instinkt, die Unzufriedenen in seine Reihen aufzunehmen, zahlte sich aus. Da die Versorgungswege abgeschnitten waren, ging in der Stadt die Nahrung aus, und die gefangene Bevölkerung aß heimlich Menschenfleisch. Dann erschien ein Chin-Offizier vor den Linien der Belagerer. Die Verteidiger legten ihre Waffen nieder, und er führte die Feinde in die Stadt.

Im Mai 1215 fiel Peking in die Hand der Mongolen. Über achttausend Kilometer entfernt, auf der Insel Runnymede, standen sich König Johann und seine Barone über der Magna Charta gegenüber.

Die Stadt hatte sich ergeben, aber das Ausweiden war vergleichbar der Plünderung Lojangs durch die Hiung-nu im Jahr 311. Die Paläste brannten wochenlang; die Straßen waren schlüpfrig von menschlichem Fett; Leichen häuften sich außerhalb der Mauern und verwesten zu Knochenhügeln. Die Schatzkammern der Goldenen Könige gaben ihre staunenswerte Beute her. Aber die vielleicht bemerkenswerteste Beute, die die Mongolen davontrugen, war einer ihrer Gefangenen. Der Name dieses Gefangenen war Ye-Liu Chu-Tsai. Er war ein hochgebildetes Mitglied des khitanischen Königshauses und hatte auf die Ju-chen gesetzt. Obgleich er erst fünfundzwanzig Jahre alt war, als Peking fiel, war er bereits ein verantwortlicher Beamter der Chin. Ruhig und würdig, von imponierender Figur, ließ er sich vor den Khan der Mongolen bringen. Tschingis wies darauf hin, er hätte die Khitanen gerächt und sein Gefangener sollte ihm dankbar sein. Ye-Liu Chu-Tsai antwortete, er hätte die Goldenen Könige als seine Herren akzeptiert, und es wäre unschicklich, sich an ihrem Unglück zu weiden. Den Feudalaristokraten, der Treue für die wichtigste Tugend hielt, erfreute die Antwort wegen ihres Muts und ihrer Charakterfestigkeit, und von diesem Augenblick an war der Platz des Khitanen an Tschingis' Seite gesichert. Er wurde der Chefastrologe des Khans und dann sein höchster Verwaltungsbeamter. Aus dem Vertrauen des Khans machte er das Beste, aber nicht um sich selbst herauszustellen. Im Angelpunkt des mongolischen Reichs war er der intellektuelle Humanist inmitten analphabetischer Barbaren, und er widmete sein weiteres Leben der Aufgabe, den Druck ihrer Wildheit auf die unterworfenen Völker zu mildern. Da er selbst von primitiven Vorfahren abstammte, verstand er die Beweggründe der Barbaren, wenn sie mit der etablierten Welt konfrontiert wurden: das tief verwurzelte Erinnern an die Entbehrungen, das sich fast zwangsläufig an Eigentum klammerte, die angeborene Angst, die Städte und Bevölkerungen wieder auf die leere und trostlose Weite der Steppe herabzudrücken versuchte. Er wußte, daß Tschingis diese Dinge nicht ändern konnte, selbst wenn er wollte, er war ein Gefangener seines brutalen Hintergrunds. Aber er sah, daß dessen Vernunft ihn in gewisser Weise von seiner Zeit und seiner Art unterschied. »Das mongolische Reich«, sagte Ye-Liu Chu-Tsai später, »ist vom Sattel aus erobert worden. Aber es kann nicht vom Sattel aus regiert werden«. Unermüdlich riet er zur Mäßigung und drang darauf, daß der menschliche und materielle Hintergrund der eroberten Länder geschont werden sollte. Brennen und Schlachten wären wirkungslos. Steuern, nicht Plündern sollte die Losung sein, das Einkommen nehmen, aber das Kapital bewahren. Wo immer sich die Mongolen in der Folge zurückhielten, war es den Argumenten dieses einen Mannes zu verdanken. Als die Generäle einen Plan entwarfen, China durch einen Völkermord zu vernichten, vereitelte er ihn. Als Tschingis eine Invasion in Indien in Betracht zog, verhinderte er sie. Seine Feinde unternahmen ständig Versuche, ihn in Mißkredit zu bringen, und warfen ihm vor, er nutze seine Stellung aus, um sich zu bereichern. Aber als er starb, hinterließ er nur wenige Bücher, ein paar Musikinstrumente und ein Lager von Medikamenten, mit dem er die Leiden der Unterworfenen erleichtert hatte.

Als Peking sein war, verlor Tschingis das Interesse am Osten. Seine Ziele waren erreicht. Den Stachel der Chin hatte er gezogen und seine Truhen mit ihrem Wohlstand gefüllt. Wenn überhaupt, würden sie für viele Jahre nicht mehr in der Lage sein, eine Invasion in die Mongolei zu unternehmen. Dennoch konnte er sich nicht restlos von Nordchina freimachen. Denn als er die Chin zum Gelben Fluß heruntertrieb, wurde er selbst in den chinesischen Schwamm hineingesogen. Seine Truppen waren nicht zahlreich genug und zu unerfahren, um die großen Gebiete, die sie überrannt hatten, wirkungsvoll zu besetzen, und wann immer sie sich von einem Distrikt zum nächsten wandten, um Unruhen zu unterdrücken, zeigten die Chin eine verwirrende Tendenz, in ihrem Kielwasser wieder einzusickern. Dieser Widerstand durch Infiltration konnte die Mongolen nach und nach alles dessen berauben, was sie gewonnen hatten, aber ihn restlos niederzuschlagen, hätte Methoden der Kriegführung erfordert, zu denen der Khan weder Geduld noch Lust hatte. Außerdem hatte der Feldzug bereits fünf Jahre gedauert, und er hatte andere Pläne. Daher zog Tschingis so viele Männer ab, wie er wagte, und ernannte Mukali zu seinem Vizekönig im Osten.

Mukalis Auftrag lautete, die Überreste der Chin-Macht zu

zerstören. In Begleitung seiner acht Konkubinen und einem Damenorchester, dessen Musik bei Tisch er liebte, zog er im Bekken des Gelben Flusses hinauf und hinunter, bis er nach zwanzig Jahren ständiger Anstrengung auf seinem Posten an Erschöpfung starb.

Schon immer hatte Tschingis Khan in den Türken die größte potentielle Gefahr für sein Reich gesehen. Die Tanguten und die Ju-chen hatte er nur angegriffen, um den Rücken für Operationen gegen die Türken frei zu haben. Als er jetzt Mukali die langwierige Aufgabe übertragen hatte, im Osten aufzuräumen, wandte er seine ganze Aufmerksamkeit der riesigen türkischen Welt im Westen zu.

Nahe der südwestlichen Grenze der Mongolei lag der Steppenstaat Kara-Khitai, in dem die türkischen Stämme im Gebiet des Balkaschsees von den Nachkommen der vertriebenen Khitanen regiert wurden, die Gur-Khans hießen. Eine Zeitlang war Kara-Khitai geschwächt worden. Als es schon von inneren religiösen Streitigkeiten zerrissen wurde, war die Invasion des Khwarezm-Schahs Mohammed erfolgt, der große Teil seines Territoriums an sich riß. Dann kam eine Folge von Ereignissen, die es nicht nur weiterhin schwächten, sondern eine Intervention der Mongolen unvermeidlich machten.

Man wird sich daran erinnern, daß Tschingis während seines Aufstiegs das Volk der Naimanen in der westlichen Mongolei unterworfen hatte. In der Schlacht, in der seine Armee besiegt wurde, war der König der Naimanen getötet worden, und sein Sohn Kuchluk war geflohen und hatte bei den Kara-Khitanen Zuflucht gesucht. Hier hatte der herrschende Gur-Khan ihn freundlich empfangen und dem Vertriebenen in seiner Großzügigkeit seine Tochter, eine Buddhistin, zur Frau gegeben. Kuchluk hatte jedoch die Schwierigkeiten, in die des Gur-Khans Reich geriet, als seine Gelegenheit angesehen. 1211, als die Mongolen in China eindrangen, hatte er eine Revolte gegen den ihm freundschaftlich gesonnenen Herrscher angeführt und sich auf dessen Thron gesetzt. Dann beging er nach dem Verrat noch einen groben Fehler. Als Schamane, der mit einer Buddhistin verheiratet war, begann er eine systematische Verfolgung aller mosleminischen Türken, die die Mehrheit der Bevölkerung von Kara-Khitai ausmachten. Eine ganze Reihe von türkischen Häuptlingen bewunderte Tschingis Khan und hatte freundschaftlichen Kontakt mit ihm. Aber Kuchluks Haß auf die Mongolen war unversöhnlich, sie hatten sein Volk unterworfen und seinen Vater getötet. So nahm er sich gerade diese Häuptlinge vor und behandelte sie besonders grausam. Und bei seiner Heimkehr aus China erwarteten Tschingis Botschafter seiner kara-khitanischen Freunde mit der dringenden Bitte um Hilfe.

Kara-Khitai von Kuchluk zu befreien, war eine unausweichliche Pflicht. Sie war auch ein willkommener Vorwand, einen Fuß in die Tür der Türken zu setzen. Die Aufgabe erforderte einen Marschall, der schnell, aber auch mit politischem Geschick handeln konnte. Tschingis wählte Dschebe, der damals noch Mukali im Osten unterstützte. 1218 jagte Dschebe mit zwanzigtausend Mongolen von der koreanischen Grenze nach Zentralasien, fast viertausend Kilometer. Als er in Kara-Khitai eindrang, verkündete er, gekommen zu sein, um die religiöse Freiheit wiederherzustellen. Er befahl seinen Männern, nicht zu plündern, und nahm örtliche Stammesangehörige, die anboten, ihm gegen Kuchluks Truppen zu helfen, in seine Reihen auf. Daher wurde er überall als Befreier willkommen geheißen, und innerhalb weniger Wochen hatte er Tschingis Khans Macht über fast das ganze Kara-Khitai ausgedehnt. Kuchluk selbst, der von einem mongolischen Trupp unbarmherzig durch die Wüste und Steppe gejagt wurde, mußte sich schließlich in den einsamen Höhen des Pamir-Gebirges gefangengeben und wurde hingerichtet.

Nach einer fast unblutigen Invasion, die mit fehlerloser Disziplin durchgeführt wurde, gestattete sich Dschebe einen räuberischen Ausrutscher. Er hatte nie vergessen, daß er in früheren Tagen, als sie in der Mongolei noch Feinde gewesen waren, Tschingis' Schlachtroß getötet hatte, einen prächtigen Braunen mit weißer Blesse. Als Preis für die Befreiung der Kara-Khitanen von ihrem Unterdrücker trieb er jetzt aus ihren Herden tausend Braune mit weißen Blessen zusammen und schickte sie als Zeichen der Wiedergutmachung an seinen Oberbefehlshaber. Diese Geste erleichterte ihm das Gewissen.

Die Erringung von Kara-Khitai brachte schicksalhaft mit sich, daß Tschingis Khan jetzt Mohammed gegenüberstand, dem Herrn aller Territorien, die die khwarezmischen Türken beherrschten. Mohammed war Tschingis' mächtigster Rivale in Asien. Während der Mongolen-Khan sein Reich im östlichen Herzland aufbaute, hatte der Khwarezm-Schah seine Herrschaft über den Westen ausgedehnt. Von seinen Vorgängern hatte er den Iran mit all seinem Wohlstand geerbt, und er selbst hatte Afghanistan fast bis zum Indus hinzugefügt. Mit dem noch nicht zufrieden, war er nach Norden vorgestoßen, hatte die Kara-Khitanen aus Transoxanien zurückgedrängt und sie über den Jaxartes zurück in die Steppe und damit – wie es sich ergab – Dschebe in die Arme getrieben. Und entlang dem ganzen Lauf des Jaxartes, dessen Wasser langsam durch das Herz Zentralasiens zum Aralsee fließen, standen einander die großen Reiche des Osten und Westen, die Mongolei und Khwarezm, gegenüber.

Tschingis Khan hatte sich zur Gewohnheit gemacht, die reisenden Kaufleute zu bewillkommnen und sie über die Länder jenseits seiner Grenzen auszufragen. Aus den Bruchstücken ihrer Erzählungen hatte er sich ein genaues Bild von Mohammeds Reich machen können. Er wußte jetzt, daß es weitaus reicher und größer war als sein eigenes. Darüber hinaus, hatten seine Informanten betont, könnte der Khwarezm-Schah Truppen von mindestens zweihunderttausend tapferen und gut ausgerüsteten Männern mobilisieren. Weitere Faktoren verlangten Vorsicht. Die Mongolen hatten seit mehr als einem Jahrzehnt Feldzüge auf fremdem Boden geführt. Vor allem war Mukali immer noch in China gebunden und könnte jederzeit weitere Männer anfordern. Es ist wahrscheinlich, daß Tschingis ehrlich friedliche Beziehungen mit seinem mächtigen Nachbar wünschte – zumindest für den Augenblick. Er machte sich daran, mit freundlichen Anträgen um ihn zu werben. Er arrangierte einen offiziellen Austausch von Karawanen, damit die verfügbaren

Handelsprodukte der beiden Reiche zur Schau gestellt werden konnten. Dann wählte er unter den khwarezmischen Edlen, die in seinem Herrschaftsgebiet lebten, sorgfältig eine Gesandtschaft von hohem Rang aus und schickte sie zu Mohammed. Die Abgesandten legten ihm die schönsten Geschenke der Mongolei vor und unterstrichen den guten Willen des Khans. Ihr Herr, deuteten sie an, hätte militärisch durchaus einiges aufzuweisen, aber keinerlei Absicht auf weitere Eroberungen. Er wäre bereit, den Jaxartes als natürliche Grenze zwischen West und Ost anzusehen, und seinerseits würde er den Herrn des Westens als seinen Sohn betrachten. Das Wort »Sohn« brachte die ganze Annäherung zum Scheitern, denn im diplomatischen Sprachgebrauch hieß »Sohn« »Vasall«. Den Khwarezm-Schah packte die Wut. Tschingis war sich dieser tödlichen Beleidigung offensichtlich nicht bewußt und bereitete eine weitere Karawane vor. Dieses Mal wollte er sich selbst übertreffen. Er durchkämmte die Mongolei nach Artikeln von Seltenheitswert und fügte Proben der sagenhaften Schätze bei, die er aus den Chin-Palästen erbeutet hatte. Um seine Bereitschaft zum wechselseitigen Handel zu unterstreichen, sammelte er in seiner Umgebung ein Kapital an Bargeld, um khwarezmische Waren einzukaufen. Als die Hunderte Kamele beladen wurden, berief er einen ehrenwerten Mongolen mit Namen Ukuna an ihre Spitze und stellte ihm wie zuvor eine Reihe von khwarezmischen Moslems zur Seite, weil er glaubte, daß deren Sprache und Religion vor Mohammed Gnade finden würden.

Keiner dieser Männer und nichts von ihrer kostbaren Fracht erreichten Mohammed. Bei der Grenzstadt Otrar am Jaxartes betrat die Karawane khwarezmischen Boden. Der Gouverneur der Stadt, ein gewisser Inalchik, hielt sie an, konfiszierte die Tiere und ihre Lasten und ließ Ukuna, die khwarezmischen Edlen und alles Begleitpersonal als Spione hinrichten.

Es wird berichtet, daß Tschingis die Tränen über das Gesicht liefen, als er davon hörte. Aber es war möglich, daß nicht der Schah selbst hinter dieser Beleidigung steckte. Inalchik, dessen Mißtrauen gegenüber den Mongolen bekannt war, konnte ohne Ermächtigung gehandelt haben. Tschingis würde einen letzten Versuch machen. Eine weitere Mission, dieses Mal von einem Khwarezm und zwei mongolischen Beamten geleitet, durchquerte Zentralasien, um bei Mohammed zu protestieren und die Auslieferung des Gouverneurs zu verlangen. Mohammed ließ den Khwarezm töten und schickte die Mongolen mit geschorenen Köpfen zurück – eine Beleidigung, die nicht wiedergutzumachen war.

Es war eine nicht sehr weitsichtige Tat. Denn unter der eindrucksvollen Oberfläche des khwarezmischen Reichs lagen Tiefen konfliktreicher Gegenströmungen. Das Reich war jung, tatkräftig, ehrgeizig und riesengroß. Aber seine Grenzen waren über seine Kraft hinaus aufgebläht, und in ihnen lebte ein unvereinbares Gemisch zivilisierter und barbarischer, seßhafter und nomadischer Völker. Sie alle waren der ungebildeten, willkürlichen Herrschaft türkischer Tyrannen von Stammesherkunft unterworfen, die wie Inalchik auf verantwortungsvollen Posten eingesetzt worden waren. Auch war Mohammeds eigene Stellung nicht hinreichend sicher, um seine anmaßenden Methoden zu rechtfertigen. Die Arroganz, mit der er Tschingis behandelt hatte, war nur ein Spiegelbild seiner Haltung gegenüber allen. In seinen eigenen vier Wänden hatte er sich den höheren Offizieren seiner Armee, den Führern des Islam und dem meisten gewöhnlichen Volk entfremdet, mit dem er in Berührung gekommen war. Die mongolische Kriegserklärung erfolgte in einer Form, die jetzt schon vertraut wurde. Gerade wegen der ruhigen Worte, in denen sie unverändert vorgebracht wurde, war sie um so drohender.

»Sie haben den Krieg gewählt«, kündigte Tschingis an. »Allein der Blaue Himmel weiß, welcher Ausgang zwischen uns beschlossen sein wird.«

Gegen Mitte 1219 sammelten sich die mongolischen Streitkräfte im südlichen Vorland des Altai-Gebirges, zwischen den Flüssen, die den Oberlauf des Irtysch bilden. Aus der ganzen Mongolei und darüber hinaus traf Kontingent nach Kontingent ein, um die ganzen Sommermonate hindurch jagend zu trainieren, während ihre Pferde auf den Weiden Kraft sammelten. Im Herbst begann ihr Zug nach Süden. Der Weg führte durch das einstige Kara-Khitai, über die Flüsse, die in den Balkaschsee münden, durch die Pforte zwischen der Wüste Akkum und dem Alatau-Gebirge, dem westlichen Ausläufer der Tienschan-Kette, und von dort zum Jaxartes. Sie hatten fünfzehnhundert Kilometer zu marschieren, bevor sie den Bogen gegen den Feind spannen konnten.

Abgesehen von den Truppen, die in China standen, zählte die mongolische Armee zur Zeit des khwarezmischen Feldzuges etwa hundertfünfzigtausend Mann. Später, unter den Fürsten aus Tschingis' Familie, die ihm nachfolgten, konnte sie ungefähr vierhunderttausend Aktive aufbringen, deren Reihen noch durch Hilfsvölker aus den Ländern, die sie nach und nach erobert hatten, aufgefüllt werden konnten. Obgleich das im Vergleich zu den Heeren der Küstenwelt, denen sie gegenüberstand, bescheidene Zahlen waren, wird allgemein anerkannt, daß sie eine der besten Kampfmaschinen war, die je zusammengestellt wurden. Ihre grundlegende Stärke lag in ihrer Einfachheit. Sie bestand fast restlos aus einer einzigen Waffengattung, der Kavallerie. Sie war daher sehr viel leichter auszubilden, auszurüsten und zu ergänzen als die vielseitiger organisierten Waffensysteme ihrer Gegner. Als sie gegen Khwarezm marschierte, war allerdings die frühere Machtlosigkeit der Kavallerie gegenüber Festungsmauern weitgehend überwunden. Die Reiter wurden bereits von einem Korps chinesischer Ingenieure unterstützt, und da jeder spätere Feldzug eine weitere Anzahl von Handwerkern einbrachte, wuchs dieses Korps ständig. Schließlich konnten die Mongolen jederzeit Techniker aufbieten, die Erddämme, Pontonbrücken, Laufgräben bauen konnten, ebenso wie machtvolle Rammböcke und Katapulte für Erdölbomben. Ob ihre Artillerie Sprengstoffe benutzte, ist immer noch umstritten, aber kurz nach den Eroberungszügen der Mongolen tauchte in Europa das Schießpulver auf. Die Mongolen gelangten auch in den Besitz so weitgespannter Erkenntnisse, daß sie einen organisierten Geheimdienst aufbauten. Aber diese Waffengattungen waren nur von zweitrangiger Bedeutung, der Kern der Armee und ihre wichtigste Offensivwaffe waren die berittenen Einheiten.

Diese Einheiten basierten auf dem Zehnersystem. Zehn Mann bildeten einen Trupp, zehn Trupps eine Schwadron, zehn Schwadronen ein Regiment von tausend. Die größte Einheit war der *Touman,* die Division von zehntausend. Die Kavallerie dieser Einheiten bestand aus zwei Typen. Es gab die schweren Stoßtruppen mit glänzenden eisernen Schuppenrüstungen, deren Pferde an Kopf und Brust durch Leder geschützt wurden. Sie waren mit Lanze und Schwert bewaffnet. Und es gab die größere Zahl von Bogenreitern, die traditionelle leichte Kavallerie der Steppen, von denen einige Wämser aus Fellen trugen, die durch Kochen schmiegsam gemacht worden waren, und andere waren ungeschützt. Außer der persönlichen Ausrüstung hatten die Bogenreiter oft zwei Bogen in ölgetränkten, wasserdichten Behältern an ihrem Sattel hängen und zwei Köcher. Ein Köcher enthielt die leichten scharfen Pfeile, die für die weitreichenden Pfeilhagel benutzt wurden, die man von den Mongolen zu fürchten lernte, und der andere enthielt schwerere Pfeile, die im Nahkampf Rüstungen durchschlugen. Zusätzlich trugen die Bogenschützen Wurfspieße oder ein Krummschwert, das auf ihrem Rücken hing und dessen Griff über die linke Schulter hervorragte, damit sie schnell ziehen konnten.

Zwei oder manchmal drei Divisionen bildeten eine Kampfeinheit, und zu Tschingis' Lebzeiten standen diese oft unter dem nominellen Kommando eines seiner Söhne. Aber er stellte den Prinzen immer seine erprobten Generäle als Ratgeber zur Seite, und die eigentliche Autorität lag bei ihnen. Diese Berufsoffiziere waren alle vom Khan persönlich ernannt worden, und die unerschütterliche Treue zu ihm war die Voraussetzung einer Beförderung in diesen Rang. Aber er achtete ebenso auf andere Qualitäten. »Nur ein Mann, der Hunger und Durst empfindet«, verlangte er, »und daher die Gefühle anderer zu beurteilen vermag, ist geeignet zu befehlen. Der Feldzug und seine Mühen müssen in einem Verhältnis zur Kraft des schwächsten Kriegers stehen[1].«

Die Kampfkraft wurde mit äußerstem Geschick eingesetzt. Gewöhnlich drangen mehrere Marschsäulen gleichzeitig oder in

1 Aus dem »Bilik«, Martin a. a. O. S. 43

sorgfältig aufeinander abgestimmter Folge in das zu erobernde Land ein, und obgleich die vorrückenden Formationen oft durch weite Entfernungen oder Bergketten voneinander getrennt waren, blieben sie durch die Pfeilboten doch in ständigem und engem Kontakt. Der Vormarsch jeder Marschsäule war so geplant, daß sie der benachbarten zur Hilfe kommen konnte. Wenn es notwendig war, konnten sie sich mit einer Schnelligkeit zusammenziehen, kämpfen und wieder trennen, durch die die verteidigenden Armeen in Verwirrung gerieten.

Zu Beginn einer Schlacht, für die sie, wann immer möglich, offenes Gelände wählten, wurden die Divisionen gewöhnlich in breiter Front in Fünferreihe aufgestellt. Die erste und zweite Reihe bestanden aus Schwadronen gepanzerter Lanzenreiter, und zwischen den Schwadronen wurden Lücken gelassen. Hinter ihnen kamen drei Reihen ähnlich aufgestellter Bogenschützen. Sobald sie sich in Schußweite befanden, galoppierte die erste Reihe der Bogenschützen durch die Lücken zwischen den Lanzenreitern und schoß Salve auf Salve gegen die feindliche Front. Wenn es beim ersten Versuch nicht gelang, dessen Linie aufzureißen, schwenkten sie ab, schossen dabei über die Kruppe ihrer Pferde, und die nächste Reihe Bogenschützen rückte an ihren Platz vor. Obgleich dieser Pfeilangriff auch ein drittes Mal wiederholt werden konnte, war das selten notwendig, denn die Wirkung der mongolischen Bogenschützen war furchtbar: ein Bericht erzählt, daß die Männer fielen wie die Blätter im Herbststurm. Während der frontale Angriff sich entwickelte, stießen andere Schwadronen in die Flanken des Feindes vor und brachen mit ihren Pfeilhageln den Widerstand. Im kritischen Augenblick griffen die Lanzenreiter an, und der Schrecken, den sie verbreiteten, und die Wucht ihres Ansturms verwandelte die Verwirrung meistens in chaotische Flucht. Befehle, die von Adjutanten überbracht wurden, hielt man auf einem Minimum, um Irrtümer der Verständigung zu verhindern. Jeder Befehlshaber verfügte über Winker, die am Tag Flaggen, bei Nacht Laternen, Pfiffe und flammende Pfeile verwendeten. Während des ganzen Kampfes wurde eine starke Reserve zurückgehalten, und wenn Tschingis selbst anwesend war, bildete sie das Elitekorps seiner Garde. Durch diese weitgehende Annäherung an eine Strategie und die sichere Beherrschung der Taktik, die im Prinzip streng, aber in der Durchführung äußerst variabel war, brachten die Generäle der Mongolen die alte Stoß- und Schußkriegführung der Steppen zu einer aufeinander eingespielten Perfektion, wie sie bisher unbekannt war. Auch in der Anwendung von Kniffen waren sie sehr erfindungsreich. So täuschten sie eine Vielzahl ihrer Krieger vor, indem sie Puppen auf die Ersatzpferde setzten, und versteckten ihre taktischen Bewegungen hinter Staubwolken oder Rauch von trockenem Gras, das in Brand gesetzt wurde. Manchmal spielten sie dem Gegner tagelang heillose Flucht vor, bis sie ihn in ein günstigeres Gelände gelockt hatten. Den Flügelschwadronen wurde in der Schlacht selten erlaubt, den Feind ganz zu umzingeln; in der Regel ließen sie ihm immer die Verführung eines Fluchtwegs. Denn die Verfolgungen der Mongolen waren ausdauernd und unbarmherzig. Oft fügten sie ihm dabei mehr Verluste zu als während der Auseinandersetzung.

Der Artikel – wie Wellington ihn genannt haben würde – in der Basis der militärischen Pyramide war der gemeine Reiter, ein Mann, der in der Literatur des äußeren Eurasiens viel verflucht wurde. Der persische Dichter Amir Khuzru, der einen Trupp mongolischer Soldaten gesehen hatte, beschrieb sie wie folgt:

»Ihre Augen waren so schmal und bohrend, daß sie ein Loch in ein metallenes Gefäß hätten brennen können, und ihr Gestank war noch furchtbarer als ihre Hautfarbe. Ihre Köpfe saßen auf ihren Körpern, als ob sie keine Hälse hätten, und ihre Wangen glichen ledernen Schläuchen, voller Falten und Knoten. Ihre Nasen dehnten sich von Backenknochen zu Backenknochen. Ihre Nasenlöcher wirkten wie verkommene Grabstätten, und das Haar hing ihnen daraus bis auf die Lippen herunter. Ihre Brust war bedeckt von Flechten, die wie Sesam auf schlechtem Boden aussahen[1].«

Der Perser, dessen Volk unter mongolischer Fürsorge gelitten hatte, war sicher voreingenommen. Doch ohne Zweifel war der

[1] »Cambridge History of India«, Band III, S. 84

mongolische Reiter schrundig und ungepflegt, und da er seine Kleider trug, bis sie ihm vom Körper fielen – zumal sie zu waschen, die Geister des Wassers beleidigt hätte –, muß einem seine Gegenwart wohl wirklich recht bemerkenswert erschienen sein. Aber wenn er irgendeine Ähnlichkeit mit den Mongolen von heute hatte, kann sein Erscheinungsbild nicht ganz reizlos gewesen sein.

In der Regel war er von mittlerer Größe, stämmig, aber selten fett, mit breiten Schultern und tiefem Brustkasten. Über den hervorstechenden Backenknochen seines gelblichen Gesichts flammten die Augen oft vom Widerschein der Sonne und des Schnees. Sein pechschwarzes Haar, das wie bei Mönchen tonsuriert wurde, fiel in der Stirn bis auf die Augenbraunen, und im Nacken wurde es zu Zöpfen geflochten, die man manchmal zusammenband. Vom ständigen Festklammern auf dem Pferderücken war er o-beinig, und da sein geleimter Bogen einen Zug von fast 170 Pfund erforderte – mehr als der spätere englische Langbogen –, waren die Muskeln seiner Arme wie stählerne Trossen.

Manchen, die ihn in der Muße des Lagerlebens beobachteten, fiel seine fröhliche Gelassenheit auf, seine blendend weißen Zähne, wenn er bereitwillig lächelte, sein sofortiger Gehorsam auf jeden Befehl. Gegenüber seinen Kameraden, stellten sie fest, war er großzügig und teilte mit ihnen ohne jede Einschränkung, was immer er zu essen hatte – und das war oft wenig genug. Obgleich er sich in Gesellschaft von Freunden bis zur Bewußtlosigkeit betrank, wenn sich die Gelegenheit ergab, trieb er mit dem Trinken selten Mißbrauch. Aber das alles, unterstrichen sie, verschwand, wenn er mit Menschen konfrontiert wurde, denen das Steppenleben fremd war. Seine Haltung wurde dann bis ins Extrem widerwärtig: er wurde arrogant, schroff, knauserig, unaufrichtig und habgierig, und er bettelte mit jammernder Zähigkeit. Wer ihm im Kampf in die Hände fiel, wurde selten bewußt gefoltert, aber wenn bei der Suche nach Wertsachen der geringste Widerstand geleistet wurde, tötete er ohne jedes Bedenken – und manchmal auf furchtbare Weise. Der gleiche plötzliche Umschwung bestimmte einen Großteil seines Alltagslebens. Jetzt sprach er mit der einfachen Poesie des Analphabeten in Bildern aus der Flora und Fauna, der Weite und den Elementen seiner Heimat, und dann stürzte ein Strom von ungezähmtem Schmutz aus ihm hervor. Sein fröhliches Gelächter konnte in Anfälle krankhafter Depression umschlagen, von denen ihn kein gutes Zureden zu befreien vermochte.

Er war von vierzehn bis zu sechzig Jahren militärdienstpflichtig, und seine beiden großen Vorzüge als Soldat waren seine Zähigkeit und sein wilder Mut. Er war fast vollständig wetterfest und gleichgültig gegenüber Strapazen, die gewöhnlichere Sterbliche nicht überleben könnten. Wochenlang lebte er von ein wenig Trockenmilch oder Fleisch. Er diente ohne Bezahlung, und seine Moral wurde durch die Hoffnung auf Beute aufrechterhalten. Er ergab sich nie, es sei denn, es wurde ihm befohlen, lieber tötete er sich selbst, und das mit der gleichen mitleidlosen Kälte wie seine Opfer. Er war ein unbekannter Soldat, denn seine Heldentaten wurden im Namen seines Khans vollbracht und wurden weiter nicht anerkannt. Vielleicht verschafft gerade die Namenlosigkeit diesem hungrigen, übelriechenden Athleten mit dem Löwenherzen, der in seinen schwankenden Launen jetzt ein Kind und dann eine Bestie war, einen Platz unter den faszinierendsten Gestalten, die Geschichte gemacht haben.

Der Schauplatz für den kommenden Zusammenstoß zwischen den Rivalen des Ostens und des Westens war die große Pforte zwischen dem Kaspischen Meer und dem Dach der Welt, die so oft der Kanal für Invasionen aus dem Herzland in das südliche Eurasien war. Hier, an den vier Seiten begrenzt durch den Oxus und den Jaxartes, den Aralsee und das Pamir-Gebirge, lag das Rechteck Transoxanien, das sich vom Iran bis in die zentralsibirischen Steppen erstreckte und in dessen Mitte die Wüste Kysyk-kum liegt. Im Nordwesten der Wüste, im Mündungsgebiet des Oxus, befand sich die Keimzelle, aus der Mohammeds riesiges Reich hervorgegangen war: Khwarezm mit der Hauptstadt Urgentsch, unweit des Aralsees. Am anderen Ende des Rechtecks, fast zu Füßen des Pamir, lag eine Reihe blühender Städte, deren Reichtum zum Teil auf dem Handel zwischen der seßhaften Welt und dem nomadischen Inneren beruhte. Die bedeutendsten unter ihnen waren Samarkand und Buchara. Weiter im Westen, zwischen dem Oxus und dem zentralen Iran, erstreckte sich das größere Gebiet Chorassan, wie Transoxanien eine Trockenzone mit vielen Städten. Aber ein großer Teil der Landschaft Chorassans war durch ein sorgfältig unterhaltenes, verschlungenes Gewirr von Bewässerungskanälen fruchtbar gemacht worden, und ihre städtischen Zentren – Nischapur und Merw, Herat und Nissa, Tus und Balch waren sogar noch reicher als die Städte in Transoxanien.

Die ganze Region verschmolz zu zwei Lebensformen. Durch das Land wanderten die türkischen Hirten mit ihren Herden, vorbei an Inseln hochentwickelter Städte in den Schnittpunkten der interkontinentalen Handelswege. Mit ihren Domen und Minaretten, den Zitadellen und Karawansereien bildeten sie den wirtschaftlichen Rückhalt des khwarezmischen Reichs. Sie genossen einen fast legendären Ruf. Samarkand, wo die chinesischen Handwerker sich niedergelassen hatten, die 751 von den Arabern am Fluß Talas gefangengenommen worden waren, war berühmt wegen seiner Seide und seinem Papier, seinem Satin und seiner Kupferware, seinen prallen Auberginen und dem süßen Duft seiner Melonen, die in Schnee verpackt wurden, und – seltsamerweise – wegen der langen Bärte und Schnurrbärte seiner Frauen. Buchara war wegen seiner Teppiche bekannt, Herat wegen seiner Windmühlen und seiner zwölftausend Läden. Unterricht und Religion, Geschichte und Kultur waren auf der Grundlage von Märkten und Handwerksbetrieben zur Blüte gelangt. Die Moscheen und Seminare in Buchara zogen die Gläubigen des ganzen Islam an. Merw brüstete sich mit dem Grab von Sandschar. Bei Nischapur war Omar Khayyam 1123 gestorben.

Tschingis Khans Expedition nach Khwarezm war im wesentlichen die gedankliche Leistung zweier Männer von militärischem Genie: er selbst und Subutaj, sein engster Ratgeber. Es war die erste von zwei mongolischen Invasionen, die ohne Zweifel zu den am besten geplanten und durchgeführten Feldzügen gehörten, die je aus dem nomadischen Asien heraus unternommen wurden. Auch wenn sie in Subutajs Triumphmarsch durch

Osteuropa zwanzig Jahre später Konkurrenz bekamen, zeigten sie noch deutlicher die erstaunliche Offensivkraft der Nomadenreiter aus dem Herzland, als sie sich in ihrer Blütezeit befanden.

Die Einleitung gab einen Vorgeschmack auf das kommende Gewitter. Im Spätsommer 1219 erschienen mongolische Reiter am unteren Jaxartes. Sie erbeuteten alle Vorräte und alles Vieh, das sie finden konnten, und setzten jede erreichbare Stadt und jedes Dorf in Brand. In kurzer Zeit hatten sie ein beträchtliches Gebiet der Grenzzone verwüstet. Beim ersten Anzeichen eines khwarezmischen Gegenstoßes zogen sie sich dann hinter einem Rauchvorhang brennenden Grases nach Norden zurück, woher sie gekommen waren. Der Zweck des Überfalls war, einen Angriff auf ihre Hauptarmee zu verhindern, die in Richtung auf den Fluß zog.

Mohammed war es klar, daß der erste Ansturm irgendwo am Jaxartes erfolgen mußte. Aber da er über keine genaueren Informationen verfügte, ließ er eine Verteidigungslinie entlang der ganzen Länge des Flusses aufmarschieren und verstärkte zugleich die Garnisonen in Samarkand und Buchara, den beiden Großstädten, die rechterhand in einiger Entfernung im Hinterland der Linie lagen. Das Ergebnis dieser Vorbereitungen war, daß die khwarezmischen Truppen in einer Front von fast achthundert Kilometern auseinandergezogen wurden und nirgendwo in genügender Stärke konzentriert waren, um einem Großangriff standzuhalten.

Schließlich erfolgte der erste Angriff überhaupt nicht am Jaxartes, sondern an einem Punkt, an dem Mohammed ihn am wenigsten erwartet hatte. Während die Hauptarmee der Mongolen nach Süden in Richtung auf den Fluß zog, näherte sich Dschebe mit zwei Divisionen Khwarezm aus dem Osten, durch das Tarim-Becken. Dahinter lagen Samarkand und Buchara, die Stützpunkte der Flußfront, und Dschebe stieß tatsächlich direkt auf sie zu. Aber in seinem Weg lag die mächtige Kette des Pamir, und jetzt hatte der Winter eingesetzt. Auch das machte nichts aus. »Der Pfeil« überwand die schneeverwehten Pässe in etwa dreitausend Meter Höhe. Das war eine Leistung von außerordentlichem Durchhaltevermögen. Männer und Pferde starben in Massen, und die überlebenden Reiter schlugen sich durch, indem sie sich ihre Rationen aus den Kadavern der Pferde ihrer erfrorenen Kameraden schnitten. Anfang 1220 ritten sie abgekämpft und zerfetzt, aber immer noch eine entschlossene Streitmacht, in das Fergana-Tal hinunter, umrundeten Mohammeds rechte Flanke und zogen in Richtung auf Samarkand.

Dieser Vorstoß traf Mohammed völlig überraschend. Er hatte nicht vermutet, daß ein Feind so tollkühn sein könnte, daß er versuchte, über das Pamir-Gebirge hinweg über ihn herzufallen. Eilig schickte er einen seinen besten Generäle, Dschebe aufzuhalten, und bereitete Samarkand auf eine mögliche Belagerung vor. Als er damit noch beschäftigt war, erreichten ihn alarmierende Meldungen vom anderen Ende seiner Front, weit unten am Jaxartes. Riesige Massen von Mongolen näherten sich dem Fluß genau an dem Punkt, wo ihr vorbereitender Überfall die Landschaft so sehr verwüstet hatte. Auch das traf den Schah unvorbereitet. Er hatte vermutet, daß zumindest dieser Sektor seiner Front sicher sein würde. Es schien unglaublich, daß hunderttausend Mann mit ihren Trecks von Packwagen und ihren Herden von Ersatzpferden in der Lage sein sollten, ein ausgebranntes Land zu durchqueren und von nichts anderem zu leben, als was sie mitbrachten. Aber es war tatsächlich die Hauptmasse der mongolischen Armee unter Dschötschi, die zum Jaxartes vorrückte, seinen Unterlauf eroberte und sich dann nach links flußaufwärts voranarbeitete. An keinem Punkt waren die am Ufer verstreuten khwarezmischen Streitkräfte stark genug, sie zurückzuwerfen. Und so trieb sie die mongolische Flut von Fort zu Fort, von Standort zu Standort vor sich her. Dschötschi und Dschebe bildeten mit ihrem Vormarsch aus entgegengesetzter Richtung auf Samarkand eine gigantische Zangenbewegung.

Mohammed bemühte sich, seine Truppen so schnell wie möglich zu konzentrieren und forderte aus dem Iran dringend Verstärkungen an. Dann kamen niederschmetternde Nachrichten. Buchara, weit im Hinterland der Kämpfe und näher am Oxus als am Jaxartes, wurde plötzlich von weiteren Massen mongolischer Reiter belagert. Es schien äußerst unwahrscheinlich, daß noch eine mongolische Armee auftauchte, unmöglich, daß sie die fast unüberwindliche Grenze der Wüste Kysyk-kum durchquert haben und ohne jede Warnung zu einer befestigten Stadt vorgedrungen sein sollte. Die Meldung war jedoch richtig, und der Belagerer von Buchara war Tschingis Khan selbst.

Tschingis hatte gewartet, bis Dschötschis Offensive entlang dem Jaxartes eröffnet worden war. Dann hatte auch er zusammen mit seinen anderen Söhnen das verwüstete Gebiet durchquert und bei Otrar den Jaxartes erreicht. Es gab für ihn einen guten Grund, Otrar als Ziel zu wählen, denn hier hatte der Gouverneur Inalchik seine Karawane des guten Willens gekapert und seine Gesandtschaft ermordet. Inalchik in Otrar war der unmittelbare Anlaß des Krieges gewesen, und außerdem befand er sich immer noch in der Stadt. Die Ausführung der Rache hatte Tschingis Tschagataj und Ügetej überlassen, hatte seinen jüngsten Sohn Tuluj mitgenommen, war nach Khwarezm weitergezogen und – verschwunden.

Otrar verteidigte sich lange und verzweifelt, denn Inalchik wußte durchaus, was er zu erwarten hatte. Als die Stadt fiel, zog er sich in die Zitadelle zurück, und als der Garnison die Pfeile ausgingen, ließ er die Frauen Ziegel aus den Mauern brechen, um sie als Wurfgeschosse zu verwenden. Alles war vergeblich. Die Mongolen stürmten die Festung und holten sich ihren Mann. Sein Tod entsprach seiner Raffsucht: seine Ohren und Nasenlöcher wurden mit geschmolzenem Silber gefüllt.

Während sich die Schlacht um Otrar auf dem Höhepunkt befand, war Tschingis das scheinbar Unmögliche gelungen. Mit Hilfe eines gefangenen türkischen Führers hatte er das angeblich unpassierbare Hindernis der Wüste Kysyk-kum durchquert, ein Marsch von etwa fünfhundert Kilometern durch eine der gefürchtetsten Wüsten der Welt. Jetzt standen er und Subutaj als sein Assistent mit der dritten mongolischen Armee, einschließlich der Garde, vor den Toren von Buchara.

Als Dschötschi und Dschebe in Richtung Samarkand vorstießen, belagerte Tschingis den einzigen weiteren größeren Stützpunkt des Schahs in Transoxanien. Um die Übergabe zu beschleunigen, wendete er den einfachen Trick an, ein Tor der Stadt in seinem Belagerungsring auszulassen. Die türkische Garnison wunderte sich über ihr Glück und nutzte die Lücke zur

Flucht – anscheinend in die Freiheit. Aber sobald sie offenes Gelände erreichte, fielen die verfolgenden mongolischen Schwadronen über sie her, jagten sie wie das Wild und machten sie fast bis auf den letzten Mann nieder. Innerhalb eines Monats hatte Buchara kapituliert. Tschingis ordnete an, daß alle Bürger sich vor die Mauern zu begeben hätten und außer den Kleidern, die sie am Leibe trügen, nichts mitnehmen dürften. Dann wurde die leere Stadt seinen Reitern zur Plünderung freigegeben. Als sie beritten in eine der großen Moscheen stürmten, zerfetzten die Hufe ihrer Pferde die Seiten der heiligen Bücher. Ein hilfloser Imam bejammerte die Schändung. »Sei still«, antwortete ein anderer. »Das ist Gottes allmächtiger Sturm.«

Tschingis machte immer noch nicht halt. Dschötschi und Dschebe trafen vor Samarkand ein, und er beeilte sich, zu ihnen zu stoßen. Da ihr Auftrag in Otrar erfüllt war, kamen auch Tschagataj und Ügetej mit riesigen Mengen von Gefangenen hinzu, die sie unterwegs am Jaxartes gemacht hatten. Fast die ganze mongolische Streitmacht konzentrierte sich vor der Stadt. Der Zeitplan ihrer einzelnen Marschsäulen, bisher durch Gebirge, Wüsten und Flüsse trennt, war fehlerlos abgelaufen.

Die Mongolen trieben ihre Gefangenen vor sich her und begannen mit vereinten Kräften einen Massenangriff auf die Vorstädte. Zu ihrer Überraschung verteidigten große Massen von Bürgern ihre Stadt, da sie der Garnison, die aus Söldnern bestand, mißtrauten. Mit ihren improvisierten Waffen waren sie für die mongolischen Bogenschützen kein gleichwertiger Gegner, und es kam zu einem allgemeinen Schlachten. Als die Garnison das beobachtete, kam sie ohne Waffen aus den Toren hervor. Wie die Verteidiger von Buchara bestand sie aus Türken, und als ein Steppenvolk mit dem anderen versuchte man sich mit den Angreifern zu arrangieren. Ihre »Landsleute« schoben sie zur Seite und stürmten die Stadt. Ein letztes Widerstandsnest in der Hauptmoschee wurde schnell ausgehoben und und das Gebäude dem Erdboden gleichgemacht. Innerhalb von fünf Tagen nach dem ersten Angriff war Samarkand in mongolischer Hand. Tschingis' Haltung gegenüber den Besiegten spiegelte den Kodex des Feudalherrschers wider. Die Bürger hatten durch ihre Treue zum Schah ihr Leben gerettet. Sie wurden alle verschont, auch wenn die Handwerker unter ihnen ausgesondert und in die Mongolei gebracht wurden. Aber die dreißigtausend Mann der Garnison, die übergelaufen waren, hatten nach mongolischer Auffassung Verrat begangen. Sie alle wurden ermordet.

In Samarkand erhielt der Khan einen Hinweis, daß Mohammed aus der Kampfzone in Richtung des inneren Iran geflohen sei. Das war eine keineswegs willkommene Nachricht. Zwar waren die Truppen des Schahs in Transoxanien vernichtet, aber es war möglich, daß er aus den Reserven im Iran, die ihm noch gehorchten, neue Streikräfte aufstellte und an den Schauplatz seiner Niederlagen zurückkehrte. Tschingis ließ die beiden seiner Marschälle kommen, deren Scharfsinn und Wendigkeit er besonders schätzte: Subutaj und Dschebe. Er beauftragte sie, den Schah zu verfolgen und zu töten, alle Verstärkungen, die er mobilisiert haben könnte, zu zerschlagen, aber die Zivilbevölkerung möglichst zu verschonen. Für diesen Auftrag überließ er ihnen zwei Divisionen. Als sie und ihre zwanzigtausend Bogenschützen nach Westen zogen, erwarteten sie nach den Härten, die sie kürzlich durchgestanden hatten, wahrscheinlich kaum etwas anderes als eine vergnügliche Jagd. Wie es sich herausstellte, sollte ihr Ritt weit mehr mit sich bringen. Durch ihn entdeckten die Mongolen nicht nur den Iran, sondern auch riesige Gebiete über seine äußersten Grenzen hinaus.

Innerhalb von fünf Monaten hatten die Mongolen den militärischen Kern des ihnen hoch überlegenen khwarezmischen Reichs zerschlagen, hatten den größten Teil der vorgeschobenen Region Transoxanien überrannt und den Kaiser zu einem armseligen Flüchtling gemacht, dem Subutaj und Dschebe hart auf den Fersen waren. Im Sommer 1220 ließ Tschingis seine Truppen in der Nähe von Samarkand ausruhen. Nachdem er dann ein weiteres Kommando zum Aralsee geschickt hatte, um die khwarezmische Hauptstadt Urgentsch einzunehmen, zog er nach Süden in die große Landbucht, die durch den Bogen des Pamir und des Hindukusch begrenzt wird. Hier begann er die Städte Balch, Tarmis und Talkan am oberen Oxus zu unterwerfen.

Zu diesem Zeitpunkt geriet er in Besorgnisse. Urgentsch erwies sich als eine hart zu knackende Nuß. Die Garnison gehörte zu Mohammeds zuverlässigsten Truppen, und in unbeugsamer Ergebenheit schlugen sie die Angreifer zurück. Als sich die Belagerung hinzog, wurden die Schwierigkeiten der Mongolen noch größer durch einen wütenden Streit zwischen Dschötschi und Tschagataj, den beiden älteren Prinzen aus dem Haus des Khans, die das Kommando innehatten. Sie hatten einander noch nie gemocht, und der endgültige Riß, der jetzt zwischen ihnen entstand, ließ den Khan schließlich seinen dritten Sohn, Ügetej, zu seinem Nachfolger ernennen. Aber der die Prinzen beratende General vor Urgentsch war Bortschu, und er, Tschingis' Gefährte und Diener, war nicht der Mann, der zuließ, daß die Angelegenheiten des Khans durch einen Streit in Mitleidenschaft gezogen wurden. Er setzte jede verfügbare technische Hilfe ein. Seine Artillerie bombardierte die Stadt mit Erdöl und fällte die Maulbeerbäume der Umgebung als Katapultmunition. Seine Ingenieure brachen die Dämme des Oxus, um die Straßen zu überfluten. Als Urgentsch bereit war, sich zu ergeben, war die Geduld der Mongolen am Ende. Das Kapitulationsangebot wurde abgelehnt. Man teilte die Bevölkerung in drei Kategorien: Handwerker, Sklaven und Überflüssige. Die Handwerker und Sklaven wurden in Herden in die Mongolei getrieben, die Überflüssigen in einem Massaker ermordet. Es wird berichtet, daß jeder Reiter mehr als zwanzig Gefangene tötete.

Noch unmittelbarer bedrückend war für Tschingis die Situation in der südöstlichen Ecke von Khwarezm. Denn im Gebiet des Hindukusch war ein Aufstand gegen ihn ausgebrochen. Der Anführer war Dschalal ed-Din, Mohammeds Sohn und Erbe. Dschalal war charakterlich ein ganz anderer Mann als sein Vater. Er war mutig, unternehmungslustig, jung und standhaft, und er war entschlossen, den Untergang seines Hauses aufzuhalten. Der unaufhaltsame Vormarsch der Mongolen hatte ihn bis nach Ghasna hinuntergetrieben. Aber dann machte er kehrt, rief einen heiligen Krieg gegen die Invasoren aus und versammelte die Gläubigen unter seinem Banner. Die Antwort kam sofort.

Tschingis befand sich jetzt in einer schwierigen Lage. Er stand mit dem größeren Teil der mongolischen Armee in der Nähe von Balch, tief in feindlichem Territorium. Das Gebiet, das Dschalal unter Kontrolle hatte, lag südlich von ihm, aber der Aufstand könnte sich sehr leicht auch in seinem Rücken in Chorassan ausbreiten, das bisher bis auf den raschen Durchzug von Subutaj und Dschebe bei der Verfolgung Mohammeds vom Krieg unberührt geblieben war. Wenn Chorassan sich erhob, könnte es Tschingis' Truppen in Transoxanien angreifen und ihm den Heimweg zu den Steppen abschneiden. Das Ausmaß der Gefahr verlangte ein entsprechendes Wagnis. Er schickte Tuluj mit einer großen Streitmacht westwärts nach Chorassan und erteilte seinem Sohn den einfachen Befehl zu »vernichten«. Und er selbst zog mit dem Rest seiner Armee weiter nach Süden gegen Dschalal.

Hier erlebte Tschingis einen weiteren Rückschlag. Unter dem jungen General Schigikhutukhu, einem Protégé, den er besonders gern hatte, schickte er etwa drei Divisionen auf Kundschaft aus. Und in diesem kritischen Augenblick enttäuschte ihn sein Schützling. Schigikhutukhu stieß nicht weit von Kabul auf Dschalals Hauptstreitmacht und erlitt eine völlige Niederlage. Darüber hinaus kamen dem Khan scheußliche Geschichten über das Nachspiel zu Ohren. Dschalals Männer gerieten durch ihren unerwarteten Triumph in Raserei, und man hatte gesehen, wie sie Nägel in die Köpfe ihrer Gefangenen trieben. Trotz seiner Wut verhielt sich Tschingis gegenüber seinem unglücklichen Kommandeur mit kühler Vernunft. Er ritt mit ihm über das Schlachtfeld und machte ihm klar, daß das Gelände schlecht gewählt war. Die Niederlage, sagte er, würde ihn lehren, weniger voreilig zu handeln.

In Chorassan jedoch erfüllte Tuluj seinen Auftrag aufs Wort. Während des Winter 1220 und des anschließenden Frühlings litten die ostpersischen Städte unter einem der gräßlichsten Terrorfeldzüge, von denen je berichtet wurde. Während dieser gnadenlosen Monate erwarben die Mongolen vielleicht zuerst ihren Ruf grausamer Blutgier, der ihnen für immer anhaften sollte. Stadt um Stadt fiel durch Tulujs Katapulte und Rammböcke, sein Sperrfeuer aus Erdölbomben und mechanisch abgeschossenen riesigen Pfeilen, durch die Tausende von Sandsäcken, mit denen sie systematisch die Gräben füllten, durch die Massen von Gefangenen, die die angreifenden Reiter vor sich hertrieben, durch die Sturmleitern, über die sie die angeschlagenen Befestigungen erkletterten.

Jeder Kapitulation folgte methodische Grausamkeit. In Nissa wurden siebzigtausend Gefangene gezwungen, sich aneinander zu binden, und dann mit Äxten, Säbeln und Pfeilen niedergemacht. In Merw leiteten die Belagerer den Fluß Murgab in die Stadt um und zerstörten alle Gebäude, bis nur noch Sandschars Grab übrigblieb. Sie köpften jeden Mann der türkischen Garnison und schlachteten mehr als eine Million Bürger. Aus Herat ritten sie davon, als sie, wie sie glaubten, die gesamte Bevölkerung getötet hatten, aber bei ihrer Rückkehr in die Stadt fanden sie noch dreitausend Lebende. Es wird berichtet, daß vierzig menschliche Wesen nackt, verhungert und wahnsinnig aus den Ruinen krochen, als sie ein zweites Mal verschwunden waren. In Nischapur wurde der methodische Mord durch die Wut zur Raserei, denn beim Angriff auf die Mauern war einer von Tschingis' Schwiegersöhnen getötet worden. Tuluj setzte die gesamte verfügbare Artillerie gegen die Stadt ein, und als sie fiel, ließ er an der Spitze der Division, die zur Besetzung abkommandiert worden war, die Witwe in die Straßen einziehen. Ungerührt sah sie zu, wie ihre Begleitung alles Lebendige tötete, das ihnen über den Weg lief: Männer, Frauen, Babies, Hunde, Katzen und Ratten. Um ganz sicher zu gehen, wurde jeder menschlichen Leiche der Kopf abgeschlagen und auf einen wachsenden Schädelhaufen geworfen.

Trotz des Widerstands aus dem Mut der Verzweiflung drang der Schrecken von Stadt zu Stadt vor. Nur wer über besondere Fähigkeiten verfügte oder zum Sklavendienst geeignet schien, wurde verschont. Der Rest wurde ausgelöscht, und Tuluj, der jugendliche Henker, saß auf einem vergoldeten Thron und beobachtete die Vernichtung Chorassans. Man kann zu seiner Verteidigung nur sagen, daß er im Rahmen der militärischen Gepflogenheiten asiatischer Stadtstaaten jener Zeit handelte und daß er als jüngster Sohn eines Vaters, der ihn im Fall von Ungehorsam durchaus hätte hinrichten lassen können, auf Befehl handelte. Und obgleich Tschingis manchmal zurückhaltender war, ist es zweifelhaft, ob er dem Massenmord Einhalt geboten haben würde, wenn er selbst dabeigewesen wäre. Die Mongolen scheinen sich immer ihrer geringen Zahl im Vergleich zu den Bevölkerungen des äußeren Eurasiens bewußt gewesen zu sein, und wenn sie sich allein in einem Meer von verdächtigen Guerillafeinden befanden – wie es ihnen gerade damals der Fall zu sein schien –, konnte nichts sie aufhalten, das Übergewicht zu reduzieren.

Fast siebenhundert Kilometer weiter im Osten schloß Tschingis zu Dschalal auf. Er trieb seine Divisionen voran, gab seinem Feind keine Möglichkeit zur Ruhepause oder sich aufzustellen und jagte ihn durch das afghanische Bergland, über das Sulaiman-Gebirge und in das Becken des Indus hinunter. Als er den Fluß bei Nacht erreichte, versuchte Dschalal, seine Streitkräfte noch vor Tagesanbruch überzusetzen. Es war zu spät. Im Morgengrauen schloß sich ein Halbkreis mongolischer Reiter immer enger um ihn. Mit dem Rücken zum Indus stellte er sich zum Kampf. Er erwartete einen Pfeilhagel, aber der blieb aus. Statt dessen rückten die Spitzen des Halbkreises zum Nahkampf vor, zogen den Säbel und schlugen die Truppen seiner Flanken zusammen. Im Zentrum, wo Dschalal selbst mit mehreren hundert gut berittenen Männern stand, hielten die Mongolen sich zurück. Es war klar, daß es Tschingis darum ging, Mohammeds Sohn lebendig zu fangen, denn damit würde jeder weitere Widerstand in Khwarezm zusammenbrechen. Dschalal beschloß, diesen Plan zu durchkreuzen. Er sprang auf ein frisches Pferd und griff mit der ganzen Stärke seines ihm ergebenen Trupps das mongolische Zentrum an. Ihr Ansturm war stark genug, um deren Reihen zum Wanken zu bringen. Tschingis ließ es nicht länger darauf ankommen, Die Garde, die wie üblich in der Reserve wartete, wurde heranbefohlen. Deren galoppierende Pferde und schwere Salven überwanden schnell Dschalals tapfere Standhaftigkeit. Mit einer Handvoll Überlebender galoppierte er zum Fluß, ritt in vollem Tempo auf eine hohe Klippe über dem Wasser und sprang.

Tschingis sah zu, wie er sich immer noch im Sattel und die

Fahne hoch erhoben in der Hand durch den Fluß kämpfte, während die mongolischen Pfeile um ihn herum das Wasser peitschten. Da wandte sich der Khan an seine Umgebung und stellte fest, das wäre ein Mann, dem sie nacheifern sollten.

Der Krieg war im wesentlichen zu Ende. Die Städte Chorassans lagen so in Trümmern, daß sich in ihnen keine Widerstandsnester mehr bilden konnten. Eine mongolische Kolonne jagte Dschalal und seine übriggebliebenen Gefolgsleute weiter vom Schauplatz fort nach Pandschab hinein, und Tschingis spielte mit dem Gedanken, selbst mit einer größeren Streitmacht nach Indien zu ziehen. Aber die Chroniken berichten, daß der Khan, als er eines Tages ausritt, einer seltsamen grünen Kreatur mit einem Horn begegnete. Das Tier sprach ihn an und bat ihn flehentlich, nach Hause zurückzukehren. Voller Verblüffung fragte Tschingis Ye-Liu Chu-Tsai um Rat. Der khitanische Minister erkannte die Erscheinung als ein Einhorn und versicherte ernsthaft, es wäre ohne Zweifel vom Himmel geschickt worden, um unnötiges Blutvergießen zu verhindern, und es wäre klug, seine Bitte als Warnung zu akzeptieren. Zufällig brach zur gleichen Zeit in den mongolischen Lagern eine Seuche aus. Aber es gab auch andere Gründe, die Einhalt geboten. Die Ernte der Invasion war fast unübersehbar, und die Gefangenen und die Beute in die Mongolei zurückzubringen, würde schon eine größere militärische Operation erfordern. Und es kamen beunruhigende Nachrichten aus Hsi-hsia. Wie andere Vasallen waren auch die Tanguten aufgefordert worden, für den Krieg in Khwarezm ein Kontingent zu stellen. Sie hatten das mit beleidigenden Worten abgelehnt, befanden sich jetzt in der offenen Revolte und plünderten den Handel auf den Karawanenstraßen. Sie konnten sich jederzeit mit den ebenfalls unruhigen Chin verbünden, die Mukali von ihrer Zitadelle in Ka'i-feng aus immer noch zu schaffen machten. Im Osten mußte die Ordnung wiederhergestellt werden. Darüber hinaus hatte Mohammed den Preis für seine Arroganz entrichten müssen. Wie ein Pfeilbote bandagiert, war Subutaj selbst aus dem Westen herübergeritten, um zu berichten, er und Dschebe hätten den Schah durch den Iran fast bis an den Tigris gejagt. Immer wieder hätten sie seine Spur verloren und wiedergefunden, bis sie ihn schließlich am Ufer des Kaspischen Meers ausfindig gemacht hätten, und dort wäre er auf der Insel Abeskun, an Geist und Körper zerrüttet, gestorben. Da diese Aufgabe erfüllt war, schlug Subutaj jetzt eine ausgedehnte Sondierung nach Westen vor. Er und Dschebe wollten gerne mit den beiden Divisionen, die sie befehligten, rund um das Binnenmeer reiten, um auszukundschaften und Informationen zu sammeln. Tschingis stimmte zu und setzte der Expedition eine äußerste Grenze von drei Jahren. Er selbst machte sich in leichten Etappen auf den Weg nach Hause, jagte und handelte, ließ Weise und Edle aus China und Persien kommen und hörte aufmerksam zu, wenn sie ihm von Religionen, Handel und Wandel der Welt erzählten, die er erobert hatte. 1224 erreichte er den Irtysch und wurde dort von zwei prächtigen Enkeln willkommen geheißen, Tulujs Kindern. Er veranstaltete für sie ihre erste Jagd und vollführte selbst das Initiationsritual, das der Brauch verlangte, indem er ihre Mittelfinger mit Fett einrieb. Einer der Jungen war Hulagu, der später den Iran erobern sollte, der andere würde eines Tages der große Khan Khubilaj sein.

»Die Freude eines Mannes«, soll Tschingis erklärt haben, »liegt darin, seinen Feind zu zermalmen, ihn von der Wurzel her auszurotten, ihm alles zu nehmen, was er hat; seine Diener in Wehgeschrei ausbrechen zu lassen, daß ihnen die Tränen aus Augen und Nase fließen, vergnügt auf seinem wohlgenährten Wallach zu reiten, sich auf Bauch und Nabel seines Weibes zu betten und ihre roten Lippen zu küssen und zu saugen[1].« Wo immer seine Männer durch Khwarezm zogen, hatten sie selten weniger getan. In Transoxanien und Chorassan hinterließen sie schätzungsweise fünfzehn Millionen Leichen – und ein verwüstetes Land. Obgleich das Gebiet sich ziemlich schnell wieder aufraffte, war der alte Glanz doch dahin und seine blühende Wirtschaft zusammengeschrumpft. Erst heute, mit Hilfe der sowjetischen und iranischen Technologie, überwindet es die jahrhundertelange Lähmung in Folge der Mongolenfeldzüge.

Doch für Tschingis Khan war der Ausgang wunderbar. In

[1] Fox »Genghis Khan«, S. 88

einem Feldzug, der vielfach zu den brillantesten in der gesamten Geschichte der Strategie gezählt wird, hatte er die türkische Macht unmittelbar westlich und südlich gebrochen, wie er es schon immer beabsichtigt hatte. Indem ihm ein Massentransfer von Eigentum aus türkischer in mongolische Hand gelang, verschaffte er dem Kern seines Reichs eine zweite Wohlstandsinjektion, die er als die Voraussetzung seiner Herrschaft und seiner Nachfolge ansah. Einen derartigen periodischen Zufluß hatte er von Anfang an geplant – auch wenn das nicht ohne Vermischungen möglich war, die er zu vermeiden versucht hatte. »Ich kehre zum Einfachen zurück«, hinterließ er beim Auszug aus Khwarezm. »Ich wende mich wieder dem Reinen zu[1].« Ein Mongole durch und durch, blieb er sich selbst treu, aber nach Nordchina und dann Khwarezm mit ihrem ständigen Zuwachs fremder Gesichter und Fähigkeiten begann der mongolische Schauplatz einen weltbürgerlichen Anstrich zu bekommen.

Als ein Nebenprodukt des khwarezmischen Feldzugs drang er schließlich in das fernere westliche Herzland vor und öffnete es für eine spätere Welle des mongolischen Schreckgespenstes. Denn Subutaj und Dschebe taten mehr als den erbetenen Auftrag zu erfüllen und rund um das Kaspische Meer zu reiten. 1222 richtete die Königin des kleinen Staates Georgien, zwischen dem Iran und dem Kaukasus, einen dringenden Brief an den Papst. »Ein wildes Volk«, schrieb sie, »höllisch von Ansehen, gierig wie Wölfe und mutig wie Löwen, ist in mein Land eingedrungen. Die tapfere Ritterschaft Georgiens hat es hinausgejagt . . .[2]« Trotzdem bat sie um Hilfe. Tatsächlich hatten die beiden Divisionen die georgischen Ritter zusammengeschossen, und als das geschehen war, hatten sie und ihre furchtlosen Führer sich in die schroffen Berge zurückgezogen. Dschebe hatte bereits das Pamir-Gebirge überwunden, der Kaukasus bot ihm wenig neue Probleme. Erschöpft, aber guten Muts erschienen die Zwanzigtausend auf der Nordseite der Bergkette, vor ihnen lagen die unendlichen Weiten der Steppen am Schwarzen Meer.

1 Von einer Stele in Afghanistan. Siehe Grousset »The World Conquerer«, S. 259

2 Prawdin »The Mongol Empire«, S. 212

Hier stießen Subutaj und Dschebe auf die Kiptschak-Türken, und jenseits der Kiptschaken lagen die russischen Fürstentümer. Im Vergleich zu den Massen, die das Gebiet gegen sie aufbringen konnte, war ihre Streitmacht winzig. Aber die weiten Ebenen waren für die Art Operationen, die ihre Männer hervorragend beherrschten, wie geschaffen. Sie setzten ihren Marsch ins Unbekannte fort. Die Kiptschaken riefen ihre Vasallen zusammen, und es sammelte sich eine gewaltige Horde gegen die Eindringlinge. Durch Geschenke aus der Beute, die er im Iran gemacht hatte, und indem er an ihre gemeinsame Steppenherkunft appellierte, trieb Subutaj vorsichtig einen Keil zwischen die Türken und ihre Verbündeten. Als er sie dann isoliert hatte, ließ er seine beiden Divisionen auf sie los, und Disziplin und Schußkraft der Mongolen schlugen die Kiptschaken in die Flucht. Auf dem westlichen Grasland verbreitete sich Unruhe. Wie vor einer größeren Wanderung zogen ganze Stämme zur Donau. Konstantinopel, das sich von den Plünderungen der Kreuzfahrer noch nicht erholt hatte, bereitete sich auf einen weiteren Ansturm aus der Steppe vor. Ungerührt von dem Tumult, den sie verursachten, ritten die beiden Generäle weiter nach Westen rund um das Ufer des Asowschen Meers und überquerten den Dnjepr. Am Ufer des Dnjestr machten sie schließlich halt und setzten sich fest, um an Informationen zu sammeln, was ihre Kundschafter erfahren konnten.

Inzwischen suchten die geschlagenen Kiptschak-Türken Hilfe bei den Russen und verwiesen auf die Möglichkeit, daß die Eindringlinge sich als nächstes nach Norden in slawisches Territorium wenden könnten. Drei russische Fürsten schickten Unterstützung. Ihre Kriegsschiffe begannen die Flüsse abzusuchen, und aus den Wäldern im Norden tauchten ihre Armeen auf. Als die Mongolen, die sich jetzt auf dem Heimweg befanden, den Dnjepr erreichten, saßen ihnen neunzigtausend Russen im Nacken. Wieder suchte Subutaj einen diplomatischen Ausweg. Er schickte Gesandte, die vorschlugen, daß die Mongolen und Russen, die doch den gleichen Gott verehrten, sich verbünden sollten, um den ungläubigen Kiptschaken den Garaus zu machen. Dieses Mal ging das Spiel nicht auf, die Gesandten wurden ermordet. Mit souveräner Unverschämtheit erklärte Subutaj seinen neunzigtausend Feinden den Krieg und begann sich sofort nach Osten zurückzuziehen. Neun Tage hindurch setzte er sich ab, offensichtlich in Eile davonzukommen. Am zehnten Tag fand er am Fluß Kalka in der Nähe des Asowschen Meers das günstige Gelände, das er suchte. Die Mongolen machten halt und wendeten. Überzeugt, der Gegner befände sich in unaufhaltsamer Flucht, hatten die verfolgenden russischen Kolonnen den Zusammenhalt verloren. So fielen die beiden mongolischen Divisionen über eine nach der anderen her, wechselten ihre Angriffsrichtung mit der üblichen Schnelligkeit und dezimierten sie. Der Fürst von Galitsch floh, der Fürst von Kiew fiel Subutaj in die Hand. Er war für die Ermordung der Gesandten verantwortlich gewesen, und da es unschicklich war, das Blut eines Fürsten zu vergießen, wurde er erdrosselt.

Nur ein Unglück beeinträchtigte den Weg heim in die Mongolei. Unterwegs starb Dschebe. Schnell und ohne Umstände – »der Pfeil« hatte seinen Namen verdient, und Tschingis wurde durch dessen Verlust tief getroffen. Doch hörte er aufmerksam Subutajs Bericht an. Seine Männer waren fast zehntausend Kilometer geritten, und infolgedessen konnte er sich jetzt von der Geographie Osteuropas ein Bild zusammensetzen. Er kannte die Ausdehnung Rußlands und die Lage von Polen und Byzanz. Er wußte von der großen ungarischen Tiefebene. Mit Hinsicht auf politische Erkenntnisse waren besonders die Venezianer von Nutzen gewesen. Subutaj war auf ihren Vorposten an der Küste des Schwarzen Meers gestoßen, und als Gegenleistung dafür, daß er die Genueser Handelsstation in der Nähe dem Erdboden gleichmachte, hatten sie ihm eine Goldgrube an Informationen erschlossen. Es war klar, daß die meisten Europäer durch Zwiespalt und Rivalitäten zerstritten waren. Auf seinem Heimweg hatte er festgestellt, welche Steppenstämme im Gebiet des Urals und des Kaspischen Meers lebten, und er hatte sie gezwungen, Vasallen des mongolischen Reichs zu werden.

Tschingis lebte nicht lange genug, um Subutajs Entdeckungen praktisch auszuwerten, aber der leidenschaftslose Marschall vergaß nie, was er herausgefunden hatte.

Von neuem an der Spitze seiner Truppen, zog Tschingis Khan 1226 los, um die Tanguten in Hsi-hsia zu bestrafen. Wenn auch nur von kurzer Dauer, so war dies doch einer der gewaltsamsten mongolischen Feldzüge. Gleich zu Anfang erlitt Tschingis einen schweren Unfall, als er bei der Jagd vom Pferd fiel und innere Verletzungen davontrug. Während des Winters in furchtbaren Kämpfen auf dem Eis des oberen Gelben Flusses behielt er das Kommando, aber die Nachwirkungen seines Sturzes, verbunden mit der Erschöpfung eines Lebens, das er unablässig im Lager und Sattel verbracht hatte, begannen sich durchzusetzen. Im August 1227, gerade als die Tanguten zusammenbrachen, starb er im Alter von sechzig Jahren in der Ordos-Schleife – wo die nomadische und die seßhafte Welt, die Steppen und die Küste zusammengestoßen waren, seit zuerst die berittenen Bogenschützen erschienen waren. Seine letzten Stunden verbrachte er damit, Tuluj einen strategischen Plan zu umreißen, um die Chin-Monarchie endgültig zu vernichten und den Stützpunkt Ka'i-feng einzunehmen.

Seine Leiche wurde mit majestätischer Würde in die Mongolei zurückgetragen, und jeder Fremde, der am Wege auf die Bahre blickte, wurde erschlagen. Sie begruben ihn auf dem heiligen Berg Burhan Khaldun, nahe der Quellen von Onon und Kerulen, wo die Mongolen zuerst um ihr Gemeinwesen gerungen hatten. Vor dem Hügel, unter dem er lag, hielt die Garde Wache für einen Herrn der vom »Ozean umgürteten Welt«, der nie Lesen und Schreiben gelernt hatte, der nie den kaiserlichen Titel Khagan annahm, der nie den Freuden der Zivilisationen erlegen war, die er erobert hatte, und der nie das Meer gesehen hatte. »Ich habe viele Grausamkeiten begangen«, soll er gesagt haben, »und eine unzählbare Menge Menschen getötet, ohne zu wissen, ob es recht war. Aber ich bin ein ganz anderer als der, für den man mich hält[1].« In seiner Unparteilichkeit hatte er die Nation der Bogenschützen seinem Willen unterworfen und sie auf den Weg zur Weltherrschaft gebracht.

Juvaini, der persische Historiker, der in mongolischen Diensten ein hohes Amt erreichte, schrieb: »Er war erfüllt von großer

[1] Barckhausen »L'Empire jaune de Genghis-Khan«, S. 172

Energie, Scharfsinn, Genie und Verstand. Furchtlos, blutdürstig und grausam war er der Untergang des Feindes. Ein gerechter, entschlossener Schlächter[1].«

[1] Ata-Malik Juvaini »The History of the World Conqueror«, übertragen von John Andrew Boyle

Pax Mongolica

In Xanadu schuf Khubilaj Khan
Einen prächtigen Bau der Freuden,
Wo Alph, der heilige Fluß,
Durch Höhlen, unermeßlich dem Menschen,
In ein Meer ohne Sonne hinunterfloß.

SAMUEL COLERIDGE »KHUBILAJ KHAN«

DEN TOD VON TSCHINGIS KHAN kann man als das Ende der ersten Phase des mongolischen Reichs ansehen. Er hatte den zentralen Kern in der Mongolei geschaffen. Als dann die Basis im Herzland geeinigt und gesichert war, hatte er gewaltige Brandungswogen zuerst in den chinesischen Osten und dann in den türkischen Westen entfesselt. Aber die Eroberungen im Ausland blieben unvollendet. Als er 1227 starb, kämpfte Mukali immer noch, die wiederholten Versuche der Goldenen Könige abzufangen, von ihrer Festungshauptstadt Ka'i-feng aus die Territorien zurückzuerobern, die sie in Nordchina verloren hatten. Obgleich die Mongolen Transoxanien, Chorassan und Afghanistan beherrschten, hatten sie den zentralen Iran nur vorübergehend unterworfen, und Mesopotamien war unangetastet. Und der Vormarsch von Subutaj und Dschebe durch die russischen Steppen war weniger eine Invasion als eine große Erkundungstour gewesen.

Mit der Machtübernahme durch Tschingis' Nachfolger begann die zweite Phase des mongolischen Reichs. Am Anfang stehen eine Reihe von noch massiveren militärischen Vorstößen nach China, Europa und in den mittleren Osten. Diese unwiderstehlichen Feldzüge vollendeten Tschingis' Werk und weiteten den mongolischen Zugriff auf fast jedes Territorium der Alten Welt aus, das nomadische Armeen, die vom Herzland aus operierten, erobern und halten konnten. Danach folgten ein paar Jahrzehnte relativer Ruhe – eine Periode, die als Mongolischer Friede bezeichnet wird, als ein einziges Steppenvolk das Geschick der Welt von Kwantung bis ins polnische Grenzland diktierte. Dann kam schnell der Zerfall.

Explosionsartiger Aufstieg, alles umfassende Macht und schnelle Auflösung: im Umriß war der Ablauf des mongolischen Schicksals dem früherer Steppenreiche nicht unähnlich. Aber während die nomadischen Flutwellen sich sonst ins Nichts verliefen und gewöhnlich am Rand des Herzlands nur ein wenig Strandgut hinterließen, sollte aus dem Ansturm der Mongolen ein Erbe von tiefgreifender Bedeutung zurückbleiben. Die Skala ihres Denkens und Handelns, die nicht stammesgebundene Berufsauffassung ihrer Truppen, ihre bewußte Organisation und Zielstrebigkeit: dies alles gewährleistete ihrem Reich, solange es sich hielt, eine andere Rangordnung. Während der Jahre ihrer großen Eroberungen war im wesentlichen alles auf die rücksichtslose Expansion nach außen ausgerichtet. Als aber die geographischen Grenzen der Leistungsfähigkeit eines Steppenponys erreicht waren, gelangte das Reich nach und nach zum Austausch, ließ Handel und Reisen aus der eurasischen Küstenwelt in das Herzland zu, schob die unvorstellbaren Entfernungen Innerasiens ineinander und verband Ost und West. Als der Verfall des Mongolenreichs eingesetzt hatte, veränderte es unwiderruflich das Gleichgewicht von Kontinenten und entfesselte Kräfte, die noch heute weiterwirken.

Als Tschingis starb, nahm sein dritter Sohn, Ügetej, seinen Platz an der Spitze des Reichs auf dem Thron aus weißen Pferdefellen ein. Während des khwarezmischen Feldzugs hatte Tschingis entschieden, daß das böse Blut zwischen seinen beiden älteren Söhnen, Dschötschi und Tschagataj, es für beide unmöglich mache, seine Nachfolge anzutreten. Schließlich war Dschötschi ein paar Monate vor seinem Vater gestorben; aber auch dann hatte der Khan sich geweigert, die Ansprüche seines zweiten Sohnes anzuerkennen. Denn Tschagataj war ein extremer Traditionalist, brutal und engstirnig und ohne Talent für die praktische Politik. Ügetej war charakterlich das Gegenteil. Seinen Mangel an Prinzipien glich er durch liebenswert gute Laune aus, durch Freude am gastlichen Gelage und durch die Fähigkeit menschlicher Beurteilung, die Tschingis' überlegener Klugheit in der Menschenführung glich.

Die Triebkraft, die der wachsenden mongolischen Macht durch Tschingis' eisernen Willen verliehen worden war, hatte das Reich unausweichlich auf eine Zukunft weiterer Expansion ausgerichtet. Leutselig und großzügig, war Ügetej nicht der Mann, der unterschwellige Stärken und Schwächen seiner Struktur oder Konsequenzen seiner Macht in Frage gestellt hätte. Seine Thronbesteigung bedeutete kein neues politisches oder strategisches Konzept. Er machte nur einfach so weiter, wie sein Vater aufgehört hatte. Und die erste größere Aktion des neuen Khagan – denn der ganze kaiserliche Titel kam jetzt zur Anwendung – war, den Plan zur endgültigen Vernichtung der Goldenen Könige zu vollenden, den Tschingis auf seinem Sterbebett Tuluj diktiert hatte.

Zwei Armeen kamen von der mongolischen Hochebene herunter. Ihr Ziel war Ka'i-feng, die Stadt, die schon immer der Kern des Chin-Widerstands gegen die mongolische Besetzung Nordchinas gewesen war. Die größere Streitmacht, unter Ügetej selbst und mit Subutaj als ihrem eigentlichen Kommandeur, rückte aus der Richtung Pekings auf die Stadt vor. Die andere, mit Tuluj an der Spitze, schwenkte durch die Ordos-Schleife und arbeitete sich auf dem Südufer des Gelben Flusses nach Ka'i-feng vor. Als ihnen klar wurde, daß die gesamte mongolische Kampfkraft über sie herfiel, befahlen die Chin voller Verzweiflung, die Flußdeiche zu durchbrechen. Aber Subutaj kam dahinter. Er schickte seine Vorhut los und fand Abteilungen von Kulis, die sich mit ihren Werkzeugen am Flußufer sammelten. Bevor die Chin-Truppen eingreifen konnten, waren sie erschlagen.

Seines natürlichen Schutzes beraubt, war Ka'i-feng auf seine Massen und seine Mauern angewiesen. Die Verteidigung war ausdauernd und verbissen, und beide Seiten setzten alle technischen Hilfsmittel ein, über die sie verfügten. Von einem hohen Turm, den die Ingenieure der Mongolen errichtet hatten, kam ein ständiger Hagel von Steinen und Erdöl, ergänzt durch Brandpfeile und Tauben mit brennendem Stroh an den Füßen. Die Chin sollen die Beschießung mit Raketen erwidert haben. Die Landschaft ringsumher wurde so verwüstet, daß Angreifer und Belagerte in Kannibalismus verfielen. Dann brach in der Stadt eine Epidemie aus, an der die halbe Bevölkerung zugrunde ging und durch die die

Brustwehren von Männern entblößt wurden. Im Mai 1233 öffneten sich die großen Tore zur Übergabe, und Subutaj ordnete an, daß alle Überlebenden – mehr als eine Million – niedergemacht werden sollten. Wieder einmal griff Ye-Liu Chu-Tsai ein. Auf Ügetejs Anschuldigung, er sei sentimental, antwortete er, daß die Handwerker Ka'i-fengs in Nordchina das größte Reservoir gewerblicher Fähigkeit seien. Ob der Khagan denn bereit sei, dem augenblicklichen Rachebedürfnis den Wohlstand zu opfern, den sie jahrein, jahraus zu schaffen vermöchten? Der Minister setzte sich durch.

Inzwischen hatte sich der herrschende Goldene Monarch mit seinem Hofstaat zu einer nahegelegenen Festung zurückgezogen, die sich unzugänglich mitten in einem See befand. Sein Rückzug schob sein Ende nur hinaus. Mongolische Handwerker gruben einen Kanal zwischen dem See und dem Gelben Fluß, und der Wasserspiegel rund um die Festung begann zu fallen. Da er sich zur weiteren Flucht für zu korpulent hielt, übergab der König seine Insignien seinem Sohn, und als Subutajs erste Reiter durch den abfließenden See sprengten, hing er sich auf. Fast zur gleichen Zeit starb der Junge, der seinen Platz einehmen sollte, unter dem Dolch eines unzufriedenen Höflings. Das war das Ende des Chin-Regimes und des langen tödlichen Kampfes zwischen den Mongolen und Ju-chen.

Aber dieser Augenblick des Triumphes bezeichnete lediglich ein Stadium in dem mongolischen Engagement in China. Der ganze Norden gehörte schließlich ihnen. Aber das andere China darüber hinaus – die riesigen fruchtbaren Gebiete des Jangtse-Beckens und der weitere Süden – wurde immer noch von der unabhängigen einheimischen Dynastie der Sung beherrscht, die in ihrer glänzenden Haupstadt Hangchow residierten. Während Ügetejs Feldzug gegen die Chin waren die Sung seine Verbündeten gewesen. In der Hoffnung, einen Teil der seit langem verlorenen nördlichen Territorien zurückzuerhalten, hatten sie ein chinesisches Hilfskontingent nach Ka'i-feng geschickt. Aber der Khagan hatte sich als geizig erwiesen, und in einem Anfall beleidigter Würde befahl der Sung-Kaiser seinem General, die Stadt auf der Stelle den mongolischen Truppen mit Gewalt abzunehmen. Der Versuch wurde rasch vereitelt, aber die Episode verschaffte Ügetej – falls er ihn brauchte – den vollkommenen Vorwand für eine Großinvasion in Zentralchina.

Aber an diesem Punkt hielt Ügetej inne. Der Gedanke, Zentralchina zu erobern, war unendlich verführerisch. Der gewaltige natürliche Reichtum war durch eine lange Reihe intelligenter Kaiser gefördert und durch den wiederholten Zuzug geschickter und vermögender Menschen noch gesteigert worden, die in Folge der ständigen Invasionen aus der Mandschurei und Mongolei als Flüchtlinge in das Land gekommen waren. Sung-China einzunehmen, seine angehäuften sich selbst vermehrenden Reichtümer anzuzapfen, könnte dem mongolischen Reich für alle Zeit Überfluß verschaffen. Aber die Erfüllung einer solchen Ambition könnte sich sehr leicht als totales Engagement erweisen. Andere Staaten und andere Viertel der Welt könnten bei weniger Risiko und Anstrengung fast ebensoviel hergeben. Es war an der Zeit, sich zu beraten und Prioritäten zu setzen.

Zwei Jahre nach der Vernichtung der Chin berief Ügetej eine Versammlung der mongolischen Führer ein, die jener vergleichbar war, die Tschingis Khan 1206 abgehalten hatte. Der Schauplatz war jedoch ein anderer: Ügetejs Versammlung wurde bei der neuen Stadt Karakorum am Orchon in der zentralen Mongolei veranstaltet. Denn zu seiner nicht geringen Überraschung besaß sein Volk jetzt eine Hauptstadt aus Ziegel und Stein. Der Bau war auf Drängen von Ye-Liu Chu-Tsai noch zu Tschingis' Lebzeiten begonnen worden. Es könne kein Reich ohne einen Brennpunkt geben, hatte er erklärt. Man brauche einen festen Platz, um von ihm die Verwaltung ausstrahlen zu lassen und damit dort Gesandtschaften ihre Huldigung darbringen und ihren Tribut abliefern könnten. Der Ort, den er ausgewählt hatte, entsprach diesen Erfordernissen. Es war ein traditioneller Umschlagplatz der Karawanen, und viele Wüstenpfade führten dorthin. Darüber hinaus hatte sich dort im 8. Jahrhundert die Hauptstadt der uigurischen Türken befunden. Zu Ügetejs Zeit prahlte Karakorum mit einem Palast, Audienzräumen, Schatzkammern und Vorratshäusern – finsteren starren Rechtecken in einer Welt runder, windgepeitschter Zelte und fließender Bewegung. Tschingis hatte die

Stadt vermieden, und nachfolgende Generationen der Mongolen scheinen sie mit ebensowenig Begeisterung betrachtet zu haben. Sie schmückten die Umgebung mit veränderlichen Vorstädten aus Filz und überließen die Platzangst enger Räume den gebildeten fremden Beamten – Uiguren, Persern, Khitanen, Chinesen –, die für sie ihr Reich verwalteten.

Auf der Ratsversammlung in Karakorum wurden viele Vorschläge vorgebracht. Wieder tauchte der Gedanke auf, nach Indien zu ziehen. Es sollte eine Armee nach Chorassan geschickt werden und einen weiteren Vorstoß in den Iran unternehmen. Eine Strafexpedition müßte in Korea Aufstände niederschlagen. Aber alles das war zweitrangig gegenüber der entscheidenden Frage: in welche Richtung sollte die Hauptstreitkraft der Mongolen angesetzt werden? Sollte ihr Ziel das China der Sung im Osten sein? Oder sollten sie im Westen die Erkundung der Steppen am Schwarzen Meer nutzen, die Subutaj und Dschebe vor dreizehn Jahren durchgeführt hatten?

Das Hauptargument für einen neuen Feldzug nach China war der hohe Lohn, den ein Erfolg sicher mit sich bringen würde. Aber der Erfolg konnte nicht vorausgesetzt werden. Kein Steppenreich hatte je Zentral- und Südchina unterworfen. Nur hundert Jahre zuvor hatten die Ju-chen es auf der Höhe ihrer Macht versucht und waren gescheitert. Nicht die militärische Stärke der Chinesen hatte sie besiegt, sondern die Überfülle von Menschen im Jangtse-Becken, die uneinnehmbaren Städte und das Labyrinth der Wasserwege. Ügetejs Armee könnte in gleicher Weise steckenbleiben und sogar vernichtet werden.

Doch obgleich Subutaj ein vorsichtiger Stratege war, hatte er keine Bedenken. Er glaubte, daß die mongolische Überlegenheit jetzt so groß sei, daß sie zur gleichen Zeit einen Vormarsch nach China und in den Westen erlaubte. Und er war besessen vom Westen. Denn jenseits der Steppen am Schwarzen Meer lag Europa, und alle Informationen seiner Expedition mit Dschebe hatten ihn überzeugt, daß Europa ein ebenso reiches Gebiet zum Plündern sei wie China. Seine lange Erfahrung und seine stichhaltigen, klaren Argumente machten ihn zum Sieger des Tages. Es wurde der Entschluß gefaßt, zur gleichen Zeit zwei mächtige Offensiven zu unternehmen, eine nach Zentralchina, die andere nach Europa. Eine Kriegführung an zwei Fronten, die durch fast siebzig Längengrade getrennt waren: Tschingis Khan selbst hätte kaum kühnere und zuversichtlichere Vorhaben entwickeln können.

Innerhalb eines Jahres überschritten die mongolischen Truppen im Osten die Grenzen der Sung. Zu der Zeit war Subutaj mit allen Divisionen, die nicht in China benötigt wurden, schon auf dem Weg in den Westen.

Subutajs Plan war von Anfang an der Vorstoß nach Europa gewesen. Seit Jahren hatte er dessen Einzelheiten entwickelt. Die Angriffskräfte würden sich an der westlichen Grenze des Reichs, im Gebiet Aralsee–Ural–Wolga, sammeln. Dies war die Region, die Tschingis Dschötschi zu Lehen gegeben hatte, und seit Dschötschis Tod war der herrschende Fürst sein Sohn Batu. Als Khan des mongolischen Westens würde Batu das Oberkommando der Expedition übernehmen und Subutaj sein Chefberater sein.

Im ersten Stadium des Plans sollte an der Grenze zu den türkischen Stämmen entlang der Wolga eine Demonstration der Stärke erfolgen, und es sollten so viele ihrer Krieger in die mongolischen Reihen aufgenommen werden, als Gewalt oder Überredung zu gewinnen vermochten. Die derartig vermehrte Truppenzahl würde im Winter den Fluß überqueren, die zugefrorenen Nebenflüsse als Straßen durch die Wälder benutzen und über die Fürstentümer Rußlands herfallen. Wenn der russische Widerstand gebrochen war, sollte die ungarische Ebene das nächste Ziel sein, und von dort aus würde man Europa seiner Schätze berauben. Der ganze Feldzug, hatte Subutaj ausgerechnet, könnte achtzehn Jahre in Anspruch nehmen.

Im Winter 1237 waren alle Stämme der Grenze, deren Bündnistreue zweifelhaft war, unschädlich gemacht worden. Die Mongolen hatten das alte Khanat Großbulgarien überrannt und seine Hauptstadt nahe dem Zusammenfluß von Wolga und Kama zerstört. Auf den Steppen am Schwarzen Meer waren Tausende von Kiptschak-Türken getötet worden, und die anderen flohen von neuem zur Donau. Massen von Gefangenen, die zu den Ausgangslagern in Batus Ländern zurückgetrieben worden waren, hatten sich zum Dienst unter Subutaj verpflichtet. Die westliche mongolische Armee war weitgehend durch Türken verdoppelt worden. Im Dezember 1237 überschritt Subutaj die Wolga, um den eigentlichen Feldzug zu eröffnen. An seiner Seite ritt Batu mit einer glänzenden Schar aus dem fürstlichen Haus, unter ihnen Güyük und Möngke, die zukünftigen Großkhans und ältesten Söhne von Ügetej und Tuluj. Sie verfügten über die Elitedivisionen der Mongolei, die Masse türkischer Hilfsvölker, Ingenieure mit ihren schweren Belagerungsmaschinen, die Herde der Ersatzpferde und endlose Wagentrecks.

Bevor der Monat zu Ende war, ging Rjasan in Flammen unter, und dieses Alarmzeichen kam zu spät. Im Februar wurden Moskau, Susdal und Wladimir geplündert und gebrandschatzt, im März Jaroslaw und Twer vernichtet. Und als Zentralrußland in Schutt und Asche lag, wechselten die Mongolen die Richtung, verließen die Eiswege der Flüsse in den Wäldern und zogen nach Südwesten auf die offenen Ebenen der Ukraine. Hier gönnten sie sich und ihren Pferden eine Ruhepause, um sich neu zu organisieren.

Dann schlug Subutaj von neuem zu, und Ende 1240 stand nur noch ein Bruchteil der stattlichen Dome von Kiew und der schimmernden weißen Mauern, die die Stadt umringt hatten.

Mit der Zerstörung Kiews war Rußland im wesentlichen eliminiert. Subutajs rückwärtiges Armeegebiet war gesichert. Jetzt konnte er auf sein zweites Ziel losgehen: die ungarische Ebene. Aus der jahrelang gesammelten Masse von Informationen hatte er sorgfältig die Stärke des Widerstands eingeschätzt, den ein Vormarsch in das Innere Osteuropas wahrscheinlich hervorrufen würde. Das Ergebnis war nicht sehr eindrucksvoll. Der Kontinent war durch feudale und geschäftliche Rivalitäten zerrissen, und diese örtlichen Zwiespältigkeiten wurden noch überschattet durch die ständigen Streitigkeiten zwischen dem Papsttum und dem deutschen Kaiser, dem Hohenstaufer Friedrich II. Zur politischen Schwäche kam militärische Unzulänglichkeit hinzu. Die Kunstfertigkeit des berittenen Bogenschützen, die Rom und Byzanz unter so viel Leiden von den Steppen erworben hatten, war verlorengegangen, und die Zeit des Langbogens, den englische

Bogenschützen zu Fuß so zerstörerisch entwickeln sollten, war noch nicht angebrochen. Europa und vor allem Osteuropa verließ sich fast ausschließlich auf Stoß- und Schlagwaffen für den Nahkampf, auf die pittoresken, aber hoffnungslos überladenen Scharen lanzenschwingender Aristokraten, die von Kopf bis Fuß in ihren Rüstungen aus Metallplatten steckten, auf ihr gedungenes Infanteriegefolge, das mit Speer, Schild und Schwert ausgerüstet war und oft kaum mehr zu bieten hatte als zwangsweise ausgehobene Bauern. Die Ritter zu Pferd verachteten in der Regel das Fußvolk und zerstritten sich häufig untereinander aus Gründen des Persönlichkeitskults oder aus Ehrgeiz. Dadurch war das Miteinander der beiden Waffengattungen immer in Gefahr, im Feld auseinanderzubrechen, und Bündnisse neigten dazu, aus Eifersucht zu erlahmen.

Trotzdem mußte, da Steppenblut in ihren Adern floß, von den Ungarn selbst hartnäckiger Widerstand erwartet werden, und es war wahrscheinlich, daß die angrenzenden Potentaten sich zu ihrer Hilfe verbünden würden. Daher plante Subutaj seinen Angriff auf Ungarn als zweifachen Vorstoß. Während er selbst mit der mongolischen Hauptarmee in die ungarische Ebene vordrang, würde ein zweiter Keil unter Kajdan, einem jungen Prinzen aus dem Haus Ügetej, quer durch das Land nach Norden und Westen abschwenken, um jede Hilfe abzufangen, die sich Ungarn aus Zentraleuropa nähern könnte.

Vom mongolischen Sammelpunkt nahe Przemysl an der heutigen Grenze zwischen der Sowjetunion und Polen überschritt Kajdans Marschkolonne im Februar 1241 die Weichsel. Fast unmittelbar darauf traf sie auf die polnische Armee, zerschlug sie und zog weiter nach Krakau und Breslau, die beide verwüstet wurden. Es wurde behauptet, daß die polnischen Wälder von heidnischen Reitern wimmelten, die wie Geisterreiter auftauchten und verschwanden und deren Ziel niemand kannte. Als Kajdan nach Schlesien vorrückte, hörte er, daß der erwartete Widerstand sich aufbaute. Fürst Heinrich II. von Schlesien und König Wenzel von Böhmen kamen ihm entgegen, hatten sich aber noch nicht zusammengeschlossen. Bevor ihnen das gelang, köderte Kajdan Fürst Heinrich zur Schlacht bei Wahlstatt in der Nähe von Liegnitz. Die Ritterschaft des Fürsten stieß auf eine ungeordnete Masse von Nomaden, die sich offensichtlich eilig auf dem Rückzug befand, und verfolgte sie in lockerer Formation. Dann, auf ein lautloses Zeichen flatternder Fähnchen, sahen sie den Haufen kleiner Ponies plötzlich wenden und sich mit überraschender Präzisison zur Schlachtordnung aufstellen. Während die Europäer noch ohne Zusammenhalt waren, überfiel sie ein schrecklicher Hagel von Pfeilen, die Rüstungen durchschlugen, und hinten den schwirrenden Wolken griffen die mongolischen Lanzenreiter an. Heinrich selbst verschwand in einem Chaos sterbender Männer und Pferde, und auf dem Schlachtfeld bei Liegnitz wurden den Erschlagenen neun Säcke voll rechter Ohren abgeschnitten – deutscher und polnischer Infanterie, teutonischen Rittern, Tempel- und Malteserrittern – und an Batu geschickt. Wenzel machte sich davon, um sein eigenes Böhmen vor einer gleichen Katastrophe zu bewahren, und Kajdans Männer, die ihren Marsch forstsetzten, beraubten die Ungarn jeder Hoffnung auf Hilfe aus Österreich.

Zur gleichen Zeit hatte Subutaj die Karpathen überquert und stürmte über die ungarische Ebene. Um sich gegenseitig Deckung zu geben, marschierten seine Truppen in drei weit voneinander getrennten Säulen, aber ihr gemeinsames Ziel war Budapest, die ungarische Hauptstadt an der Donau, wo König Bela IV. nahezu hunderttausend Verteidiger konzentrierte. Die Schnelligkeit des Vormarsches war fast unglaublich; eine der mongolischen Marschsäulen zog innerhalb von knapp drei Tagen im tiefen Schnee fast dreihundert Kilometer weit über die Ebene. Vor Budapest konzentrierte Subutaj seine Streitkräfte, aber er unternahm keinen Versuch, die Stadt zu belagern. Statt dessen begann er sich langsam in den Nordosten zurückzuziehen, woher er gekommen war. Das wirkte wie ein Magnet. Bela und sein Heer kamen aus der Stadt heraus und folgten ihm. Sechs Tage lang schleppten sich die Mongolen auf ihren Spuren über das gefrorene Gras zurück und lockten die Ungarn hinter sich her. Schließlich machten sie am Fluß Sajo, in der Weingegend Tokaj, halt, und am 10. April, dem Tag nach Kajdans Sieg bei Liegnitz, wandten sie sich gegen ihre Verfolger.

An einer Flußbrücke unternahm Batu einen Frontalangriff, und Bela setzte das Gros seiner Armee ein, um ihn zurückzuschlagen. Aber Batus Angriff war eine Finte, die nur mit einem Teil seiner Streitkräfte vorgetragen wurde. Ungesehen überschritt Subutaj mit den restlichen Divisionen den Fluß, schwenkte um den Feind herum und tauchte an seinen Flanken und in seinem Rücken auf. Umzingelt und durch den Pfeilsturm in Panik versetzt, suchten Belas Formationen krampfhaft nach einem Ausweg. Ganz bewußt wurde er ihnen geöffnet, und die eingeschlossenen Massen strömten daraus hervor. Subutaj wartete, bis sie offenes Gelände erreicht hatten, und befahl dann die Verfolgung. Drei Tage und Nächte lang hetzten die Bogenreiter sie zugrunde, schossen und säbelten sie zusammen. Als die Mongolen schließlich innehielten, waren siebzigtausend Mann, Ritter und Infanterie, Ungarn, Kroaten, Deutsche und Franzosen, gefallen. »Entlang den Straßen sah man nichts als gefallene Krieger«, berichtete ein Augenzeuge. »Wie Felsbrocken in einem Steinbruch lagen überall ihre Leichen.«

In wenig mehr als drei Jahren hatte ein Feldherr, dessen Genie Tschingis Khan Konkurrenz machte, die Macht der russischen Fürsten und die Kampfkraft Osteuropas vernichtet. Wieder einmal war das vorgeschobene Weideland Ungarn in der Hand des Herzlands, und von dort begann der Terror sich jetzt in die Lebensadern des Kontinents vorzutasten. Budapest wurde geplündert, die Höfe Westungarns gingen in Flammen auf, das Leichentuch des Verderbens breitete sich von der Donau bis fast an die Ostsee aus. Ein mongolischer Vorstoß erreichte die dalmatinische Küste, ein anderer gelangte bis nach Udine, kaum hundert Kilometer vor Venedig, ein dritter, der angeblich von einem englischen Ritter in mongolischen Diensten angeführt worden sein soll, kam bis nach Wiener Neustadt im Randbezirk Wiens. Subutaj unternahm Stichproben an den Toren nach Italien und Deutschland. Es schien, daß nichts Europa vor einem neuen Attila retten könnte.

Im Frühjahr 1242 sprengte dann ein Pfeilreiter aus Karakorum in Batus Lager. Ügetej war gestorben – am Trinken. Die Nachricht hatte für die gesamte mongolische Führung unmittelbare

Konsequenzen. Die Wahl eines neuen Khagans war fällig; politische Entscheidungen würden fallen, und die Anwesenheit eines jeden Prinzen und Edlen, der Interessen zu vertreten hatte, würde wichtig sein. Für Subutaj schien die Aussicht eines Rückzugs wenig Bedeutung zu haben. Er hatte keine Gegner getroffen, die er nicht in die Flucht schlagen konnte, und er war überzeugt, daß jede europäische Koalition gegen ihn wahrscheinlich wirkungslos bleiben würde. Er konnte jederzeit zurückkehren. Innerhalb weniger Wochen waren alle mongolischen Reiter am östlichen Horizont verschwunden. In allen Territorien westlich von Rußland war das Wunder der Befreiung Wirklichkeit geworden. Aber für die russischen Fürstentümer gab es keine Erleichterung. Mit der restlosen Zerstörung ihrer Städte war die alte Kiew-Nowgorod-Gesellschaft unter die Herrschaft der Steppe gefallen. Die Mongolen brauchten ein Gebiet, das so hilflos geworden war, nicht aufzugeben. Da es an Batus Länder grenzte, konnte es als westlicher Ausläufer seines Lehens gehalten werden. Für mehr als zwei Jahrhunderte waren von nun an Batu und seine Nachfolger die Oberherren Rußlands, und seine Aufseher waren die Häuptlinge der türkisch-mongolischen Goldenen Horde.

Europa war gerettet worden, aber nicht aus eigener Anstrengung. Daher wurde es dringend notwendig, Erklärungen für seine erwiesene Kraftlosigkeit zu finden. Die Chronisten bestätigten, daß die Mongolen keine Männer, sondern Teufel seien. Sie verzehrten jedes menschliche Wesen, das sie getötet hätten, und da sie eine besondere Vorliebe für weibliche Wesen hätten, würden ihre Kommissare bei der Verteilung von Frauenfleisch Rangunterschiede beachten. Rationen aus mageren Matronen gingen an die gemeinen Reiter. Saftige junge Mädchen waren das Vorrecht der Offiziersmessen, und ihre Brüste würden als besondere Leckerbissen nur in den Zelten der Fürsten serviert. Darüber hinaus, wurde versichert, wären sie Riesen; ihre gewaltigen Pferde fräßen ganze Bäume und könnten nur von Leitern aus bestiegen werden. Vor allem hätte ihre Masse sie so furchtbar gemacht, und obgleich Subutajs Truppen höchstens aus hundertfünfzigtausend Mann bestanden hatten, wurde das mongolische Wort *Ordu,* das eine Familie oder eine Gruppe von Zelten bedeutete, zum Begriff für die unzählbaren Horden der asiatischen Gefahr aufgewertet. Doch in den kompensierenden Erzählungen steckte eine häßliche, ungelöste Wahrheit und das Gefühl, versagt zu haben. Und obgleich die Mongolen niemals zurückkommen sollten, verbreitete sich in einem Großteil Europas das Bewußtsein des drohenden Untergangs, das nur durch ein überlegenes Abschreckungsmittel ausgeglichen werden konnte, und es ist mit dem Pessimismus des Atomzeitalters verglichen worden. »Behüte uns, Herr, vor der Wut der Tataren.«

Aber der Vorstoß der Mongolen nach Europa und ihr plötzlicher Rückzug hatten auch positive Auswirkungen. Das Verschwinden ihrer Truppen in die Steppe wirkte wie die Gegenströmung einer brechenden Welle. In ihrem Sog gelangten Europäer in das mongolische Reich.

Der erste Anstoß zum Zug in diese unbekannte Welt des Herzlands war zum Teil der Legende vom Priesterkönig Johannes zu verdanken. Ungefähr ein Jahrhundert vorher hatte ein syrischer Bischof den Papst unterrichtet, er hätte von einem großen Reich im fernsten Orient gehört, und es würde von einem allmächtigen König regiert, der ein glühender und militanter Christ sei und den Anspruch erhebe, von den drei Weisen aus dem Morgenlande abzustammen. In der Geschichte mag ein Gran Wahrheit gelegen haben, da das nestorianische Christentum auf den Steppen ziemlich weit verbreitet war und eine Reihe von Stammesherrschern es angenommen hatte. Aber in der Vorstellung aller, die mit den Kreuzzügen zu tun hatten, erhielt die Gestalt des Priesters Johannes eine ganz andere Bedeutung als die eines örtlichen Stammeshäuptlings. Im Heiligen Land bekamen die Moslems die Oberhand, und die Kreuzritter hatten Hilfe und neuen Mut bitter nötig. Daher nahm man an, daß der Große Priester wirklich existierte und daß seine mächtigen Armeen unter dem Banner Christi zur Hilfe kommen würden. Aber wer und wo war er?

Zuerst glaubte man, daß er der vertriebene Khitanenprinz sei, der in Zentralasien das kara-khitanische Reich geschaffen hatte. Von diesem Fürsten wußte man, daß er den Sultan der Seldschuken, Sandschar, besiegt hatte, und nach diesem ersten Schlag gegen den Islam würde er sicher durch den Iran marschieren, um die Türken in Mesopotamien auf die Knie zu zwingen. Diese Hoffnung erwies sich als vergeblich. Aber mit dem Aufstieg der Mongolen tauchte eine weitere Möglichkeit auf: Priester Johannes war der neue »Kaiser aus dem Tartarus« – Tschingis Khan. Der fränkische Osten schöpfte neuen Mut, denn die furchtbare, geheimnisvolle Gestalt, die Mohammeds mosleminisches Reich zerschlagen hatte, konnte nur ein Christ sein. Er würde zur Küste des Mittelmeers vorstoßen und den Kreuzfahrern in Jerusalem die Hände reichen.

Der Einfall der Mongolen nach Europa brachte die Enttäuschung. Ihr Oberherr war eindeutig kein Freund des Westens, und als Kaiser Friedrich dessen Verwüstungen Heinrich III. von England beschrieb, hob er besonders seine Überzeugung hervor, daß jener die Ausrottung des christlichen Glaubens beschlossen hätte. Aber der Vatikan gab die Hoffnung nicht auf. Auch wenn der »Tataren«-König nicht Priester Johannes war, könnte er doch über die dem Priester zugeschriebenen Qualitäten verfügen. Wenn man ihn zum Christentum bekehren könnte, würden die Kreuzfahrer vielleicht von seiner furchtbaren Macht profitieren, und eine Wiederholung seines Angriffs auf den Westen könnte vermieden werden. Daher schickte Innocenz IV. im Kielwasser des mongolischen Rückzugs eine Gesandtschaft in das Herzland. Als seinen Gesandten erwählte er einen gewissen Giovanni del Carpine, einen Franziskaner, und versah ihn mit zwei Bullen an die Adresse des herrschenden Khagans. Die erste bat ihn, den Franziskaner anzuhören, »damit Sie durch die Befolgung seiner heilsbringenden Lehren Jesus Christus erkennen und seinen ruhmreichen Namen verehren«; die zweite tadelte ihn, weil er Christenland verwüstet hatte, und beschwor ihn, sich in Zukunft »derartiger Angriffe völlig zu enthalten[1]«.

Im April 1245 begab sich del Carpine mit einem Begleiter auf seine wichtige Reise in die asiatische Welt. An der russischen Grenze wurde er sofort von mongolischen Posten gestellt. Durch eine Reihe von örtlichen Gouverneuren wurde er weitergereicht

[1] Aus dem Text der beiden Bullen. Siehe Christopher Dawsin »The Mongol Mission« S. 73–76

bis in Batus Hauptquartier an der Wolga, und Batu, den es verblüffte, daß dieser ärmliche Gesandte keine Geschenke mitbrachte, die der Annahme wert gewesen wären, schickte ihn weiter nach Karakorum. Carpine war fünfundsechzig Jahre alt, dickbäuchig und von dürftiger Gesundheit. Doch bestimmte seine Eskorte das Tempo und trieb ihn in kräftigem Trab durch die Weite der Steppen. Tag um Tag und manchmal bis tief in die Nacht hinein wurde er zu reiten gezwungen, ohne daß jemals eine Pause gemacht wurde, und so legten sie den größten Teil von fast fünftausend Kilometern in weniger als vier Monaten zurück. Daß der ältliche Mann diesen endlosen Trab überstand, daß seine schmerzenden Schenkel das unaufhörliche Reiben des Sattels aushielten, läßt auf einen unbeugsamen geistlichen Eifer schließen. Und obgleich seine Reisegesellschaft drei- oder viermal am Tag die Pferde wechselte und die Weidegründe von Nomadenstamm nach Nomadenstamm durchquerte, findet sich in seinem Bericht nicht der geringste Hinweis auf ein Hindernis in dem Stafettensystem oder auf irgendeine Gefahr. Von der Wolga bis nach Karakorum hatte die mongolische Herrschaft das Herzland zu einem geordneten Ganzen zusammengeschweißt.

In der Hauptstadt wurde der Franziskaner nicht gerade schlecht aufgenommen, obgleich er wegen des üblichen Geizes seiner Gastgeber gegenüber Fremden ständig hungrig blieb. Er überreichte seine Bullen, und während er auf Antwort wartete, beschäftigte er sich damit, niederzulegen, was er sah und hörte. Er beschrieb das harte Klima der Mongolei, die ehrenwerten und sonstigen Gewohnheiten des Volks, die erstaunlichen Taten der berittenen Bogenschützen und manches aus der Geschichte ihrer Eroberungen. Er hatte auch die Gelegenheit, ein großes Ereignis aufzuzeichnen, denn die Thronbesteigung des neuen Khagans Güyük, Ügetejs ältestem Sohn, fand während seines Aufenthalts statt. Carpine staunte über das riesige weiße Offizierszelt, das zweitausend Menschen Platz bot, über die Edlen und Generäle, die in glänzenden Galagewändern um es herumritten und mit Weiß, Rot und Blau für die Feierlichkeiten eines jeden Tages andere Farben trugen, über den Goldbeschlag auf den Sätteln und Rüstungen der Reiter, über die gargantuanischen Trinkgelage, die rasch auf die Sitzungen der Ratgeber des Khagans folgten. Aber noch tiefer beeindruckten ihn die ausländischen Delegationen. Mehr als viertausend Gesandte, mit Tribut beladen, versammelten sich vor Güyüks Thron: da waren Fürst Jaroslaw von Susdal, zwei Söhne des Königs von Georgien, der Vertreter des Kalifen von Bagdad, ein Dutzend Sultane der Sarazenen, Fürsten der Khitanen, Botschafter aus der Mandschurei und aus Korea. Karakorum, so schien es, war das Zentrum eines anderen Planeten, auf dem er, der den Inhaber des Stuhles Petri repräsentierte, nur eine untergeordnete Rolle spielte.

Jedoch sah er nicht einen der wichtigsten Baumeister dieser riesigen Machtstruktur, denn Subutaj hatte sich kürzlich zurückgezogen. Als ruhmreicher Achtzigjähriger und leidenschaftslos wie immer hatte er bescheiden seinen Abschied genommen. Er lebte an den stillen Wassern des Kerulen, um dort zwischen seinen Zelten und seinem Vieh in Ruhe über die Feldzüge in mehr als dreißig Ländern nachzudenken und über die fünfundsechzig größeren Schlachten, die er gewonnen hatte.

Offiziell war Carpines Mission ein Fehlschlag, denn Güyüks Antwort an den Papst war feindselig und unnachgiebig. »Vom Aufgang bis zum Untergang der Sonne«, hieß es darin, »sind alle Länder mir untertan. Wer könnte das gegen den Willen Gottes vollbringen?[1]« Aber der furchtlose Franziskaner brachte Europa den ersten objektiven Bericht über die Mongolen, und andere folgten ihm. Acht Jahre später unternahm ein anderer Franziskaner, Wilhelm von Rubruk, die gleiche Reise mit dem erklärten Ziel, die Mongolen zur Unterstützung der Kreuzfahrer zu gewinnen. Auch seine Mission schlug fehl, aber er ergänzte Carpines Bericht, und besonders durch eine lebendige Darstellung von Karakorum. Seine Beschreibung eines herrlichen Brunnens, den ein Pariser Goldschmied geschaffen hatte und der gleichzeitig Strahlen von Stutenmilch, Met und Reiswein über die Zweige eines silbernen Baumes warf, scheint die rauhe Lebenskraft der

[1] Dawson, a. a. O. S. 85. Güyüks Originalbrief an Innocenz IV., der das Siegel des »Universalen Khans der Großen Mongolischen Gemeinschaft« trägt, wurde in diesem Jahrhundert in den Archiven des Vatikans gefunden.

Orgel vorwegzunehmen, die 1901 einem englischen Journalisten in Tomsk den Nachtschlaf raubte.

Europäische Missionare, Händler und Reisende, sie alle wurden jetzt in das Reich gezogen, das sich von Sonnenaufgang bis -untergang erstreckte. Im Schutz der Einheit, die es der riesigen Landmasse des Herzlands unnachgiebig auferlegt hatte, wandelten sich ihre Berichte über die Bewohner nach und nach von finsteren Teufeln zu lebenden Menschen.

Güyük starb ein Jahr nach seiner Thronbesteigung. Mit seinem Tod trat eine neue Khagan-Linie in den Vordergrund, und dieser Regierungswechsel bedeutete den Anfang einer Umbildung des mongolischen Reiches.

Den Höhepunkt der Veränderung führte Batu herbei. Mit der Angliederung Rußlands und der türkischen Stämme auf den Steppen am Schwarzen Meer an sein Herrschaftsgebiet war sein westliches Lehen so groß und volkreich geworden, daß seine Macht mit Karakorum zu konkurrieren begann. Batus gesteigerte Stärke hatte Güyük so beunruhigt, daß er mit einer großen Streitmacht aufgebrochen war, um seinen Vetter an seine untergeordnete Stellung zu erinnern, und während dieses Marsches in den Westen war er wie sein Vater Ügetej einer chronischen Schwäche für den Weinschlauch erlegen. In dem darauf folgenden Vakuum wurde Batu der kaiserliche Thron angeboten, aber da er jetzt auf seine westlichen Interessen ausgerichtet war, lehnte er ihn ab. Nichtsdestoweniger war Batu in einer Position, um als Königsmacher aufzutreten, und aus Ärger über Güyüks Marsch gegen ihn setzte er durch, daß Ügetejs Linie von der Thronfolge ausgeschlossen wurde. Er bestand darauf, daß die Khagane in Zukunft aus dem Haus Tuluj gewählt werden sollten.

Tuluj war bereits tot, aber auf Batus Diktat traten jetzt drei seiner Söhne vor die Front der mongolischen Führung. Der älteste, Möngke, wurde Khagan an Stelle von Güyük. Hulagu und Khubilaj, seine jüngeren Brüder, sind in dieser Darstellung bereits kurz aufgetaucht, als Tschingis bei seiner triumphalen Rückkehr aus Khwarezm die beiden Jungen persönlich in die Jagdriten einführte. Obgleich Hulagu während der Regierungszeit Möngkes eine führende Rolle spielen sollte, wurde er nie Großkhan. Aber Möngke und Khubilaj, die nacheinander herrschten, waren die berühmtesten der späteren mongolischen Kaiser. Sie übernahmen ein Reich, das vom »Sattel aus« erobert worden war. Ebenso Staatsmänner wie Krieger, verbanden sie den Namen der Mongolen nicht nur mit Furcht, sondern mit konstruktiver und sogar liberaler Regierung.

Allerdings verzichteten beide nicht auf die Expansionspolitik ihrer Vorgänger. 1253, innerhalb von zwei Jahren nach seiner Bestätigung als Khagan, führte Möngke seine Truppen auf Tschingis' Spuren durch Khwarezm zu einer massiven Invasion in den Iran und nach Mesopotamien. Der Erwerb von Wohlstand und Territorium war nur ein untergeordnetes Ziel dieses neuen Feldzugs in den Südwesten. Möngkes eigentlicher Zweck war, die Assassinen und das Kalifat von Bagdad zu vernichten, in denen er zwei Gefahrenquellen für sich und sein Regime sah.

Die unheilvolle Sekte der Assassinen war um 1090 entstanden. Ursprünglich hatte sie sich um eine Bande schiitischer moslemischer Abenteurer konzentriert, die in Diensten der Fatimiden-Herrscher Ägyptens, denen sie sich religiös angeschlossen hatten, politische Morde ausführten. Sie hatten einen wütenden Untergrund gegen die sunnitischen Seldschuken aufgebaut und später wiederholt die christlichen Kreuzfahrer geschlagen. Mit der Zeit jedoch war ihre Überzeugung – die oft bis zum Märtyrertum führte – verwässert worden, und in zunehmendem Maße hatten sie getötet, um die Macht ihrer Sekte und ihrer Großmeister zu vermehren. Der fast legendäre Stützpunkt Alamut, in den unzugänglichen Tälern des nördlichen Irans versteckt und von einer Kette Festungen umgeben, war ihr Hauptquartier. Sie bauten Haschisch an, unter dessen Einfluß ihre jungen Kommandos die Aufträge ausführten, und von daher stammte ihr Name Hassasiyun, Haschisch-Esser. Von ihrem Adlernest in den zerklüfteten Bergen aus terrorisierten sie den Mittleren Osten und sogar Teile Europas. Kurz nach seiner Thronbesteigung wurde Möngke gewarnt, daß die Assassinen beabsichtigten, ihn auf die Liste ihrer Opfer zu setzen. Er hielt die Warnung für hinreichend glaubwürdig, um etwas zu unternehmen.

Wie der neue Khagan seine Person aus dem Iran bedroht sah, so glaubte er auch, daß seine Macht durch Bagdad gefährdet würde. Denn die Abbassiden-Kalifen beanspruchten immer noch die geistige Oberhoheit über die gesamte islamische Welt, und zu dieser Welt gehörten jetzt auch die von Moslems bewohnten Gebiete des mongolischen Reichs. Während Ügetejs Regierung waren sie tatsächlich so weit gegangen, einen heiligen Krieg gegen die Unterdrücker ihrer religiösen Unertanen im Herzland zu erklären. Für Möngke, den entschiedenen Verteidiger der weltlichen Ordnung des mongolischen Staats, war eine solche Einmischung unerträglich. Das Geschick der Seldschuken, die Anmaßungen der Kalifen mit politischen Mitteln im Zaum zu halten, war offensichtlich nicht mehr wirkungsträchtig. Jetzt waren direkte Methoden erforderlich. Und alle Zweifel, die er in Hinsicht auf ihr Eigentum gehabt haben mag, wurden von seiner Frau, einer nestorianischen Christin, beseitigt.

Es war notwendig, beide Gefahren aus der Welt zu schaffen, und eine einzige Expedition unter Hulagu, dem Bruder des Khagans, könnte dieses doppelte Ziel erreichen. Wenn er südlich um das Kaspische Meer herumzog, könnte Hulagu zuerst die Assassinen aus ihrem Felsennest vertreiben. Danach würde er dann nach Bagdad ziehen, um mit dem Kalifen abzurechnen.

Wie sein Vater Tuluj war Hulagu ein fähiger und unbarmherziger Feldherr. Er führte seine Divisionen durch Chorassan, überwand die Schwierigkeiten des Elburs-Gebirges und griff die Festungen der Assassinen an. Eine nach der anderen wurden sie gestürmt, doch trotz der großen Batterien von Belagerungsmaschinen vergingen drei Jahre, bis Alamut selbst ausgehungert war und sich ergab. Als sie schließlich fiel, wendete Hulagu ihre eigenen Methoden auf die Belagerten an. Alle, und sogar die Kinder im Arm ihrer Mütter, wurden erschlagen. Trotzdem schienen die Assassinen das letzte Wort zu haben, denn ihr Großmeister, den die Mongolen als Geisel von einmaligem Wert unter schwerer Bewachung in die Mongolei zurückschickten, wurde unterwegs ermordet – und man fand nie heraus, wer es gewesen war.

Hulagu zog jetzt nach Westen und schickte eine Botschaft nach Bagdad voraus, die von dem Kalifen Al'Mutasim die Unterwerfung verlangte. Als eine ausweichende Antwort kam, entsandte er noch einen zweiten Boten. Der Kalif verhielt sich offensichtlich wie ein gekrümmter Bogen, bald aber würde er wie ein Pfeil geradeaus fliegen müssen. Mit dieser Absicht zog Hulagu über das Sagros-Gebirge hinab in die Ebenen des Tigris-Beckens. Rund um Bagdad entstand Tumult. Verschreckte Bauern drängten mit ihren Tieren und Familien in den Schutz der Stadt. Draußen versammelten sich Hulagus Vorausabteilungen vor den Toren, und der unheilvolle Widerhall von Axthieben kündigte an, mit welchen Mitteln man bei dem kommenden Angriff zu rechnen hatte. Die mogolischen Artilleristen fällten die Plantagen von Dattelpalmen entlang des Flusses als Munition für ihre Katapulte.

Sechs Tage und Nächte lang krachte das Sperrfeuer der Baumstämme gegen die Mauern, beschädigte Paläste und Moscheen. Dann kam Al'Mutasim mit seinem großen Gefolge heraus und ergab sich. Unentschlossen, was mit ihm geschehen solle, befragte Hulagu seine Astrologen. Aus strengen Maßnahmen würde nichts Nachteiliges entstehen, versicherten sie ihm, und im Februar 1258 starb der letzte Abbassiden-Kalif unter den Hufen eines mongolischen Exekutionskommandos. Darauf folgte eine Orgie des Plünderns und Mordens. Das kostbare Mosaik der Schönheit an dem gewundenen Tigris, die schimmernden Dome und kühlen Innenhöfe, von denen sich fünf Jahrhunderte lang der arabische Einfluß ausgebreitet hatte, zerfielen zu Schutt und Asche. Und in den überfüllten Straßen forderten die mongolischen Salven einen Blutzoll von fast einer Million Leben. Hulagu entfloh dem Gestank, ließ ein paar Regimenter zurück, um die leere Stadt zu bewachen, und stieß nach Westen vor, den Euphrat hinauf nach Syrien.

Möngkes Befürchtungen waren zerstreut, und der weitere Vormarsch seines Bruders brachte dem kaiserlichen Besitz Schätze und Territorien ein. Als Hulagu die syrische Wüste durchquerte, erhielt er die Nachricht, er sei zum Il-Khan oder Vizekönig des Irans und aller Länder, die er noch eroberte, ernannt worden.

Entlang der Mittelmeerküste beobachteten die Kreuzfahrer Hulagus Vormarsch mit wachsender Hoffnung. Ihre früheren Versuche, mit dem Khagan des mongolischen Reichs ein formelles

Bündnis einzugehen, waren gescheitert, und ihr Traum, den Islam zwischen den Mühlsteinen des Ostens und Westens zu zerreiben, war verflogen. Aber plötzlich, auf Grund streng mongolischer Interessen, hatte der Vizekönig des Khagans die religiöse Stimme Bagdads zum Verstummen gebracht, und ohne Zweifel marschierte er jetzt gegen den verbleibenden mosleminischen Stützpunkt Ägypten mit seiner weit größeren militärischen Macht. Die nebelhafte, ersehnte Gestalt des Priesters Johannes verflüchtigte sich vielleicht, aber hier, mit den herankommenden, schnellen Divisionen, die Moscheen zerstörten und die syrischen Städte ihrer moslemischen Bevölkerung beraubten, tauchte die eindeutige Wirklichkeit einer Hilfe aus Ostasien auf. Hulagu war es durchaus klar, daß er sehr bald mit Ägypten aneinandergeraten würde, und er erhob keinen Widerspruch gegen das eifrige Angebot der Kreuzfahrer, seine Truppen zu verstärken. So eroberten die Schamanen des Herzlands und europäische Christen Seite an Seite Aleppo. Dann zogen mongolische Bogenschützen und fränkische Ritter gemeinsam an dem riesigen Komplex Krak des Chevalliers oberhalb der sanften Abhänge der Pforte von Homs vorbei nach Süden, in Richtung Damaskus und Jerusalem.

Zur Zeit dieser Ereignisse – um das Jahr 1258 – näherte sich das mongolische Reich seinem Zenit an Macht, an Einheit und an Ausdehnung. Die Gebiete, die Karakorum zur Bündnistreue verpflichtet waren, erstreckten sich vom Japanischen bis zum Schwarzen Meer und von der arktischen Tundra bis zum Himalaya. Kein früheres Reich hatte je einen so großen Teil der Erdoberfläche umfaßt. Und das gilt bis zum heutigen Tag.

Den Kern des mongolischen Reichs bildeten drei riesige Lehen, die jeweils durch die Nachkommen der Söhne von Tschingis Khan regiert wurden. Den innersten Teil, der sich von der koreanischen Küste bis zur dürren Pforte der Dsungarei erstreckte, einschließlich ganz Nordchina, Mandschurei und dem ursprünglichen Heimatland Mongolei, beherrschte der Großkhan Möngke unmittelbar. Im Westen, von der tibetanischen Hochebene bis zum Aralsee, vom Altai bis nach Transoxanien, schloß sich an dieses Gebiet die Appanage Tschagatajs und seiner Linie an. Und noch weiter im Westen, einschließlich des Wolga-Beckens, der Steppen am Schwarzen Meer und der Waldzonen Rußlands, lag das ungeheure Unterreich der Goldenen Horde, die zum Teil mongolisch, zum Teil türkisch war und die Dschötschi Batu vererbt hatte und Batu, der 1256 starb, seinen Söhnen.

Und die laufenden Eroberungsfeldzüge fügten den bereits vorhandenen drei großen Dominien zwei weitere koloniale Einflußgebiete hinzu. Im Südwesten hatte Hulagu, nachdem er sich im Iran und in Mesopotamien durchgesetzt hatte, fast das Mittelmeer erreicht. Und im Südosten war der Vorstoß nach Zentralchina, den Ügetej begonnen hatte, immer noch im Gange. Er war durch den Aufwand an Kampfkraft, den zunächst Subutajs europäische Expedition und dann Hulagus Marsch bedingten, unterbrochen worden. Aber jetzt kam er wieder in Schwung – und unter einem Führer von außerordentlicher Fähigkeit. Denn schon am Anfang seiner Herrschaft hatte Möngke seinen vielversprechenden jüngeren Bruder Khubilaj zum Gouverneur eines großen Teils von Nordchina ernannt, und mit einer Sorgfalt, wie sie für einen mongolischen Kriegerfürsten erstmalig war, hatte Khubilaj seine chinesischen Untertanen für sich erwärmt und sich jahrelang dem Wiederaufbau der verwüsteten Gebiete rund um Ka'i-feng gewidmet. Als 1258 mehr Männer verfügbar wurden, bereitete er sich auf die entscheidende Invasion in das Jangtse-Becken vor, um das Sung-Regime zu vertreiben und den Krieg zu beenden.

Zwischen Hulagus Truppen im syrischen Westen und Khubilajs im chinesischen Osten, quer durch die großen Lehen des asiatischen Festlands, herrschten Ordnung, Stabilität und Zusammenhalt. Auf den Weidegründen im Inneren hatten die Streitigkeiten unter den Stämmen aufgehört. In den äußeren Zonen übten mongolische Gouverneure mit Hilfe einheimischer Beamter über die unterworfenen Völker der Küstenwelt eine Herrschaft aus, die, wenn auch despotisch und auf Macht beruhend, oft nicht härter war als jene, die sie vor dem Einmarsch der mongolischen Divisionen erlebt hatten. In den Steppen und Wüsten, in einem Großteil der Randgebiete zwischen dem Herzland und den Ozeanen hatte sich die Pax mongolica durchgesetzt. Man sagte, daß ein Mädchen mit einem Topf voll Gold auf dem Kopf allein und unbelästigt von einem Ende zum anderen durch die mongolischen Länder hätte wandern können.

Seit den Tagen Tschingis Khans waren die regelmäßigen Kontakte zwischen den Steppenregionen und dem Küstengürtel, zwischen nomadischen und seßhaften Kulturen ständig angewachsen. Sie hatten mit den Massen von Handwerkern begonnen, die während des ersten großen Eroberungszuges in die Mongolei verschleppt worden waren, und als das Reich expandierte, waren sie durch das Kommen und Gehen zahlloser Gesandtschaften erweitert worden, die ihre Unterwerfung erneuerten und ihren jährlichen Tribut entrichteten. Und als die Militärherrschaft sich zu staatlichen Beziehungen milderte, kamen auf den Spuren der Gesandtschaften hervorragende Männer, die durch Neugier oder Einladung angelockt wurden: chinesische Gelehrte, persische Astronomen, indische Philosophen und Mathematiker.

Noch wichtiger war, daß im mongolischen Frieden der Fernhandel aufblühte. Schon immer war der Austausch – ebenso wie das Plündern – für die nomadischen Gemeinschaften lebenswichtig gewesen. Tschingis Khan hatte gehofft, daß er unter günstigen Bedingungen eine Alternative zur Eroberung bieten könnte, und obgleich er die Hoffnung aufgegeben hatte, war er immer um ein gutes Verhältnis zu den Kaufleuten bemüht gewesen, die durch seine Länder zogen. Zu Möngkes Zeit hatte die Ausdehnung eines einzigen Gesetz- und Ordnungssystems in fast ganz Innerasien ihre selbstverständlichen wirtschaftlichen Folgen. Die erstmalige Tatsache einer starken einheitlichen Verwaltung, auf die sie sich verlassen konnten, ließ die Kaufleute ein Netzwerk von Karawanenstraßen errichten, über die sie die verschiedenen Sektoren des mongolischen Reichs versorgten. Und die angrenzenden seßhaften Zonen zogen bald ihren Nutzen aus diesen internationalen Routen. In den Städten entlang den kaiserlichen Grenzen schossen Umschlagplätze des Import-Export-Handels aus dem Boden. Aus einer Art gemeinsamem Markt des Herzlands entstand ein eurasischer Weltmarkt. Nicht einmal in der Blütezeit der Seidenstraße waren die Entfernungen im Inneren ein so blühendes Gewebe des internationalen Handels gewesen. Die mongolischen Behörden unterstützten es, und die Armee sicherte die Wege. Nicht nur die

Steppen, sondern auch alle Küstenregionen hatten ihren Vorteil davon: China, Indien, Iran – und Europa.

In Europa hatte das große Zeitalter der Entdeckungen – als sich der Schleier über dem Globus und dem Weltraum darüber hob – noch nicht begonnen. Aber der europäische Geist wehrte sich bereits gegen die Zwangsjacke weltlicher Anarchie und priesterlichen Diktats. Wenn auch bisher eher in der Praxis als im Prinzip begannen die Verfechter der Theorie einer Weltkugel die einer Weltscheibe herauszufordern. Strabo, Eratosthenes, Ptolemäus und Herodot wurden von neuem untersucht. Militärische Erfordernisse hatten die Kreuzfahrer gezwungen, den Nahen Osten mit beträchtlicher Genauigkeit kartographisch aufzunehmen. Carpine und andere, die ihm folgten, hatten die unendliche Reise bis nach Karakorum zurückgelegt, und Wilhelm von Rubruk hatte bei seiner Rückkehr ein ernsthaftes Gespräch mit Roger Bacon.

Darüber hinaus verschärfte sich die Handelsrivalität unter den italienischen Stadtrepubliken. Pisa, Florenz, Mailand und Ancona drängten einander auf der Suche nach neuen Märkten und Handelsquellen beiseite. Venedig und Genua, die seefahrenden Riesen unter den kleineren landgebundenen Konkurrenten, besaßen schon seit langem Handelsstationen am Schwarzen Meer – wie Subutaj zu seinem Vorteil entdeckt hatte. Je tiefer sie nach Osten in das Herzland vordringen konnten, desto weiter konnten sie ihr Netz nach asiatischen Waren auswerfen, und um so stärker wurde ihre Position im Wettbewerb. Die Oberhoheit der Goldenen Horde im westlichen Herzland verschaffte ihnen ihre Chance. Denn die Goldene Horde besaß als Mitglied der mongolischen Gemeinschaft eine Schlüsselstellung der Handelswege von der Wolga an den Indus und an den Gelben Fluß. Und ihre Khane, die sechshunderttausend Mann aufbieten konnten und von den Abgaben der russischen Landwirtschaft sehr gut lebten, hatten Zeit und Neigung, an ihre Schatzkammern zu denken und um sich herum einen Handelsstaat zu schaffen, der dem ihrer Vorgänger, der Chasaren, ähnlich war. In Serai, ihrer Hauptstadt an der Wolga, wurden venezianische und Genueser Kaufleute gut aufgenommen. Bald trieben sie mit den Karawanen aus dem Iran, aus Indien und China Handel, schickten ihre eigenen Waren zurück und leiteten ihre Käufe nach Deutschland, Frankreich und England weiter.

Während der Jahrzehnte der Eroberungen war der Horizont der Mongolen geradezu explodiert, und in gleicher Weise hatte sich auch der geistige Horizont der Khagane geweitet. Als die Tage des Terrors in Jahre ruhiger Ordnung übergingen, kam der Unterschied zwischen Tschingis Khan und Ye-Liu Chu-Tsai zum Tragen, und in mancher Hinsicht war Möngke in seiner Auffassung dem feinsinnigen, humanistischen Minister seines Großvaters verwandt. Die Nomaden waren niemals Gründer gewesen, aber in dieser Periode erfüllte die Allmacht der Mongolen in einem unübertroffenen Maße die spezielle nomadische Funktion der Vermittlung. Kreuz und quer durch ihr Reich zogen Menschen, Ideen, Objekte, Neuerungen und Handel. Und keine Gemeinschaft außerhalb des Herzlands ergriff bereitwilliger als Europa die Gelegenheit, die dieses zu bieten hatte. Aber innerhalb des mächtigen mongolischen Gebäudes gab es Spannungen. Entfernungen und unterschiedliche Umweltbedingungen schufen für die herrschenden Häuser der großen zusammengesetzten Dominien andersartige Voraussetzungen, und diese wurden durch die kaiserliche Politik noch verschärft. Batus Verhalten zur Zeit von Güyüks Tod hatte den schwelenden Streit zwischen Ügetejs und Tulujs Familien entfacht. Als Hulagu den Kalifen hinrichtete, zog er sich den Groll des großen türkisch-mosleminischen Elements in der Goldenen Horde zu, und seine Ernennung zum Il-Khan des Irans ließ Vermutungen aufkommen, sein Ehrgeiz könnte sich auf ihre Territorien nördlich des Kaukasus richten.

Zugleich kehrte eine noch allgemeinere Interessenspaltung das Reich gegen sich selbst. Tschingis Khan hatte einen in sich geschlossenen Tributstaat gefordert, ein nomadisches Machtzentrum, das durch Landwirtschaft und Industrie der Kolonien an der Küste unterhalten und gestärkt würde, aber von deren andersartiger Lebensform unberührt bliebe. Da Tschingis' Eroberungen außerhalb der Mongolei unvollendet geblieben waren, hatte er nur einen begrenzten Kontakt mit den Versuchungen erlebt, die durch die Welt des Überflusses an der Küste auf die Steppenbewohner zukamen, und wo er ihr begegnete, hatte er sich gegen ihre Anziehungskraft verschlossen. Aber während Möngkes Herrschaft hatten die nachfolgenden Vorstöße große Mengen mongolischer Soldaten und Zivilisten in die neuen Randkolonien gebracht. Nicht nur Nordchina, sondern auch der Iran, Mesopotamien und die östlichen Randgebiete Rußlands übten auf die Eroberer ihre Anziehungskraft aus und milderten durch ihre Atmosphäre relativen Wohllebens den harten Steppencharakter ihrer mongolischen Herren. Und der Tribut, der nach Tschingis' Konzept in das nomadische Innere hätte zurückfließen sollen, wurde in zunehmendem Maße von den mongolischen Regimen am Rand des Herzlands verbraucht. Daraus ergab sich, daß die inneren Regionen des Reichs, die das alte Steppenleben fortsetzten, allmählich ärmer wurden als die äußeren, eroberten Zonen. So entstand das Gefühl einer Kluft zwischen den »unbefleckten« Traditionalisten im Inneren und jenen, die diese als die im Luxus lebenden Neureichen in den äußeren Ländern ansahen. Politische Spannung zwischen dem Zentrum und den Außenbezirken war nicht das einzige Ergebnis dieser Störung des Gleichgewichts. Denn das Anwachsen von Wohlstand und Macht bedeutete, daß früher oder später irgendeiner von ihnen – Mongolisch-China, Mongolisch-Iran oder das mongolische Rußland der Goldenen Horde – wahrscheinlich den Anspruch auf die Regierung des gesamten Reichs erheben würde.

Der Anstoß, der das Schwergewicht von den Steppen auf die Peripherie verschieben sollte, kam mit Möngkes Entscheidung 1258, Khubilajs Invasion nach Zentralchina durch die gesamte Armee und seine persönliche Anwesenheit Nachdruck zu verleihen. Der Feldzug wurde von den beiden Brüdern als eine kombinierte Operation angelegt, und in weit größerem Ausmaß und Aufwand glich ihr Plan dem, durch den Batu und Subutaj vor siebzehn Jahren am Fluß Sajo die Ungarn vernichtet hatten. Während Khubilaj die Streitkräfte der Sung entlang dem mittleren Lauf des Jangtse festhielt, kam Möngke in einem Bogen durch die Ordos-Schleife herunter, überquerte in der Nähe der heutigen Stadt Chungking, am Oberlauf, den Fluß und fiel ihnen in den Rücken. Die Zange hatte sich schon zu schließen begonnen, als am 11. August 1259 der Khagan Vorbereitungen traf, im herkömmlichen Stil der mongolischen Krieger an der Spitze seiner Truppen die Mauern einer Festung zu erstürmen. Plötzlich brach er zusammen und war wenige Stunden später an der Ruhr gestorben.

Möngkes Tod folgten rasch Ereignisse von entscheidender Bedeutung. Im Mai 1260 huldigte die mongolische Armee in China Khubilaj als seinem Nachfolger, und eine der ersten Taten des neuen Großkhans war der Erlaß, daß von nun an Peking anstatt von Karakorum die Hauptstadt des Reichs sein sollte. Die Reaktion kam sofort. Die konservativen Häuptlinge des zentralen Steppenlands waren keineswegs einmütig mit der Wahl Khubilajs einverstanden, und nach ihrer Ansicht schmeckte die Verlegung der kaiserlichen Regierung auf fremden Boden nach Verrat. Sie erhoben einen Proteststurm.

Nachrichten von der Krise erreichten auch Hulagu, als seine Truppen gerade Damaskus eingenommen hatten und südwärts nach Ägypten zogen. Seine Hoffnungen waren hoch gespannt; er rechnete fest damit, die ägyptische Armee zu schlagen, Kairo zu erobern und sein iranisches Lehen bis an den Nil auszudehnen. Doch trotz dieser Aussicht auf einen Triumph beschloß er, daß seine Anwesenheit in der Heimat erforderlich sei, damit das mongolische Reich nicht in einen Bürgerkrieg gerate. Er ließ seinen dienstältesten General, Kitboga, mit einem Minimum an Streitkräften zurück, um Syrien zu halten, und marschierte mit seiner Hauptarmee in den Iran.

In der Nähe von Täbris, im September 1260, erhielt Hulagu erschreckende Nachrichten. Kitboga war nach Süden in das Jordan-Tal vorgestoßen und bei Ain Jalud, in der Nähe des Sees Genezareth, von einer riesigen Armee unter dem ägyptischen Sultan Qutuz und seinem Marschall Baibars umzingelt worden. Er hatte mit verbissenem Mut gekämpft, aber seine Männer, die kaum mehr als eine Division umfaßten, dazu einige Unterstützung durch Türken und Kreuzfahrer, waren hoffnungslos unterlegen. Sie waren dezimiert worden, und Kitboga selbst hatte man gefangengenommen und auf der Stelle geköpft.

Seit vierzig Jahren war keine mongolische Armee auf dem Schlachtfeld mehr ernstlich geschlagen worden. Qutuz und Baibars hatten eine Legende zerstört. Darüber hinaus hatten sie einen

Wendepunkt des mongolischen Schicksals gesetzt. Subutaj hatte sich aus dem Westen zurückgezogen; und jetzt hatte Hulagu das gleiche getan, und die Tür zur Welt des Mittelmeers war hinter ihnen zugeschlagen. Am anderen äußersten Ende brachten Khubilajs Anspruch auf den kaiserlichen Thron und seine Kühnheit, Peking zum zukünftigen Sitz der Regierung zu erklären, das Gleichgewicht ins Wanken. Die Herrschaft verschob sich entscheidend in den Fernen Osten.

Aber Khubilaj hatte um die Macht zu kämpfen, die er von China aus durchsetzen wollte. Die Situation in der Mongolei sah für ihn übel aus, denn die Konservativen auf den Steppen hatten einen Kandidaten gefunden, um den sie sich sammeln konnten. Das war Arik-Guga, »der Kleine«, Tulujs vierter Sohn und Khubilajs jüngerer Bruder. Arik-Guga ließ sich in Karakorum als Gegenkhagan seines Bruders ausrufen und begann dann eine Reihe schwerer Überfälle in Khubilajs chinesisches Gebiet. Es war notwendig, mit den Sung einen zeitweiligen Waffenstillstand einzugehen, um sich mit ihm zu befassen, und eine Zeitlang war der Ausgang des Bürgerkriegs, der jetzt ausbrach, zweifelhaft. Aber Khubilajs mongolische Streitkräfte standen bis auf den letzten Mann hinter ihm, und seine chinesische Infanterie war gut ausgebildet, hinter ihren berittenen Kameraden in die Schlacht zu ziehen. Nach vierjähriger Verfolgung hatte Arik-Guga genug, gab seinen Anspruch auf und unterwarf sich seinem Bruder.

Als sein Thron gesichert war, brannte Khubilaj darauf, Zentralchina seinem Reich einzuverleiben, und er nahm den Feldzug gegen die Sung wieder auf. Die große Beute sollte ihm jedoch nicht leicht zufallen. Unter dem Druck der aufmarschierenden mongolischen Divisionen wurde die Sung-Regierung in Hangchow kleinmütig, aber der Widerstand ihrer Truppen erwies sich als hartnäckig und ausdauernd. Erst 1273 wurde der Zugang zum mittleren Jangtse erzwungen. Und obgleich die Mongolen mit Bayan jetzt über einen ebenso gefürchteten Marschall verfügten wie jene der alten Garde, brauchten sie noch zwei Jahre, um sich am Fluß hinunter nach Nanking vorzukämpfen. Aber gegen Ende 1275 wurde Hangchow eingeschlossen und kapitulierte nach kurzer Belagerung. Bayans Einzug in die Hauptstadt bewies eine andere Haltung als die der Eroberer in der ersten Generation. Khubilaj hatte wahllosen Mord und Plünderung verboten, und Zuwiderhandlungen wurden mit der Todesstrafe bedroht. Bayan nahm den sechsjährigen Jungen gefangen, der damals Sung-Kaiser war, und Khubilaj empfing ihn freundlich und schickte ihn zur Erziehung in ein buddhistisches Kloster. Kwangtung im äußersten Süden war das letzte Ziel der Mongolen, denn dort sammelte sich um ein anderes Kind, den Bruder des früheren Kaisers, neuer Widerstand. Als die Stadt fiel, ging dieser Junge an Bord einer Dschunke und verschwand auf das Meer. Monatelang gelang es dem Schiff, sich vor seinem Verfolger in den geschützten Buchten Kwangtungs zu verbergen, aber schließlich wurde es entdeckt und gestellt. Als das andere Schiff längsseits kam, nahm einer der Offiziere das Kind in die Arme, rief, daß ein ehrenhafter Tod besser sei als die Kapitulation, und sprang mit ihm in das Meer.

Schließlich war ein Traum verwirklicht worden, der die Mongolen beflügelt und gequält hatte, seit die nomadischen Bogenschützen zuerst auf den östlichen Steppen aufgebrochen waren. Seit der Zeit, als Tschingis das erste Mal in Hsi-hsia eindrang, bis sich im April 1279 das südchinesische Meer über dem letzten der Sung-Linie schloß, waren mehr als siebzig Jahre vergangen. Aber jetzt beherrschte das Volk aus dem Herzland von der Großen Mauer bis zum Golf von Tongking das gesamte China.

Als erster der Yüan oder »Fremd-Dynastie« erfüllte der Mongole Khubilaj die Sorgfalt, die er China schon immer entgegengebracht hatte, seit Möngke ihn zum Gouverneur des Nordens ernannt hatte. Dem weitsichtigen Denken und scharfsinnigen Urteil eines Tschingis Khan fügte sein Enkel eigene Qualitäten hinzu – Liberalismus, intellektuelle Neugier, Zuneigung auch für die über seine engere Umgebung hinaus –, die Tschingis, der zu seinen Zwecken die brutalen Normen seiner Umgebung anzuwenden sich gezwungen sah, sich selten leisten konnte. Khubilaj war ein Triumph Chinas, als er im wesentlichen zum Chinesen wurde; er personifizierte die Absorption, die schon immer Chinas letzte Waffe gegen die Nomaden gewesen war. Und er war auch der Triumph eines Ye-Liu Chu-Tsai, denn in seiner leidenschaftlichen Hoffnung, daß China die Mongolen am Ende zivilisieren würde, hatte Ye-Liu schon immer darauf gewartet, daß eine solche Gestalt in den Vordergrund treten würde.

Seinen chinesischen Untertanen als Kaiser Yüan Shih-tsu bekannt, machte sich Khubilaj daran, einen Riesen wiederaufzurichten, den das Elend des Kriegs gefällt hatte. Weitgehend durch die Ju-chen und die Mongolen war die chinesische Bevölkerung in eineinhalb Jahrhunderten von hundert Millionen auf sechzig gesunken, und so lag inmitten des Hungers viel gutes Land brach. Khubilaj machte die landwirtschaftlichen Betriebe größer und verteilte Saat und Werkzeuge, um ihre Produktivität zu steigern. Sobald es der wieder wachsende Wohlstand zuließ, richtete er für Hungerjahre in den Städten Vorratslager ein. Er schuf eine öffentliche Wohlfahrt für die Bedürftigen, baute Krankenhäuser und eröffnete Heime für die Alten und Einsamen. Lernende, Wissenschaftler und Theologen fanden bei ihm Unterstützung; er förderte die Entwicklung neuer Lexika, akzeptierte die vorgeschlagene Revision des Kalenders und gestattete die Ausübung fremder Religionen. Peking hatte sich von der Verwüstung durch Mukali immer noch nicht erholt, aber 1267 begann Khubilaj mit dem Wiederaufbau und legte im Nordwesten der Altstadt die Straßen des neuen Khanbalik an – der Stadt des Khans – mit seinem eigenen riesigen Palast im Zentrum. Unter ihm wurde Hangchow, das seine Reiter verschont hatten, zum geschäftigsten, legendärsten und bei weitem größten städtischen Komplex der Welt. Und zwischen der Hauptstadt im Norden und der Metropole des Südens ließ er den Großen Kanal anlegen – von dem große Abschnitte noch heute benutzt werden. Aber seine vielleicht größte Leistung war der Ausbau der pan-eurasischen Wirtschaft, deren Infrastruktur zu Möngkes Zeit geschaffen worden war. Er verband die Produktionskapazität des südlichen Chinas mit den kontinentalen Bedingungen des Nordens, verlängerte die inneren Handelswege und erreichte eine ungeheure Steigerung des Verkehrs. Seide, kostbares Kunsthandwerk, exotische Früchte, Gewürze und Moschus gelangten nach Westen bis in die Verästelungen der Wege in Zentralasien; auf dem Rückweg brachten die Karawanen Pelze aus Rußland und die Waren der arabischen

Welt mit. Straßenbau und Verwaltung vervollkommneten dieses große System internationaler Bewegung. Wüstenpfade wurden zu Straßen, Brücken spannten sich über die Steppenflüsse, Durchstiche in zerklüftetem Gelände erleichterten Menschen und Tieren den mühsamen Weg. Patrouillierende mongolische Abteilungen sicherten die Reise der Karawanen. Und mitten im Handelsverkehr galoppierten die Boten des Khans, denn im Dienst der zivilen Regierung hatte Khubilaj die Pfeilboten aus Tschingis' Armee systematisch ausgebaut. Entlang den Fernstraßen befanden sich mehr als zehntausend Relaisposten, und in manchen standen vierhundert Pferde in Bereitschaft. Die Kuriere wechselten alle fünfzig Kilometer das Tier und konnten so im Herzland an die fünfhundert Kilometer am Tag zurücklegen, eine Geschwindigkeit, wie sie bis ins Zeitalter der Eisenbahn nicht wieder erreicht wurde. In den Poststationen war ebenso für die gesorgt, die in Staatsaufträgen vorüberkamen, wie für die Reisenden aus welchem Land auch immer. Und viele der letzteren waren Europäer. »Italienische Kaufleute feilschten, und italienische Mönche lasen in den Häfen und Städten Indiens und Chinas die Messe. Ost und West kamen zum ersten Mal von einem Ende zum anderen in direkte Berührung. Und wenn man gefragt wird, wie es soweit kam, muß man antworten, daß dies das Ergebnis der Eroberungen eines Nomadenvolks war, dem in der Geschichte der Ruf sinnloser Zerstörung anhaftet wie sonst nur noch den Vandalen. Sie sollten aber als die Macht beurteilt werden, deren Politik auf den Handel hin so aufgeklärt war, daß sie die Kaufleute willkommen hießen, die Zölle senkten, die Straßen in ihrem Herrschaftsbereich schützten und in Asien der Länge und Breite nach freien Durchzug gewährten.«[1]

Khubilaj umgab sich mit einem Glanz, wie er seiner Allmacht enstprach. Als er zuerst nach China kam, hatte er begonnen, in Shang-tu seine Sommerresidenz zu bauen – das Xanadu in Coleridges Vision, das er an den kühlen, südlichen Ausläufer des Chingan-Gebirgs verlegte –, und die ständigen Verbesserungen

[1] Eileen Power »The Opening of the Land Routes to Cathay« in »Travel and Travellers of the Middle Ages«, hrsg. von A. P. Newton, S. 125–26 und 155

an dem Marmorpalast, an dem Park mit seinem Tierbestand und an dem Bambuspavillon, der mit seidenen Seilen gegen den Wind gestützt wurde, waren sein besonderer Stolz. Dort trank er »Paradiesmilch«: Stutenmilch von den zehntausend Schimmelstuten der kaiserlichen Herden, die von Mundschenken mit Masken vor dem Mund kredenzt wurde. Seine Übersiedlung von Shang-tu nach Peking in jedem Herbst war ein Staatsakt. »Mit vier Armeen von Reitern, eine einen Tagesmarsch voraus, je eine zu seinen Seiten und eine einen Tagesmarsch hinterher zieht er immer inmitten eines Kreuzes dahin. Der König reist in einem zweirädrigen Karren, in dem sich ein sehr prächtiges Zimmer aus Linaloeholz und Gold befindet. Es ist mit großen und schönen Fellen ausgestattet, und viele kostbare Steine verzieren es. Der Karren wird von vier gut gezähmten Elefanten in edlem Geschirr gezogen und außerdem von vier glänzenden Pferden mit reichen Schabracken. Und neben dem Triumphwagen gehen vier Barone, die ihn bewachen. Darüber hinaus führt der König zwölf Gierfalken mit sich, und wann immer er Vögel sieht, läßt er sie zur Jagd auf sie los[1].«

Bei alledem war sich Khubilaj seines Hintergrunds und der Isolation, in der er sich befand, durchaus bewußt. Zur Erinnerung an seine Herkunft und die Folgerungen daraus ließ er einen Teil seines Palastareals mit Steppengras bepflanzen. Er war sich darüber im klaren, das sein Regime letztlich auf ein paar Tausend Mongolen beruhte, die in einer Bevölkerung von sechzig Millionen verstreut waren. Aus diesem Grund vertraute er nie restlos der Eliteschicht der chinesischen Gesellschaft, und trotz der Ressentiments, die daraus entstanden, besetzte er die höheren Posten der Regierung mit Fremden. Im Sinne dieser Politik nahm er jenen Europäer in seine Dienste, der der westlichen Welt das lebendigste Bild von dem Großkhan und seinem Reich schildern sollte.

Marco Polo entstammte einer venezianischen Kaufmannsfamilie, die in Konstantinopel ansässig war. Als wagemutige Händler reisten sein Vater und sein Onkel in das mongolische Territorium,

[1] Aus dem Bericht von Bruder Odorico di Pordenone in »Cathai and the Way Thither«, übersetzt und herausgegeben von Henry Yule, S. 226–29

und während ihrer Geschäfte in Buchara trafen sie zufällig eine Gruppe von Khubilajs Beamten, die sie nach Peking einluden. Khubilaj war sehr darauf bedacht, die Beziehungen mit Europa auf dem höchstmöglichen Stand zu halten, und in den Polo-Brüdern erkannte er Männer von Substanz, die seinem Ziel dienen konnten. Er beauftragte sie, nach Hause zurückzukehren, den Papst zur Zusammenarbeit zu gewinnen und mit hundert Personen von genügend Gewicht wiederzukommen, um fruchtbare Gespräche zu eröffnen. Die Polos erfüllten dem Großkhan seine Bitte, aber erst nach zweijähriger Verzögerung waren sie in der Lage, sich wieder nach Peking auf den Weg zu machen. Und anstatt der größeren Delegation, die Khubilaj verlangt hatte, schickte die Kirche zwei Dominikaner-Mönche ohne jeden Rang, die angesichts der Mühseligkeiten der Reise rasch aufgaben. Aber Nicolo Polo hatte jetzt seinen Sohn Marco mitgenommen, der damals etwa zwanzig Jahre alt war, und bei der Ankunft der Reisegesellschaft stellte er ihn Khubilaj vor. Der junge Mann machte auf seinen illustren Gastgeber sofort einen günstigen Eindruck, nicht zuletzt deswegen, weil er sich darauf vorbereitet hatte, den Großkhan in seiner eigenen Sprache anzureden. Über kurz war er im Grunde genommen Angehöriger des Hofstaats geworden, und 1277 wurde er auf einen einflußreichen Posten im Staatsrat berufen. Khubilaj brauchte derart wachsame, intelligente Diener, aber ganz besonders zogen Marcos sprachliche Fähigkeiten die Aufmerksamkeit auf ihn. Fremde beherrschten selten mehr als ein paar unsichere Wörter der zahllosen Sprachen und Dialekte seines Reichs, und die meisten seiner chinesischen Beamten waren nicht besser daran. Daher wurde Marco mit einer Reihe von vertraulichen Missionen beauftragt. Er mußte bestimmte Gebiete besuchen, Informationen über Städte, politische Strömungen und Meinungen sammeln und seine Wahrnehmungen dem Großkhan persönlich übermitteln.

Kein Auftrag hätte Marcos Aufnahmefähigkeit oder seinem Gespür für das Wunderbare besser entsprechen können, und das gab es überall, wenn er sich dem Seltsamen und oft kaum Glaublichen näherte, das er zu sehen und zu hören bekam. Mit kaiserlicher Ermächtigung öffneten sich ihm alle Türen, und er reiste durch Hsi-hsia, besuchte Karakorum, durchdrang die wilden Provinzen im Südwesten Chinas mit ihren primitiven Völkern und großen Strömen, stieg von der tibetanischen Hochebene herunter durch die Bergschluchten, umrundete Südindien und die Inseln des Golfs von Bengalen und war sogar eine Zeitlang Gouverneur der Stadt Kiangtu. Nach etwa zwanzig Jahren in China, baten die Polos – auch Marcos Vater und Onkel waren im Land geblieben –, ihren Abschied nehmen zu dürfen. Der Großkhan war jetzt ein alter Mann, und niemand konnte sagen, wie Fremde, vor allem fremde Beamte, nach seinem Tod behandelt werden würden. Nach erheblichem Zögern und mehreren Ablehnungen erhielten die Polos schließlich die Erlaubnis zu reisen. Aber Marcos Abenteuer waren damit noch nicht zu Ende. Nachdem er wieder zu Hause war, wurde er drei Jahre später bei einem Zusammenstoß der venezianischen und der Genueser Flotte gefangengenommen, und um sich in einem Genueser Gefängnis die Zeit zu vertreiben, diktierte er die Geschichte seiner Erfahrungen im Fernen Osten.

»Die Reisen des Marco Polo« gelten als eines der großen Geschichtsbücher. Fünfzig Jahre früher hatten Carpine und Rubruk als außenstehende Beobachter und für einen begrenzten Kreis von Spezialisten über ein mongolisches Reich geschrieben, das noch im Aufbau begriffen war. Polo erlebte es auf seinem Gipfel, und er berichtete aus seiner Position eines privilegierten Eingeweihten, und das in einem so zwingenden Stil, daß ein breites Publikum sich dem kaum verschließen konnte. Er skizzierte das mongolische Herzland, seinen chinesischen Kern und die umliegenden eurasischen Küsten, und er bereicherte sein ungeheures Panorama mit Namen, die immer noch den Geruch von Kameldung in versengten Wüsten beschwören, die wimmelnden Millionen rund um die Paläste, Monumente und Hafenanlagen und die Palmwedel über weißer Brandung. Zwischen nüchternen Berichten über Khubilajs Verwaltungssystem, seine Finanzen und seine auswärtigen Beziehungen stehen Vignetten aufhellender Einzelheiten: der »glorreiche Anblick« der königlichen Hunde auf der Jagd, die Methoden, die kaiserlichen Konkubinen dahingehend auszuwählen, daß sie nicht schnarchten oder an Schlaflosigkeit litten. Marco Polo wurde maßlose Übertreibung vorgeworfen, und wegen seines wiederholten Hinweises auf Millionen erhielt er den Spitznamen »Il Milione«. Aber der Einfluß seines Buches ist schwerlich zu übertreiben. Denn Generationen von Staatsmännern, Bankiers, Geographen und Forschern lasen es, die Regierenden und die Handelnden, die die Grundlagen des Mittelalters schufen.

Es war nur gut, daß Polo das mongolische Reich zu diesem Zeitpunkt beobachtete, denn die Glorie von Khubilajs Herrschaft war im Grunde sein Sonnenuntergang. Gegen Ende seines Lebens wurde die Macht zu seiner fixen Idee. Um weiteres Gebiet an sich zu reißen oder um eingebildete Beleidigungen zu rächen, schickte er Expeditionen nach Indochina, Malaya und zu den indonesischen Inseln, nach Birma und Bengalen. Aber seine Armeen konnten sich gegen die feuchte Hitze, den tiefen Dschungel und die vergifteten Pfeile nicht durchsetzen. Und ein Invasionsversuch nach Japan endete mit einer Katastrophe: seine Männer wurden am Ufer zurückgeschlagen, und ein Wirbelsturm vernichtete ihre Schiffe.

Das Volk aus dem Herzland hatte seine Grenzen überschritten: Geographie und Klima zwangen es zum Rückzug.

Zur gleichen Zeit »hörte Khubilaj inmitten dieses Tumults aus weiter Ferne, wie Stimmen der Vorfahren Krieg prophezeiten«. Jenseits der glänzenden Fassade, die er in China errichtet hatte, fraßen Separatismus und übermäßige Aufblähung an der Lebenskraft des Reichs als Ganzem. Zu Anfang seiner Herrschaft hatte er die Ansprüche eines Arik-Guga unterdrückt. Aber Kajdan, der die Europäer bei Liegnitz geschlagen hatte, entfachte bald von neuem die Revolte der zentralen Steppen gegen die Vorherrschaft Chinas, und es erwies sich als notwendig, Bayan selbst loszuschikken, um die Aufständischen von den chinesischen Grenzen ins Innere zurückzutreiben. Unzufrieden und enttäuscht verfielen die Mongolen des zentralasiatischen Graslands wieder in ihre alte Lebensart, raubten einander Vieh und Frauen und unterhöhlten die Sicherheit der Handelswege. Als die Polos sich 1292 auf den Heimweg machten, mußte Khubilaj sie mit dem Schiff nach Hause schicken, denn es war für Reisende, die sich auf den Schutz des Großkhans beriefen, nicht mehr sicher, das Herzland zu durchqueren.

Weiterhin verschlangen die peripheren Lehen Wohlstand und Anstrengungen des Reichs. Und die mongolischen Regierungen und Garnisonen, die sie beherrschten, kleine Scharen von Männern, die ganze Bevölkerungen im Griff hatten, assimilierten sich in zunehmendem Maße denen, die sie besiegt hatten – mit allen verweichlichenden Auswirkungen, die Tschingis Khan instinktiv vorhergesehen hatte. Die Goldene Horde wurde ständig türkischer, denn die mongolischen Führer gerieten gegenüber den Türken in die Minderzahl, und vornehmlich waren es Kiptschak-Türken, die sie zu Subutajs europäischen Feldzug angeworben hatten. Und je türkischer sie wurde, um so mehr kam es zu internen Kämpfen und um so mehr verstärkte sich der Druck auf das geknechtete Rußland, um die Verluste wieder auszugleichen. Die Il-Khane im Iran, Hulagus Nachfolger, erlagen den Freuden ihrer seßhaften Umgebung, und wie die Seldschuken vor ihnen ließen sie zu, daß ihr Reich in parteisüchtige Fürstentümer parzelliert wurde.

Auch die Religion spielte ihre Rolle, die Zwietracht zu vertiefen und die Absorption zu beschleunigen. Tschingis und seine unmittelbaren Nachfolger waren immer sorgfältig darauf bedacht gewesen, sich über die vielen Glaubensgemeinschaften zu informieren, die ihre Eroberungen in das Reich eingefügt hatten, aber sie hatten gegenüber allen eine skeptische Neutralität bewahrt, und das zu ihrem politischen Vorteil. Möngke hatte versucht, sie zu einem einzigen Glauben zusammenzufassen, um die Universalität der mongolischen Herrschaft zu stärken, aber als ihm klar wurde, daß der Plan undurchführbar war, hatte er sich mit der Erklärung zufriedengegeben, daß es ebenso nur einen Gott im Himmel wie einen Khagan auf Erden gebe. Als nach ihm sich die Zentrifugalkräfte verstärkten, wurde die Religion zu einem Katalysator der Spaltung. Die türkische Mehrheit trieb die Goldene Horde dem Islam in die Arme, und gegen Ende des 13. Jahrhunderts waren die Il-Khane gefolgt. Im Gegensatz dazu hatten die Mongolen im Osten unter der Führung von Khubilaj selbst den Buddhismus angenommen – die meisten von ihnen in der lamaistischen tibetanischen Form, und aus diesem Trend heraus und indem sie einem Lama die Regentschaft Tibets übertrugen, schufen die östlichen Mongolen die Voraussetzungen für das Amt des Dalai Lama. Religionen, die nicht zu vereinbaren waren, in beiden Außenbezirken des Reichs trieben einen weiteren Keil zwischen die Lehen des Ostens und Westens.

1296 starb Khubilaj im Alter von achtzig Jahren. Obgleich die Mongolei nur noch wenig mehr war als ein Dorn in seinem Fleisch, wurde seine Leiche zur Bestattung auf den heiligen Berg Burhan Khaldun zurückgetragen, wo auch sein Großvater lag. Zu dieser Zeit blickte die Goldene Horde nur noch nach Westen, und ihre Energien wurden von den Intrigen abhängiger russischer Fürsten aufgesogen, die um ihre Gunst wetteiferten, und im wesentlichen war sie zu ihrem eigenen Gesetzgeber geworden. Ein paar Jahre später kündigte der mongolische Iran Peking in aller Form das Bündnis. Und obgleich Anfang des 14. Jahrhunderts ein Versuch unternommen wurde, die drei großen außenliegenden Herrschaftstbereiche in dem alten Geist der Zusammengehörigkeit wiederzuvereinigen, war es zu spät. Denn in China selbst brauten sich die Wolken der Revolte zusammen.

Die Kosten für Khubilajs glänzenden Hof, seine mächtigen Bauten und seine erfolglosen Feldzüge nach Südasien und Japan waren ungeheuer hoch gewesen. In seinen späteren Jahren hatte die Münze in Khanbalik den kaiserlichen Bankrott nur dadurch abgewendet, daß sie Papiergeld herausgab. Polo hatte dessen Herstellung aus der Borke von Maulbeerbäumen fasziniert, und er hatte behauptet, daß »der Khagan jedes Jahr so riesige Mengen von diesem Geld machen läßt, welches ihm nichts kostet, daß sein Betrag sich auf alle Schätze dieser Welt belaufen muß[1]«. Aber seinen Nachfolgern sollte das teuer zu stehen kommen. Denn trotz seiner aufgeklärten Maßnahmen zur Erleichterung des Lebens war Khubilaj nicht in der Lage gewesen, die endemische Armut unter Millionen von Chinesen zu lindern. Und nach seinem Tod wurde ihre Not durch die Inflation noch verschlimmert. Die wirtschaftliche Zwangslage verschärfte die unterschwellige Aversion gegen die mongolische Besatzung und ihre ausländischen Gehilfen. Um 1340 schließlich entluden sich Hunger und Haß in Aufständen.

[1] »Die Reisen des Marco Polo.«

Frühere mongolische Generationen hätten unnachsichtlich zu Pfeil und Schwert gegriffen, und mit Unterstützung der Kampfkraftreserven des gesamten östlichen Herzlands hätten sie den Ansturm für den Augenblick zum Erliegen bringen können. Aber aus der Mongolei war jetzt keine Hilfe zu erwarten. Und das Losgelöstsein von der Welt, das im buddhistischen Glauben liegt, hatte die straffe Willenskraft der Steppengouverneure in China geschwächt; der Eifer, mit dem das kaiserliche Haus sich der lamaistischen Praxis hingab, hatte sogar zu einer Vorliebe für seine anmutigeren, gelbgewandeten Vertreter geführt. Aus dem südlichen Kwangtung – dem Gebiet, das den Zentren der mongolischen Macht, soweit sie verfügbar war, am entferntesten lag – begann sich die Anarchie das Jangtse-Tal hinauf fortzusetzen. Ein leidenschaftlicher Patriot, Chu Yüan-chang, selbst ein früherer buddhistischer Mönch, schmiedete daraus eine militärische Form. Nanking votierte für ihn, die Welle des Aufstands floß weiter in den Norden, und im September 1368, als der Mob Pekings durch die Straßen zog und die feindlichen Streitkräfte vor den Toren standen, floh der zehnte Yüan-Kaiser, Toghon Timur, schmählich in die Steppen. Unmittelbar darauf huldigte die Befreiungsarmee Chu Yüan-chang. China war wieder chinesich und die Ming-Dynastie im Kommen.

Die Mongolen hatten das gesamte China neunundachtzig Jahre lang beherrscht, wenig länger als die Kämpfe gedauert hatten, es zu überrennen. Auf Kosten eines unermeßlichen Leidens, das nur durch die Regierungszeit Khubilajs erleichtert worden war, hatte es durch sie dennoch einen unschätzbaren Vorteil gewonnen: die nationale Einheit, die bis zum heutigen Tage anhält. Aber sie wurde zu einer Einheit der Absonderung, denn wie es in früheren Zeiten dem nomadischen Terror zu entgehen versuchte, indem es sich in sich selbst zurückzog, so hat es sich nie von dem Fremdenhaß befreien können, der dem mongolischen Rückzug folgte.

Das China der Ming ging schnell zur Rache über. Innerhalb weniger Jahrzehnte hatte es die Offensive ergriffen, die Nordwestgrenze freigekämpft und die fliehenden Eroberer über den Kerulen dorthin zurückgetrieben, wo ihre Macht ihren Ursprung hatte, auf die Ebenen und Weidegründe, die im Sommer verdorrten und im Winter gefroren. Dort lösten sich die Mongolen des Ostens wieder in Stämme auf, aus deren Vereinzelung Temudschin sie herausgeführt hatte, und die Stämme begannen wieder den Streit untereinander, als ob es die Nation der Bogenreiter nie gegeben hätte.

Jedoch auch als das mongolische Reich schon auseinanderfiel, wirkte sich noch eine Kettenreaktion seiner frühen Eroberungen in einem verspäteten, aber gewichtigen Ansturm auf den fernen Westen aus.

Tschingis Khans Invasion in Khwarezm 1219 hatte eine Reihe kleinerer nomadischer Völker entwurzelt, die an der zentralasiatischen Grenze des Irans lebten – unter ihnen die Kayi, die von ogusischen Türken abstammten. Diese Gruppe floh vor dem mongolischen Vormarsch, wanderte durch den Iran und gelangte nach Kleinasien. Hier stießen sie auf einen verworrenen Schauplatz, denn Kleinasien war zu der Zeit zwischen den Rümpfen zweier Reiche gespalten. Den größten Teil beherrschten noch die übriggebliebenen seldschukischen Sultane, während die westliche Spitze am Marmara-Meer von Konstantinopel aus als Teil des zusammengeschrumpften byzantinischen Reichs regiert wurde.

Der seldschukische Sultan von Anatolien empfing die Flüchtlinge und gab ihnen die Aufgabe, seine Grenze zu Byzanz zu bewachen. Ein paar Jahre später, während sie ihren Pflichten nachkamen, wurde ihr Häuptling zum Islam bekehrt. Er nahm den Namen Osman an, und so wurde sein Volk zu den Osmanen oder den osmanischen Türken. Die ruhelosen Zeiten waren günstig für die stolzen osmanischen Grenzwächter. Alle benachbarten Sultane waren vollauf damit beschäftigt, Ordnung in das Durcheinander wilder türkischer Stämme zu bringen, die sich in ihren Ländern herumtrieben. Darüber hinaus brachten erneute mongolische Druckwellen auf den Iran, zuerst während Ügetejs Herrschaft, dann unter Hulagu, weitere Flüchtlinge nach Westen, und aus ihnen rekrutierten die Osmanen ihre Kampfkraft. Als Khubilaj 1296 in China starb, waren sie unter den Türken in Kleinasien zu einer herrschenden Kraft geworden und unternahmen Überfälle auf das byzantinische Territorium.

Seit fast zweihundert Jahren hatte das byzantinische Reich gegen eine Kette von Mißgeschicken gekämpft. Nach Mantzikert hatten die Türken seine östlichen Besitzungen überrannt. Die Kreuzzüge hatten nichts als Unglück gebracht; und die Plünderung Konstantinopels im vierten Kreuzzug 1204 hatte die Stadt fast vernichtet. Seit der Zeit waren die kaiserlichen Provinzen in Griechenland und auf dem Balkan eine nach der anderen abgefallen. Von dem hochragenden Gebäude Ostrom war nur noch ein wackliges Gerüst übriggeblieben. Angesichts des drohenden Aufstiegs der osmanischen Kraft entlang ihrer verkürzten Grenze in Kleinasien, suchten die Byzantiner erschöpft in einem Zahlungsangebot ihre Zuflucht.

Die ersten Osmanen überquerten 1345 als byzantinische Söldner die Dardanellen. Da nur wenig sie in ihren Schranken hielt, warfen sie ihre dienende Maske bald ab. Sie zogen nach Norden durch Bulgarien, erreichten die Donau, und 1371 – drei Jahre nach dem endgültigen Zusammenbruch der Mongolen in China – errangen sie ihren ersten aufsehenerregenden Sieg in Europa, als sie die serbische Armee an der Mariza vernichteten. Byzanz mit Konstantinopel in seiner schwächer werdenden Mitte war jetzt eine Insel in ihrem Rücken. Um ihm den letzten Stoß zu versetzen, kehrten sie um.

Das war der Schauplatz des Umsturzes von 1453, als die Befestigungen von Konstantins Stadt, die so lange standgehalten hatten, vor den Invasoren aus der Steppe für immer zusammenfielen. Die Zeit des Umsturzes für Selim den Grimmigen und Suleiman den Großen mit ihren Zwanzig-Tonnen-Kanonen, ihrer Elite von Spahis, den Lanzenreitern und Bogenschützen, und ihrer unvergleichlichen Janitscharen-Infanterie, die sich aus dem Knabentribut der Christen rekrutierte. Für die übermächtigen, plündernden Vorstöße zu den Mauern Wiens und Kairos und durch das Mittelmeer. Für das Abgleiten des osmanischen Reichs in den Verfall, als es durch den islamischen Konservativismus und die wachsende Wirksamkeit des europäischen Widerstands gelähmt wurde. Für das Zeitalter des »kranken Manns am Bosporus«, wie das Reich der Osmanen immer wieder genannt wurde, zuerst von dem oberbayrischen Chorherrn J. Albert Poysel im 17.

Jahrhundert bis zu Lord Russel und Zar Nikolaus I. in der Mitte des 19. Jahrhunderts. Für das nationale Wiederaufleben unter Kemal Atatürk, als sich im 20. Jahrhundert ein Volk auf seinen Münzen und Briefmarken an die ehemaligen Metallarbeiter des Altai-Gebirgs und an die Wolfsköpfe erinnerte, mit denen die Bogenreiter in die Schlacht zogen, von denen es abstammte. Alles dies leitet sich von Tschingis Khan her, denn die Kraft, aus der die moderne Türkei entstand, war der expandierende Vormarsch seines Mongolenreichs.

Innerhalb von sechzig Jahren nach seinem ersten stürmischen Aufbruch war jenes Reich zu einer leeren Hülle geworden. Es war von seinem ständig anschwellenden Umkreis gebannt worden und hatte in seinem Zentrum ein Vakuum entstehen lassen. Und in seinem Umkreis hatte es sich als unfähig erwiesen, Nomadentum und Seßhaftigkeit miteinander zu vereinen. Aber wie es selbst aus der bewaffneten Revolution gegen die uralte soziale Struktur der Steppen entstanden war, so ließ es die Saat zu einer unendlich weiträumigeren und tiefergreifenden Revolution zurück. Denn diese brachte Europa auf die Straße in einer Ära der Weltherrschaft, die bis zum Zweiten Weltkrieg dauern sollte.

In alten Zeiten neigte sich das Gleichgewicht der Kräfte zwischen der westlichen Küstenwelt und dem Osten, zwischen Europa und dem Orient, zugunsten des letzteren. Nur in Ausnahmefällen war der Westen in der Lage gewesen, Armut und Bedürftigkeit soweit abzuschütteln, daß er mit dem Wohlstand und dem Glanz des Ostens rivalisieren konnte. Mit dem 13. Jahrhundert begann sich das Gleichgewicht zu verändern, und die Mongolen gaben dem den entscheidenden Anstoß. Ihre zerstörerischen Invasionen hatten nur einen kleinen Teil Europas betroffen, aber im Osten hatten sie Wirtschftssysteme ruiniert, die durch den ständigen Ansturm der Steppe schon angeschlagen waren, und sie hatten bereits etablierte Gesellschaften erstarren oder zurückfallen lassen. Der mongolische Friede war Ost und West zugute gekommen, aber während der Weg für die traditionellen östlichen Güter nach Europa frei wurde, gelangte dieses nicht nur mit dem Handel in den Osten, sondern auch mit neuer Kriegstechnik, Technologie und Unternehmunglust, die sich im Westen rührten. Der Orient war nicht darauf vorbereitet, sich damit auseinanderzusetzen, und so wurden die Reichtümer der östlichen Welt überlegenen Kräften des Erwerbs und der Auslaugung ausgeliefert. Es ist behauptet worden, daß Tschingis Khan und seine Nachfolger unwissentlich jenen tiefen epochalen Vermögenswechsel in Bewegung setzten, der auf seinem Höhepunkt vielleicht räuberischer war als irgendeine ihrer Eroberungen und der Eurasien in Besitzende und Habenichtse spaltete.

Und noch ein weiteres. Im westlichen Atlantik, um 2 Uhr morgens am 12. Oktober 1492, informierte der Widerhall eines Schusses von der »Pinta« den Admiral an Bord der »Santa Maria«, daß Land in Sicht war. Kolumbus hatte Marco Polos Buch gelesen, und neben anderen Studien hatte er daraus geschlossen, daß er nach Westen segeln müsse, um in das Reich zu gelangen, das einst von »der großen und wunderbaren Herrlichkeit des Khubilaj Khans« regiert wurde. Und in seiner Schilderung der Inseln der Bahama-Gruppe, die er entdeckte und denen er Namen gab, schrieb er: »Als ich nach Juana kam, folgte ich seiner Küste und fand es so ausgedehnt, daß ich glaubte, es müsse Festland sein, die Provinz Cathay[1].«

Tschingis Khans Enkel und seinem venezianischen Vertrauten verdankt die Neue Welt die Inspiration ihrer Geburt.

[1] Aus dem »Brief des Kolumbus, der die Ergebnisse seiner ersten Reise beschreibt«. »Das Tagebuch des Christoph Kolumbus«.

Abenteurer, Verbrecher und Revisionisten

Wer das Herzland regiert, beherrscht die Weltinsel:
Wer die Weltinsel regiert, beherrscht die Welt.

HALFORD MACKINDER

VOM ZUSAMMENBRUCH DER MONGOLEN bis zur Eröffnung der transsibirischen Eisenbahn – womit diese Darstellung begann – sollten mehr als fünfhundert Jahre vergehen. Während jener Zeit sollte das uralte Herzland der Hirtennomaden im wesentlichen untergehen und sein riesiger Raum zwischen den beiden Küstenvölkern geteilt werden, die sie überrannt hatten. In diesem Prozeß nahm ein Innerasien der Natur- und Industrieprodukte, der Landwirtschaft und der Seßhaftigkeit seinen Platz ein, und die Grenzen zwischen seinen neuen Besitzern sollten ständig umstritten sein.

Das alte Herzland starb langsam und unternahm wiederholt Versuche, den traditionellen Lebensstil von Expansion, Angriff und Eroberung wiederaufzunehmen. Mit dem Zerfall des mongolischen Reichs tauchten die unterschiedlichen türkischen Regime der westlichen Steppen wieder auf, um von neuem in ihre Streitigkeiten zu verfallen und ihre endlosen Versuche, den Nachbarn zu berauben. Zu diesem meteorisch kurzlebigen Ausbrüchen gehört auch der des Tamarlan oder Timur Lenk, des »eisernen Hinkenden«. Wie ein Geier erhob er sich aus den Städten Transoxaniens, die Tschingis Khan zerstört hatte, und versuchte, das Reich des großen Mongolen wiederaufzubauen, von dem er in der weiblichen Linie abstammte.

Es war ein hoffnungloses Bemühen, denn obgleich Timur Lenk viel von Tschingis' militärischem Genie besaß, fehlte ihm doch jede politische Einsicht, über die sein Vorfahr verfügt hatte. In seiner Jugend ein kühner und attraktiver Abenteurer, war er in seinen reifen Jahren wenig mehr als ein Massenmörder, der von der Leidenschaft getrieben wurde, sich innerhalb einer Lebensspanne, von der er überzeugt war, sie würde kurz sein, unsterblichen Ruhm zu verschaffen. Er eroberte den Iran der späteren Il-Khane, plünderte von neuem Bagdad, griff die osmanischen Türken in Kleinasien an und verzögerte so deren Einnahme von Konstantinopel um etwa fünfzig Jahre. Von den Steppen am Schwarzen Meer bis nach Delhi schlug er eine Schneise von Ruinen; und nachdem er seine Söldnertruppen mit der Beute reichhaltig zufriedengestellt hatte, brachte er den Rest nach Samarkand und verwandelte die Stadt in ein phantastisches Museum, das mit den widersprüchlichen Schätzen der von ihm verwüsteten Länder vollgestopft war. Von seinen Gefolgsleuten verehrt, von den Überlebenden seiner Feldzüge gehaßt und von allen gefürchtet, starb er 1405 in einem Gewittersturm von ungewöhnlicher Heftigkeit, als er aufgebrochen war, um Ming-China zu erobern. Seine vielleicht einzige Tat von überzeitlicher Bedeutung war der Angriff auf die türkisch-mongolische Herrschaft im Gebiet der Wolga und des Schwarzen Meers. Denn in zwei verbissenen Schlachten zerbrach er hier für immer die Macht der Goldenen Horde und ebnete so der Befreiung Rußlands den Weg.

Im frühen 16. Jahrhundert erfolgte ein neuer Ausbruch im südlichen Herzland, aber dieses Mal waren die Ergebnisse fast restlos vorteilhaft. Ein Nachkomme von Timur Lenk, Baber, »der Tiger«, wurde durch drohende Nomadenwanderungen aus seinem Heimatland in Transoxanien verdrängt. Er stellte eine zusammengewürfelte Armee auf, zog durch Afghanistan, überquerte den Indus und erreichte 1526 Delhi. Sein Nachfolger, Humayun, setzte die Eroberungen fort, und durch den dritten in der Linie, Akbar, gelangte das Reich der Großmogule (= Mongolen) in Indien auf seinen Höhepunkt. Die Mogulen-Herrscher waren ebenso Männer des Geistes wie der Macht. 1570 begann Akbar in Fatehpur-Sikri den Bau seines großen Palastes, der mit seinen weiträumigen Höfen sosehr an den Großen Hof des Trinity College in Cambridge erinnert und aus der gleichen Zeit stammt, und von hier aus verbreitete er in Nord- und Zentralindien eine aufgeklärte Regierung und eine glänzende Kultur. Er war ungeheuer reich und herrschte autokratisch und glanzvoll – so spielte er von einem

Balkon aus Schach mit menschlichen Figuren in einem Hof, der in Felder unterteilt war. Sein im wesentlichen konstruktives Konzept brachte Hindus und Moslems zu gemeinsamem öffentlichen Dienst zusammen und trug viel dazu bei, die Risse zu überbrücken, die frühere Invasionswellen aus dem Herzland aufgerissen hatten. Und auf den Grundlagen der Verwaltung, die Akbar schuf, bauten die seefahrenden Briten, die zuerst während seiner Herrschaft in Indien erschienen, später ihr Herrschaftssystem auf.

Aber der wichtigste Wiederausbruch der Macht aus dem Herzland fand im Osten statt. Während die Mogulen ihr indisches Reich aufbauten, gewann ein Nomadenvolk, das mit den Ju-chen verwandt war, in der nördlichen Mandschurei an Stärke. 1853 erhielten die Geschicke dieses schon vielversprechenden Volks unter einem entschlossenen Führer mit Namen Nurhaci weiteren Auftrieb. Er vereinigte die Stämme um ihn herum in einer Konföderation, die stärker war als jede andere seit den Tagen der Mongolen. Und dieser Konföderation gab er den Namen Mandschu.

Für die Chinesen waren die furchtbaren Mandschu an ihrem nördlichen Grenzgebiet eine Quelle wachsender Beunruhigung, denn zu dieser Zeit waren die Kräfte der Ming-Dynastie im Schwinden; und über kurz versuchte China, die Mandschu mit Tribut zu besänftigen. Eines Tages jedoch erschien ein Hirt vor Nurhaci und übergab ihm einen Gegenstand, den er gefunden hatte. Es war das große Jade-Siegel des Tschingis Khan, das im Durcheinander der Flucht des letzten Mongolen-Kaisers aus Peking 1368 verloren worden war. Nurhaci wertete den Fund als als ein gutes Omen. In wenigen Jahren hatte er die chinesischen Garnisonen aus der südlichen Mandschurei vertrieben und sein Hauptquartier nach Mukden in eindrucksvolle Nähe zur Großen Mauer verlegt.

1644 ereigneten sich in rascher Folge eine Reihe seltsamer Geschehnisse in und um Peking. Ein chinesischer Straßenräuber setzte den Ming-Herrscher ab und versuchte, den kaiserlichen Thron zu usurpieren. Der loyale kommandierende General der Streitkräfte an der Großen Mauer rief die Mandschu von draußen herein, damit sie ihm halfen, den Rebellen zu vertreiben und den rechtmäßigen Herrscher wiedereinzusetzen. Durchaus nicht abgeneigt, schwärmten die Mandschu durch die Mauer, ließen den General den Räuber jagen während sie selbst Peking besetzten und die Regierungszügel des ganzen Landes in die Hand nahmen. Diese dramatische und teilweise komische Episode bedeutete für China bis zum 20. Jahrhundert das Ende jeder einheimischen Regierung, denn unter dem dynastischen Namen Ch'ing sollten die Mandschu-Invasoren bis zur Revolution des Sun Yat-sen regieren.

Als frühere Nachbarn Chinas waren die Mandschu schon vor ihrem Eintreffen in Peking teilweise zu Chinesen geworden, und das brachte mit sich, daß ihre Verwaltung, wo immer sie sich durchzusetzen vermochten, in ihrer Art chinesisch war. Aber wie ihre Vorgänger aus der Öde des Herzlands bewahrten sie sich ihre zähe kriegerische Spannkraft, und auf der Höhe ihres Triumphes und Ehrgeizes machten sie sich an die Vergrößerung ihres neu gewonnenen chinesischen Reichs. Gegen Ende des 17. Jahrhunderts hatte der Mandschu-Kaiser K'ang-hsi-ti die Mongolen im Gebiet der Wüste Gobi unter seine Herrschaft gebracht und weiter im Westen einen Versuch der Stämme am Altai-Gebirge niedergeschlagen, von den Weidegründen der gesamten Mongolei Besitz zu ergreifen. In diesen Feldzügen zur Unterdrückung und Expansion fanden die Mandschu-Truppen viel Unterstützung durch den schwächenden Einfluß des Lamaismus auf die östlichen Steppen und durch die wechselseitigen Streitigkeiten, die jetzt von Zeit zu Zeit jene Mongolen spalteten, die ihrer kriegerischen Herkunft treugeblieben waren. Entscheidend war jedoch der militärische und technische Faktor. Chinesische Feuerwaffen in Form von Kanonen auf Rädern und primitiven Musketen waren beweglich und tragbar geworden. Gegen Stein und Metall und die Schrecken explodierenden Schießpulvers hielten die nomadischen Bogenreiter und ihre Ponies nicht stand.

K'angs Enkel, Ch'ien-lung-ti, trug die Fahnen des Mandschu-Chinas noch weiter in das Innere. 1757 besiegte seine Artillerie die westlichen Mongolen auf den Steppen am Balkaschsee, und im folgenden Jahr besetzten seine Streitkräfte das Tarim-Becken. Große Massen von Nomaden zwischen dem Altai und dem Pamir wurden systematisch ausgerottet, auf ihren Weidegründen wurden Kolonisten aus dem inneren China angesiedelt, und die riesigen annektierten Gebiete des südlichen Herzlands erhielten den Namen »das neue Grenzland« – Sinkiang. So wiederholten die Mandschu den Drang nach Westen der ehemaligen Dynastien Han und T'ang, und das chinesische Reich, dessen Ausmaße sich im Laufe der Jahrhunderte ständig wandelten, erreichte im 18. Jahrhundert den größten Umfang, den es je erlebt hatte.

Als das Schicksal der Nomaden sich zum Schlechten wandelte, erhob auch eine andere wachsende Nation am Rand des Herzlands ihren Anspruch auf den Raum Innerasiens.

Ihre Unterwerfung durch die Goldene Horde war für die russischen Fürstentümer nicht ganz ohne Vorteile geblieben. Zum Teil auch um den unersättlichen Forderungen ihrer Herren nach Nahrung und Futter nachzukommen, hatten die Russen große Flächen blühendes Ackerland aus dem unberührten Wald herausgeschlagen. Und im Laufe der Zeit hatten die Khane der Goldenen Horde die Erhebung der Steuern den russischen Fürsten verpachtet, statt direkt den baren Tribut einzutreiben. Daraus hatte sich für die Fürsten eine Stärkung ihrer Position gegenüber ihrer Bauernschaft ergeben, und so war ihnen eine eigene rudimentäre Verwaltung zugefallen. Ihre Herrschaft war unbarmherzig, denn als Vasallen der Goldenen Horde basierte ihre Unterverwaltung auf dem Absolutismus des türkisch-mongolischen Systems. Alles war auf den fraglosen Gehorsam gegenüber einem aristokratischen Despotismus ausgerichtet, der rächende Strafen für jede schuldhafte Abweichung vorsah. Und ihr Regime wurde durch die Devise »divide et impera«, die von den Khanen praktiziert wurde, noch um so härter. Den russischen Fürsten, welche die größten Tributsummen aufbrachten, liehen die Herren der Goldenen Horde oft Reiter – um sie gegen ihre weniger willigen Nachbarn einzusetzen. Und im Wettstreit um solche Begünstigungen erpreßten die russischen Fürsten ihre Untertanen ohne Gnade. Wenn Rußland auch unter seinen nomadischen Eroberern die landwirtschaftlichen Grundlagen seiner zukünftigen Macht schuf, so ließ es sich unter ihrer Knute auch zu der Leibeigenschaft verleiten.

Timur Lenks schicksalhafte Schwächung der Goldenen Horde in den Neunzigerjahren des 14. Jahrhunderts schuf nicht nur die

Voraussetzungen für einen allgemeinen Aufstand der russischen Fürsten, sondern entschied auch, welches Fürstentum die führende Rolle spielen sollte, als es dazu kam. Denn Toktamisch, der zu der Zeit herrschende Khan, war bei Timur Lenks Ansturm gezwungen gewesen, seine russischen Vasallen zur Unterstützung aufzufordern. In seiner Schlüsselposition an der lukrativen Handelsstraße zwischen Nowgorod und dem Süden war Moskau bereits auf dem Weg zu Wohlstand und Stärke, und Vasilij, der Fürst von Moskau, der auf eine ansehnliche Belohnung hoffte, war der Aufforderung sofort nachgekommen. Dieser Schritt war nicht ungefährlich, aber fern von seiner zentralasiatischen Basis war Timur Lenk nicht in der Lage gewesen, nach seinen Siegen über Toktamisch auch noch dessen russischen Verbündeten anzugreifen. Als danach die Macht der angeschlagenen Goldenen Horde sich verringerte, wuchs dementsprechend die Moskaus – bis 1480 Ivan III., der sich wegen seiner Vorrangstellung gegenüber den anderen Fürsten zum Zaren ernannte, sich stark genug fühlte, der Goldenen Horde die Bündnistreue aufzukündigen.

Innerhalb eines Jahrhunderts, nachdem sie die Lehnsherrenschaft der Horde formal zurückgewiesen hatten, folgte eine entschiedene Aktion gegen deren Territorium. 1552 nutzte Ivan IV., der Schreckliche, Streitigkeiten zwischen untergeordneten Khans und eroberte Kazan und 1558 Astrachan. Damit stand Moskau an der Wolga und am Tor zu den Steppen zwischen Ural und Kaspischem Meer.

Dann trat ein Ereignis ein, das für den weiteren russischen Vorstoß in das Herzland zum Modell werden sollte. Der autokratische Anspruch auf Rußland hatte sich nicht durchgesetzt, ohne Männer hervorzubringen, die es ablehnten, sich ihm zu beugen. Einige waren Einzelgänger, andere Kriminelle und Deserteure und wieder andere enttäuschte Gruppen junger Bauern. Sie stammten von Russen oder Nomaden ab oder aber auch von Mischehen zwischen beiden. Diese Gesetzlosen zogen aus den Zentren in die weniger scharf kontrollierten Grenzgebiete und bildeten Banden, die ein skrupelloses Abenteurerleben führten. Wegen ihres ruhelosen Daseins erhielten sie den Namen Wanderer – Kasaken oder Kosaken. 1581 erschien eine Gruppe dieser ziellosen

Wanderer unter ihrem Hetman Jermak nördlich des Flusses Kama und zog in das Vorland des Urals, in ein Gebiet, das der mächtigen Pelz- und Sklavenhändler-Familie Stroganow gehörte. Das Eintreffen dieser ungezügelten Leute wurde keineswegs begrüßt, aber die Besitzungen der Stroganows waren immer wieder Ziel zerstörerischer Überfälle durch nomadische Bogenreiter, die über den Ural kamen. Um sich zugleich von den Kosaken und diesen Plünderern zu befreien, erteilten die Stroganows Jermak den Auftrag, eine Strafexpedition in das Gebiet der Nomaden durchzuführen.

Jermak überquerte die Berge und folgte dem Flußlauf der Tura nach Sibirien hinunter. Die Tura mündet in den Tobol und der Tobol in den Irtysch, und auf diesen Flüssen führte er in Booten seine Vorräte mit. Kutschum, der Khan dieser Region, mobilisierte alle Bogenschützen des Irtysch-Beckens. Jermak verfügte über nur achthundert Männer, aber sie besaßen Feuerwaffen.

Aller Wahrscheinlichkeit nach wurde das Schießpulver durch die Mongolen von China nach Westen gebracht, entweder während Subutajs europäischem Feldzug oder in den nachfolgenden Jahrzehnten des mongolischen Friedens. Aber die Steppenbewohner hatten von dem Geheimnis, das sie weitertrugen, nie Besitz ergriffen. Im Weideland Feuerwaffen herzustellen, war auf jeden Fall ziemlich unmöglich. Die benötigten Materialien waren, wenn überhaupt verfügbar, örtlich begrenzt; und zu dem Zeitpunkt, als der Kontakt zwischen Rußland und der Goldenen Horde eng genug wurde, um Ideen und Fertigkeiten zu übertragen, hatte Timur Lenk die besten Handwerker der Horde gefangengenommen und nach Samarkand getrieben. Wenn den Nomaden von reisenden Händlern Schußwaffen angeboten worden waren, hatten sie es gewöhnlich abgelehnt, sie zu kaufen: der Preis war oft zu hoch und die Anhänglichkeit der Steppe an den Bogen zu stark. Nur die osmanischen Türken, die den Konservativismus des Hirtenlebens überwunden hatten und von den fortgeschritteneren Ländern, die sie angriffen, lernten, hatten das Potential von Schießpulver und Gewehr erkannt. Aber in Europa hatte sich die neue Erfindung von jenseits der Steppe und die Waffe, die daraus hervorging, rasch verbreitet. Um 1350 notierte Petrarca, daß »diese Instrumente, die mit äußerst schrecklichem Lärm und Feuerblitzen Metallkugeln entladen vor ein paar Jahren noch sehr selten waren und größtes Erstaunen und Bewunderung hervorriefen, aber jetzt sind sie ebenso allgemein und vertraut geworden wie jede andere Waffenart[1]«. 1376 wurde in Rußland zum ersten Mal eine Kanone benutzt. Um 1450 gab es in Moskau und Twer Fabriken auch für leichtere Handfeuerwaffen. Jetzt, beim Vormarsch in das asiatische Innere, waren die Musketen entscheidend, denn durch sie wurde der Vorteil der Überlegenheit zwischen Küstenwelt und Steppe umgekehrt. In kleineren Gefechten konnte eine Handvoll entschlossener Infanterie mit ihrer um ein Vielfaches gesteigerten Schlagkraft endlich den wirbelnden Angriffen der schnellsten Steppenkavallerie standhalten; und im größeren Rahmen kam die überlegene Anzahl, über die die Küstenvölker schon immer verfügt hatten, gegen die bisher überwältigende Wirkung der nomadischen Pfeilhagel zum Tragen. 1582 vernichtete Jermak am Irtysch Kutschums Armee. Und obgleich er selbst in einem Nachgeplänkel, als der scheiternde Khan sich noch einmal aufbäumte, getötet wurde, hatten die Schußwaffen, die seine Kosaken zogen und trugen, in Sibirien schon sicheren Fuß gefaßt.

Kosaken, Feuerwaffen und Flüsse – sie führten das expandierende Rußland durch das Herzland. Denn die Kosaken waren anfänglich nicht die großartigen Reiter, die sie später wurden. Als sie dem zaristischen Absolutismus entflohen, waren sie zu Flußpiraten geworden, und entlang der Wasserwege drangen sie jetzt nach Osten vor. Die Nebenflüsse der großen Ströme, die zum Nördlichen Eismeer fließen, verlaufen quer dazu, und sie wurden zu ihren Straßen. In Kanus und Booten mit wenig Tiefgang, die Ausrüstung auf Flößen hinterher, fuhren sie einen Nebenfluß bis zu seiner Mündung in den Hauptstrom hinunter, folgten dessen Strömung, bis sie die Mündung eines nach Westen gerichteten Nebenflusses fanden, wandten sich dann wieder nach Osten und arbeiteten sich gegen die Strömung flußaufwärts. Zwischen den Quellgebieten der Nebenflüsse wurden die leichteren Fahrzeuge getragen und als Ersatz für die schwereren, die sie hatten zurück-

[1] Petrarca »De Remediis«, Liber I, Dialog 99

lassen müssen, in den Wäldern neue Flöße geschlagen. An strategischen Punkten entlang des Weges bauten sie ihre *ostrogs* und *stanitzas,* Forts aus Holz mit Hütten darin, um die Wasserstraßen zu bewachen und als Zentren der Besetzung zu dienen. Bald blühte der Verkehr entlang zunehmend vertrauten und gut ausgezeichneten Routen, und immer an der Spitze schoben die halbwilden, von Fluß zu Fluß ziehenden Kosaken, deren Feuerwaffen den nomadischen Widerstand brachen, unter russischen Abenteurern, die selbst oft keine Heiligen waren, die Grenze im Namen eines Zaren voran, der häufig auf ihren Kopf einen Preis ausgesetzt hatte.

1609 erreichten sie das Gebiet jenseits des Ob, wo Tomsk entstehen sollte. Zwanzig Jahre später drangen sie vom Jenissej in das Becken der Lena vor, errichteten an ihrem Ufer die befestigte Siedlung Jakutsk und schoben sich an ihrem Unterlauf zur Laptew-See hinunter. 1636, weniger als sechzig Jahre, nachdem Jermak den Ural überquert hatte, stand eine Vorhut am Ufer des Ochotskischen Meers und blickte hinaus auf Kamtschatka und den Pazifik. Und wenig später segelte ein Kosakenschiff vom Nördlichen Eismeer durch die Straße zwischen Eurasien und Amerika, die später dann von dem dänischen Forscher Bering durchfahren werden sollte.

Das Vordringen in den südlichen Steppen erfolgte nach einem ähnlichen Muster. Kosaken vom Dnjepr vertrieben die Lager der Nomaden nördlich des Schwarzen Meers, zogen hinunter in die Krim und nach Osten zum Don – »der Zar regiert in Moskau, die Kosaken am Don«. Sie überwanden das Hindernis des Kaukasus und begannen einen Vormarsch, der in späteren Jahrhunderten russische Schiffe auf das Kaspische Meer und russische Besatzungsmächte am Aralsee und Samarkand vorbei in das afghanische Hochgebirge am Rande Britisch-Indiens bringen sollte. Und überall, durch die Wälder und über die grenzenlose Weite der Grasflächen, kam hinter den Kosaken der Apparat der Konsolidierung: Gouverneure und Steuereinnehmer, Pelzhändler und Schlittenkutscher, Offiziere und Priester, Siedler und Sträflinge, die große zusammengewürfelte Masse vom Aristokraten bis zum Ausgestoßenen, die heroisch und selbstlos, habgierig und grausam war und mit deren Leben und Arbeit schließlich der Damm für die längste Eisenbahn der Welt gebaut werden sollte.

Kaukasus, Elburs und Pamir setzten der russischen Expansion nach Süden Grenzen. Aber nach Osten gab es keine solchen endgültigen Barrieren, sondern nur die scheinbaren Demarkationslinien der Flüsse. Und entlang dem Amur kam es zum Zusammenstoß mit dem gleichzeitig expandierenden China der Mandschu. 1650 erforschte der russische Grenzer Chabarow an der Spitze eines Trupps Kosaken den Weg durch das Jablonoj-Gebirge zum oberen Amur. Das Land war reich an Zobeln, und bald geriet er in Streitigkeiten mit den Fallenstellern der örtlichen Stämme, die ihm vorwarfen, ihre Jagdgründe zu berauben. Weiter flußabwärts, nicht weit von der Stadt, die jetzt seinen Namen trägt, stieß Chabarow auf einige Männer, die in Seide gekleidet waren. Es waren chinesische Steuereinnehmer. Die Mandschu-Beamten wurden sehr schnell von Truppen unterstützt, aber Chabarow trieb sie in die Flucht. In Peking jedoch saß K'ang-hsi-ti auf dem Thron. Er war dabei, die Mongolei zu unterwerfen, und unterschätzte keineswegs die neue Bedrohung an den Grenzen seines wachsenden Reichs.

Am nördlichsten Punkt der großen Schleife des Amur bauten die Russen eine befestigte Siedlung, die sie Albasin nannten. Eine chinesische Streitmacht, die K'ang ausgeschickt hatte, um die Evakuierung zu fordern, erschien vor der kleinen Holzzitadelle, und angesichts von fünfzehntausend Männern mit zweihundert Kanonen gaben die Russen nach. Die Chinesen zerstörten Albasin, und als sie den alten Zustand wiederhergestellt hatten, zogen sie ab. Kaum war die Luft rein, da kamen die Kosaken zurück und begannen den Wiederaufbau. Als sie davon hörten, kehrten auch die Chinesen zurück und belagerten den wiederaufgebauten Stützpunkt.

Das zaristische Rußland und das China der Mandschu waren von Westen und Osten in das Herzland vorgedrungen, hatten die Hirtenkrieger mit ihren starren Gesellschaftsordnungen und überholten Waffen unterworfen, jeden Widerstand zusammengeschossen, den gefügigeren Nomaden das Land zugeteilt, das sie nicht für sich selbst haben wollten, und hatten deren Leben und

Lebensunterhalt geordnet und besteuert. Als sie sich vorschoben, formten beide schon den gigantischen inneren Kontinent, den sie besetzten, nach ihren Vorstellungen um, verankerten überall die Wurzeln ihrer Seßhaftigkeit und nahmen schon die ersten Stadien der Umwandlung in Angriff, die in unseren Tagen die Bodenschätze und die latente Energie erschließen, die Weidegründe unter den Pflug bringen und von der Tundra bis zur Wüste Hochöfen und Fabriken errichten sollte. Im 17. Jahrhundert mochten die Vorausabteilungen an der Spitze der Stoßrichtungen wie bei Albasin noch klein sein, aber hinter ihnen standen Nationen – nach den Maßstäben der Zeit – von erster Größenordnung: kaiserliche Staaten, die zentralistisch organisiert waren, über einen berufsmäßigen und großartig bewaffneten Militärapparat und riesige Bevölkerungen verfügten, um die Räume zu verteidigen und zu entwickeln, die sie an sich rissen. Jetzt waren die neuen Herren der vom »Ozean umgürteten Länder« an dem anmutigen Lauf des Amur aufeinandergetroffen.

Der Zusammenstoß bei Albasin hatte zur Folge, daß die Russen sich zeitweilig zurückzogen. 1698 schlossen sie mit China den Vertrag von Nertschinsk und traten darin jeden Anspruch auf beide Ufer des Amurs ab. Und 1727, als sie durch die Auswirkungen der Regierung Peter des Großen angeschlagen waren – durch seinen langen Krieg mit Schweden und durch die hektische Raserei der technologischen Revolution –, erkannten sie die Hegemonie der Mandschu in Zentralasien an. Und weitgehend auf Grund dieser Konzessionen, die Peking ein Anrecht auf die China benachbarten Teile des Herzlands gaben, wurde für den Augenblick das Vordringen Rußlands nach Osten in den Norden abgebogen. Da weitere Übergriffe auf Chinas Lebensraum zur Zeit nicht möglich waren, wurden zuerst Kamtschatka und dann die Kette der Alëuten zu Meilensteinen für die Kosaken und Pelzhändler, die durch Alaska in die Täler der Rocky Mountains zogen und vor den amerikanischen Siedlern von der Atlantikküste Kalifornien erreichten.

Mitte des 19. Jahrhunderts jedoch wurde das Mandschu-Reich aus einer anderen Richtung bedroht. Immer hatte Chinas Verteidigungsgürtel gegen Zentralasien gestanden. Seine Stellung landeinwärts hatte ihm ermöglicht, die endlosen Invasionen von den Steppen aufzuhalten oder sie schlimmstenfalls in seinem Inneren aufzulösen – wie es bisher auch mit infiltrierenden Russen gelungen war. Oft, nach einem außergewöhnlich katastrophalen Einbruch in seine Zivilisation, hatte es darin Trost und Vergessen gesucht, daß es die Außenwelt ausschloß und sich in seine eigene überlegene Vergangenheit zurückzog – so hatte es während der Reaktion der Ming-Zeit die Erinnerung an die Mongolen auszulöschen versucht. Doch der Opiumkrieg mit Großbritannien von 1840, in dessen Gefolge andere Nationen des maritimen Westen seine Tore zum Meer aufbrachen, bedeutete den Beginn eines Einbruchs von ganz neuer Art. Obgleich sie von barbarischen Eroberern Chinas abstammten, waren die späteren Mandschu-Kaiser nicht in der Lage, mit der neuen Barbarei fertigzuwerden, die von ihrer Seeflanke auf sie eindrang und eine Ideologie mitbrachte, gegen die ein Rückzug in die Isolation nichts half. Jeder der großen Dynastien – Han, Sui, T'ang, Sung und Ming – war jeweils das Mandat des Himmels entzogen worden, wenn sie erschöpft waren, aber da es sich auf ein nachfolgendes Haus übertrug, war es bisher immer erneuert worden. Auf die Umstände des Niedergangs der Ch'ing war dies nicht mehr anwendbar.

Wie immer am Anfang einer Schwäche Chinas erhielten die Kräfte an seinen inneren Grenzen ihre Chance. 1847 ernannte Nikolaus I. Murawjew zum Generalgouverneur von Ostsibirien mit der vorgeblichen Aufgabe, die russischen Interessen des Gebiets vor Übergriffen der europäischen Mächte zu schützen. Kühn und unermüdlich erforschte Murawjew zunächst im einzelnen den unteren Amur, und unter dem Vorwand, China vor seinen seefahrenden Feinden zu schützen, annektierte er dann weite Strekken des nördlichen Ufers, gründete Chabarowsk, verstärkte die Vorpostenstadt Blagoweschtschensk und zog Tausende von Truppen und Siedlern herein, um ständige Niederlassungen zu errichten. Die Übereinkunft von Nertschinsk, die der mächtige K'anghsi-ti durchgesetzt hatte, wurde schnell zu einem wertlosen Stück Papier. Sie wurde 1858 durch den Vertrag von Aignu ersetzt, in dem die jetzt vom Meer und vom Land bedrängten Mandschu ihren Anspruch auf alles Land nördlich des Amurs aufgaben.

Zwei Jahre später bestätigte der Vertrag von Peking – der zweite der sogenannten »ungleichen Verträge« – Rußlands Erwerbungen und fügte seinem sibirischen Reich die gesamte östliche Mandschurei zwischen dem Ussuri und der Küste hinzu, einschließlich dem Gebiet Wladiwostok, das die Kosaken bereits besetzt hatten.

So vollendete Murawjew 1860 das Werk, das Jermak 1581 begonnen hatte. Der Weg für die Baumeister der transsibirischen Eisenbahn vom Ural bis zum Pazifik war frei, frei für die Einwandererwelle in das nördliche Herzland am Beginn des gegenwärtigen Jahrhunderts, die wiederholte Gegenstöße japanischer Ambitionen letztlich nicht aufhalten konnten, frei für die Sowjetunion, die ein Sechstel der Erdoberfläche erbte, die Verlegung des Schwerpunkts der russischen Industrie in das Innere Asiens zu beschleunigen, frei für eine erneute Konfrontation entlang einer Grenze von siebentausend Kilometern Berg, Steppe und Fluß mit dem wiedererstandenen China der Volksrepublik.

Für die Welt außerhalb seines öden Horizonts barg das Herzland vergangener Jahrhunderte ständig Geheimnisse und Befürchtungen. Niemand konnte sagen, welche Spannungen unter dem heulenden Steppenwind verborgen waren, oder wann diese Spannungen in Zusammenstoß und Schlacht ausbrachen, die ihre rasenden Wellen über Gras und Wüste hinweg auf die seßhaften Völker des Küstengürtels aussandten. Die Nomaden sind jetzt »integriert«, und der Bogenreiter, außer in einem blassen Abbild bei festlichen Anlässen, wird nicht mehr gesehen. Der Balkaschsee spiegelt die gekrümmte Flugbahn sowjetischer Versuchsraketen wider, und an den mongolischen Flüssen patrouillieren russische Panzer. Rund um die Ordos-Schleife befinden sich Chinas nukleare Anlagen und im Sand des Tarim-Beckens sein nukleares Versuchsgelände. Neue Streitfragen, die sich in dem uralten Kessel Inerrasiens rühren – und für die Außenwelt die alten Befürchtungen in neuen Begriffen.

Doch das Herzland von gestern hinterläßt den Riesen, die sich über seinem Leichnam die Waage halten, einen ganz eigenen Aspekt. Während der Jahrtausende, als die berittenen Krieger des nomadischen Asiens die Lehnsherrschaft über den größeren Teil der Menschheit ausübten, kämpften sie darum, eine grundsätzliche Ungleichheit des wirtschaftlichen Potentials zwischen dem Inneren des eurasischen Kontinents und seinem ozeanischen Rand auszugleichen. In dieser Hinsicht kann der Terror, den sie verbreiteten, und der Tribut, den sie forderten, als ein primitiver Versuch des Ausgleichs angesehen werden, als das erstaunlichste und stetigste Programm erzwungener Hilfe, das je durchgeführt wurde. Als Gegenleistung, sei es zum Guten oder Schlechten, vermittelten die Nomaden den Küstenvölkern, auf die ihr Ansturm traf, etwas von ihrer Art. Es ist behauptet worden, daß eine Fusion der Qualitäten der Steppe und der Seßhaftigkeit zum Entstehen dessen beigetragen hat, was heute die zivilisierte Menschheit genannt wird, und in ihrer Struktur vereinige sich das friedliche, hilfsbereite, nachdenkliche Temperament des Landwirts und der disziplinierte, wetteifernde, kriegerische Geist des Hirten, der um seinen Weidegrund und seine Beute kämpft.

In der Mongolei, einst der Ursprung der erobernden Horden und jetzt der Pufferstaat zwischen ihren Eroberern, hält sich immer noch eine Prophezeiung: »Wenn das zerbricht, was härter ist als der Felsen und stärker als der Sturm, wenn der Weiße Zar nicht mehr ist und der Sohn des Himmels verschwunden, dann wird man wieder die Lagerfeuer des Tschingis Khan sehen, und sein Reich wird sich über die Erde erstrecken.«

Zar und Kaiser sind abgetreten. Aber es scheint nicht nötig, daß Tschingis Khan wiederkehrt. Denn in der Spannung innerhalb des Herzlands von heute wie in dem Konflikt in einem jedem von uns, die dem Drang, zu den Waffen zu greifen, noch nicht erlegen sind, leben er und seinesgleichen weiter.

Anhang

LITERATURHINWEIS

Da ein großer Teil der benutzten älteren englischen Literatur kaum zugänglich ist, beschränkt sich die Bibliographie auf die wichtigsten neueren Quellen des Autors, ergänzt durch wesentliche Werke, die in deutscher Sprache erschienen sind.

BAUER, W. *China und die Hoffnung auf Glück. Paradiese, Utopien, Idealvorstellungen,* München 1970

BOGLE, G. und MANNING, T. *Aus dem Lande der lebenden Buddhas,* Bearbeitung von M. v. Brandt, Hamburg 1909

BOULNOIS, L. *The Silk Road,* London 1963

CASSON, L. *The Ancient Mariners,* London 1959

CIPOLLA, C. M. *Guns and Sails in the Early Phase of European Expansion,* London 1965

COLES, P. *The Ottoman Impact on Europe,* London 1968

COLLEDGE, M.A.R. *The Parthians,* London 1967

COLILS, M. *The Great Within,* London 1941

DAVID-NEEL, A. *Heilige und Hexer. Glaube und Aberglaube im Lande des Lamaismus,* Leipzig 1931

DE FERDINANDY, M. *Tschingis Khan, Steppenvölker erobern Eurasien,* Hamburg 1958

–, *Das Ende der heidnischen Kultur in Ungarn,* Ungarisches Jahrbuch, Berlin 1936

–, *Die Hochasiatischen Reitervölker und der Westen bis zum Mongolensturm,* Historia Mundi Bd. V, Bern 1956

DEL CARPINE, *Geschichte der Mongolen und Reisebericht,* übersetzt von F. Risch, Leipzig 1930

DOMES, J. *Politik und Herrschaft in Rotchina,* Stuttgart 1965

EBERHARD, W. *Geschichte Chinas,* Stuttgart 1971

FRANKE, O. *Geschichte des Chinesischen Reiches,* 5 Bände, Berlin 1930–1952

FULLER, J. F. C. *Decisive Battles of the Western World,* 2 Bde, London 1954

GIBBON, E. *Decline and Fall of the Roman Empire,* London 1825

GLUBB, J. B. *The Great Arab Conquest,* London 1963

GROUSSET, R. *The Rise and Splendour of the Chinese Empire,* London 1952
–, *L'Empire des Steppes,* Paris 1952
–, *Conqueror of the World,* London 1967
HAENISCH, E. *Die geheime Geschichte der Mongolen,* Leipzig 1948
HARRER, H. *Sieben Jahre Tibet,* Darmstadt 1952
HEDIN, S. *Durch Asiens Wüsten,* Leipzig 1922
HEISSIG, W. *Mongolenreiche,* Propyläen-Weltgeschichte Bd. VI, Berlin–Frankfurt 1964
HOOSON, D. J. M. *A New Soviet Heartland?* Princeton 1964
–, *The Soviet Union,* London 1966
IPSIROGLU, M. S. *Painting and Culture of the Mongols,* London 1966
JUVAINI, ATA-MALIK *The History of the World Conqueror,* aus dem Persischen von J. A. Boyle, Manchester 1958
KIRBY, S. F. *Einführung in die Wirtschafts- und Sozialgeschichte Chinas,* München 1955
KOROSTOWETZ, I. J. *Von Cinggis Khan zur Sowjetrepublik,* Berlin 1926
KRAUSE, F. E. A. *Cingis Khan, Geschichte seines Lebens,* Heidelberg 1922
LATTIMORE, O. *Chingis Khan and the Mongol Conquests,* Scientific American, August 1963
LOEWE, M. *Das China der Kaiser. Die historischen Grundlagen des modernen China,* Wien und Berlin 1966
LÜDTKE, *Die Verehrung Tschingis Chans,* Archiv für Religionswissenschaft 1927
LUM, P. *The Purple Barrier,* London 1960
MARCO POLO, *Die Reisen des Venezianers Marco Polo,* neu übertragen und herausgegeben von H. E. Rübesamen, München 1963
MIGOT, A. *Vor den Toren Tibets,* Stuttgart 1954
MONTAGUE, I. *Land of the Blue Sky,* London 1956
PIRENNE, J. *The Tides of History,* 2 Bde, London 1962
RICHARDSON, H. E. *Geschichte und Schicksal,* herausgegeben vom Institut für Asienkunde, Frankfurt 1964
RICE, T. T. *The Scythians,* London 1957
–, *The Seljuks,* London 1961
PRAWDIN, *Tschingis Khan und sein Erbe,* Stuttgart-Berlin 1938
PROCOPIUS, *The Persian War,* edited by H. G. Dewig, London 1914
RADLOFF, W. *Aus Sibirien. Lose Blätter aus dem Tagebuch eines reisenden Linguisten* I–II, Leipzig 1884
RUBRUK, Wilhelm von *Reise zu den Mongolen 1253–1255,* übersetzt von F. Risch, Leipzig 1934
RUNCIMAN, S. *A History of the Crusades,* 3 Bde, Cambridge 1955
SALISBURY, H. E. *Orbit of China,* London 1967
SCHMIDT, I. J. *Geschichte der Ost-Mongolen und ihres Fürstenhauses,* verfaßt von Ssanang Ssteten, St. Petersburg 1829

SPULER, B. *Die Geschichte der Mongolen in Iran,* Berlin 1952
–, *Die Geschichte der Goldenen Horde,* Berlin 1950
TOLSTOW, S. P. *Auf den Spuren der Altchoresmischen Kultur,* Berlin 1953
TREADGOLD, D. W. *The Great Siberian Migration,* Princeton 1957
TUPPER, H. *To the Great Ocean: Siberia and the Transsiberian Railway,* London 1965
VAMBÉRY, A. *Die Geschichte Bokharas oder Transoxaniens,* Stuttgart 1872
VAUGHAN, D. M. *Europe and the Turk,* Liverpool 1954
VLADIMIRTSOW, *Thschingis Khan,* Berlin–Leningrad 1922
WALEY, A. *Lo-Yang and its Fall,* History Today, London April 1951
WHITE, L. jr. *Medieval Technology and Social Change,* Oxford 1962 1952

ORTS- UND NAMENSREGISTER

Aachen 187
Abbassiden 204, 215, 219, 225, 344 f.
Abeskun 319
Achlat 231, 233
Adad-nirari 80
Adrianopel 165, 166, 172, 176, 186, 239
Aetius 175 ff.
Afghanen 254
Aguda 247
Aignu 379
Ain Jalud 352
Ai-ti 133
Akbar 369 f.
Akkum 303
Ala ed-Din Mohammed 254, 283, 298, 300 ff., 308, 310, 314 f., 316, 319
Alamut 343 f.
Alanen 163, 168 f., 176
Alarich 166, 169
Alatau-Gebirge 303
Albasin 377 f.
Aleppo 232, 346
Alexander III. 10
Alexander der Große 87, 89, 91, 116, 157
Alexander Severus 162
Alexandria 116, 199
Alexios Kommenos 239
Alfred der Große 222
Ali 199, 225
Alice Springs 40
Al Ka'im 215, 218 ff.
Al'Mutasim 344 f.
Alp Arslan 224, 225 ff., 228 f., 231 ff., 238, 240, 250, 253
Alptigin 210 f.
Altai-Gebirge 25, 47, 48, 79, 80, 92, 93, 109, 132, 133, 137, 140, 150 f., 160, 182, 183, 196, 249, 257, 259, 273, 302, 346, 366, 371
Ambakhai 263, 272, 284
Amiens 175
Amur 12, 34, 35, 36, 38, 39, 46, 132, 137, 246, 248, 258, 293, 377 f., 379
Ancona 349
Andronikos Dukas 231, 235 f., 238
Angara 27, 29
Ani 217
Anjang 74
Annam 136
Antiochia 147 f.
Aquileja 178
Araber 198 f., 200 f., 204, 208, 209, 216, 220, 239, 241, 309
Arabisches Meer 212
Aralsee 46, 47, 49, 52, 70, 87, 89, 120, 122, 147, 196, 198, 206, 214, 253, 300, 308, 314, 332, 346
Ararat 217
Argun 34, 35, 258
Arik-Guga 353, 360
Arjuna 74

Arnulf 207
Arpad 207
Arras 175
Arsakes, König 90
Aschoka 116
Asowsches Meer 163, 184, 207, 322 f.
Assassinen 343 f.
Assena 182
Assurbanipal 81 f.
Assyrer 81
Assyrien 82, 84, 91
Astrachan 17, 373
Athanarich 164
Atsiz 251, 253
Attila 171 ff., 175 ff., 186, 208, 336
Aurelian 162
Awaren 159 f., 179, 182, 183, 184 ff., 190, 192, 193

Baber 369
Babylon 81 ff., 90
Bacon, Roger 349
Bagdad 204 f., 206, 208, 210, 215 f., 218ff., 341, 343, 344 ff., 369
Baibars 352
Baikalsee 12, 29, 35, 37, 46, 47, 51, 93, 109, 184, 258, 259 f.
Baktrien 89, 116, 117, 118, 119, 120, 124, 143
Balch 147, 198, 211, 252, 309, 314, 316
Balkaschsee 46, 87, 117, 137, 151, 184, 191, 192, 194, 195, 206, 211, 249, 254, 275, 298, 303, 371, 380
Balkatigin 215
Barbaren 100
Baschkiren 17
Bashasiri 218 f.
Basileios II. 228
Batu 332 f., 335 ff., 340, 342, 347, 350, 351
Bayan 186, 208, 353 f., 360
Beauvais 175
Bela IV., König 335, 336
Belgrad 172, 186
Benares 120
Blagoweschtschensk 38 f., 379
Bleda 171, 174
Bordschigin 262, 266, 272, 275, 284
Borte 271 f., 279
Bortschu 270, 276, 278, 315
Bosporus 85, 163, 187, 199, 238
Breslau 334
Buchara 66, 67, 200 f., 204, 209, 211, 213, 309, 310 ff., 358
Budapest 335, 336
Buddhismus 43, 142, 157, 250, 254, 298, 361, 363
Bujiden 205, 210, 214 ff., 218
Bulgaren 185, 192 f., 196, 207, 208, 224, 230
Burgunder 169
Burhan Khaldun 260, 289, 324, 362
Burjat-Mongolen 34
Bur Nor 266
Byzanz 119, 162, 185, 186 f., 193, 197, 198, 199, 205, 207, 217 f., 221, 223 f., 225 ff., 229, 235 f., 238, 323, 333, 364, 365

Caligula 143
Cambrai 175
Caracalla 161
Carpine, Giovanni del 339 ff., 349, 359
Chabarowsk 12, 35, 39, 377, 379
Chagri 213, 214, 217
Chailar 258
Chalons 176
Chao K'uang-yin 244
Chasaren 192 ff., 196, 205 ff., 209, 212, 221, 223 f., 349
Ch'ien-lung-ti 371

Chilkow, Fürst 15
Chin 255, 256, 285, 288 ff., 293 ff., 297, 319, 324, 328 f.
Ch'in 101
Ch'ing 371, 379
Chingan-Gebirge 47, 136, 137, 181, 242, 258, 259, 266, 356
Choi 232 f.
Chorassan 199, 204, 210, 211 ff., 251, 252, 253, 309, 316 f., 319 f., 326, 331
Chosrau 180, 184
Chotan 94, 146
Chou-Dynastie 98 ff.
Christentum 339
Chungking 351
Chung Tu 248, 288
Chu Yüan-chang 363

Dalai Lama 361 f., 363, 371
Damaskus 199, 204, 346, 352
Dandarkan 214
Dardanellen 365
Dareios 84 ff., 89
Dekkan 73
Delhi 21, 67, 267, 369
Demawend 147
Diokletian 162
Dnjepr 80, 322, 376
Dnjestr 80, 85, 164, 322
Don 185, 193, 376
Donau 66, 82, 142, 160, 162, 164, 167, 168, 170, 172, 173, 185, 193, 207, 208, 224, 322, 332, 335, 336, 365
Dschalal ed-Din 315 f., 318
Dschamouka 276
Dschebe 278, 291, 295, 299, 300, 310 f., 312 ff., 316, 319 ff., 326, 331
Dschehol 292
Dschelme 278
Dschötschi 279, 292, 294, 311 ff., 315, 327, 332, 347
Dsungarei 17, 49, 66, 91, 117, 133, 137, 150, 195, 346
Durazzo 238
Durko 182 f.

Eder 258
Ekbatana 147
Elamiter 83
Elbe 186
Elburs-Gebirge 47, 70, 147, 215, 344, 377
Eratosthenes 349
Erbil 147
Erzerum 217, 231
Eudoxia 228
Euphrat 70, 73, 90, 141, 147, 198, 225, 226, 231, 232, 256, 345

Fatehpur-Sikri 369
Fatimiden 225, 238, 343
Fergana-Tal 125, 127, 196, 311
Florenz 349
Franken 169, 187, 230, 232, 233 f., 239
Franziskaner 339 f.
Franzosen 336
Fraser, John Foster 9, 13, 15 f.
Friedrich II., Kaiser 333, 339

Galitsch 323
Gallien 168, 175
Ganges 67, 73, 117, 120, 179
Genezareth, See 352
Genua 349, 359
Gepiden 159, 170, 186
Germanen 161, 162, 175
Ghasna 211, 315
Ghasnawiden 211 ff., 216, 267
Ghusen 206 f., 212, 221, 223 f., 230, 252 f.
Gibraltar 169, 199
Golan-Schlucht 67
Goten 160, 167
Gregor der Große, Papst 186

Griechen 82, 84 f., 116
Grousset, René 99
Güyük 333, 340 ff., 350
Gupta 179

Hadrian 142, 160
Hamadan 147, 198, 217
Hammurabi 73
Han-Dynastie 110 f., 113 f., 136, 144, 148, 152, 154, 372, 379
Han Wu-ti, Kaiser 121 f., 125, 126 f., 132
Hangchow 248, 329, 353, 355
Harappa 69, 73
Harun al-Raschid 204
Hassasiyun 343
Hattin 239
Heinrich II., Fürst 334 f.
Heinrich III. 339
Hekatompylos 90, 147
Hephthaliten 178 ff., 184, 187, 196
Heraklios 197 f.
Herat 67, 198, 309, 317
Hermon-Gebirge 238
Herodot 349
Hethiter 73 f., 82
Hieronymus 167
Hieropolis 147
Himalaja 43, 46, 47, 51, 67, 91, 116
Hindukusch 46 f., 67, 70, 90, 93, 117, 120, 198, 314, 315
Hindus 370
Hiung-nu 93, 94 ff., 100 ff., 104, 108 ff., 115, 117, 118, 119, 120, 122 ff., 128 ff., 135 ff., 149 ff., 159 f., 163, 174, 180, 181, 182, 189, 190, 248, 257, 293, 295
Hoangho 66, 69, 74, 95, 97, 98, 102, 103, 104, 110, 121, 128, 134, 145, 151 f., 153, 155, 158 f., 196, 200, 241, 248, 256, 287, 288 f., 292, 293, 294, 297, 324, 328 f.
Hoelun 266, 269 ff., 278
Homs 346
Honoria 175
Hsi-hsia 245 f., 256, 283, 285 ff., 319, 324, 354, 359
Hsuan-ti 132, 133
Huai-ho 248
Hui-tsung 246 ff.
Hulagu 320, 342, 344 f., 346, 347, 350, 352 f., 361, 364
Humayun 369
Hunnen 163 f., 166 ff., 175 ff., 192, 257
Huo T'schu-ping 123 ff.
Hykso 72

Ibrahim Inal 217, 219, 225, 227
Ili 46, 183, 189, 194
Inalchik 301, 302, 312
Indus 69, 73, 84, 87, 117, 120, 179, 220, 300, 318, 349, 369
Ingoda 34, 258
Innocenz IV. 339
Irkutsk 16, 27 ff., 38
Irtysch 19, 133, 212, 223, 258, 302, 320, 374, 375
Isfahan 216
Islam 199, 205, 209, 212, 215 f., 218, 220, 225, 251, 309, 339, 344, 346, 361, 364
Ivan III., Zar 373
Ivan der Schreckliche 373

Jablonoj-Gebirge 32, 258, 377
Jakutsk 376
Jangtsekiang 97, 102, 103, 152, 158, 189, 248, 250, 256, 262, 283, 329, 331, 347, 351, 353, 363
Jaroslaw 333
Jaroslaw von Susdal 341
Jaxartes 46, 84, 87, 117, 118, 132, 184, 200, 204, 212 f., 249 ff., 254, 256, 300, 301, 303, 308, 310 ff.
Jehol 242

Jenisseij 11, 26, 27, 30, 46, 47, 52, 183, 258, 376
Jermak 374 ff., 380
Jerusalem 238 f., 339, 346
Jesdegerd 198
Johann, König 295
Johannes, Priester 338, 339, 346
Jordan 352
Jordanis 67, 164
Juan-juan 159, 182, 184
Ju-chen 246 ff., 250, 255, 261 ff., 266, 272 f., 283 ff., 287 ff., 292 f., 295 f., 298, 329, 331, 355, 370
Judaismus 209
Justinian 184 f., 193
Justinian II. 193, 207
Juvaini 324

Kabul 67, 204, 211, 316
Kadasiya 198
Kaidalowo 34
Ka'i-feng 244, 247, 289, 294, 295, 319, 324, 326, 328 f., 347
Kairo 225, 352, 365
Kajdan 334, 335, 360
Kalka 323
Kama 332, 374
Kambyses 84
Kamtschatka 376, 378
Kan 258
Kandahar-Gebirge 67
K'ang-hsi-ti 371, 377, 379
Kansu 245
Kanton 122
Kan Ying 141, 145
Kao Hsien-chih 201 f.
Kao-tsu 110 ff., 121, 124, 153
Kara-khaniden 211 ff.
Kara-Kithanen 249 ff., 253 ff., 275, 283 f., 298 ff., 303, 338
Karakorum 330 f., 336, 340, 341, 342, 346, 349, 353, 359
Karakorum-Gebirge 51, 200
Kara-kum 50
Kara-See 23
Kara Shar 94, 135, 139 f., 146
Karl der Große 187
Karl II. 136
Karluken 191, 206
Karpaten 49, 66, 117, 178, 186, 335
Karrhä 90, 144
Kars 217
Karthago 89, 116, 169, 172
Kasachstan 183
Kasa Shan 131
Kaschgar 94, 146, 195
Kaspisches Meer 87, 89, 90, 117, 118, 133, 146, 167, 184, 196, 205, 207, 208, 210, 214, 221 f., 223, 225, 250, 308, 319, 321, 323, 344, 373
Kassiten 73, 81
Kaukasus 47, 51, 82, 90, 142, 166, 170, 185, 192, 204, 205, 226, 321, 350, 376, 377
Kayi 364
Kayseri 227
Kazan 373
Kemal Atatürk 366
Kennan, George 37
Kentey-Gebirge 258 f.
Kereiten 259, 271 ff., 275
Kertsch 163
Kerulen 34, 258, 259 ff., 266, 273, 289, 324, 341
Kewir Wüste 215
Khabul 262 f.
Khaiber-Paß 67, 117, 147
Khanbalik 355, 362
Khapaghan 200 f.
Khasar 279
Khitanen 242 ff., 246 ff., 250, 255, 259, 261 f., 288 ff., 293, 295 f., 298, 331, 341
Khotan 195
Khubilaj 320, 342 f., 347, 351 ff., 355 ff., 359 f., 362, 363, 364

Khuzru, Amir 306
Khwarezm 214, 240, 251, 253 f., 256, 267, 283, 300 ff., 308, 309 f., 312, 314, 315, 318, 319 ff., 342 f., 364
Kiangtu 359
Kia-yukuan 107, 145
Kiew 222 f., 323, 333, 337
Kimmerier 82 f., 87
Kiptschaken 223 f., 230, 232, 322, 332, 361
Kirgisen 17, 221, 243
Kitboga 352
Knut der Große 222
Koblenz 175
Kocho Tsaidam 181, 182, 184, 187
Köln 175
Kokand 127 f.
Kolumbus 367
Kolyma-Gebirge 47
Konfuzianer 129
Konfuzianismus 99, 120
Konfuzius 99
Konstantin 162
Konstantin IV. 193
Konstantin X. Dukas 228, 231
Konstantinopel 163, 165, 166, 168, 169, 172 ff., 185, 186, 190, 193, 199, 203, 204 f., 207, 208, 214, 222 ff., 225 ff., 228 f., 236, 238, 240, 322, 357, 364, 365, 639
Konya 227
Kopet-Dag 89
Kosaken 17, 38, 39, 373, 375 f., 377 f., 380
Krakau 334
Krak des Chevalliers 346
Krasnojarsk 26, 30, 93
Krim 376
Kroaten 336
Kuang-wu-ti 136
Kucha 94, 131, 146, 195
Kuchluk 275, 298 f.
Kujanga 132, 133, 134
Kukku-Nor 245
Kunlun-Gebirge 50
Kuschan 120, 141, 143, 147, 148, 179
Kutschum 374 f.
Kwantung 327, 354, 363
Kwei-schuang 120
Kyros 83 f.
Kysyk-kum 50, 308, 311 f.

Langobarden 186
Lao-tse 100
Laptew-See 33
Lechfeld 208
Lena 33, 46, 47, 376
Leo I., Papst 178
Leo III. 203
Liao 202, 242
Liaotung 104
Liegnitz 335, 360
Li Ling 129 f.
Listwijanka 30
Liu Pang 110, 111
Liu Ts-ung 154 ff.
Liu Yao 154, 156 f.
Liu Yuan 154
Lojang 136, 137, 139, 140, 149, 155 f., 159, 169, 190, 295
Lop Nor 46, 127, 131, 138 f., 146

Magyaren 207 f., 221
Mahmud 211 ff.
Mailand 349
Malik 240
Malteserritter 335
Mandschu 35, 370 f., 372, 377 f., 379
Manichäer 203, 209
Mantzikert 217 f., 227, 231 ff., 237, 240, 250, 365
Mao-tun 109 ff., 153, 181, 275
Marcellinus, Amianus 67

Marco Polo 357, 358 (Nicolo), 359 f., 362, 367
Mariza 172, 365
Marmara-Meer 172, 199, 208, 364
Martell, Karl 203
Massageten 87
Maurja-Dynastie 116, 117
Ma Yuan 136
Mazdaismus 203
Mazedonier 87
Meder 83, 84
Mekka 199
Melikschah 250, 253
Melitene 217, 227
Menbij 147, 232
Meng T'ien 103, 105, 107, 108, 110, 111
Merkiten 259 f., 266, 272 f., 275
Merw 147, 214, 251, 252, 309, 317
Metz 175
Ming-Dynastie 106, 363, 369, 370 379
Minussinsk 183
Mitanni 73, 81
Mithridates I. 90
Mithridates II. 129
Mohammed 197 f., 199, 220
Mohenjo Daro 69, 73
Möngke 333, 342 f., 344 f., 346 ff., 350 ff., 354, 355, 361
Mongolen 38, 95, 137, 243, 257 ff., 261 ff., 266 ff., 270, 273 f., 275, 278 ff., 285 f., 290 ff., 295 ff., 299 ff., 303, 306 ff., 311 ff., 316 ff., 321 ff., 327 ff., 331 ff., 335 ff., 342 ff., 350, 352 ff., 357, 360, 363 f., 368, 371, 374, 379
Moskau 12, 13, 14, 16, 19, 37, 333, 373, 375
Mosul 83, 232
Muawija 199
Mukali 278, 295, 297 f., 299, 300, 319, 326, 355
Mukden 370
Murawjew, Gouverneur 27, 379, 380
Murgab 317
Mysowsk 30 f., 32

Naimanen 259, 273 ff., 276, 298
Nan-kau-Paß 291
Nanking 158, 163, 188, 353, 364
Nanschan-Gebirge 127
Nehawend 198
Nero 143
Nertschinsk 37, 378 f.
Nestorianer 259, 344
Nija 146
Nikephores I. 193
Nikephoros II. Phokas 229
Nikolaus, Großfürst 10, 379
Nil 84, 352
Ningsia 287
Ninghsien 256
Niniveh 81, 83
Nisam al-Muk 225
Nisch 172
Nischapur 309, 317
Nischni Nowgorod 17, 222 f., 337, 373
Nissa 309, 317
Normannen 222 f., 230, 238 f.
Nurhaci 370

Ob 19, 23, 46, 47, 52, 133, 212, 258, 376
Ochotskisches Meer 92, 258, 376
Odessa 11, 40
Oktar 171
Omaijaden 199, 204
Omsk 15, 19 ff.,
Ongiin 123
Onon 34, 258, 259 ff., 266 f., 277, 324
Onuguren 208
Orchon 183, 184, 189, 200 f., 221, 243, 258, 330

Ordos-Plateau 66, 95, 102, 104, 105, 108, 110, 124, 125, 126, 127 f., 131, 137, 145, 151, 194, 245, 256, 287, 324, 328, 351, 380
Orgun 129
Orléans 175 f.
Orontos 147
Osmanen 364 f., 369, 374
Ostgoten 163 ff., 170
Othman 199
Otrar 301, 312 f.
Otto der Große 208
Oxus 46, 124, 127, 147, 181, 184, 198, 200, 204, 209, 214, 251 ff., 308, 311, 314 f.

Padua 178
Pamir-Gebirge 47, 51, 67, 73, 117, 125, 127, 146, 147, 184, 196, 205, 210, 299, 308, 310 f., 314, 321, 371, 377
Pan Ch'ao 138 ff., 149, 195
Pandavas 74
Pandschab 212, 319
Pan Yung 149, 151
Paris 175
Parther 89 ff., 118 ff., 141, 144 f., 161, 166, 179, 210
Parthien 116, 118, 141, 143, 145, 147
Pataliputra 116, 180
Peking 106, 242, 244, 262, 288 ff., 293 ff., 328, 352 f., 355, 357, 358, 362, 370 f., 377, 378, 380
Perser 85 f., 187, 197, 198, 331
Persischer Golf 90
Peschawar 120, 204
Peter der Große 378
Petrarca 375
Petschenegen 206 f., 208, 221, 223 f., 230, 238
Pevensey 224
Ping-yang 111 f.
Pippin 187
Pisa 349
Pokrowka 38
Polen 335
Priscus 173
Prokopios 178
Przemysl 334
Ptolemäus 349

Quetta 66
Qutuz 352

Rakka-Tor 219
Reims 175
Rey 215, 219, 253
Rhein 142, 161, 162, 168, 169, 170, 175
Rjasan 333
Römer 165 f., 168 ff.,
Rom 88, 90 f., 117, 120, 125, 141 ff., 160 f., 162, 168, 169, 172 f., 175, 333
Romanos IV. Diogenes 228 ff., 231 ff., 238
Roussel de Bailleul 232 f., 239
Rua 171
Rubruk, Wilhelm von 341, 349, 359,
Rum 253
Runnymede 295
Rus 222
Russen 322, 332, 372, 377 f.
Rustan 198

Sagros-Gebirge 198, 345
Sajan-Gebirge 258
Sajo 335, 351
Saker 87, 116, 117, 118, 120
Saladin 239, 250
Samaniden 204, 209 ff., 213 f.
Samara 17
Samarkand 65, 200 f., 213, 251, 309, 310 f., 312 f., 314, 369, 374
Sandschar 250 ff., 309, 317, 338

Sarazenen 341
Sargon 81
Sarmaten 87 f., 156, 160, 165, 167, 176
Sassaniden 161, 179, 195, 198
Schamanismus 96 f., 182, 298, 346
Schanghai 248
Schan-hai-kwan 104, 105
Schansi 151, 153, 154, 190, 200
Schantung 292
Schigikhutukhu 316
Schiiten 216, 225, 343
Schilka 12, 34, 37, 38, 258
Sebastea 217, 227, 231
Seine 175
Seldschuken 212 ff., 217 ff., 221, 224 ff., 228 ff., 233 ff., 240, 250 ff., 255, 338, 343, 344, 361, 364
Selenga 46, 109, 150, 184, 258
Seleukia 90
Seleukiden 88 f., 90, 116
Selim 365
Septimius Severus 161
Serai 349
Shahrud 147
Shang-Dynastie 75, 98
Shang-tu 356 f.
Shih huang-ti 101 ff., 106, 109, 110, 111, 121, 158
Shih Lo 154 f., 157
Sien-pi 137, 140, 150 f., 157, 158, 243
Sinkiang 48, 372
Sirmium 174
Skythen 79, 80 f., 82 f., 84 ff., 89, 91, 117, 160, 167
Slawen 186, 193, 207, 230
Sofia 172
Solway Firth 142
Sretensk 12, 32, 34, 35, 37, 38
Ssu-ma Yen 152, 153
St. Petersburg 11, 30, 36, 40
St. Stephan 208
Strabo 349
Stroganow 374
Subutaj 278, 309, 312, 314, 316, 319 ff., 326, 328 f., 331 ff., 336 f., 341, 347, 349, 351, 353, 361, 374
Sueben 160, 168
Sui-Dynastie 189, 190, 202, 379
Sulaiman-Gebirge 318
Suleiman der Große 365
Sung-Dynastie 244 ff., 248, 255, 256, 283, 329, 330, 331 f., 351, 353, 379
Sungari 246
Sunniten 215, 225
Sun Yat-sen 371
Susa 83
Susdal 333

Täbris 352
T'ai-tsung 190 f., 194, 196, 200, 202, 244
Takla Makan 50, 93, 94
Talas 201 f., 203 f., 210, 241, 309
Talkan 314
T'ang-Dynastie 198, 200, 202 f., 241 f., 372, 379
Tanguten 245, 255, 256, 283, 285 ff., 298, 319, 324
Taoismus 100, 158
Taraug 234
Tarim 46, 50, 94, 109, 116, 117, 127 f., 131, 132, 133, 135, 137, 138 f., 140, 145, 146, 147, 149, 151, 195, 221, 250, 310, 371, 380
Tarmis 314
Taschkent 65, 200, 201
Tataren 17, 259 f., 263, 266, 270 f., 273, 275, 284 f.
Ta-tschin 141
Taurus-Gebirge 198, 239
Taxila 117
Tempelritter 335
Temudschin 266 f., 269 ff., 364

Terek 205
Teutonen 335
Theiß 170
Theoderich 175 f.
Theodosius I. 166
Thrazien 170, 171, 186
Tienschan-Gebirge 47, 48, 50, 91, 93, 117, 131, 146, 258, 303
Tiglatpileser 81
Tigris 70, 81, 83, 90, 147, 197, 217, 218, 226, 319, 345
Timur Lenk 368, 369, 372 f., 374
Tobol 374
Toghon Timur 363
Togrulbeg 213 ff., 217 ff., 220 f., 224 f.
Togrulbeg III. 253
Tokaj 335
Toktamisch 373
Tola 258
Tomsk 23 ff., 38, 93, 342, 376
Tongking, Golf von 354
T'opa 159, 182, 183, 188
T'ou-man 102, 103, 104, 105, 107 ff., 275
T'ouman, türkischer Khagan 183
Tours 203
Trajan 142
Transoxanien 184, 198, 204, 210, 211 ff., 250, 251, 254, 300, 308 f., 312, 314, 316, 320, 326, 346, 368
Trapezunt 217
Trier 175
Troyes 176
Tsai Yen 149
Ts'ao Ts'ao 152 f.
Tschagataj 279, 312 f., 315, 327, 346
Tschandragupta 116
Tschang An 114, 123, 127, 131, 133, 135, 145, 146, 147, 156, 189, 190, 194, 203, 241, 244
Tschang-K'ien 123 ff., 127, 131
Tscheljabinsk 17, 18, 21
Tscheng-ti 134
Tschingan-Gebirge 49
Tschingis Khan 268 f., 272 f., 275 ff., 280 ff., 285 ff., 290 ff., 295 ff., 299 ff., 304 f., 309, 312 ff., 318 ff., 323 ff., 330, 332, 336, 339, 342 f., 346, 348, 350 f., 354, 356, 361, 364, 366 f., 368, 370, 381
Tschirtsche 132 f., 134, 137
Tschita 33, 34, 35
Tukuk 212
Tuluj 279, 312, 316 f., 320, 324, 328, 333, 342, 344, 350, 353
Tung-hu 93, 109
Tungusen 94, 95, 167, 246, 259
Tura 374
Turfan 94, 127, 128, 131, 221, 243
Türken 181 ff., 187 ff., 194, 196 f., 199, 200 f., 209 ff., 214, 220 ff., 224, 227, 230 f., 234 f., 239, 240, 241 f., 249 f., 254, 256, 257, 259, 260, 284, 293, 298 ff., 312 f., 322, 333, 339, 361, 364, 368
Tus 309
Twer 333, 375

Udine 336
Ufa 17
Ügetej 279, 312 f., 315, 327 ff., 331, 333, 334, 336, 340, 342, 344, 347, 350, 364
Uiguren 200 f., 202 f., 209, 221, 241 f., 250, 330, 331
Ukuna 301
Ulan-See 126
Ungarn 208, 334 ff.
Ural 17, 47, 49, 51, 61, 117, 133, 167, 207, 221, 223, 258, 323, 332, 373, 374, 376
Urgentsch 308, 314 f.
Urmia-See 217
Urschumka 17
Ussuri 12, 35, 39, 40, 246, 380

Ust-Urt 50

Valens, Kaiser 165, 166
Vasilij, Fürst 373
Vatikan 339
Venedig 178, 323, 336, 349, 359
Verona 178
Volohai 286 f.

Wahlstatt 334
Wandalen 160, 168 f., 172
Wang-Mang 134 f., 138
Wan, See 217, 226, 231, 232 f.
Wei 97, 98, 100, 101, 104, 114
Weichsel 334
Wei-shao 285, 292
Wei Tsching 123, 125 f.
Wenzel, König 334, 335
Westgoten 164 ff., 168 f., 175 ff.
Wien 336, 365
Wilhelm der Eroberer 222, 224
Wladimir 333
Wladiwostock 10, 11, 12, 13, 35, 40, 243, 380
Wolga 17, 46, 185, 193, 205, 207, 224, 332, 333, 340, 349, 369, 373
Wu-sun 94, 109, 116, 118, 127, 128, 132, 133
Wu-ti 177, 195

Yang Chien 188 f.
Yang-ti 189 f.
Yarkand 94, 131, 135, 146, 195
Yarmouk 198
Ye-Liu 243
Ye-Liu Chu-Tsai 296 f., 319, 329, 330, 350, 354 f.
Yeliu Tu-shih 249
Yen Ching 243 f., 246 ff.
Yesugej 266, 269 f.
Yüan-Dynastie 354, 363
Yuan-ti 134
Yüeh-chih 94, 109, 116 f., 118 ff., 122 ff., 127, 143, 178
Yünnan 202

Zagros-Gebirge 81
Zaindeh 216
Zoroastrismus 90